富媒体 智能化

高等教育财经类核心课程系列教材
高等院校应用技能型精品规划教材
产教融合校企合作“双元”育人项目

货币银行学

MONEY AND BANKING

（货币金融学）

应用·技能·案例·实训

李 贺 张 丹 ◎ 主 编
隋维林 钟明容 卜妙玲 ◎ 副主编

（视频版）

上海财经大学出版社

图书在版编目(CIP)数据

货币银行学(货币金融学):应用·技能·案例·实训/李贺,张丹主编.—上海:上海财经大学出版社,2021.5

高等教育财经类核心课程系列教材

高等院校应用技能型精品规划教材

ISBN 978-7-5642-3743-1/F·3743

Ⅰ.①货… Ⅱ.①李…②张… Ⅲ.①货币银行学-高等学校-教材 Ⅳ.①F820

中国版本图书馆 CIP 数据核字(2021)第 048558 号

□ 责任编辑 汝 涛

□ 书籍设计 贺加贝

货币银行学

(货币金融学)

——应用·技能·案例·实训

李 贺 张 丹 ◎主 编

隋维林 钟明容 卜妙玲 ◎副主编

上海财经大学出版社出版发行

(上海市中山北一路 369 号 邮编 200083)

网 址:http://www.sufep.com

电子邮箱:webmaster@sufep.com

全国新华书店经销

上海景条印刷有限公司印刷装订

2021 年 5 月第 1 版 2021 年 5 月第 1 次印刷

787mm×1092mm 1/16 19.5 印张 499 千字

印数:0 001—3 000 定价:52.00 元

前　言

货币是一个古老的概念，但货币银行学却是一门相对年轻的学科，它是基于货币现象来研究货币运动及其规律的一门学科。货币银行学也称货币金融学、金融学，是财经类专业的通用技术课程，是财经类各专业知识结构的主体部分。该课程要求学生既掌握理论知识，又掌握基本技能应用。本书紧紧围绕应用技能型人才培养目标和培养模式，理论联系实际，注重学生应用能力、实践能力和创新能力的培养。全书吸收了国内外理论与实践的最新成果，较系统地阐述了货币银行学的基本理论、基本知识和操作技能。在内容安排上，力求结构严谨、层次分明，在表述上力求语言平实凝练、通俗易懂。因此，我们组织了“双师双能型”教师和校企合作单位结合高等院校的教学特点，以“十四五”教学改革为导向的“项目引领、任务驱动、实操技能”的特色而编写了本书。

《货币银行学》将知识点、能力要素落实到具体内容中，实现了课堂教学与应用零距离对接，并兼顾“就业导向”和“生涯导向”，紧紧围绕中国“经济发展新常态”下高等院校和应用技能型人才培养的目标，依照“原理先行、实务跟进、案例同步、实践到位”的原则，全面展开课程的内涵，坚持创新创业和改革的精神，体现新的课程体系、新的教学内容和教学方法，以提高学生整体素质为基础，以能力为本位，兼顾知识教育、技能教育和能力教育，力求做到：从项目引导出发，提出问题，引入概念，设计情境，详尽解读。

本教材共涵盖 12 个项目，41 个任务。在结构安排上，以应用技能教学改革为导向构建教材体系，采用“项目引领、任务驱动、实操技能”的编写方式，力求结构严谨、层次分明；在表述安排上，力求语言平实凝练、通俗易懂；在内容安排上，尽可能考虑到财经类专业不同层次的不同需求，每一个项目都设有“知识目标”“技能目标”“素质目标”“项目引例”“引例导学”“做中学”“拓展阅读”。课后编排了“应知考核”（包括单项选择题、多项选择题、判断题、计算题）、“应会考核”（包括观念应用、技能应用、案例分析）、“项目实训”（包括实训内容、实训目标、实训组织、实训成果）。

作为普通高等教育应用技能型财经类核心课程系列教材，本书具有以下特色：

1. 内容全面，体系规范。作为教科书，本书把握改革脉搏，吸纳了最新理论和最新案例，体现我国金融深化改革中出现的新法律法规、新政策制度、新机制、新做法，将学生的学习与现实状况紧密结合起来，为适应现代金融工作和参与各项金融改革的实践培养创新型、应用型人才。

2. 结构新颖，栏目丰富。为便于读者学习，本书力求在结构上有所突破，激发读者的学习兴趣和学习热情，每一项目的开篇有清晰的“知识目标”“技能目标”“素质目标”“项目引例”“引例导学”；课后编排了应知考核、应会考核、项目实训等，以呼应本书的实践性、应用性的特色。

3. 与时俱进，紧跟政策。注意吸收国内和国外经济研究和教学的最新成就，并结合作者的教研实践和教研成果，结合作者对现实经济生活的理解。不仅介绍一般的理论方法，而且特别注重理论在实际中的应用和有关案例的拓展。

4. 学练结合，学以致用。鉴于课程的理论性和应用性的特点，为了便于及时复习所学的知识内容，提高学习效率，在课后安排了应知考核、应会考核、项目实训，主要引导学生“学中做”和“做中学”，一边学理论，一边将理论知识加以应用，实现理论和实训一体化。

5. 校企合作，接近实际。为培养应用技能型人才，践行知行合一，推动校企共同修订培养模式，推动校企共同开发课程，共同培训，发展创新创业教育，开展校企合作育人，本书对接最新职业标准、行业标准和岗位规范，组织开发和修订融合职业岗位所需知识、技能和职业素养的人才培养方案和课程标准的校企一体化教材。

6. 教辅资源，配备齐全。为了配合课堂教学，我们精心设计和制作了教师课件、习题参考答案、课程教学大纲、配套实验课程大纲、配套习题、模拟试卷及相关法律法规等实现网上运行，充分发挥网络课程资源的作用，探索课堂教学和网络教育有机结合的新途径。

本教材由李贺、张丹担任主编，隋维林、钟明容、卜妙玲担任副主编。其中，李贺编写项目一至项目四、项目十一；张丹编写项目五至项目六；隋维林编写项目七和项目八；钟明容编写项目九和项目十；卜妙玲编写项目十二。本教材最后由李贺总纂并定稿。赵昂、李明明、李虹、美荣、李林海、王玉春、李洪福负责全书教学资源包的制作以及写作过程中的资料收集整理。本教材适用于金融学、财政学、会计、财务管理、审计、资产评估、工商管理、国际经济与贸易、物流管理等财经类专业方向的高等教育和应用技能型院校使用，同时也适用于专升本、自学等。

本书得到了出版单位和校企合作单位的大力支持，以及参考文献中的作者们的贡献，谨此一并表示衷心的感谢！本书在编写过程中参阅了参考文献中的教材、著作、法律、法规、网站等资料，由于编写时间仓促，加之编者水平有限，难免存在一些不足之处，恳请专家、学者批评指正，以便我们不断更新、改进与完善。

内容更新与修订

编者

2021 年 2 月

目　录

项目一

货币与货币制度

○ **知识目标**

理解：货币的起源与形态演变，我国的货币制度。

熟知：货币的本质与职能，货币层次的划分，货币在经济中的作用。

掌握：货币制度及其内容，货币制度的演变。

○ **技能目标**

1. 能够分析货币、货币制度与经济的关系。

2. 能够运用货币基础理论和基础知识解释货币的相关经济现象。

○ **素质目标**

1. 具备收集资料、分析资料的能力，具备独立思考、团结协作的能力，注重团队的成绩与荣誉。

2. 培养与人沟通、言行举止得体等综合素质能力。

3. 理解不忘初心的核心要义和精神实质，塑造自己的品格、品行和品位，树立正确的世界观、人生观和价值观，把学与用有机结合，做到学思用贯通、知信行统一。

○ **项目引例**

Q币是不是货币？

货币是一切有价物的标准尺度。货币作为衡量商品价值的计算单位，使得经济社会可以用共同的标准来表示价值的大小。

Q币是腾讯公司基于QQ平台推出的一款虚拟货币。最初是为了方便QQ用户购买腾讯公司的各项服务而设置的。用户可以通过现金购买Q币，也可通过腾讯公司推出的某项活动赚取Q币。随着腾讯公司QQ平台的影响力不断扩大，Q币的适用面也逐步走出了QQ平台。

目前有一些非QQ平台的游戏（特别是私服和某些网络游戏）也收取Q币作为会员费，而项目运营者通过向第三方出售Q币来实现真实的盈利。所以，Q币的出现引起了财经界的关注。

那么，Q币究竟是不是货币也就成了财经界探讨的焦点。

自腾讯公司推出Q币以来，关于Q币是不是货币的问题，一直是财经界和学术界探讨的问题。腾讯公司一直坚定地将Q币定义为“用于计算机用户使用腾讯网站各种增值服务的种类、数量或时间等的一种统计代码”。也就是说，Q币是统计代码而不是货币。

资料来源：于婧：Q币是不是货币，《管理观察》，2010年第14期。

○ **引例导学**

什么是货币？货币是如何产生的？是不是人类社会一开始就有货币？货币有哪些职能？

在现代经济社会中，货币发挥哪些作用？是否存在一个没有货币的世界？这些正是本项目所要讨论的问题。

○ **知识准备**

任务一 货币的起源与形态演变

一、货币的起源

人类历史上，曾经有许多人研究过货币的起源问题。但是，第一个对货币的起源做出科学解释的人是马克思。马克思指出："货币是商品交换的产物，是商品经济发展的必然结果。"其通过研究和分析商品的价值、使用价值、商品交换等经济现象，揭示了货币是在商品交换的长期发展过程中自发地从商品中分离出来的特殊商品，是商品交换的产物。货币产生的根源在于商品本身具有价值与使用价值的双重属性。因此，要想准确地认识货币的起源，必须深刻理解商品、商品交换及商品经济的内涵。

(一)货币是商品交换的产物，是商品经济内在矛盾发展的必然结果

货币不是人类社会一开始就有的。在人类社会的初期，人们尽其所能，集体劳作，也只能维持生计，几乎没有剩余产品。当时并不存在商品交换，当然也不存在货币。但是，随着社会生产力水平的提高，剩余产品开始出现，社会分工和私有制也开始形成，进而商品生产和商品交换也开始出现。

商品是为了交换而生产的劳动产品，其本身具有使用价值和价值双重属性。商品的使用价值是指其能够用来满足人们的某种需要，即物的有用性，是商品的自然属性。商品的价值则是指凝结在商品中无差别的人类劳动，是商品的社会属性。对于商品的生产者而言，对其有意义的是商品的价值，而不是使用价值。但是，商品的价值又不能自己表现出来，只有在商品交换时，通过另一种商品表现出来。同时，对于商品的需求者来说，对其有意义的则是商品的使用价值。但商品的使用价值不可能无偿得到，也只有通过商品交换才能获取。

另外，商品生产者的劳动是社会总劳动的一部分，具有社会劳动的性质；同时，由于生产资料和劳动产品的私有制，商品的生产者的劳动又直接表现为私人劳动。因此，商品交换其实质也是将商品生产者的私人劳动转化为社会劳动的过程。

这样，商品的这种双重属性的外在表现就产生了一系列矛盾：使用价值与价值的矛盾，具体劳动与抽象劳动的矛盾，以及以私有制为基础的商品经济的私人劳动与社会劳动的矛盾。而这些矛盾的解决靠什么？靠商品交换。价值和使用价值不能同时拥有，对于商品生产者而言有意义的是价值，而商品需求者看重的则是商品的使用价值。因此，商品交换将变得更加频繁。在交换不断发展的进程中，货币作为方便商品交换的媒介应运而生。

(二)货币是商品价值形式发展的结果

在两种商品交换时，一种商品的价值通常通过另一种商品表现出来。这种商品价值的表现形式，通常被称为商品的价值形式。随着社会生产和商品经济内在矛盾的发展，商品的价值形式经历了由低级到高级、由简单到复杂的发展过程。即由简单的(或偶然的)价值形式，经过了扩大的价值形式、一般价值形式，最后发展到货币形式。

1. 简单的(或偶然的)价值形式

(1)简单的(或偶然的)价值形式的概念

简单的(或偶然的)价值形式,是指一种商品的价值简单地、偶然地表现在与它相交换的另一种商品上。这种价值形式是与原始社会末期出现的物物交换相联系的。例如,牧人的1只绵羊与石匠的2把石斧进行的交换。

1只绵羊=2把石斧

这里一只"绵羊"处于相对价值形式,它的价值由处于等价形式地位的"石斧"来表现。这样"绵羊"和"石斧"的价值就通过对方表现出来,而交换的另一方则获得了它们的使用价值。

(2)产生时间和经济背景

这一价值形式反映了第一次社会大分工(即农业与畜牧业的分工)出现以前,原始社会末期偶然的交换关系。因为当时的社会生产力十分落后,很少有剩余产品,所以不可能有经常的交换。在这种价值形式中,等式两端的商品处于不同的地位,起着不同的作用。等式左端的商品"绵羊"处于主动地位,它的价值在"石斧"这一商品上相对地表现了出来,是价值被表现的商品,处在相对价值形式上。等式右端的商品"石斧"则处于被动地位,用它自己的商品表现出"绵羊"的价值,起着等价物的作用,处于等价形式上。

(3)简单的(或偶然的)价值形式的本质和矛盾

在简单的(或偶然的)价值形式中,商品的内在矛盾转化为外部矛盾,表现为两种商品之间的关系。处在等式左边的商品,只是当作使用价值而存在,其价值要通过另一个商品来表现;处于等式右边的商品,只是当作价值而存在。简单的(或偶然的)价值形式是发生在原始社会末期的偶然交换,是物与物的交换。因此,在这种形式下,还不能充分表现价值作为无差别的一般人类劳动凝结物这一本质,在量上也不可能准确地反映双方生产产品的实际劳动耗费。简单的(或偶然的)价值形式随着交换的发展,必然进一步要向更高的价值形式发展。

2. 扩大的价值形式

(1)扩大的价值形式的概念

扩大的价值形式是指一种商品的价值表现在与它相交换的一系列商品之上,这种价值形式是与原始社会末期第一次社会大分工时经常出现的物物交换相联系的。这时的物物交换不再是偶然的、个别的现象,而是经常的现象。如等式:

$$1\text{只绵羊}=\begin{cases}2\text{把石斧}\\1\text{袋粮食}\\3\text{捆茶叶}\\\cdots\cdots\end{cases}$$

(2)产生时间和经济背景

随着生产力的发展,特别是原始社会末期第一次社会大分工的出现,原始部落之间的剩余产品不断增多,交换也变得比较频繁了。一种商品已经不是偶然地与另一种商品相交换了,而是与许多种商品经常地进行交换。这样一来,价值的表现也就由简单的(或偶然的)价值形式发展到扩大的价值形式。扩大的价值形式实际上是许多个简单的价值形式表现的总和,或简单价值表现的扩大。

(3)扩大价值形式的本质和矛盾

扩大的价值形式反映了日益扩大的商品交换关系。在这一价值形式中,处于相对价值形式上的商品(等式左边的商品),其价值被表现在一系列商品体上,使它真正成为无差别的人类劳动的凝结。与此相适应,处于等价形式上的商品(等式右边的商品),则是一系列的特殊等价物。处于等价形式上的各种商品的具体劳动,现在成为一般人类劳动的各种特殊的表现形式。

各种商品交换的比例与它们包含的劳动量的比例已比较接近了。

商品的价值在扩大的价值形式中，虽然比在简单的（或偶然的）价值形式中表现得较为充分，但仍存在着缺点和局限性：各种商品的价值仍然没有一个共同的、统一的表现，即还没有一个一般的、为大家所公认的等价形式。这个缺点表明，在扩大的价值形式中，商品的相对价值表现仍然是不完全和不充分的。随着商品交换的发展，商品的价值形式必然随着商品交换的发展而进一步发展。

3. 一般价值形式

(1)一般价值形式的概念

一般价值形式，是指一切商品的价值都统一地表现在从商品世界分离出来充当一般等价物的某一种商品上。一般价值形式的两个等价规定：一是它是一切商品价值的表现材料；二是它能同其他一切商品直接相交换。如等式：

$$\left.\begin{array}{l}1\text{ 袋粮食}\\2\text{ 把石斧}\\3\text{ 捆茶叶}\\\cdots\cdots\end{array}\right\}=1\text{ 只绵羊}$$

(2)产生时间和经济背景

第二次社会大分工（即农业、畜牧业与手工业分工）出现以前，随着社会分工的扩大和交换的发展，逐渐从无数商品中分离出一种商品来，其他一切商品都需要与其交换，通过它来表现自己的价值，并且在换到这种商品以后，能用这种大家都愿意接受的商品去换到任何自己所需要的商品。这样一来，扩大的价值形式便过渡到了一般价值形式。

(3)一般价值形式的本质

从扩大的价值形式过渡到一般价值形式是一次质的飞跃，它使商品之间直接的物物交换发展成为以一般等价物为媒介的商品交换。在简单的价值形式和扩大的价值形式下进行的商品交换，都是直接的物物交换，不适应商品交换进一步发展的需要。随着商品交换的进一步发展，某种商品自发地从商品世界分离出来充当一切商品的一般等价物，于是产生了一般价值形式。

在一般价值形式中，处于等价形式上的唯一商品就成了其他一切商品价值的一般等价物。这种商品的使用价值，成为商品价值的一般形式；生产这种商品的具体劳动，成为抽象劳动的一般形式，它可以与其他一切劳动相对等；生产这种商品的私人劳动，直接当作一般的社会劳动而存在。在这里，商品的价值作为无差别的一般人类劳动凝结的这种性质便完全地、充分地表现出来了。

(4)一般价值形式的矛盾

一般等价物的出现，克服了扩大的价值形式的缺点和局限性，大大地促进了商品交换的发展。但是，在这种价值形式中，一般等价物还没有固定在一种商品上面。在不同的历史时期，在不同的国家和地区，充当一般等价物的商品可能是各种各样的。在历史上充当过一般等价物的商品有贝壳、布帛、牛、绵羊、兽皮、盐等。由于一般等价物的不固定、不统一，随着商品交换范围的扩大而日益显露出其不适应性，给商品交换带来了新的困难。随着商品交换的范围突破了地区的界限，为适应商品交换发展的要求，一种新的价值形式——货币，便应运而生了。

4. 货币价值形式

(1)货币价值形式的概念

货币价值形式是指当某些金属取得了固定的担当一般等价物的独占权时，一般价值形式就发展成了货币价值形式。因此，货币的价值形式实际上也是一般的价值形式，只是一般等价物最终固定在黄金、白银等贵金属上，此时这些贵金属就成为货币商品。如等式：

$$\left.\begin{array}{l}1\text{袋粮食}\\2\text{把石斧}\\3\text{捆茶叶}\\\cdots\cdots\end{array}\right\}=1\text{盎司黄金}$$

几千年来，货币价值形式随着商品交换和商品经济的发展在不断地变化。迄今为止，货币价值形式大致经历了金属货币、纸币和信用货币等发展阶段。

(2)产生时间及经济背景

货币价值形式产生于手工业与农业和畜牧业分离的第二次社会大分工之后。实物货币本身具有无法消除的缺陷，因为大部分实物货币形体不一，且不易分割、保存，不便携带，价值不稳定。随着经济的发展与交易的扩大，实物货币本身存在的多方面缺陷，使其越来越不能适应经济发展和交易扩大的要求，因此，实物货币逐渐被金属货币所替代。

(3)货币价值形式的本质

货币价值形式与一般价值形式并没有本质区别，不同的地方仅仅在于一般等价物已经固定地由金、银等贵金属来充当了。在货币价值形式下，金、银等贵金属排除了一切其他商品而取得了单独表现价值和抽象劳动以及直接代表社会劳动的独占权。

(4)货币价值形式的矛盾

价值形式的发展过程表明，货币是商品交换过程发展到一定阶段的自发产物，是商品内在矛盾发展的必然结果。随着货币的出现，整个商品世界分成了两极：一极是各种各样的商品，它们都作为特殊的使用价值存在，要求转化为价值；另一极是货币，它直接作为价值的化身而存在，随时可以转化为任何一种有特殊使用价值的商品。这样就使原来商品内部的使用价值和价值的矛盾表现为外部的对立，即表现为商品和货币的对立。货币出现以来，所有的商品都必须换成货币，才能实现自己的价值，使用价值和价值的矛盾才能得到解决，具体劳动才能转化为抽象劳动，私人劳动才能取得社会的认可而表现为社会劳动。

二、货币形态的演变

货币形式又称货币形态，是指以什么货币材料来充当货币。充当货币材料的物体必须具备以下几个特性：一是普遍接受性(general acceptability)。货币用作交易媒介、价值储藏和延期支付等手段，必须为人们普遍接受，这是货币的典型特征。二是价值稳定性(stability of value)。货币执行着衡量价值量的功能，这就要求其本身的价值是相对稳定的，比如牲畜(牛、羊)曾作为货币来使用，但因其价值不稳定而必然失去了充当货币的资格。三是稀缺性(scarcity)。货币材料只有稀缺性较大而不易生产，才能保证较高的相对价值，从而可以少量货币服务于大量的商品交易，比如铁、铜曾充当货币，后来由于其大量生产而使稀缺性减弱，因而被贵重金属金、银所取代。四是便于携带和易于分割(portability and divisibility)。货币材料只有轻便易于携带才能满足货币越来越高的流动性要求，只有均质、易于分割的材料才能实现价值高低不等和不同规模的交易。五是供给富有弹性(supply elasticity)。只有供给富有弹性才能随时满足商品交换和经济发展的需要，金银货币之所以退出，就是因为其供给弹性不足。

中国货币史

在货币产生的几千年中，随着商品交换和信用制度的发展，货币形式也不断发展演进。不同货币形态适应了不同社会生产阶段和历史阶段的需要。从历史上看，货币形式从具体的商品逐渐变成抽象的符号，经历了一个由低级向高级不断演变的过程。

（一）实物货币

实物货币又称商品货币（commodity currency），是以自然界存在的某种物品或人们生产的某种物品来充当货币。它是人类历史上最古老的货币，是货币形态发展的最原始形式。中外历史上有许多实物商品充当过货币。古希腊曾以牛、羊等为货币；印度等以象牙为货币；埃塞俄比亚曾用盐作为货币；美洲土著人和墨西哥人以可可豆作为货币。在我国古代，龟壳、海贝、蚌珠、皮革、米粟、布帛、农具等都曾充当过货币。这些实物货币在当时既是作为交换媒介的货币商品，又是用于直接消费的普通商品。由于实物货币体积大、价值小、不易计量与分割、不便携带、不易保存，所以随着商品交换的发展，实物货币逐渐被金属货币所取代。相关内容如图 1—1 所示。

图 1—1　我国古代使用的贝、刀币、布币

拓展阅读 1—1　　　　我国古代货币

现在很多与金钱有关的词源自古代所使用的货币。据记载，我国最早的货币是贝，此外还有多种实物货币形式。“货币”一词在古汉语中包括“货”和“币”两部分，“货”是指珠、贝、金、玉等，“币”是指皮、帛、布等，直到唐朝两者才合为一个概念。汉语中很多与财富有关的字用“贝”为偏旁，如货、财、贸、贷、贱、贫、账、赠等。而在古代，意大利和波斯、印度等地有用牛、羊作货币的记载。类似这样的历史在文字中也有反映。拉丁文的 Pecunia（金钱）来源于 Pecus（牲畜）；印度货币名称 Rupee（卢比）来源于牲畜的古文 Rupye；英语中 Fee（费）来源于德语中的同音词 Vieh（牲畜）；美国口语中 Buck（元）的原意是“雄鹿”，北美早期居民曾用鹿皮来进行交易；英语中 Salary（薪水）来源于拉丁文的 Salarium（盐的），古罗马士兵的工资曾用盐来支付。美洲的土著居民曾以贝壳为货币，这样就产生了短语 Shell out（支付）。1519 年，捷克斯洛伐克一个小镇铸造了一种硬币称作 Talergroschen，逐渐被简写成 Taler，后来这些硬币传到了欧洲大陆，现在很多国家以 Taler 某些变体来命名货币，包括美国的 Dollar（美元）。

（二）金属货币

金属货币是以铜、银、金等金属作为币材的货币。严格来说，金属货币也是一种实物货币。金属冶炼技术的出现与发展是金属货币广泛使用的物质前提。金属货币具有价值含量高且稳定、易于计量、便于储藏和携带等优点。这种自然属性使其比一般商品更适宜于充当货币材料，所以，世界上几乎所有国家都采用过金属作为货币。金属货币经历了从贱金属到贵金属、从金属称量制到金属铸币制的发展过程。货币金属最初是贱金属铜和铁，多数国家和地区用的是铜，铁由于冶炼技术发展而价值较低，用于交易过于笨重，且易锈蚀不便保存，因此流通范围有限。随着经济的发展和财富的增长，需要用价值量大的贵重金属充当货币，币材向银和金过渡。19 世纪上半叶，金、银代替了贱金属铜、铁，成为主要的货币。相关内容如图 1－2 所示。

图 1－2　称量货币和铸造货币

金属称量制是直接以金属的自然形状流通，并以重量单位为流通计价单位的货币制度。如流通中的金锭、银锭、金元宝、银元宝等以斤、两、钱等重量单位为流通标准。金属铸币制是指将金属货币铸成一定形状，具有一定重量、一定成色的铸造货币，并标明计量单位的货币制度。最早的金属货币采用金属条块的形式，每次交易时都要鉴定成色、称量和分割，非常麻烦。随着商品交换的发展，金属货币由条块形式发展为铸币形式。铸币的出现是货币形式发展的一大进步，奠定了近代货币制度的基础。但是，金属货币也有自身的缺陷和不足，如其流通费用高，无法适应大宗交易的需要量；同时，社会经济的发展对金属货币需要的无限性与金属货币本身供应的有限性产生了巨大的矛盾。于是随着商品流通的发展，渐渐出现了代用货币。

光绪元宝

(三)代用货币

代用货币(representative money)是指在贵金属流通制度下，由政府或银行发行的代替金属货币流通的纸质货币符号。早期的铸币面值与其实际价值是基本一致的，铸币使用频繁，容易磨损而成为不足值货币，但人们只关心铸币上标明的购买力，并不关注其实际的重量，仍按足值货币去使用，从而使铸币有了可用其他材料制成符号或象征来代替的可能性。后来，国家就发行了没有什么实际价值的纸质货币来代替金属货币。代用货币产生的可能性包含在货币作为流通手段的特性之中，它作为金属货币的替代物在市场上流通，充当商品交换的媒介，不但有足值的金属货币作为准备，而且可与所代表的金属货币自由兑换，因而被人们普遍接受。典型的代用货币是可兑换的银行券，它是在欧洲资本主义银行发展中出现的一种用纸印制的货币。最初，一般的商业银行均可发行银行券，它们要保证按面额随时兑换金币和银币。到 19 世纪，各国逐渐禁止商业银行发行银行券，而把发行权集中在中央银行。代用货币节省了金、银等币材的使用，携带方便，易于保管和计量，成本低廉，因而在近代货币史上持续了很长时间。但由于代用货币的发行须以足量的金银为保证，其发行量受到金属准备的限制，不能满足社会经济发展的需要。在第一次世界大战中，各国银行券普遍停止兑换金银，到 20 世纪 30 年代银行券完全不可兑换金银，从此代用货币基本退出了历史舞台，信用货币取代代用货币而成为现代的最主要货币。

银元

(四)信用货币

信用货币(credit money)是以信用为保证，通过一定信用程序发行和流通的货币。它是代用货币进一步发展的产物，其形态与代用货币一样也是纸质货币。信用货币自身没有价值，且不代表任何金属货币，它只是一种价值符号或信用凭证，通过国家强制力赋予它名义价值来进行流通，依靠政府信用和银行信用来发挥一般等价物的作用。目前，世界各国都采用这一货币形态。信用货币是通过银行信贷方式投入流通的，其主要形式是现金和存款货币。现金包括纸币和金属辅币，由中央银行经国家授权发行，是中央银行的负债。存款货币（deposit money）是指能够发挥货币作用的银行存款，包括支票存款、活期存款、定期存款等，由商业银行创造，是商业银行的负债。而广义货币还包括其他能充当支付手段和流通手段的各种信用凭证，如银行汇票、商业票据及其他短期证券等。信用货币在现代经济中发挥着十分重要的作用，尤其是银行信用创造的存款货币，已经成为现代经济中主要的货币形式。信用货币的发行完全摆脱了黄金准备的限制，政府掌握了发行货币的权利，可以控制货币发行量的规模，如果发行货币过多会导致通货膨胀，过少又会导致通货紧缩，对国民经济带来冲击和危害。

广义货币

信用货币

（五）电子货币

电子货币（electronic currency）是指通过计算机系统储存和处理的电子存款与信用支付工具。随着现代电子技术的迅速发展，电子计算机和互联网在金融业中得到普遍应用，各种形式的信用卡或银行卡正逐步取代现金和支票，成为经济生活广泛运用的支付工具。目前，以信用卡为代表的电子货币已经普及到人们的日常生活中，许多交易结算可以利用银行系统的计算机网络进行电子化转账支付或货币资金转移。电子货币的出现是市场经济高度发展和信息技术革命的产物，但存款货币的性质并没有改变，电子货币仍然发挥一般等价物的作用，仍具有货币的职能。在不久的将来，现钞和支票的使用会逐渐减少甚至消失，但货币将以新的形式存在，去执行货币的各项职能。电子货币是金融创新的一项重要成就，具有使用简便、安全、迅速、可靠等优点，是货币作为流通手段不断进化的表现，是信用货币发展的必然趋势，代表了货币未来的发展方向。银行信用卡如图 1—3 所示。

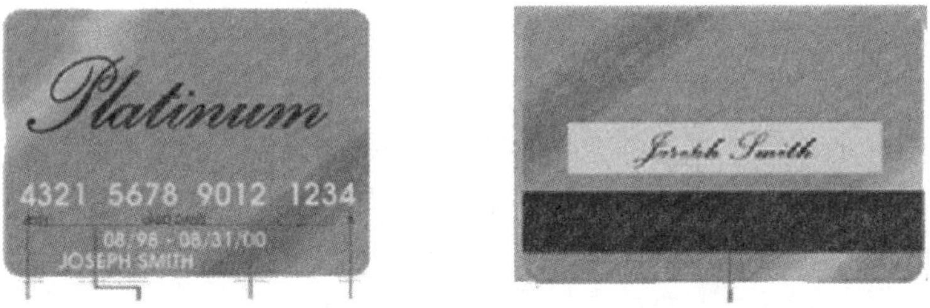

图 1—3　银行信用卡的正面与反面

拓展阅读 1—2　　　　中国早期的货币

早在 4 000 年前，贝壳在中国就作为货币的一种形式被使用。到了公元前 600 年，人们使用布料和青铜器（例如刀和锄头）作为支付手段。公元前 300 年，中国开始模仿制作刀、锄头、贝壳等作为货币使用，它们是大小比实物小很多的青铜器，上面刻有铸造城市名，有时还刻有价值或重量。

硬币的使用迅速在中国蔓延，公元前 3 世纪中期，新的币种开始出现，可能是因为它更容易铸造。这种青铜的圆形硬币，打有正方形的中心孔，这种铸造形状一直延续到 1912 年。

贝币

公元前 221 年，秦始皇改革了货币制度，禁止锄币、刀币、贝币等货币的使用，他的帝国引入了圆形的定值货币。正方形中心孔两边的两个汉字表示硬币的重量（半盎司),防止金属被削刮。

中国货币制度的重大发展是在公元 621 年,唐朝的开国皇帝唐高祖建立了新的货币制度。它仍保留了形状为圆形、中心有方形孔的特征,但是发行体制却变成了十进制。新的硬币的重量为 1/10 盎司,直径为 1/10 英尺。

宋朝(公元 960—1279 年)见证了中国与邻国间自由贸易的发展,货币的流通需求量也随之增加。然而,流通中的青铜制或铁制货币却限制了贸易的发展。各地区使用的货币各不相同,且不统一,某些地区甚至还禁止青铜制货币出口到其他地方。另外,在全国范围内携带巨额、重量很大的硬币存在困难。

对于此问题,纸币作为交换媒介的形式更为方便。同时,盐和茶叶的贸易也正蓬勃发展,在运送途中,商人可利用赎回票据来缴纳路上的收费,这些票据随之被当作货币使用。

然而,这些只是私人的交易,今天我们所知的纸币(即官方发行的没有时间限制的交换凭证)的首次使用,是在 1189 年的金朝。后来,在元朝(公元 1260—1367 年),所有的金银铜制货币都被禁用,在交易中一度曾只能使用纸币,这也使威尼斯旅行家马可·波罗感到非常惊讶。

(六)数字货币

数字货币是一种法定加密数字货币,是电子货币形式的替代货币。数字货币(digital currency)分两类:非 cryptocurrency 货币(即数字黄金货币,如 e-gold,以及公司发行的货币,如 xrp)和 cryptocurrency 货币(即比特币类的货币)。

数字货币不能完全等同于虚拟世界中的虚拟货币,因为它经常被用于真实的商品和服务交易,而不仅仅局限在网络游戏等虚拟空间中。它与支付宝、微信支付又具有本质不同,支付宝、微信支付和手机银行等其实都是电子货币,并非是数字货币。

虚拟货币是指非真实的货币,现特指网络虚拟经济中的货币,发行者不是央行,也只能在特定的虚拟环境中流通。在虚拟跟现实有连接的情况下,虚拟的货币有其现实价值。知名的虚拟货币如百度公司的百度币,腾讯公司的 Q 币、Q 点,盛大公司的点卷,新浪推出的 U 币米票(用于 iGame 游戏),侠义元宝(用于侠义道游戏),纹银(用于碧雪情天游戏)。而数字货币是可以被用于真实的商品和服务交易的,但只有国家发行的数字货币才是法定数字货币,像比特币是非法定数字货币。

任务二　货币的本质与职能

一、货币的本质

马克思通过对价值形式发展历史的考察,揭示了货币的起源,使我们清楚地看到了货币的本质,即货币是固定充当一般等价物的特殊商品,是自发核算社会劳动的工具,它体现着一定的生产关系。

(一)货币是固定的充当一般等价物的特殊商品

首先,货币作为商品,具有价值和使用价值。这是它与其他商品的共性,也是与其他商品相交换的基础。价值形式发展的历史表明,货币是在商品交换过程中,从普通商品中分离出来的。比如黄金,它也与其他商品一样,是用来交换的劳动产品,都是价值的凝结;另外,它也能满足人们某些方面的需要,如作为饰品,具有使用价值。

其次,货币作为一般等价物,不是普通的商品,而是一种特殊的商品。这种特殊主要是由一般等价物的本质所决定的，即货币是表现一切价值的材料，具有与一切商品相交换的能力。在商品交换过程中，普通商品是以各种各样的使用价值出现的，而货币却是作为一切商品价值的表现者出现的。用它可以交换一切商品，从而货币就获得了一般的、社会的使用价值，即拥有货币就可以得到任何一种使用价值。

（二）货币是自发地核算社会劳动的工具

由于货币是一般等价物，是价值的象征，其他商品都要通过与货币的交换来实现其价值，所以货币就自发地成为核算商品生产者社会劳动的工具。商品生产者的私人劳动能否转化为社会劳动，主要取决于其私人劳动生产的产品能否顺利地转化为货币。因此，通过货币不仅证明了某种商品生产者的私人劳动是否为社会所需要，而且证明了这种私人劳动在何种程度上为社会所需要。如果商品高价出售，转化为货币的数量多，就说明该项生产劳动不仅是整个社会劳动的有机构成部分，而且不足以满足社会的需要，在市场上供不应求；反之，则说明该项生产劳动超过了自发的社会分工的必要，在市场上供过于求。

（三）货币体现着一定的生产关系

生产关系是指人们在生产过程中所形成的人与人之间的关系。商品生产者相互交换商品，实质就是交换各自的劳动，只不过因为他们之间的劳动不能直接表现出来，所以采取了商品的形式来进行交换。因此，商品只有转化为货币，生产者的私人劳动才能转化为社会劳动，被社会所承认。商品与货币的交换，实质上就是商品生产者相互交换等量抽象劳动的社会生产关系。所以，在一定的经济社会里，货币还体现着一定的生产关系。

二、货币的职能

货币的职能也就是货币在人类社会经济生活中所发挥的作用。随着商品经济和货币的发展，货币的职能也不断地丰富。一般认为，货币具有以下五种职能：价值尺度、流通手段、贮藏手段、支付手段和世界货币。其中，价值尺度和流通手段是货币的基本职能，其他三种职能是在商品经济发展中陆续出现的。

货币职能

（一）价值尺度

价值尺度是指货币用以衡量和表现一切商品与劳务的价值时所执行的职能。货币作为一种衡量和评价商品价值的尺度，是一种计量价值的单位，所有商品和劳务的价值都可以用它衡量、用它表示、用它评价，从而可以方便地进行商品之间的比较。

货币在发挥价值尺度的职能时，只需要是观念或想象中的货币，而不需要现实的货币，即价值尺度实际上是一种观念形态，而不必用相应数量的货币摆放在商品旁边。

货币作为价值尺度的作用就是为各种商品和劳务定价，即把商品和劳务的价值表现为价格。货币作为价值的衡量尺度，为了准确地把各种商品和劳务的价值表现出来，就必须有一个统一的货币计量单位，即货币单位。货币单位，也称价格标准，是指以货币表示的价值计量单位，是衡量价值的标准。价格，则是以货币单位表示的价值，也就是价值的货币表现。价格的内在决定因素是价值，而外在的影响因素为供求关系。市场上商品的价格总是围绕价值上下波动。所以，商品价格与商品本身的价值成正比，与货币本身价值成反比。

（二）流通手段

流通手段是指货币在商品交换中起媒介作用时，所行使的流通媒介的职能。在商品交换中，货币作为交换的媒介，实现商品的价值。这种以货币为媒介的商品交换，就称为商品流通。

货币在执行流通手段职能时，必须是现实的货币，而不能是观念或想象中的货币。交易双方必须是一手交钱，一手交货，即等价交换。流通中需要货币的多少主要取决于三个要素：价格(P)、待出售的商品数量(Q)、货币流通速度(V)。在金属货币制度下：$M=PQ/V$。但作为流通手段的货币不必要是价值十足的货币。货币在发挥流通手段职能时，人们注重的是货币的购买力，因为货币作为流通手段时只是一种交易的媒介，商品所有者出售商品、换取货币，其目的是为了用货币去购买自己所需要的商品。只要货币有购买力，符号票券也能作为货币。纸币、信用货币因此而产生。这里货币本身的价值对于商品所有者而言并不重要。历史上的不足值铸币、现在的纸币、存款货币以及电子货币都是凭借这一点能够执行流通手段的职能。

货币作为流通手段的作用有：一是货币的出现克服了物物交换的困难，促进了商品流通与市场的扩大。二是将商品交换过程分离为买、卖两个环节，但是也会出现买卖脱节、供求失衡的可能性。

价值尺度和流通手段是货币的两个最基本的职能，商品要把自己的价值表现出来，需要一个共同的、一般的尺度；商品要转化为与自己价值相等的另一种商品，需要一个为社会公认的媒介。当这两个基本要求由一种商品来满足时，这种商品就取得了货币的资格。因此，价值尺度和流通手段的统一是货币。

(三)贮藏手段

贮藏手段是指当货币退出流通领域后，被人们当作独立的价值形态和社会财富的一般代表保存起来，处于静止状态时，所发挥的职能。人们之所以贮藏货币，是因为：第一，货币是价值的化身，是社会财富的一般代表，贮藏货币等于贮藏社会财富。第二，货币具有与一切商品直接相交换的能力，可随时购买商品，因此人们为了给未来的购买和支付作准备，也会贮藏货币。贮藏货币的目的有：贮藏财富；为购买或支付做准备；为投资积累资本；为预防不测之需或其他目的。货币作为贮藏手段，必须是现实的货币。

拓展阅读1—3

作为贮藏手段的货币可以用纸币吗？

答：作为贮藏手段的货币，既不能像充当价值尺度时那样只是想象中的货币，又不能像充当流通手段时那样用货币符号来代替，它必须既是现实的货币，又是价值稳定的货币。因此，纸币执行贮藏手段的职能是有前提条件的，其前提条件就是：纸币能正常流通且币值稳定。

随着经济社会的发展，货币作为贮藏手段，其贮藏的货币形态、贮藏方式和贮藏的目的是不断地发展变化的，如表1—1所示。

表1—1 贮藏手段的演变

形态变化	实物货币	金属货币	信用货币
方式变化	个人窖藏	请人代管	存入银行
目的变化	单纯致富	积累资本、提高消费层次	

在金属货币制度下，贮藏手段可自发调节货币流通量；在信用货币制度下，贮藏手段形成部分储蓄，影响即期购买力。在金属货币制度下，当流通中需要的货币量减少时，多余的金属货币就会退出流通而被贮藏起来；当流通中所需要的货币量增加时，贮藏的货币又会重新进入流通领域。这样，贮藏货币就像蓄水池一样，自发地调节流通中的货币量，使它与商品流通的需要相适应。

在信用货币制度下，货币贮藏与金属货币流通条件下的货币贮藏相比，具有如下几个特点：第一，由于纸币和存款货币本身没有价值，并不会真正退出流通。存入银行的存款从持币人的角度看是退出了流通。但银行在吸收存款之后，将存款以贷款方式放贷出去，形成新的货币购买力。因此，从整个流通界来看，这种货币并没有退出流通。在这种情况下，贮藏货币的"蓄水池"功能完全没有起作用。第二，由于货币仍然是一般等价物，从而货币还是社会财富的一般代表，它仍然可以发挥价值贮藏手段的功能，但前提是要求货币的币值保持相对稳定。第三，货币并不是唯一的价值贮藏手段。在发达的金融制度中，存在着许多可以用来作为财富贮藏手段的金融资产，它们各有利弊，相互影响。可以用多种金融资产的配合，实现价值贮藏。

(四)支付手段

支付手段是指货币作为交换价值的独立形态所进行的单方面转移，即货币在偿还债务或作单方面支付时所发挥的职能，例如，偿还债务、上缴税款、银行借贷、发放工资、捐款、赠与等。货币作为支付手段，首先，货币和商品(劳务)在交换中不同时出现，货币运动要与商品运动相分离。其次，货币支付作为交换过程的补充环节，从而独立地结束这个交换过程。最后，用货币支付的商品价格是在订立合同时就事先确定的，买者必须按合同规定的价格到期支付，而不管支付时市场价格如何变化。

支付手段的职能最初是为了偿还赊购的产品欠款，其后，随着经济的发展扩展到商品流通以外的各个领域，如纯粹的货币借贷、财政收支、信贷收支、工资和其他劳务收支等。这种发展进一步导致了货币收支在时间上、数量上的不一致，进而改变了一定时期的货币流通量。

货币在发挥支付手段职能时对经济社会有积极的影响，也有消极的影响。其中，积极的影响表现为：一是通过支付抵销，可以节约流通费用；二是通过非现金结算，克服了现款交易的局限性，从而使商品流通进一步扩大；三是可以加速资金周转，促进资金集中与有效利用。其消极的影响表现为：一是使买卖环节进一步脱节，加大供求失衡，加剧了经济危机发生的可能性；二是形成经济主体的债务链条，增加债务危机出现的可能性。

(五)世界货币

世界货币是指货币越出国内流通领域，在世界市场上执行一般等价物的职能。随着经济的发展，商品流通必然要超出国界，在世界范围内形成大的商品流通市场，那么货币也必然随着流通领域的扩大，而跨越国界。进而，货币作为一般等价物的价值尺度、流通手段、贮藏手段、支付手段的职能在国际市场上发挥作用。

货币执行世界货币的职能时所发挥的作用主要表现在三个方面：第一，作为一般的支付手段，用来支付国际收支的差额，这是世界货币的主要职能。第二，作为一般的购买手段，用以购买外国商品，如进口等。第三，作为社会财富的代表，由一国转移到另一国，如支付战争的赔款、对外贷款和转移财产。

世界货币

综上所述，货币作为一般等价物其职能和作用如表1—2所示。

表1—2　一般等价物的职能和作用

职　能	作　用
价值尺度	表现或衡量价值
支付手段	转移价值
流通手段	实现价值

续表

职　能	作　用
贮藏手段	贮藏价值
世界货币	货币发挥职能的范围发生扩大

货币的五种职能并不是孤立的，而是具有一定的内在联系的，每一种职能都是货币作为一般等价物的本质反映。其中，价值尺度和流通手段是货币最早、最基本的职能，贮藏手段、支付手段、世界货币职能是价值尺度和流通手段职能的发展和延伸。

任务三　货币在经济中的作用

一、货币在宏观经济中的作用

(一)货币能够提高社会资源配置效率

货币作为一般等价物，是社会财富的代表，由于货币的普遍可接受性，持有货币就拥有了支配稀缺经济资源的权利。这种权利在发达的市场经济中被称为消费者主权，是一项重要的经济权利。在这种权利下，货币成为一种“选票”，消费者可以根据自己的意愿或需求，运用所持有的货币选票，通过购买自己所需要的商品或劳务，促使社会资源合理配置。同时，人们可以利用利率等经济杠杆实现货币资金的分配，通过资金的分配，引导其他社会资源重新配置，提高资源配置效率。

(二)货币是传递信息的重要工具

在市场经济中，价格是商品价值的货币表现。在价格形成过程中，汇集了各种有关商品经济的信息。利用价格机制，可以向市场传递各种信息，人们也可以从价格变化中获取各种有用的信息。

(三)货币是实现宏观经济调控的工具

在一国国民经济活动中，政府经常要利用财政政策和货币政策以及其他宏观经济政策手段来间接地调控经济，以实现宏观经济的均衡。无论是财政政策还是货币政策，都是以货币为基本工具的。财政收支要以货币数量来表示，货币政策的任何一种工具的使用都离不开货币。此外，考核宏观经济政策的效果也是利用货币来进行的。

二、货币在微观经济中的作用

(一)货币是商品生产的第一推动力和持续推动力

在商品经济中，要从事商品生产就离不开货币的投入。在开始生产之前，需要一定数量的货币去购买原材料、劳动力，没有这些货币资金的投入，商品生产就无法开始，这就是货币作为第一推动力的作用。当生产启动后，需要不断追加资金，或者企业扩大再生产也需要不断地投入货币，此时货币发挥着持续推动力的作用。

(二)货币是进行经济核算的工具

人们可以利用货币作为记账单位，利用货币表示成本、价格和利润等，以此来衡量微观经济效益的高低，这有利于经营者对经营方案做出正确的选择，也有利于经营者对生产过程进行监督和控制。

(三)货币是实现收入分配的工具

当前任何企业或个人所获得的收入都必须借助货币来实现。首先利用相关指标考核劳动的数量和质量,其次根据考核结果,以货币方式支付报酬。

关于货币是否能够对经济产生实质性影响这一问题,经济学家有不同的看法。古典学派的代表人物大卫·李嘉图以及后来的萨伊等人认为,货币只是一种便利的交易工具,它不会对实际产出、就业水平等发生影响,货币数量的变化只会影响物价水平。该观点低估了货币在国民经济中的作用。英国经济学家凯恩斯充分肯定了货币对总产出、就业水平有重要作用,他认为通过货币数量变动影响利率,进而影响投资和消费,使社会总需求变动,从而可使企业产量和就业水平发生变化。现代货币学派的代表人物米尔顿·弗里德曼虽然认为货币数量变动在短期内主要影响物价,但他也肯定了货币数量变动在长期内会影响产出。

任务四 货币制度

一、货币制度的概念和内容

货币的产生极大地方便了商品交换,促进了商品的流通和经济的发展,但也带来了许多新的问题。例如,如何统一货币的价值,控制货币的流通量,有效调节货币的流通?在这种需求下,货币制度就应运而生。

(一)货币制度的概念

货币制度简称币制,是指国家以法令的形式确定的该国货币流通的结构和组织形式,它使货币流通的各个因素结合为一定的统一体。货币制度是一个国家对货币的有关因素加以规定所形成的制度、规则,是货币运动的准则和规范。建立货币制度的目的就是要保证货币和货币流通的稳定,促使其能够正常地发挥各项职能。货币制度是随着货币的产生而产生的,是商品经济发展到一定阶段的产物。

货币制度

(二)货币制度的内容

一般来说,货币制度主要包含以下基本内容:货币材料的确定,货币单位的确定,本位货币、辅币及其规格的确定,货币法定偿付能力的规定,货币发行准备制度。

1. 货币材料的确定

货币材料的确定是指由法律规定以何种材料作为本位币币材,它是一国货币流通的基础,是建立货币制度的首要步骤。货币材料可以是金属,也可以是非金属。哪种或哪几种材料一旦被规定为货币材料,则称该货币制度为该种或该几种材料的本位制。比如,以金为币材的货币制度称为金本位制,以金银为货币材料的货币制度称为金银复本位制。确定以什么材料作为货币材料,是由各国的生产力水平和经济条件决定的,不由国家自主选择。

2. 货币单位的确定

货币单位是指由法律规定货币单位的名称,货币单位的含金量、含银量(或值)。币材确定之后,就要确定货币的单位,其中包括货币单位名称的确定、货币单位值的确定。货币单位的值也就是币值,当铸币流通时,是指国家通过法定程序规定本位币所含的纯金或纯银的数量。

3. 本位货币、辅币及其规格的确定

本位币也称主币,是指用法定货币金属按照国家规定的货币单位铸造成的货币,它是一国流通中的基本通货,是一个国家法定作为价格标准的主要货币。辅币则是指本位货币以下的小额货币，其面值大多为本位币的 1/10 或 1/100，主要供日常的零星交易和找零使用。

主币具有以下特点：①本位币可以自由铸造、自由熔化。自由铸造、自由熔化的经济意义在于：一是可以保证铸币价值与铸币所含的金属价值相一致；二是可以保证铸币量自发地适应流通领域的货币客观需要量。②本位币具有无限法偿能力。

辅币具有以下特点：①辅币的币材一般是贱金属，如铜、铅、锡等。②辅币是不足值的货币，即辅币的名义价值高于其实际价值。③辅币可与主币按法律规定的比率自由兑换。④辅币的铸造权由国家垄断（辅币不足值，铸辅币有收入）。⑤辅币只具有有限法偿能力。

4. 货币法定偿付能力的规定

货币的偿付能力分为有限和无限法偿。关于货币法定偿付能力的规定是现代货币制度的重要内容。实际上，只要国家干预货币问题，就必然有法律对货币的支付能力进行规定。比如，统治者对自己铸造的劣币、对自己发行的纸币都有法律支持，不准人们拒用。

(1)无限法偿，即法律规定的无限制偿付能力，是指国家在法律上赋予其强制流通能力的货币，当用它来支付或偿还债务时，任何经济主体不得拒收。取得这种资格的货币，在金属铸币流通时是本位币，后来是不兑现的中央银行的银行券，即纸币。

(2)有限法偿是指法律规定某种货币只有有限的支付能力，若一次性支付时超出规定的限额，对方有权拒收，它主要是针对辅币规定的。

5. 货币发行准备制度

货币发行准备制度是货币制度的一项重要内容，是为约束货币发行规模、维护货币的币值稳定而制定的一项制度，是一国货币运行的基础。货币发行准备制度，是指中央银行在货币发行时需要以某种金属或几种形式的资产作为其发行货币的准备，从而使货币的发行与某种金属或某些资产建立联系和制约关系。

在金属本位制度下，货币发行的准备是以法律规定金属为准备的。例如，在银本位制度下，货币的发行是以白银作为准备的；在金银复本位制度下，货币发行是以黄金和白银同时作为准备的；在金本位制度下，货币发行是以黄金为准备的。在当今信用货币制度下，货币的发行准备主要体现为作为国际支付的准备金。例如，我国人民币发行是以黄金、外汇、在国际货币基金组织的普通提款权和特别提款权作为准备的。

二、货币制度的演变

16 世纪以后，随着资产阶级国家政权和资本主义制度的确立，国家货币制度才逐渐完善并得以规范统一。从货币形态上看，货币制度依次经历了金属货币制度和信用货币制度。其中，金属货币制度又可以进一步分为银本位制、金银复本位制和金本位制，如图 1—4 所示。

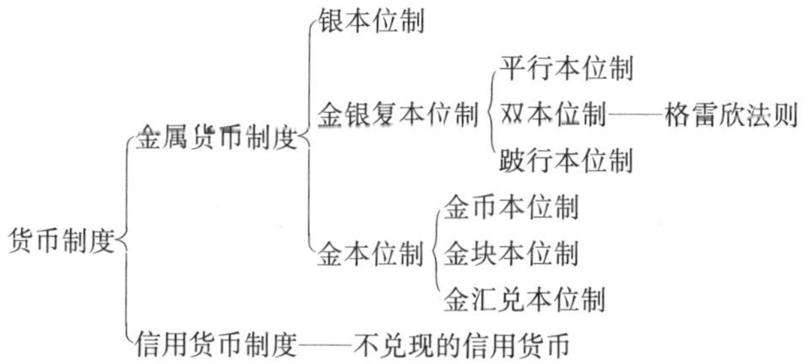

图 1—4　货币制度的演变

(一)银本位制度

银本位制是指以白银作为货币金属,以一定量的银币充当本位币的货币制度。银本位制主要适用于商品经济不够发达和黄金供应较少的时期,是较早的货币制度之一。从世界范围来看,白银是封建社会的主要币材;从中国看,中国是最早使用白银,也是最晚放弃使用白银的。中国自汉朝就开始使用白银作为货币,直到 1935 年国民党政府宣布“法币改革”,才废止银本位制。

1. 银本位制的内容

在银本位制下,各国政府以法律形式规定以白银作为本位货币币材,白银和本位货币保持一定的关系不变,即一单位的本位币等于一定量的白银;银铸币享有无限法偿能力;规定银铸币的重量、成色、形状及货币单位;银铸币可以自由铸造与熔化,可以自由输出与输入;银行券可以与银铸币或等量白银自由兑换。

2. 银本位制的缺点

白银作为币材有以下几方面的缺陷:一是白银价值不稳定。从 19 世纪末开始,金银比价大幅波动,总的趋势是金贵银贱。加之采掘技术的改进,白银产量迅速增加,白银价值急剧下跌,使之不再适宜作为币材。二是大宗交易或价值较大的交易使用不便。相同重量的白银与黄金比,白银体积大、价值小,给大宗交易的运送、携带及保管带来极大的不便。当社会经济发展到一定阶段时,就在客观上要求具有更大价值的黄金作为货币。

(二)金银复本位制度

金银复本位制是指金、银两种金属同时被法律承认作为本位币的货币制度。金银复本位制度是资本主义发展初期的货币制度,在 16—18 世纪西欧各国流行。这一时期,随着资本主义经济的兴起,城乡交换日益频繁。一方面,小额交易不断增加,需要以白银作为本位币。另一方面,大工业与批发业也迅速发展,大宗交易剧增,需要以黄金作为本位币。为适应经济发展的这种需要,产生了金银复本位制度,英国在 1696 年率先实行。

1. 金银复本位制的内容

在金银复本位制下,各国政府以法律形式规定黄金和白银同时被法律确定为本位货币币材;规定金银两种货币均为本位货币,即主币,享有无限法偿能力;规定金、银铸币的重量、成色、形状及货币单位;金铸币、银铸币可以自由铸造与熔化、自由输出与输入;金币、银币可以自由兑换;银行券可以与金、银铸币自由兑换。

2. 金银复本位制的类型

由于金币和银币同时作为本位货币,它们之间必须有一个比价才能方便商品交换的计价和商品的流通。因此,按照金银比价关系的形成方式不同,金银复本位制又可进一步分为平行本位制、双本位制和跛行本位制。

(1)平行本位制

平行本位制是指金币与银币各按其实际价值流通,两币的交换比率由市场上生金与生银的比价确定。平行本位制是复本位制早期的形式。在此制度下,由于金币与银币的比价是由市场自发形成、确定的,从而金银比价关系极不稳定,且变动频繁,进而给交易和找零带来了极大的不便,造成了市场的混乱。于是产生了双本位制度。

(2)双本位制

双本位制是指金币与银币按国家规定比价流通,在此制度下,两币的交换比率不受生金、生银市场价格波动的影响。美国和欧洲大陆国家曾普遍采取此制

格雷欣法则

度，它是复本位制的主要形式。双本位制克服了平行本位制金银比价不稳定的缺陷，但其结果是在社会上产生了官方比价和市场比价两种比价关系。官方比价是国家以法令形式确定的，比较稳定，而市场比价是市场自发决定的。两者常常出现偏离，于是产生了“劣币驱逐良币”的现象，即格雷欣法则。

由于这一现象是由16世纪英国伊丽莎白女王一世的财政大臣托马斯·格雷欣（Thomas Gresham）发现并提出的，所以这一现象发生的规律又被称为格雷欣法则（Gresham's Law）。格雷欣法则即“劣币驱逐良币”规律，在金属货币流通条件下，当一个国家同时流通两种实际价值不同，但法定比价不变的货币时，实际价值高于名义价值的货币（也称良币）必然被人们熔化、储藏或输出而退出流通领域，而实际价值低于名义价值的货币（也称劣币）反而充斥市场，作为商品交换的媒介。

(3)跛行本位制

跛行本位制即名义上金币、银币都被规定为本位货币，但金币可以自由铸造、自由熔化，而银币却不能。在此制度下，银币其实已经演化为金币的符号，起着辅币的作用。因此，跛行本位制是一种不完全的复本位制，是一种由金银复本位制向金本位制演变的过渡性货币制度。

劣币驱逐良币

3. 金银复本位制的缺点

复本位制是一种不稳定的货币制度，这是因为一般等价物要求垄断价值表现，即只能以一种商品作为其他一切商品价值的表现材料，而金银复本位制与货币的这一特性是矛盾的，这一矛盾的具体表现就是格雷欣法则。

(三)金本位制度

金本位制简称金本位，是以黄金作为本位货币的一种货币制度。在此制度下，流通中的金属货币除了金币以外，也有银币，但银币不再是本位货币，银币已经成了辅币。金本位制又可分为金币本位制、金块本位制和金汇兑本位制。

1. 金币本位制

金币本位制又称古典的或纯粹的金本位制，是金本位制的典型，是真正意义上的金本位制度。从世界范围来看，金币本位制是资本主义社会在自由竞争阶段的货币制度，盛行于1880—1914年。在金币本位制下，各国政府以法律形式规定以黄金作为货币金属，享有无限法偿能力；规定金铸币的重量、成色、形状及货币单位；规定金币可以自由铸造与自由熔化、自由输出与自由输入。

(1)金币本位制的特点

①金币可以自由铸造、自由熔化，具有无限法偿能力；其他金属铸币则限制铸造。金币的自由铸造和自由熔化能够自发调节流通中的货币量，保证金币的币值与其所含黄金的价值保持一致，使金币面值与实际价值相符。

②辅币与银行券可以自由兑换金币。

③黄金可以自由输出与输入，可以保持外汇行市的相对稳定，使世界市场统一。

④货币储备全部都是黄金，并以黄金进行国际结算。

(2)金币本位制被淘汰的原因

第一次世界大战时期，特别是战后，由于资本主义政治和经济发展的不平衡，黄金的自由流通、银行券的自由兑换和黄金的自由输出入遭到破坏，各国为阻止黄金外流，先后放弃了金币本位制。

2. 金块本位制

金块本位制又称生金本位制，是指国内不铸造、不流通金币，而流通代表一定重量黄金的银行券，黄金集中存储于政府，银行券只能在一定条件下向发行银行兑换金块的一种货币制度。该制度的主要特点是：不准申请铸造金币，不准金币流通。在这种制度下，市场上流通的是银行券，银行券在一定条件下可以兑换黄金。例如，英国1925年规定，兑换黄金的最低限额是1 700英镑；法国在1928年规定至少需215 000法郎才能兑换黄金。显然，这不是一般民众有能力兑换的。

3. 金汇兑本位制

金汇兑本位制又称虚金本位制，其特点是在国内既不铸造金币也无金币流通，银行券不能兑换黄金，只能兑换外汇，然后用外汇在外币发行国兑换黄金。而实行这种制度的国家其中央银行必须将黄金准备存放于国外，并以存入国的货币作为发行准备，同时规定本国货币与存入国货币的法定比价，居民可按这一比价自由地兑换外汇，并在存入国兑换黄金。实行金汇兑本位制的国家，实际上是使本国货币依附于一些经济实力雄厚的外国货币，如美元等，并成为其附庸。

金块本位制和金汇兑本位制都是残缺不全的金本位制，是不稳定的货币制度。首先，两种制度都没有金币流通。金币本位制所具备的自发调节货币流通量、保持币值相对稳定的机制不复存在。其次，银行券不能自由兑换黄金，削弱了货币制度的基础。最后，发行准备和外汇基金存放他国，加剧了国际金融市场的动荡。一旦他国币制不稳定，必然连带本国金融市场随之动荡。

(四)信用货币制度

信用货币制度，又称不兑现的信用货币制度，是指以不可兑换黄金的信用货币作为本位货币的货币制度，是当今世界各国普遍采用的货币制度。1929—1933年，资本主义国家发生了世界性的经济危机和金融危机，这次大危机迅速摧毁了原有的金本位制。其后，各资本主义国家先后放弃了金本位制，实行不可兑现的信用货币制度。

1. 信用货币制度的内容

在信用货币制度下，没有金属本位币的铸造与流通；社会上流通的是不兑现的银行券或者纸币；不兑现的银行券体现着银行对持有者的负债，反映的是银行信用。纸币体现着中央银行作为发行人对持有者的负债，反映的是政府信用。因此，流通中的货币都是信用货币，主要由现金和银行存款构成，它们都体现着某种信用关系。信用货币都是通过金融机构的业务投入到流通中去的，与金属货币通过自由铸造进入流通有本质区别。

2. 信用货币制度的特点

第一，信用货币一般是中央银行发行的本位货币，币材为纸，具有无限法偿能力。第二，货币不能兑换黄金，也不规定含金量，完全是信用发行。第三，货币的发行客观上受国家经济发展水平的制约，从而使国家对货币的供应实施管理。适量的货币流通和稳定的币值是经济发展的必要条件。第四，信用货币是通过银行信贷渠道投放的。无论是现金还是银行存款，都要经过银行向社会投放。第五，信用货币供应量不受贵金属量的制约，具有一定的弹性，政府可以根据经济运行状况进行一定的调节。

三、我国的货币制度

我国现行的货币制度较为特殊。由于我国实行“一国两制”的方针，1997年、1999年香港和澳门地区分别回归祖国以后，继续维持原有的货币金融体制，从而形成了"一国多币"的特殊货币制度。目前，我国不同地区各有自己的法定货币：人民币是大陆地区的法定货币，港元是香港地区的法定货币，澳门元是澳门地区的法定货币，新台币是台湾地区的法定货币。各种货币都限于本地区流通，人民币与港元、澳门元之间按以市场供求为基础决定的汇价进行兑换，澳门元与港元直接挂钩，新台币主要与美元挂钩。

(一)我国货币制度的历史沿革

我国使用货币已经有几千年的历史了。原始货币主要有海贝、布帛、农具等。商周时期开始使用金属货币，秦始皇统一中国后就统一了币制，规定黄金为上币，铜钱为下币，统一铸造内方外圆的金属货币。

唐代经济以自然经济为主，商品经济处于发展阶段，水平很低，实行了"钱帛兼行"的货币制度——钱即铜钱，帛则是丝织物的总称，包括锦、绣、绫、罗、绢、绮等，实际上是一种以实物货币和金属货币兼而行之的多元货币制度。在这种情况下，"钱帛兼行"的货币制度既有多种实物货币，又有单位价值较小的铜钱，从而较好地适应了小额商品交易的需要。宋、辽、夏、金时期，我国的经济有了较大的发展。两宋的货币制度，是以钱为主，绢帛等实物成了普通商品。白银日渐重要，纸币也已出现和流通。北宋真宗年间，由当时四川的富商首创了"交子"，交子是世界上最早的纸币。

我国用白银作为货币的时间很长，唐宋时期白银已普遍流通，仁宗景佑年间(1034—1038年)银锭正式取得货币地位。金、元、明时期确立了银两制度，白银是法定的主币。清宣统二年(1910年)4月政府颁布了《币制则例》，宣布实行银本位制，实际是银圆和银两并行。1933年4月，国民党政府废两改元，颁布《银本位铸造条例》，1935年11月实行法币改革，在我国废止了银本位制。

1935年11月，国民党政府规定以中央银行、中国银行、交通银行三家银行(后增加中国农民银行)发行的钞票为法币，禁止白银流通，发行国家信用法定货币，取代银本位的银圆。规定法币汇价为1元等于英镑1先令2.5便士，1936年法币改为与美元挂钩，100法币等于35美元。由中央银行、中国银行、交通银行三家银行无限制买卖外汇，是一种金汇兑本位制。

在抗日战争和解放战争期间，国民党政府采取通货膨胀政策，法币急剧贬值。1937年抗战前夕，法币发行总额不过14亿余元，到日本投降前夕，法币发行额已达5 000亿元。到1947年4月，发行额又增至16万亿元以上。1948年，法币发行额竟达到660万亿元以上，等于抗日战争前的47万倍，物价上涨3 492万倍。1948年8月19日，国民党发行金圆券，1金圆券等于300万法币，法币被金圆券取代。1949年5月，国民党政府又发行了银圆券。随着解放战争的不断胜利，旧中国的货币制度彻底崩溃。

(二)我国的人民币货币制度

中国人民银行于1948年12月1日在河北省石家庄市成立，并于同一天发行人民币，这是新中国货币制度的开端。人民币制度是通过统一各解放区货币、禁止金银外币流通、收兑国民党政府发行的各种货币而确立下来的。

第一版人民币是在恶性通货膨胀的背景下发行的，1950年流通的钞票，最小面额是50元券，最大面额是50万元券。随着新中国经济建设的恢复发展和物价的稳定，为了便利商品流通和货币流通，1955年3月1日发行了第二版人民币，按1∶10 000的比率无限制、无差别地收兑了第一版人民币，同时建立了主辅币制度，这个格局一直保持到现在。1962年4月20日发行了第三版人民币。1987年4月27日发行了第四版人民币，增发50元和100元面额的币种。1999 年 10 月 1 日，为纪念新中国成立 50 周年，发行了第五套人民币。

目前，人民币已经发行至第五套，其中第一套、第二套(角币及圆币)、第三套(纸币)已经停止使用。流通中的人民币主币有 1 元、5 元、10 元、20 元、50 元、100 元 6 种券别，辅币为 1 分、2 分、5 分和 1 角、2 角、5 角 6 种券别，其中，1 分、2 分和 5 分面额的纸币已经于 2007 年 3 月 25 日退出流通。人民币的符号为“¥”，取人民币单位“元”字的汉语拼音“YUAN”的第一个大写拼音字母“Y”加两横，读音同“元”。

人民币是我国大陆的法定货币，人民币主币的“元”是我国经济生活中法定计价、结算的货币单位，具有无限法偿能力；人民币辅币的货币单位有“角”和“分”两种，分、角、元均为十进制，辅币与主币一样具有无限法偿能力。人民币由国家授权中国人民银行统一发行与管理。

国家规定，人民币是信用货币，人民币不规定含金量，是不兑现的信用货币。人民币以现金和存款货币两种形式存在，现金由中国人民银行统一发行，存款货币由银行体系通过业务活动进入流通，中国人民银行依法实施货币政策，对人民币总量和结构进行管理和调控。中国人民银行集中统一管理国家金银、外汇储备，作为国际支付的准备金，负有保持人民币对内和对外价值稳定的重要职责。

1. 人民币的发行原则

我国的人民币是信用货币，为保证人民币的稳定，我国坚持集中统一、经济发行和计划发行的原则。

人民币的发行采取高度集中统一原则。人民币的发行权属于国家，中国人民银行是我国唯一的货币发行机关。除中国人民银行外，任何地区、部门和单位都不准发行货币、变相货币和货币代用品。

经济发行原则是指中国人民银行发行的人民币数量由经济发展水平、社会生产和水平流通的客观需要决定，人民币的流通数量随着生产和流通规模变化而增减，从而保证人民币的稳定。

计划发行原则是指中国人民银行根据国家批准的货币发行量，编制人民币发行计划，按计划发行货币，调节货币流通。

由上述可知，我国的人民币制度具有独立自主、集中统一、计划管理和适应经济发展需要的特点，这些特点正是人民币币值相对稳定的基础和条件。

2. 人民币的发行渠道

中国人民银行发行人民币有两个渠道：直接发行渠道和间接发行渠道。

直接发行渠道是指中国人民银行到金融市场上购买黄金、外汇和国债，向社会直接投放货币。中央银行购买国债，是调控金融稳定的重要手段。

间接发行渠道是指中国人民银行向商业银行以及其他金融机构发放贷款，再通过商业银行业体系派生货币。这是中央银行的主要发行渠道。

(三)香港、澳门和台湾地区的货币制度

人民币在香港和澳门地区不是法定货币。香港和澳门地区按基本法自行决定发行港元和澳门元。但是，现在港、澳地区有些商店接受使用人民币交易。台湾地区的银行不接受人民币的兑换，一般商家也不接受人民币，而使用新台币来买卖交易。台湾地区的仅认为人民币是“有价证券”，不具有通货身份。

1. 香港地区的港元

港元又称港币，是中华人民共和国香港特别行政区的法定流通货币。按照香港基本法和中英联合声明，香港的自治权包括自行发行货币的权利。港元正式的简称为 HKD(Hong Kong Dollar)，标志为 HK＄。

港元的纸币绝大部分是在香港金融管理局监督下由三家发钞银行发行的。三家发钞银行包括汇丰银行、渣打银行和中国银行(香港)，另有少部分新款 10 元钞票，由香港金融管理局自行发行。硬币则由金融管理局负责发行。1997 年回归前，香港流通的硬币上铸有英皇头像，曾一度成为收藏对象。1997 年起，政府逐渐收回旧硬币，以背面上为香港市花洋紫荆的新硬币代替，但铸有英皇头像的硬币仍为合法货币，与新硬币同时流通。

自 1983 年起，香港建立了港元发行与美元挂钩的联系汇率制度。发钞行在发行任何数量的港币时，必须按当时的美元与港元的兑换汇率兑换美元，向金融管理局交出美元，记入外汇基金账目，领取了负责证明书后才可印钞。这样，外汇基金所持的美元就为港元纸币的稳定提供支持。

虽然港元只在香港地区有法定地位，但中国内地和澳门地区也接受港元。而且，在澳门地区的赌场，港元是除澳门元以外唯一接受的货币。

2. 澳门地区的澳门元

澳门元又称澳门币，是中华人民共和国澳门特别行政区的法定流通货币，常用缩写 MOP＄，其正式的简称为 MOP(Macao Pataca)。澳门的货币政策由澳门金融管理局管理。

现在，澳门币的纸币由澳门金融管理局授权大西洋银行与中国银行澳门分行发行，硬币则由澳门金融管理局负责发行。澳门币与港元之间实行联系汇率制度，澳门币与港元挂钩。由于港元与美元实行联系汇率制度，所以澳门币也间接与美元挂钩。澳门现在对澳门币与外币的进出境都没有管制，游客可以在澳门的酒店、银行、兑换店等地自由兑换货币。

3. 台湾地区的新台币

新台币的前身为台币(旧台币)。台币在 1945 年 5 月 22 日开始发行。当时台币被定位为一种过渡时期的货币。由于 1948 年上海爆发金融危机，连带使旧台币大幅贬值，造成台湾地区物价急剧上涨。

1949 年 6 月 15 日台湾地区发行新台币，明确规定 40 000 元旧台币兑换 1 元新台币，新台币成为现在台湾地区的法定货币。

新台币在 2000 年发行 1 000 元面值货币之前，都是台湾地区“中央银行”委托台湾银行发行，2000 年之后改由台湾地区“中央银行”发行。

任务五　货币层次的划分

一、货币层次的划分依据

由于货币在现代经济中扮演着极其重要的角色，因此如何定义货币，不仅具有理论意义，而且具有现实意义。目前，大多数经济学家认为应根据金融资产的流动性来定义货币、划分货币，从而确定货币供应量的范围。所谓金融资产的流动性，也称货币性，它是指一种金融资产能迅速转换成现金而对持有人不造成损失的能力，也就是变为现实的流通手段和支付手段的能力，即变现力。它取决于买卖的便利程度和买卖时的交易成本。流动性程度不同的货币在流通中转手的次数不同，形成的购买力则不同，从而对商品流通和其他经济活动的影响程度也就不同，比如现金和活期存款，作为流通

货币层次

手段和支付手段使用，直接引起市场商品供求变化，因而具有完全的流动性，所以其货币性最强。而定期存款和储蓄存款则流动性较低，虽然也会形成一定购买力，但因需要转化为现金才能变为现实的购买手段，如提前支取会有一定程度的损失，所以其流通次数较少，对市场的影响力就不如现金。一般来说，货币层次越高，流动性越强，货币转化为现金或活期存款所需的成本越低，时间也越短。

二、货币层次的划分方法

各中央银行根据金融资产的流动性来划分不同层次的货币供应量，其具体做法如下：

1. 国际货币基金组织的货币供给口径

按照流动性的强弱，国际货币基金组织将货币划分为以下三个层次。

(1)M0(现钞)

现钞不包括商业银行的库存现金，而是指流通于银行体系之外的现钞，即居民和企业手中持有的现金。因为这部分货币可以随时作为流通手段和支付手段，所以流动性最强，放在第一层次。

(2)M1(狭义货币)

狭义货币包括M0和银行活期存款，因为银行活期存款可以签发支票进行转账结算而直接成为支付手段，所以也具备极强的流动性。人们平时在各种统计资料上见到的“货币”，指的就是M1。M1作为现实的货币购买力对社会经济生活有着广泛而直接的影响，所以各国都将控制货币供给量的主要措施放在这一层面上，使之成为货币政策调控的主要对象。

(3)M2(广义货币)

广义货币包括M1和准货币。准货币一般指银行的定期存款、储蓄存款、外币存款，以及各种短期信用工具，如银行承兑汇票、国库券等。准货币本身虽然不像货币，但是在经过一定手续后能比较容易地转化为现实购买力，加大流通中的货币量，所以也称为近似货币。广义货币层次的确立，对研究货币流通总体状况具有重要意义，特别是对金融制度发达国家的货币计量，以及对未来货币流通走势的预测都有重要作用。

M2

2. 美国的货币层次划分

不同国家会有不同的货币层次划分，同一国家货币层次的划分也不是一成不变的，而是随着金融业的发展不断进行调整的。美国对货币层次划分的调整甚为频繁，仅1971年4月至1986年3月就做了大约8次调整。1998年4月联邦储备公报显示，美国联邦储备系统的货币供应层次有以下四个：

M1＝流通中的现金＋旅行支票＋活期存款＋其他支票存款(如NOW账户、ATS账户等)

M2＝M1＋储蓄存款(含货币市场存款账户)＋小额(10万美元以下)定期存款(含零售回购协议)＋零售货币市场共同基金余额(最低初始投资5万美元以下)＋调整项(为避免重复计算)

M3＝M2＋大额(10万美元以上)定期存款＋机构持有的货币市场共同基金余额(最低初始投资5万美元以上)＋所有存款机构发行的回购负债(隔夜的和定期的)＋调整项

L＝M3＋其他短期流动资产(如储蓄债券、商业票据、银行承兑汇票、短期政府债券等)

3. 日本的货币层次划分

日本的货币层次划分为以下四个层次。

M1＝现金＋活期存款(包括企业活期存款、活期储蓄存款、通知存款、特别存款和通知纳税存款)

M2＋CD＝M1＋准货币(活期存款以外的一切公私存款)＋可转让存单

M3＋CD＝M2＋CD＋邮政、农协、渔协、信用组合和劳动金库存款＋货币信托和贷放信托存款

L(广义流动性)＝M3＋CD＋回购协议债券、金融债券、国家债券、投资信托和外国债券

4. 我国的货币层次划分

中国人民银行结合我国的实际情况参照国际通行的原则将我国货币供应总量划分为以下四个层次。

M0＝流通中的现金

M1＝M0＋企业活期存款＋机关团体部队存款＋农村存款＋个人持有的信用卡类存款

M2＝M1＋城乡居民储蓄存款＋企业存款中具有定期性质的存款＋外币存款＋信托类存款

M3＝M2＋金融债券＋商业票据＋大额可转让存单

在上述四个层次中，M1 是通常说的狭义货币，流动性较强；M2 是广义货币；M2 与 M1 的差额是准货币，流动性较弱；M3 是为适应金融创新的要求设立的，流动性最弱。

总之，以上各货币层次不同的划分方法，除了 M0 与 M1 各国较统一外，其余各个层次，包括使用的符号、各个符号包括的内容、货币层次的称谓等都是不相同的。例如，

M0＝现金

M1＝现金＋活期存款

M2＝M1＋准货币＋可转让存单

M3＝M2＋CD＋长于隔夜的限期回购协议和欧洲美元

M4＝M3＋定期存款＋私人部门持有的建房互助协会的股份

L＝M3＋非银行公众持有的储蓄券＋短期国库券＋商业票据＋银行承兑票据

其中，活期存款一般不包括官方机构和外国银行在商业银行的存款。准货币是指活期存款以外的一切公私存款。M4 是英国英格兰银行公布的一个货币口径。L 是美国联邦储备委员会使用的一个货币口径。

三、货币层次的划分实意义

迄今为止，关于货币供应量层次的划分并无定论，但根据资产的流动性来划分货币供应量层次，已为大多数国家政府所接受。尤其是对狭义货币供应量 M1 的划分，已被各国普遍接受。显然，这种划分在现代经济中具有重要的意义。首先，划分货币层次，进而统计和公布各层次货币供应量，对加强和改善宏观经济管理具有重要的意义。其次，通过对货币供应量指标的分析，可以观察分析国民经济的变动，考察各种具有不同货币性的资产对经济的影响，并选定一组与经济的变动关系最密切的货币资产，作为中央银行控制的重点。最后，有利于中央银行调控货币供应量，并及时观察货币政策的执行效果。

应知考核

一、单项选择题

1. 流通中的主币(　　)。

A. 是1个货币单位以下的小面额货币　　B. 是有限法偿货币
C. 主要用于小额零星交易　　D. 是一个国家的基本通货
2. 货币形态演变的历程是(　　)。
A. 金属货币→实物货币→代用货币→信用货币→电子货币
B. 实物货币→金属货币→代用货币→信用货币→电子货币
C. 实物货币→信用货币→代用货币→金属货币→电子货币
D. 金属货币→信用货币→代用货币→实物货币→电子货币
3. 货币在商品交换中起媒介作用时执行(　　)。
A. 价值尺度职能　　B. 流通手段职能　　C. 贮藏手段职能　　D. 支付手段职能
4. 银行券属于(　　)。
A. 实物货币　　B. 商品货币　　C. 金属货币　　D. 信用货币
5. 出现“劣币驱逐良币”现象的货币制度是(　　)。
A. 金本位制　　B. 银本位制　　C. 金银复本位制　　D. 金块本位制

二、多项选择题

1. 货币制度的构成要素主要有(　　)。
A. 规定货币材料　　B. 规定货币单位
C. 规定流通中货币的种类　　D. 规定货币的法定支付能力
2. 我国流通的货币是人民币,人民币是(　　)。
A. 不兑现的信用货币　　B. 可兑现的信用货币
C. 中国人民银行发行的法定货币　　D. 通过非信用程序发行的
3. 金币本位制的特点是(　　)。
A. 金币自由铸造　　B. 金币自由熔化　　C. 黄金自由输入　　D. 黄金自由输出
4. 货币执行支付职能时的具体形式有(　　)。
A. 发放工资　　B. 缴纳税款　　C. 转移财富　　D. 银行借贷
5. 港币的发行银行有(　　)。
A. 汇丰银行　　B. 花旗银行　　C. 渣打银行　　D. 中国银行

三、判断题

1. 银行券只在不兑现的信用货币制度下流通,在金属货币制度中不存在。(　　)
2. 货币是特殊商品,因此,不具有特殊的使用价值。(　　)
3. 存款货币的出现,打破了实体货币的观念,将货币由有形货币引向了无形货币。(　　)
4. 电子货币是虚拟货币,是一种没有货币实体的货币。(　　)
5. 我国货币层次M0=M1+可开支票的活期存款。(　　)

四、简述题

1. 货币的本质是什么?主要体现在哪几个方面?
2. 什么是货币?货币有哪些形式?简述货币的职能及各项职能的作用。
3. 什么是货币制度?货币制度的基本构成包括哪几个方面?

4. 简述格雷欣法则的内容。

5. 简述货币制度的历史演变过程;各种货币制度的基本内容、特点及缺陷。

五、计算题

假设某年某国实现商品价格总额10 000亿元,货币需要量为2 500亿元,为保证生产和流通正常运行,计算并分析:

(1)客观需要以每单位货币平均媒介商品交换次数是多少?

(2)若该国同期投放货币2 000亿元,会出现什么情况?

(3)若该国同期投放货币2 500亿元,但随着基础设施改善,货币周转加快,一枚货币媒介商品交易的次数为5,会出现什么情况?

应会考核

■ 观念应用

【背景资料】

比特币

2008年,国际金融危机爆发。同年11月1日,在前人的理论和实践基础之上,一位化名中本聪的"神秘人"发表了一篇题为"一种点对点的现金支付系统"的论文,阐述了其对电子货币的新构想。

2009年1月3日,中本聪在位于芬兰赫尔辛基的一个小型服务器上挖出了比特币的第一个区块——创世区块(Genesis Block),并获得了"首矿"奖励——50枚比特币。

通俗来说,比特币是一种由开源的P2P(点对点)软件产生的电子数据。比特币的初始来源就是中本聪设计的比特币系统给出的奖励。比特币账户间的交易很像个人发送电子邮件,先要安装一个比特币客户端,账户就像是个人电子邮箱地址,而密码就像是比特币交易的个人私钥。

在比特币的网络中,每个安装了客户端的节点都拥有一个分布式数据库来管理比特币的生产、交易,查询账户余额、交易记录,同时更新和记录着比特币系统的最新变化。

区块链是比特币的底层技术,为了保证比特币交易的准确性、公正性和可追溯,需要通过区块链技术记录和确认整个交易过程,就像银行系统准确记录每一笔资金的汇划金额、支付时间和交易对象。比特币交易系统每10分钟就将这段时间内全网所有的交易数据打包,存储在特定的区块文件中,并发送到每个节点,这些区块文件按照时间先后顺次排列,就成为区块链。

由于比特币网络中有许多计算机节点,这些节点就像一个个"账房先生",如何从中找出那个记账又快有准的"账房先生"来生成唯一被系统认可的区块呢?中本聪创造了比特币的奖励机制,即哪个"账房先生"能够最全搜集前10分钟内的全网交易数据,并且最快猜出特定复杂方程的解并发送到网络上让大家确认,就让他成为这个区块的记账者,奖励一开始是50枚比特币,以后每隔4年减半,直到2140年2 100万枚比特币全部发完为止。

中本聪设计的这套奖励机制,鼓励各比特币节点努力工作,保证了比特币区块链的正常运转,并不断产生新的区块链,保证比特币的发行和流转。

随着比特币总量的增加,以及比特币和法定货币之间交易需求的增加,比特币交易所应运而生。2010年,世界上第一个比特币交易所Bitcoin Market(比特币市场)诞生,此后,全球又陆续出现了100多家交易所,中国境内的交易所也异军突起,一度占据了全世界交易总量的八成。比特币交易所通过线上撮合交易大大便利了比特币的炒作和变现。毕竟,在交易所交易比特币,只在充值和提现的时候才记录到比特币区块链,而用户间的买进卖出交易则记录在交易所的服务器里,并不受系统时间的限制。比特币交易所的出现,又使得比特币吸纳了大量的投机资金,价格扶摇直上。由于交易所的繁荣,比特币可以大规模地在全球各比特币交易所交易,并转换成各种货币,从而也为资金外逃和洗钱创造了方便之门,这也是各国央行打击的重点。

2013 年 12 月 5 日,中国人民银行等五部门发布《关于防范比特币风险的通知》,要求各金融机构和支付机构不得以比特币为产品或服务定价,不得从事比特币相关业务,不得直接或间接为客户提供其他与比特币相关的服务等。2017 年 9 月 4 日,中国人民银行等七部门又联合出台严令,叫停代币交易平台的兑换功能,特别是与法定货币的兑换功能。此后,中国境内比特币交易所全部关停。

2020 年 3 月 13 日,比特币的价格创下年内新低,一度跌破 6 000 美元关口。同年 12 月 17 日,比特币的价格突破 23 000 美元,创历史新高,9 个月以来涨了将近 3 倍,比特币成为资本市场的"新宠"。

与此同时,一张央行数字货币在中国农业银行账户内测的照片被广泛传播,社会对于数字货币的关注度也迅速升温。央行数字人民币的全称是"数字货币电子支付",对应的英文名是"Digital Currency Electronic Payment"(缩写为 DC/EP)。它是一种基于区块链和密码技术的法定数字货币。目前,数字人民币研发工作正在稳妥推进,基本完成顶层设计、标准制定、功能研发、联调测试等工作,并遵循稳步、安全、可控、创新、实用原则,先行在深圳、苏州、雄安、成都及未来的冬奥场景进行内部封闭试点测试,以不断优化和完善功能。未来,央行数字人民币正式落地发行,将与法定货币等值,具有国家信用,其功能属性与纸钞完全一样,只不过是数字化形态。

资料来源:http://paper. ce. cn/jjrb/html/2018—01/26/content_354689. htm.

【考核要求】

根据上述资料,结合所学的知识分析比特币与法定的数字货币。

■ 案例分析

【情景与背景】

人民币国际化问题

近几年,人民币在周边国家的流通情况及使用范围可分为三种类型:

第一种,在新加坡、马来西亚、泰国、韩国、日本等国家,人民币的流通、使用主要是伴随旅游业的兴起而得到发展的。中国有大批旅游者到这些国家观光旅游,因而在这些国家可以用人民币购买商品的购物店越来越多,可以用人民币兑换本国货币的兑换店和银行也开始出现。在韩国比较知名的购物商场、酒店、宾馆等每日都公布人民币与本地货币、本地货币与美元的比价。人民币与本地货币和美元一样,可以用于支付和结算。

第二种,在中越、中俄、中朝、中缅、中老等边境地区,人民币的流通、使用主要是伴随着边境贸易、边民互市贸易、民间贸易和边境旅游业的发展而得到发展的。人民币作为结算货币、支付货币已经在这些国家中大量使用,并能够同这些国家的货币自由兑换。

第三种,由于内地和港澳地区存在着密切的经济联系,每年探亲和旅游的人数日益增多,人民币的兑换和使用相当普遍。资料显示,在香港地区,很多宾馆、商场尤其是游人常去的购物点,每天都报出人民币与港币的汇率并直接受理人民币。

资料显示，2019 年我国跨境人民币收付金额合计 19.67 万亿元，占同期本外币跨境收付金额的比重为 39.51%，人民币已连续九年成为我国第二大跨境收付货币。

【分析要求】

1. 由上述资料判断：人民币是国际货币吗？为什么？

2. 人民币国际化的趋势是怎样的？需要哪些条件？

项目实训

【实训内容】

不同面值的人民币

【实训目标】

认识中国人民银行统一发行的人民币，能够尝试辨别伪币；培养学生分析问题能力、解决问题的能力；培养学生资料查询、整理的能力。

【实训组织】

以学习小组为单位，收集第五套人民币（主币和辅币）；查看人民币的真伪；收集或发现可能遇到的假币，进行辨别。

【实训成果】

1. 考核和评价采用报告资料展示与学生讨论相结合的方式；

2. 评分采用学生和教师共同评价的方式，并完成实训报告。

<table>
<tr><th colspan="3">《不同面值的人民币》实训报告</th></tr>
<tr><td>项目实训班级：</td><td>项目小组：</td><td>项目组成员：</td></tr>
<tr><td>实训时间：　年　月　日</td><td>实训地点：</td><td>实训成绩：</td></tr>
<tr><td colspan="3">实训目的：</td></tr>
<tr><td colspan="3">实训步骤：</td></tr>
<tr><td colspan="3">实训结果：</td></tr>
<tr><td colspan="3">实训感言：</td></tr>
</table>

项目二

信用和利率

○ 知识目标

理解：信用的概念、构成要素与特征，信用的作用，利息的概念、实质和作用。

熟知：信用的形式，信用工具，利息率的表示，利率的种类，资金融通的概念。

掌握：利息的计算、决定，影响利率变动的因素，利率的作用，资金融通的方式。

○ 技能目标

1. 能够利用信用的基本知识解释信用经济与相关经济的问题。

2. 具备分析和解决现实生活中信用问题的能力。

3. 具备按单利和复利、名义利率和实际利率进行计算的能力。

4. 能够应用利息和利率理论对现实金融问题进行分析。

○ 素质目标

1. 具备收集资料、分析资料的能力；具备独立思考、团结协作的能力，注重团队的成绩与荣誉。

2. 培养与人沟通、言行举止得体等综合素质能力。

3. 理解不忘初心的核心要义和精神实质，塑造自己的品格、品行和品位，树立正确的世界观、人生观和价值观，把学与用有机结合，做到学思用贯通、知信行统一。

○ 项目引例　　一个商业信用融资的启发性案例

一家位于广州商业区、开业近两年的理发店，吸引了附近一大批稳定的客户。每天店内生意不断，理发师傅难得休息，加上店老板经营有方，每月收入颇丰，利润可观。由于经营场所限制，始终无法扩大经营。该店老板很想增开一家分店，但由于本店开张时间不长，投入的资金较多，手头还不够另开一间分店的资金。

平时，有不少熟客要求理发店打折、优惠，该店老板都很爽快地打了 9 折优惠。该店老板苦思开分店的启动资金时，灵机一动，推出 10 次卡和 20 次卡，一次性预收客户 10 次理发的费用，给予 8 折优惠；一次性预收客户 20 次理发的费用，给予 7 折优惠。对于客户来讲，如果不购理发卡，一次剪发要 40 元，如果购买 10 次卡(一次性支付 320 元，即 10 次×40 元/次×0.8＝320 元)，平均每次只要 32 元，10 次剪发可以省下 80 元；如果购买 20 次卡(一次性支付 560 元，即 20 次×40 元/次×0.7＝560 元)，平均每次理发只要 28 元，20 次剪发可以省下 240 元。

该店通过这种优惠让利活动吸引了许多新、老客户购买理发卡，两个月内该店共收到理发预付款达 7 万元，解决了开办分店的资金缺口，同时稳定了一批客源。

这种应用广泛的筹资方式，其实质就是通过信用的方式来融资，是一种信用融资。

○ **引例导学**

什么是信用？信用具有怎样的功能？信用有哪些形式？这些正是本项目所要讨论的问题。

○ **知识准备**

任务一　信　用

一、信用的概念、构成要素与特征

(一)信用的概念

信用是指以偿还和付息为条件所形成的商品或货币的借贷关系，或债权债务关系。信用是商品经济发展到一定阶段的必然产物。现代经济就是以多种信用形式、信用工具为纽带联结起来的信用经济。作为经济范畴的信用，从形式上看，是一种特殊的价值运动。具体而言：首先，信用不是无条件的价值转移，而是有条件的借贷行为，即需要还本付息；其次，信用是价值的单方面转移，货币的所有者在贷出货币时，并没有立即取得货币，他仅获得了一种承诺，即到期时借者才将当初借入的货币偿还给贷者，并支付利息作为补偿。

信用存在的条件是偿还和付息。偿还是信用活动的基本条件。正是因为贷者保留所有权，让渡的只是使用权，这必然要求借者在一定时期内归还所借的本金。现代经济社会十分重视保护债权人的合法利益，用法律规范债权债务关系，建立信用制度，以确保经济的正常运行。付息是信用活动的重要条件，是与让渡使用权相伴随的必要回报，体现着等价交换的原则。贷者之所以贷出，是因为有权取得利息；借者之所以能借入，是因为承担了付息的义务。而在现实经济社会中存在的无息借贷活动，严格来讲不属于信用范畴。

(二)信用的构成要素

1. 信用的主体

信用主体即信用行为的双方当事人，信用的本质是借贷，借贷关系要建立，至少需要两个或两个以上的当事人，即至少需要一个债权人和一个债务人才能够建立起借贷关系。其中，转移资产的一方为债权人，接受资产的一方为债务人。债权人通过授信取得一定的权利，即在一定时间内向债务人收回一定量货币和其他资产与服务的权利，而受信人则有偿还的义务。

2. 信用的客体

信用客体即信用行为的交易对象，它或以货币的形式存在，或以商品的形式出现，既可以是有形的，也可以是无形的。信用是通过一定的交易行为来发生实现的，就应当有被交易的对象，就是信用的客体。这种被交易的对象可以是受信方的资产，可以是有形产品、货币形式，也可以是无形的服务形式。没有交易对象，就不会有经济交易行为的发生，也不会有信用行为的发生。

3. 信用的工具

从理论上看，信用关系建立可以通过君子协议来完成，不一定非要书面协议，但一旦出现纠纷，没有书面协议，债权债务就无法得到法律的有效保护。更为重要的是，书面的债权债务凭证可以使债权债务具有可流动性。所以，载明债权债务关系内容的书面凭证即信用工具是现代信用不可或缺的要素。

4. 信用的内容

在信用活动中，授信人以自身的财物为依据授予对方信用，受信人以自身承诺为保证取得信用。债权人承担的是信任风险和约期收回本息的权利，债务人承担的是还本付息的责任与义务。没有权利与义务关系的承诺就无所谓信用，所以具有权利和义务关系是信用的内容。

(三)信用的特征

1. 暂时性

信用关系是一种债权债务关系，商品或货币的所有者让渡其使用权是暂时的，有一定的期限。

2. 偿还性

商品或货币的使用权暂时让渡是以偿还为先决条件的。

3. 收益性

债权人在让渡商品或货币的使用权时，要求偿还，并且是有偿的，即债务人到期时必须向债权人还本付息。

4. 风险性

债务人得到的是商品或货币本身，而债权人仅持有所有权或债权凭证，到期能否得到偿还和付息，在很大程度上取决于债务人的信誉和能力。

二、信用的功能

信用是商品经济发展到一定阶段的产物，信用的产生和发展又推动了商品经济的迅速发展。经济越发展，信用就越重要，经济对信用的依赖就越多，信用对经济的影响也就越大。信用对经济的作用，正是信用融资功能的具体体现。信用的功能主要是融通资金、调节社会资金和创造信用货币。

(一)融通资金的功能

在社会再生产过程中，信用是调剂资金余缺的中介，通过信用将社会各方面的闲散货币资金集中起来，再贷给需要补充资金的部门，这就形成了信用的最基本功能，即融通资金的功能。信用的融通资金功能表现在筹集资金和供给资金两个方面：一方面，通过信用形式将社会各方面的闲散资金集中起来，表现为筹集资金，由此形成信用活动的主要资金来源；另一方面，将筹集到的资金贷放给需要资金的部门，即为供给资金，到期收回之后可以再贷放出去，一笔资金可以多次周转使用，所以又具有周转性。

(二)调节社会资金的功能

信用在融通和再分配社会资金的过程中，必然会对资金的数量和结构进行调节，以影响社会经济生活，从而形成了信用调节社会资金的功能。信用对资金的数量和结构的调节，表现在三个方面：一是对社会总需求的调节，主要通过对信贷规模的调节来进行；二是对国民经济重大比例关系的调节，主要通过对信贷结构的调节来体现；三是对企业生产经营过程的调节，主要体现在具体信贷业务过程中的贷款管理方面。

(三)创造信用货币的功能

在商品经济社会中，由于信用关系的存在，以货币作为支付手段的职能产生了各种信用形式，并在分配或转移闲置资金时相应地创造出了具有某种形式的流通工具，如商业信用中的商业期票和汇票，银行信用中的支票、银行本票和银行汇票以及银行承兑汇票等。这些金融工具经过背书能流通转让，具有较大的流动性，从而大大节约了金属货币和现钞的使用，促进了货币形式的发展，也极大地方便了商品流通。

三、信用的形式

信用形式是信用活动的具体表现形式。由于借贷当事人不同，借贷的目的和用途不同，信用的具体形式也就不同。

随着商品经济的发展，信用形式日趋多样化和复杂化。按不同的标准，信用形式可划分为不同的种类：按受信者的用途可分为固定资产投资信用、流动资金信用、消费信用、财政信用和投机信用；按偿还期限可分为短期信用、中期信用和长期信用；按受信者的性质可分为公共信用和私人信用；按信用主体可分为商业信用、银行信用、国家信用、消费信用、国际信用等。

下面就以信用主体为标准，介绍几种主要的信用形式。

（一）商业信用

1. 商业信用的概念

商业信用是指企业之间相互提供的与商品交易相联系的信用。其具体形式有赊销商品、分期付款、委托代销、预付定金、预付货款等，归纳起来主要有赊销和预付两大类，其中赊销是商业信用的典型形式。所以，商业信用的实质就是商品生产者之间以某种合同形式表现的债权债务关系，它是现代信用制度的基础。

2. 商业信用的特点

（1）商业信用是以商品形态提供的信用，是买卖和借贷两种不同的经济行为的统一

除预付资金外，典型的商业信用是赊销方式。这种赊销方式同时包含着两种不同的经济行为：买卖行为和借贷行为。当一个企业把商品赊销给另一个企业时，商品的所有权发生了转移，即由卖者手中转移到买者手中。从这个意义上说，商品买卖行为完成了，但由于商品的货款并没有立即支付，买者成了债务人，而卖者成了债权人，买卖双方又形成了债权债务关系。可见，商业信用本身就包含着两种不同的经济行为——买卖和借贷，在借贷的同时实现了商品的买卖。这样，商业信用促成了产品销售，又调剂了余缺，加速了商品资金向货币资金的转化。

商业信用

（2）商业信用是一种直接信用，有利于加强企业之间的联系

商业信用的债权人和债务人都是企业，只要企业双方同意即可签订延期付款或预付货款的合同或协议。商业信用方式灵活、手续简便，无须信用中介机构的介入，就可以自发地实现商品形态向货币形态的转化，因而是一种直接信用。商业信用可以使相关的生产者和经营者相互联系，建立比较固定的经济联系网络，并且有利于相互协作、相互监督、相互制约。对于贷者来说，商业信用促进了销售，但要关心借者的生产经营情况，以便保证按时收回贷款；对于借者来说，商业信用可以使其不需要间接融资而直接获得所需商品，因此要关心贷者生产或经营适合自己所需要的商品，同时要诚实守信，保证自身信誉。

（3）商业信用与产业资本的变动是一致的

在经济复苏、繁荣时期，生产增长，产业资本扩大，商业信用的规模也就扩大。相反，在经济危机、萧条时期，商业信用又会随生产和流通的缩小、产业资本的缩小而萎缩。

3. 商业信用的局限性

商业信用虽然在促进买卖双方成交、润滑整个生产和流通过程、促进经济等方面有明显的作用而被广泛应用于商品推销和国际贸易领域，但其局限性也是不应忽视的。

商业信用的局限性主要表现在以下方面：

①规模受到授信企业拥有的货物与资金的数量的限制。

②在授信方向上受到限制。一般情况下，只能是生产企业向商业企业、批发企业向零售企业、上游企业向下游企业等提供信用，而不能相反。

③范围受到限制。商业信用只适用于有经济业务联系的企业之间相互提供，这样就限制了商业信用适用的范围。

④期限受到限制。资金是企业的血液，如果以商品形态贷出的资本不能够在短期内以货币资本形态收回，就会影响授信企业的正常运转，所以商业信用的期限较短，一般不超过1年，只能满足短期资金融通的需要。

(二)银行信用

1. 银行信用的概念

银行信用是银行或其他金融机构以货币的形式提供的信用。银行信用是在商业信用发展到一定阶段，在弥补商业信用局限性的基础上产生并发展起来的。它包括两个方面：一是通过吸收存款，集中社会各方面的闲置资金；二是通过发放贷款，对集中起来的闲置资金加以运用。

2. 银行信用的特点

(1)银行信用是一种间接信用

在银行信用的借贷双方中，必定有一方为银行或其他金融机构。银行一方面以债务人的身份从社会上广泛吸收暂时闲置的货币资金，另一方面又以债权人的身份向企业或个人提供货币资金，成为社会的信用中介。

(2)银行信用可以提供数量巨大且不受使用方向和使用范围限制的货币资金

银行信用是以货币形态集中在再生产循环过程中游离出来的暂时闲置的货币资金，以及社会各阶层的货币收入为本金，并加以配置。它来源广、数量大，不受个别企业资金规模的限制，也不受商品流向的限制，并且能提供给任何生产部门，因而克服了商业信用的局限性。

(3)银行信用具有信用创造的功能

任何经济单位必须先获得货币才能提供信用，唯有银行不仅是信用中介，而且可以派生存款，以满足社会需要。

3. 银行信用与商业信用的关系

银行信用虽然在信用规模、信用方向和范围等方面优于商业信用，更能适应社会化大生产的需要，但却不能取代商业信用。因为商业信用直接与商品生产和商品流通相联系，在商业信用可能解决的范围内，企业之间可以直接利用商业信用实现融资，然后通过票据承兑、贴现等方式，借助于银行信用扩大资金来源。因此，商业信用是信用制度的基础，而银行信用是信用制度的主导。

(三)国家信用

1. 国家信用的概念

国家信用也称政府信用，是指以政府为主体的借贷行为。它包括国家以债务人身份取得信用和以债权人身份提供信用两个方面。在现代社会中，国家信用主要表现为国家作为债务人的负债行为，若债权人是国内的企业单位、公民，则为国内信用，也称国家的内债；若债权人是外国政府、企业、公民，则为国际信用，也称国家的外债；国内信用是其主要构成部分。

2. 国家信用的形式

国家信用就其内债而言，形式主要有：①公债券，即政府为弥补长期的财政赤字而发行的期限在1年以上的中长期债券；②国库券，即政府为解决短期内的支出需要而发行的期限在1年以下的短期债券。目前，我国既发行短期的国库券，也发行长期的国库券，即不论期限长短都以国库券为名。

国家信用就其外债而言，形式主要有：①国际债券，即政府委托金融机构在国际资本市场上发行的以外币标明面值的债券，目的是筹措中长期外汇资金；②政府借款，即一国政府向他国政府、国际金融机构、国外商业银行等借款。

3. 国家信用与银行信用的关系

(1)国家信用与银行信用的联系

首先，国家信用与银行信用具有相同的资金来源方式，都是通过信用的形式集中社会闲散资金。其次，在社会闲散资金总量一定的条件下，在量上有此消彼长的关系。如果国家信用扩张，银行信用就会相应紧缩，否则，会造成信用膨胀。

(2)国家信用与银行信用的区别

首先，国家信用的范围要比银行信用大，可以动用银行吸收不了的资金。这是因为，政府债券发行一般采用推销或分配的方式，具有一定的强制性。其次，公债偿还期限较长，未到期前只能贴现，不能兑付，所筹集的资金稳定性较强，可用于长期性投资；而银行储蓄存款一般期限较短，即使是定期存款，如有需要也可以提前支取，相比之下稳定性要差一些，主要用于短期周转性贷款。最后，国家债券的利息作为财政支出项目由国家承担；而银行贷款的利息则由借款人承担，银行还可以从贷款与存款利息差额中获取收益。

4. 国家信用的作用

(1)国家信用是动员国民收入弥补财政赤字的重要工具

由于种种原因，当今许多国家会在安排财政预算时支出大于收入，从而出现不同程度的财政赤字。弥补财政赤字的方法有三个：增加税收、发行货币和发行债券。世界各国几乎都采用发行国债筹措资金以弥补赤字的做法。因为采用国家信用的方式可以避免因增发货币而导致的通货膨胀，或因增加税收而引起经济增长速度的减缓。同时，对于购买者来说，它较安全，收益也较高，被誉为“金边债券”，很受投资者的欢迎，所以操作起来比增加税收更隐蔽、更易于为公众所接受。事实上，国家发行债券的主要购买者是银行和其他金融机构，这样不仅使社会公众有更多的金融工具可以选择，而且使银行信用筹集的资金可以通过国家信用投资到期限长、风险大的基础性设施和重点建设项目中去，使社会资金使用更趋合理、有效。

(2)国家信用是商业银行调节资产结构的工具

商业银行和其他金融机构持有国库券等国家债券，既可以有收益，又可以作为流动性较强的准备资产，调节自身的资产负债比例结构。

(3)国家信用是调节货币供应量、实施宏观调控的重要杠杆

国家信用发行的国库券、公债券等，信誉和流动性都远高于其他信用工具，中央银行可以通过金融市场买卖国家债券，实施对货币供应量的调节，使财政政策和货币政策密切配合，实现宏观经济目标。

(四)消费信用

1. 消费信用的概念

消费信用是企业、银行和其他金融机构向消费者个人提供的用于满足其生活消费需要的信用。消费信用的特点是先消费、后付款，旨在解决居民个人支付能力不足的困难，实现提前消费的目的。

消费信用可以采取类似商业信用的做法，以商品形态提供，也可以采取类似银行信用的做法，以货币形态提供。这是一种暂不付款，凭信用获得商品的信用形式。

2. 消费信用的形式

消费信用的基本形式有以下三种：

①分期付款。这是指消费者以分期付款的方式购买价格较高的耐用消费品，如房屋、汽车、家具、家电等。

②消费贷款。这主要是指银行和其他金融机构直接以货币形式向消费者提供消费贷款，再由消费者利用所得贷款购买消费品或支付旅游、高等教育等费用，如住房按揭贷款、助学贷款等。

③信用卡。它是商业银行或信用卡公司对信用合格的消费者发行的信用证明。持有信用卡的消费者可以到特约商业服务部门购物或消费，再由银行同商户和持卡人进行结算，持卡人可以在规定额度内透支。

3. 消费信用的作用

(1)消费信用对社会再生产具有一定的促进作用

在现代社会经济生活中，消费信用被广泛利用。随着社会生产力的发展，一方面，商品的数量和品种不断增多，需要不断扩大商品的销售市场；另一方面，在生产发展的基础上，整个社会的消费水平也在提高，需要更多、更高档次的物质消费。但是，现有的购买力与现有生活资料的提供往往在时间、数量、空间上存在着矛盾。为缓和这一矛盾，通常采用消费信用的形式增加社会公众的购买力，把未来的社会购买力提前实现，借以扩大消费市场，加速商品资金向货币资金的转化。

消费信用还可以促进新技术的应用、新产品的推销以及产品的更新换代，带动相关产业和产品的发展，促进经济的增长。

(2)消费信用在一定情况下也会对经济发展产生消极作用

虽然消费信用促进了现代商品经济的发展，但由于它使消费者提前动用了他们的购买力，实际上是以未来消费需求的萎缩来获得现在消费需求的扩大，消费者在未来一段时期里不得不负担起还款付息的重担，造成生产和消费的脱节。而且，作为当今信用经济主要组成部分的消费信用，其过度膨胀必然推动通货膨胀。可见，对消费信用发放的对象、额度及用途都应加以严密控制，以保证其对经济发展的积极作用。

(五)国际信用

1. 国际信用的概念

国际信用是各国银行、企业、政府之间相互提供的信用及国际金融机构向各国政府、银行、企业提供的信用形式，它反映的是国家与国家之间的借贷关系。随着世界贸易和世界市场的发展，原在国内存在的信用形式的范围逐渐扩大，扩展到世界范围就形成了国际信用。任何国家要加快本国经济的发展步伐，都必须实行对外开放，发展对外经济关系，充分利用别国的先进技术、设备和资金，这就需要借助国际信用。

2. 国际信用的主要形式

(1)出口信贷

出口信贷是指出口国银行对出口贸易所提供的贷款，以促进本国商品的出口。它可分为卖方信贷和买方信贷。卖方信贷由出口方银行向出口商提供贷款，出口商用来向进口商提供分期付款。买方信贷是出口方银行直接向进口商或进口方银行提供的信用。进口商获得该贷款后用来向出口商付清贷款，然后按固定的还款期限归还出口方银行的贷款本息。

(2)银行信贷

银行信贷是进口商为从国外引进先进技术设备而从外国银行(或银团)取得的贷款。银行信贷要签订协议,进口商可以自由运用贷款,贷款不一定同特定的进口项目相联系。在国际贸易实务中,进口企业往往通过进口方银行出面取得贷款。

(3)政府信贷

政府信贷是一主权国家政府对另一主权国家政府提供的信用。这种信用一般是非生产性的,如用于解决财政赤字或国际收支逆差,必要时还用来应对货币信用危机等。

(4)国际金融机构信贷

国际金融机构信贷主要是指国际货币基金组织、世界银行、国际金融公司等国际金融机构所提供的信用。这种信用一般有特定的用途,贷款期限较长,并且贷款条件优惠。

四、信用工具

(一)信用工具的概念

信用工具是用来证明债权债务关系的书面凭证,它是各种信用关系的具体反映和体现。

(二)主要信用工具

1. 商业票据

商业票据是指企业进行商品交易时,所开出的一种证明债权债务关系的书面凭证。

2. 支票

支票是以银行为付款人的即期汇票。支票的出票人必须在付款银行拥有存款,并且签有支票协议。因此,支票是由银行的支票存款储户根据协议向银行开立的付款命令。

3. 银行票据

银行票据是在银行信用的基础上产生的,由银行承担付款义务的信用流通工具。

4. 股票

股票是股份公司发放给投资者,证明其所投入的股份金额并取得股息收入的凭证。

5. 债券

债券是由债务人签发的,是证明债权人有按约定的条件取得固定利息和收回本金的权利的凭证。债券是现代经济中一种重要的融资工具,主要分为公司债券、政府债券和金融债券。

任务二　利息与利率

一、利息

(一)利息的概念

利息是指借款者为取得货币资金的使用权,支付给贷款者超过借贷货币额的那一部分代价;或者说,是贷款者因暂时让渡货币资金的使用权,从借款者那里取得的超过借贷货币额的那一部分报酬。由于利息产生于货币的借贷,所以借贷货币额被称为“母金”或“本金”,利息则被称为“子金”或“利金”。利息是从属于信用的一个经济范畴。只要有信用关系存在,就必然存在利息。

决定利息的基本因素是借贷货币额的多少、借贷时间的长短和利率的高低。因此,计算利息的公式可以表示为

利息＝借贷货币额(本金)×借贷时间×利率

(二)利息的实质

利息的性质决定于利息的来源，而利息的来源又是由信用关系的性质决定的。因此，利息的实质体现在以下三个方面。

1. 利息是剩余价值的转化形式

从表面上看，利息产生于货币借贷，但货币本身不会增值，只有当货币转化为资本时，才具有增值的功能。在借贷活动中，货币所有者贷出货币，仅仅是转让货币的使用权；而借款者将借入的货币转化为资本投入生产和流通中，经过劳动者的价值创造过程，使投入的货币资本增值，形成利润。可见，利息虽然产生于借贷关系，但实质上是利润的一部分。而利润是劳动者为社会创造的剩余价值的表现形式，所以，利息是剩余价值的转化形式。

2. 利息是财富的分配形式

利息是财富的一部分，从而是社会总产品的组成部分，是社会财富在一定时期的增加额。借款者凭借货币资本的使用权增加了财富，贷款者凭借货币资本的所有权要求对财富加以分配，从而使利息成为社会财富的分配形式。

3. 利息是借贷资本的价格

在现代经济生活中，多种融资方式并存使得融资成为市场行为，金融工具成为商品，资金需求者通过出售金融商品而筹集资金，资金供给者通过购买金融商品而投资，资金供求关系转化为金融商品的买卖关系，利息成为金融商品买卖的价格。但实际上，多样化的金融商品都是特殊商品——借贷资本的外在反映。因而，利息实际上是借贷资本的价格，利息的高低随着借贷资本供求关系的变动而变动。

(三)利息的作用

1. 利息是银行吸收存款和聚集资金的重要手段

从企业方面来看，由于存款有利息，可以促使企业减少不合理的资金占用，主动地把闲置的货币资金存入银行，以增加利息收入。从城乡居民看，增加储蓄存款，并按照存期长短获取利息收入，可在经济上得到实惠。所以，依靠信用业务固有的经济办法，即对存款客户支付一定的利息，是银行聚集货币资金不可缺少的重要手段。

2. 利息是促进企业加强经济核算、提高资金使用效益的手段

在税收一定的情况下，借款多少、期限长短以及利息负担的轻重，对企业净利润的大小有直接影响。特别在企业净利润的大小同企业和职工的物质利益相联系时，企业必然要关心利息的支出。企业为了减少利息支出、增加净利润，就要争取少借款、借短款，并按期归还贷款，以避免罚息。利息的存在，对促进企业精打细算、合理使用资金、加速资金周转、减少资金占用具有不可估量的作用。

3. 利息是调整国家、银行和企业以及个人诸方面分配关系的工具

利息既然是银行参与分配产业利润的一种经济形式，就必然在调整国家、银行、企业和个人等方面的经济利益关系方面起重要的作用。例如，恰当规定居民储蓄利率，不仅可以把闲置的货币资金动员到信贷系统中来，为国家积累更多的建设资金，而且可以使储户在工资收入之外得到一份补充收入。恰当规定企业贷款的利率，一方面使企业通过运用借入资金，扩大生产和流通，增加企业利润；另一方面通过支付贷款利息，使银行参与企业利润分配的要求得到实现。再如，银行保持适当水平的利差(贷款利率高于存款利率的差额)，既可以使企业利息支出的负担尽可能适度，又可以保证银行有正常的收益，以调动银行经营的积极性。

4. 利息是调节资金供求、调节经济的一个重要手段

由于利率的变化直接影响着利益分配关系，所以，银行可以利用利率杠杆对经济生活进行一定程度的调节和引导，使国家计划和产业政策得以落实，使宏观和微观经济活动在目标、方向上趋于一致。此外，中央银行根据宏观经济调节的需要，通过调整对商业银行再贷款的利率来影响商业银行货币创造能力，从而达到调节和控制资金供应量的目的。

5. 利息是银行实行经济核算和企业化经营的基础

我国的银行，除主要行使中央银行职能的中国人民银行外，各商业银行及其他金融机构都是办理货币信用业务的经济实体，因而都要实行经济核算，即以自己的业务收入抵付各项业务支出，并取得盈利。银行贷款的利息收入多于支付存款利息的部分，再扣除银行的业务费用后，便是银行利润。银行利润的一部分以税收形式上缴财政，成为国家预算收入的来源之一，另一部分用作扩大信贷资金和建立银行的发展基金等。所以，合理的存贷利差是促进商业银行改善经营管理、实行企业化经营的一个重要条件。

二、利率

(一)利率的表示

利息水平的高低是由利率来表示的。利率是指一定时期内利息额同借贷货币额(本金)之间的比率。用公式表示为：

$$利率=\frac{一定时期取得的利息额}{一定时期借贷的货币额}\times 100\%$$

利率通常以年利率、月利率和日利率来表示。年利率是以年为单位计算利息；月利率是以月为单位计算利息；日利率又称“拆息”，是以日为单位计算利息。

$$月利率=年利率\div 12$$

$$日利率=年利率\div 360$$

在我国，习惯上不论年息、月息和拆息都用“厘”作单位，但实际差别却很大。例如，年息5厘，是指5%；月息5厘，是指0.5%；日息5厘，是指0.05%。国外一般习惯用年利率，而我国习惯用月利率。

(二)利息的计算

1. 单利

单利是指不论时间长短，仅按本金计算利息，所生的利息不再加入本金重复计算利息的一种计息方法。单利通常多用于中短期的资金借贷。其计算公式为：

$$R=P\cdot r\cdot n$$

$$S=P+R=P+P\cdot r\cdot n=P(1+r\cdot n)$$

式中，S 表示本金利息之和，P 表示本金，R 表示利息，r 表示利率，n 表示期数。

做中学2-1　一笔整存整取定期3年的储蓄，本金为1 000元，年息为5厘。到期时，银行应支付利息为：

$R=P\cdot r\cdot n=1\ 000\times 5\%\times 3=150$(元)

到期时，银行应支付本利和为：

$S=P+R=1\ 000+150=1\ 150$(元)

2. 复利

复利俗称“利滚利”。它是指将经过一定时间所生的利息并入本金再次计算利息的一种计息方法。按复利计息，不仅本金要计算利息，而且应计利息也要作为继续计算利息的依据。长期投资一般采用复利计算利息。其计算公式为：

$$S=P(1+r)^n$$

$$R=S-P=P(1+r)^n-P=P[(1+r)^n-1]$$

做中学 2－2　一笔 5 年期的贷款，本金 10 000 元，年利率为 6%，到期本利和为：

$S=P(1+r)^n=10\ 000\times(1+6\%)^5=13\ 382.256$（元）

到期利息为：

$R=S-P=13\ 382.256-10\ 000=3\ 382.256$（元）

3. 现值与终值

货币或资金的价值，可以从两个侧面来反映，即通过它的终值和现值得到体现。所谓终值（也称未来值），是指一笔货币金额在未来某一时点上的数值，这个金额也就是本利和。终值的计算方法也就是本利和的计算方法。所谓现值，则是指在未来某一时点上的一定金额的货币，按一定的利率水平折算出的现在的本金数值。从现值的计算方法来看，正好是终值计算方法的逆运算。终值是以现在的数值，按一定的利率、时间来测算未来预定期的数值；而现值则是以将来某一时点的数值为基础，按一定的利率、时间来测算现在的数值。

单利现值的计算公式为：

$$P=\frac{A}{1+rn}$$

复利现值的计算公式为：

$$P=A\times\frac{1}{(1+r)^n}$$

式中，P 表示单利现值（本金）或复利现值（本金），A 表示终值（未来值），r 表示利率，n 表示期数。

做中学 2－3　某人三年后需要一笔 10 000 元的资金，现在的年利率为 6%，则其现在需要到银行存入多少钱才能三年后取得 10 000 元？

根据现值计算公式，得：

$P=A\times\frac{1}{(1+r)^n}=\frac{10\ 000}{(1+6\%)^3}=8\ 396.19$（元）

（三）利率的种类

1. 按利率是否随市场规律自由变动来划分，利率分为官定利率、公定利率和市场利率

官方利率又称法定利率，是由一国货币管理当局或中央银行所规定的利率。官方利率是由货币管理当局根据宏观经济运行的状况和国际收支状况及其他状况来决定的，它可用作调节宏观经济的手段。因此，官方利率往往在利率体系中发挥指导性作用。我国目前的利率体系是以官定利率为主。

公定利率是由金融机构或行业公会、协会等民间权威金融组织按协商的办法所确定的利率。公定利率只对参加该公会或协会的金融机构有约束作用，而对其他金融机构则没有约束作用。但是，公定利率对整个市场利率有重要影响。

市场利率是按照市场规律而自由变动的利率，即由借贷资本的供求关系直接决定并由借贷双方自由议定的利率。

2. 按利息在借贷期间是否固定分类，利率分为固定利率和浮动利率

固定利率是指在整个借贷时间内，不随货币资金供求状况而变动的利率。固定利率具有简便易行、借款成本稳定的优点，适宜于短期借贷。

浮动利率又称可变利率，是一种在借贷期内可定期调整的利率。浮动利率一般适用于市场利率多变且时期较长的借贷业务。

3. 按是否考虑通货膨胀分类，利率分为名义利率和实际利率

由于通货膨胀的原因，纸币有名义价值和实际价值之分，从而利率也有名义利率和实际利率之别。

名义利率是指银行挂牌执行的存、贷款的利率，是以货币为标准计算出来的利率。

实际利率是指名义利率剔除通货膨胀因素后的真实利率，是以实物为标准进行计算的利率。其计算公式为：

实际利率＝名义利率－通货膨胀率

判断利率水平的高低，不能只看名义利率，必须以实际利率为依据。当物价上涨率高于名义利率时，实际利率就成为负数，称为负利率。负利率对经济起着逆向调节作用。

4. 按信用行为的期限长短来划分，利率分为短期利率和长期利率

短期利率一般是指借贷时间在一年以内的利率。

长期利率一般是指借贷时间在一年以上的利率。

一般情况下，短期利率总是低于长期利率。

5. 按借贷期内利率是否调整分类，利率分为基准利率和非基准利率

基准利率是在利率体系中处于关键地位、起决定作用或指导作用的利率，属于官定利率。它既是一定时期利率水平的一般标准，又是中央银行实施金融调控的一种指示器，其变动会带动普通利率的相应变动。对于金融市场的参与者来说，注意观察基准利率的变动就可以预测整个金融市场利率的变化趋势。非基准利率在利率体系中均不处于关键地位，不起决定性作用。

三、决定和影响利率变动的因素

(一)平均利润率

利息来自利润，是利润的一部分，因此，平均利润率就成了决定利率的基本因素。在现代经济社会中，借款人借入货币的最终目的是追求高额利润。利润被分割为两部分：一部分是作为企业经营报酬的企业收入；另一部分是作为企业支付给货币所有者报酬的利息收入。如果借款人支付的利息额越多，利率越高，当利率高于平均利润率时，借款人会因为无利可图而不愿借用货币资金，所以利率只能低于平均利润率。平均利润率反映的是整个社会的平均利润水平。另外，货币所有者也不会无偿让渡货币资金的使用权，他们贷出货币的目的是为了充分利用这些暂时闲置的货币资金，获取一定的投资利润，因此，利率也不可能等于零。所以，利率只能在平均利润率和零之间波动。

(二)资本的供求状况

在商品经济条件下，借贷资本是一种特殊商品，利息是转让这种特殊商品的报酬，或者说是借贷资本的价格。借贷资本作为一种特殊商品，它同普通商品一样要受价值规律的支配，其

价格也一样要受供求状况的影响。当借贷资本供不应求时，利率会提高，贷者可以得到较多的收益；反之，当借贷资本供大于求时，利率则会下跌，借者可支付较少的利息，获得更多的利润。所以，资本供求状况是影响利率变动的一个重要因素，决定着某一具体时刻利率的高低。

（三）物价水平

虽然利率与物价水平没有直接的必然联系，但是货币资金体现着与物价水平有直接联系的货币购买力。就借者来说，由于物价上涨，货币贬值，如果名义利率不变，等于实际利率下降了，归还时相当于减少了实际归还的货币量，从中得到了好处；而对于贷者，则受到了相应的损失。因此，物价水平在一定程度上影响实际利率的水平，这也是制定利率时要考虑的一个因素。

（四）经济政策

由于利率变动对经济的影响很大，因此，各国政府已把利率作为对经济活动进行宏观调控的重要工具。各国政府根据本国经济发展的状况和货币政策的目标，通过中央银行制定的利率影响市场利率，调节资金供求，调整经济结构和经济发展速度。

（五）其他影响因素

除上述因素以外，国际市场的利率水平、银行的经营成本、传统习惯、法律规定和国际协定等，都是影响利率变动的因素，它们交错在一起影响着利率的变化。

四、利率的作用

在现代市场经济的条件下，利率作为重要的经济杠杆，具有牵一发而动全身的效应，对一国的经济发展起着至关重要的作用。

（一）利率对消费和储蓄的影响

利率直接影响个人收入在消费和储蓄之间的分配。在收入一定的情况下，利率提高会促使人们减少当前消费，增加储蓄；利率降低，则会促使人们增加当前消费，降低储蓄。储蓄是利率的递增函数，消费是利率的递减函数。

（二）利率对货币流通的影响

一般情况下，货币供给与利率成正比，货币需求与利率成反比。利率从两个方面影响货币流通：一是影响储蓄者对货币的供给；二是影响筹资者对货币的需求。对于投资者来说，存款利率提高，会刺激他们供给货币的动机，使部分流通性货币转化为储蓄性货币；反之则相反。对于筹资者来说，贷款利率增加，会抑制他们货币需求动机，促使现实购买力缩减；反之则相反。

（三）利率对投资的影响

就实物投资而言，利率提高，意味着筹资成本增加，投资后的相对获利减少，这会抑制投资；反之，利率降低会减少投资的利息负担，会刺激投资的增加。利率对证券投资的影响主要是调节银行储蓄与有价证券的结构，以及对不同有价证券的选择。利率降低，使证券投资变得有利可图，证券投资需求增加，证券价格上涨；利率提高，证券投资吸引力减弱，证券投资需求减少，证券价格下跌。因此，一般来说，银行利率与有价证券价格成反比。

（四）利率对物价的影响

利率是借贷资金的价格，利息作为借贷资金的成本，也是商品价格的组成部分。利率提高，商品价格也会相应提高；反之则会下降。

(五)利率对国际收支的影响

对于资本可自由流动的国家来说,提高利率,产生国与国间利差(本国利率高于外国利率),会促使外国资本流入,可改善该国国际收支逆差或加大国际收支顺差;降低利率,产生国与国间利差(本国利率低于外国利率),会促使本国资本外流,改善国际收支顺差或加剧国际收支逆差。但是,提高利率产生的资本流入会带来国内基础货币投放增加、货币供应量上升的效应,这会减弱提高利率紧缩银根的效果。

五、利率发挥作用受到的限制

在现代市场经济中,利率发挥作用的领域是十分广泛的。但在现实生活中,利率作用往往不能充分发挥,因为有些人为的因素或非经济因素使其作用的发挥受到种种限制。这种限制主要有以下几点。

(一)利率管制

利率管制即国家对直接融资和间接融资活动中的利率施行统一的管理,由管理机构根据宏观经济发展的要求和对金融形势的判断,制定各种利率政策,且各金融机构都必须遵守和执行。利率管制作为国家宏观经济管理的一种手段,具有可控性强、作用大的特点,但也可能因制定的利率水平不恰当或调整不及时,而限制利率作用的发挥。

(二)授信条件和限量

在一些国家中,如果信贷出现供不应求的现象,而银行又不愿或难以以提高利率的方式阻止过度需求时,通常可采用"授信条件和限量"的措施,其中包括授信配给制,即对信誉高、关系深的客户尽量维持授信量,但对其他求贷者则拒绝。除此之外,还包括实施其他授信条件,如首期付款量、质押品、分期还款量等,使许多消费需求和投资需求得不到满足。这种授信限量的结果是:信贷资金的供求矛盾进一步激化,黑市猖獗,使银行利率与市场利率间的距离不合理地扩大,阻碍了利率机制正常发挥作用,还会引起整个利率体系的结构和层次的扭曲。

(三)经济开放程度

经济开放程度取决于两个方面:资金流通自由度与市场分割。在一国经济中,如果政府实行严格的外汇管制,限制资本的流出和流入,就会使一国的利率体系孤立起来,失去了与世界利率体系的有机联系。在此,利率体系就失去了汇率效应,即利率的变动对本国货币与外国货币的比价产生影响,从而对国际收支产生影响。同样,在一国经济中,如果资金流动受到各种限制,进行条块分割,金融市场处于一种分割状态,不能有机联系,整个利率体系就会失去弹性,作用的发挥就有了很大的局限性。

(四)利率弹性

利率弹性表示利率变化后其他经济变量对利率变化的反应程度。某一变量的利率弹性高,表示该变量受利率的影响大,对利率变动的反应灵敏,利率的作用就充分发挥出来。反之,若利率弹性很小,利率对经济变量乃至真实经济的影响自然就很微弱了。

可见,利率作用要充分发挥,必须具备一定条件。第一,市场化的利率决定机制。它是指利率不是由少数银行寡头协定或政府人为决定的,而是通过市场和价值规律机制,由市场供求关系决定的。这一机制能够真实灵敏地反映资金供求状况,促使资金合理流动,缓和资金供求矛盾,发挥筹集资金、调剂余缺的作用。第二,灵活的利率联动机制。近年来,美国联邦储备委员会曾多次针对经济形势,调高或降低其基准利率——再贴现利率,由于美国具有灵活的利率联动机制,因而再贴现率的升降引起了商业银行利率、市场利率的迅速变动,从而起到了紧缩信用或扩张信用的作用。第三,适当的利率水平。水平过高,会抑制投资,阻碍经济的发展与增长;水平过低,又不利于发挥利率对经济的杠杆调节作用。利率水平的确定一方面要能真实反映社会资金供求状况;另一方面使资金借贷双方都有利可图,从而促进利率对社会总需求、物价、收入等因素作用的发挥,推动经济的持续、稳定发展。第四,合理的利率结构。利率水平的变动只能影响社会总供求的总体水平,而不能调整总供求的结构和趋向,也不能调整经济结构、产品结构以及发展比例等。合理的利率结构包括利率的期限结构、行业结构以及地区结构,以此体现经济发展的时期、区域、产业及风险差别,弥补利率水平变动作用的局限性,通过利率结构的变动引起一连串的资产调整,从而引起投资结构的改变,使经济环境产生相应的结构性变化,更加充分地发挥出利率对经济的调节作用。

拓展阅读 2—1　　利率的风险结构

利率的风险结构是指期限相同的各债券因风险差异而产生的利率之间的关系。有很多风险因素会影响利率的大小,主要有违约风险、流动性风险、税收风险、购买力风险等。

(1)违约风险,又称信用风险或倒账风险。债券发行人有可能违约,即不能支付利息或在债券到期时不能还本付息。有违约风险债券与无违约风险债券利率的差额,就是人们因为持有某种风险债券必须获得的额外利息,即风险升水或风险溢价。有违约风险的债券总是具有正的风险升水,且其风险升水将随着违约风险的增加而增加。

(2)流动性风险,是指因债券流动性不足,变现速度慢而可能遭受的损失。流动性强弱的衡量方法有证券转让过程中所发生的交易成本的高低,包括各种税费支出和价格折让等。对于交易活跃、流动性强的债券,需求会增加,价格就会向上移动;反之则价格向下移动。

(3)税收风险,不同的税收待遇,造成不同的收入所得,税收风险就会产生。

(4)购买力风险,由于存在物价上涨,也就产生了名义利率和实际利率的内涵。各种证券抗击通货膨胀的能力是不一样的,比如股票相对于债券而言,其抗击物价上涨影响的能力要好得多,因此这方面的风险就相对较小。

六、资金融通

(一)资金融通的概念

资金融通即金融,它是通过资金有偿让渡促使价值增值的运动,或称为资金余缺调剂的信贷活动。

在现代经济中,由于资金盈余者和资金不足者的存在,产生了融通资金的需要。信用提供了较好的融通资金的方式,就是资金供给者保留所有权,让渡使用权,满足资金需求者的要求,在一定时期后收回本金并获取利息。随着经济的不断发展,参与融资的盈余资金日益巨大,但各种经济主体的资金盈余在期限、承担风险、收益率等方面的要求并不相同,需要补充资金不足的情况也日趋复杂,有的要求作为资本金长期使用,有的风险较大但利润丰厚,有的融资数额巨大。单纯的信用方式融资已不能适应需要,于是产生了许多融资方式。一方面,为社会提供货币供应量,满足商品经济需要;另一方面,又创造多种工具,调剂资金余缺,加速资金周转,推动经济社会的发展。这种通过货币有偿让渡使价值增值的运动称为金融。简单地讲,金融是资金融通,而广义的金融是指货币流通与信用活动的总和,凡是货币发行、流通与回笼、货币资金的借贷、票据的承兑与贴现、债券和股票等证券的发行和转让、保险基金的筹集与运用以及外汇的买卖等,都属于金融活动的范畴。

(二)资金融通的方式

资金供给者与资金需求者相互之间融通资金可以借助金融市场直接进行，也可以通过中介机构间接进行，从而使融资活动区分为直接融通资金与间接融通资金，如图 2－1 所示。

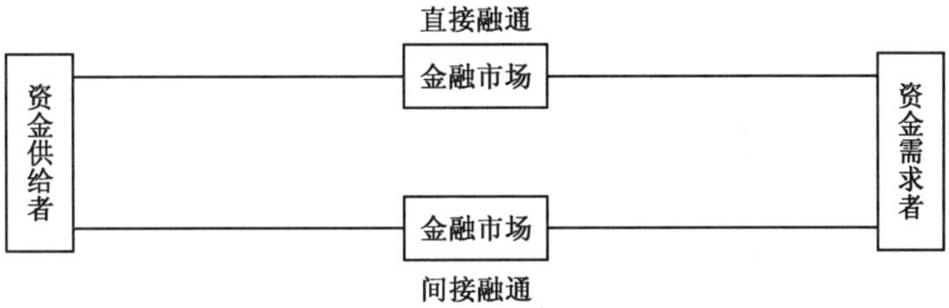

图 2—1　资金融通的方式

1. 直接融通资金

(1)直接融资的概念

直接融资是指资金供给者与需求者，在金融市场上相互直接进行的融资活动。其主要方式为：资金需求者在金融市场上发行股票或债券，从资金供给者手中直接融通货币资金。

(2)直接融资的特点

直接融资的特点是融资主体自主性大、融资过程公开性强、融资风险相对分散。在金融市场上直接融资使得融资主体，包括供应者和需求者，在数量、期限和工具等方面自由选择，比较灵活。资金供给者可以根据自身的需要设计各种类型的金融工具向市场出售，而资金需求者则可以按照自身的要求任意选择，而且可以在交易市场上随时转换。

(3)直接融资的局限性

直接融资双方要受融资时间、期限和金额的限制，由于投资者对融资者的信用状况难作深入的了解，又缺乏信用中介的缓冲，故风险相对于间接融资要大一些。

2. 间接融通资金

(1)间接融资的概念

间接融资是指资金供给者与资金需求者通过金融机构进行的融资活动。在这里，资金供给者与需求者不构成直接的债权债务关系，而是分别与金融机构发生信用关系，成为金融机构的债权人或债务人。典型的间接融资形式便是银行信用形式，资金供给者将资金存入银行，然后由银行向资金需求者发放贷款。在信用活动中，存款人是银行的债权人，借款人是银行的债务人，银行对于资金供求双方来说则是信用中介。

(2)间接融资的特点

间接融资的特点是融资成本低、风险小、融资工具具有较强的流动性和信用度。通过金融机构融资，可以降低交易成本和信息成本。由于金融机构实行专业化经营，规模大、范围广，有专业人士运用现代化设备收集、分析各种信息，决策过程规范、完整，这都使得融资成本可以大大降低。正是因为金融机构集中了庞大的资金，依据对市场的充分了解，将资金投放到不同期限、不同收益、不同风险程度的金融工具上，因此选择合理的资产组合，并保持良好的清偿能力，对于众多的中小投资者来说，所承担的风险就可以降到最低限度。

(3)间接融资的局限性

间接融资是依赖于金融机构的融资行为。金融机构的服务意识、风险意识和管理水平会直接影响融资活动的活跃程度，而且由于金融机构本身也要获利，故对于投资者来说收益相对要少。

正是由于直接融资与间接融资各有其优点和缺点，可以满足融资者的不同需求，才使融资活动日趋活跃，日益多样化。

拓展阅读 2—2　　企业间融资

某年 11 月 13 日，天山区人民法院一审判令一份 32 万元企业借贷合同无效，出借方本想通过诉讼惩罚赖账的企业，法院却说其无权索要利息和违约金。

筑路公司因急于为企业职工缴纳养老金而向名贵公司提出借款，双方签订了一份借款协议书，约定筑路公司因企业资金周转困难需向名贵公司借款 30 万元，借款期限为 6 个月，到期后一次性还本付息，借款利息按照同期商业银行贷款利率计算。

该年 7 月，双方就借款相关事宜签订了借款协议书，并约定了借款期限、利息及违约责任。到次年 1 月，筑路公司分别于本年 7 月 12 日、7 月 28 日，次年 1 月 9 日分三次向名贵公司借款 32 万元，筑路公司向名贵公司出具了三份收款收据。双方还约定如发生任何影响名贵公司实现债权的事由，筑路公司除向名贵公司偿还借款本息外，还应向原告名贵公司支付违约金 10 万元。

借款到期后，名贵公司多次索要未果，遂提起诉讼。然而，筑路公司却拿出了一份兼并重组意向协议书，证明名贵公司先期借资用于偿付筑路公司欠缴的社会统筹费用及其滞纳金，是双方兼并改制的情况下形成的。

天山区法院认为，企业借贷合同违反了有关金融法规，属无效合同。

思考与讨论：

案例中的融资属于什么信用形式？商业信用有什么特点？

应知考核

一、单项选择题

1. 企业之间相互提供的与商品交易直接相联系的信用形式是（　　）。

A. 商业信用　　B. 消费信用　　C. 银行信用　　D. 民间信用

2. 债权人和债务人都是企业的信用形式是（　　）。

A. 商业信用　　B. 银行信用　　C. 国家信用　　D. 消费信用

3. 银行信用属于（　　）。

A. 间接信用　　B. 直接信用　　C. 民间信用　　D. 商业信用

4. 如果名义利率为 3%，通货膨胀率为 5%，则实际利率为（　　）。

A. 13%　　B. 8%　　C. 2%　　D. −2%

5. 利率是指（　　）。

A. 利息额与利润的比率

B. 利息额与货币供应量的比率

C. 借贷期内所形成的利息额与所贷金额的比率

D. 利息额与金融资产的比率

二、多项选择题

1. 国家信用的工具主要有(　　)。

A. 中央政府债券　　B. 地方政府债券　　C. 金融债券　　D. 公司债券

2. 银行信用与商业信用的关系表现为(　　)。

A. 商业信用的广泛发展是银行信用产生的基础

B. 银行信用的发展是商业信用产生的基础

C. 银行信用与商业信用是替代关系

D. 银行信用克服了商业信用的局限性

3. 商业信用的主要表现形式有(　　)。

A. 商品赊销　　B. 预付定金或货款　　C. 货币借贷　　D. 分期付款

4. 关于利息理解正确的有(　　)。

A. 从债权人的角度看,是债权人贷出资金而从债务人处获得的报酬

B. 从债务人的角度看,利息是债务人为获得货币资金的使用权所花费的代价

C. 利息是债务人使用资金的"价格"

D. 利息来源于货币资金的自行增值

5. 根据名义利率与实际利率的比较,实际利率呈现三种情况:(　　)。

A. 名义利率高于通货膨胀率时,实际利率为正利率

B. 名义利率高于通货膨胀率时,实际利率为负利率

C. 名义利率等于通货膨胀率时,实际利率为零

D. 名义利率低于通货膨胀率时,实际利率为正利率

三、判断题

1. 债权债务是构成信用的基本要素。(　　)

2. 银行信用是一种直接信用。(　　)

3. 信用产生于商品流通,又不局限于商品流通。(　　)

4. 信用是一种借贷行为,信用关系即债权债务关系。(　　)

5. 赊销和预收货款是商业信用的两种基本形式。(　　)

四、简述题

1. 信用的形式有哪些?

2. 影响利率的因素有哪些?

3. 什么是资金融通?它有哪些方式?

4. 简述信用的构成要素和特征。

5. 简述利息的实质和作用。

五、计算题

1. 王某向我国某商业银行存入30 000元3年期定期存款。现行的存款利率如下表所示,试回答如下问题:

项 目	年利率(%)
活期存款	0.35
定期存款	
1. 一年	2.5
2. 二年	3.1
3. 三年	3.75

(1)王某3年后应得利息是多少元?

(2)如王某存入1年后,全部提前支取,可得利息多少元?

(3)如银行按复利计算,以现行的1年期利率为标准,3年期的定期存款可获利息多少元?(保留两位小数)

2. 一笔10万元的贷款,年利率为5%,期限为3年,分别用单利和复利计算该笔贷款的本利和与利息额。

3. 某商业银行向某工业企业发放一笔贷款,贷款金额为1 000万元,期限为两年,利率为10%。试用:单利和复利两种方法计算贷款到期,银行得到的本利和(结果保留2位小数),并说明单利与复利的区别。

应会考核

■ 观念应用

【背景资料】

中国央行再次未跟随美联储降息

美东时间2020年3月15日,美国联邦储备委员会紧急将联邦基金利率降至0~0.25%,并推出7 000亿美元的大规模量化宽松计划,降息时点和幅度均超出预期。美联储降息后,加拿大、新西兰、韩国、挪威、中国香港等国家和地区跟进了降息,市场则高度关注中国央行的操作。

3月16日,中国央行公告称,当日人民银行实施定向降准,释放长期资金5 500亿元。同时,开展中期借贷便利(MLF)操作1 000亿元,当日不开展逆回购操作。值得注意的是,MLF中标利率为3.15%,与上次持平。这意味央行暂时没有跟随美联储降息。

"各国货币政策,尤其是利率政策,目前非常看重股市。股市如果能够大体稳定,中国央行没有大幅降息的动机,尤其是在刚刚降准之后。"北京大学政策经济研究所副所长颜色表示,"反之,美联储的例子告诉市场,如果匆忙降息,也许会触发股市的恐慌,导致踩踏。"

面对新冠疫情的影响,2月份以来货币政策更多采用结构性的货币政策,而在疫情逐步缓解后经济面临弱需求、紧信用的格局下,总量的降息、降准政策在二季度仍然存在空间。

受疫情影响1—2月份的数据较差,但已在市场预期之内。3月份的数据很关键,各方都会观察3月经济指标反弹幅度是否符合预期。"预计后期央行降息概率偏大,但降息幅度是小步幅的。"

随着国内疫情已进入稳定阶段,货币政策在前期"救急"之后,会向稳增长方向适度倾斜。二季度MLF利率有可能再度下调10个基点,主要目标是引导LPR持续下行。此外,为增强银行信贷投放能力，二季度央行还有可能再实施一次全面降准。

【考核要求】

根据上述资料，分析什么是LRP？

■ 技能应用

小企业融资方式

“不敢想象A行这么大的银行居然也有这么贴近中小企业的融资服务。”

——小型高科技企业老板

● 企业描述：

小型高科技企业，生产的通信电源技术含量高、专业性强、性能优良，产品主要销售给国内大型通信设备制造商。

● 融资需求：

由于该公司正处于起步阶段，研发资金投入较大，而公司规模小，自有资金有限，在扩大生产经营方面受到较大的阻碍。又由于该公司在行业中处于弱势，谈判和议价能力较弱，无法从其购货商和供应商处获得优惠的价格，经营成本居高不下，公司业务难以实现较大的突破——该公司面临资金“瓶颈”。

该公司管理者也意识到问题所在，但由于公司刚刚起步，规模小，效益尚未显现，且没有可供抵押的固定资产，因此，在融资方面频频碰壁。

● 转机：

经业内人士介绍，该公司负责人得知A行有专门针对中小企业的融资产品，便与A行进行了接触。

● A行的解决方案：

A行了解了该公司的融资需求和经营特点后，向其推荐了应收账款融资业务，即公司可以将其对购货商的应收账款转让给A行，A行按照应收账款金额给予一定比例的融资。该项业务无须企业提供额外的抵押担保，并且在企业供货后就可以得到融资，在购货商到期支付货款后再归还融资，整个过程既快捷又方便，企业可以放心地使用融资资金进行原材料采购和扩大经营，而无后顾之忧。

● 融资收获：

该年3月份尝试着做了第一笔应收账款融资业务，金额200万元。之后，又陆续在A行办理应收账款融资业务，融资金额不断扩大，累计融资金额达3 000万元，融资余额超过1 000万元，成为A行首家应收账款融资余额超1 000万元的中小企业。

● 融资感受：

“我一开始将信将疑，几乎不敢想象A行这么大银行居然也有这么贴近中小企业的融资服务。后来发现A行的服务完全超出我的预期，资金很快就到了公司的账户，而且A行也没有额外的条件和要求。”接受记者采访时，这家企业的老板对工行充满感激地说。

【技能要求】

以上融资属于什么信用形式？有什么特点？

■ 案例分析

【情景与背景】

信用消费“盯上”退休老人，退休金还够“剁手”吗？

如今，信用消费已经成为网购用户首选的支付方式，而市场红利也在逐渐消退。相关数据显示，中国近1.7亿“90后”中，超过4 500万人开通了花呗，平均每4个“90后”就有1人用花呗进行信用支付。花呗的贷款余额在2017年上半年就已经达到992亿元。“京东世纪贸易”发布的数据显示，京东白条91.94%的债务人年龄在40岁以内，从笔数和本金余额来看，30岁以下的债务人占比超过半数。截至2019年6月末，京东白条应收账款余额达到了411.32亿元。从这些数据中，可以看到年轻消费群体一直是主流，中老年群体仍是一座待开发的“金矿”，但现在这种状况正在悄悄发生变化，老年群体对于使用信用支付进行网购越来越青睐。

有很多年轻的消费者反映，此前自己办信用卡、用信用支付网购时，家里的老人都很反对，他们一直认为消费应该量力而行，任何鼓励消费的信用支付方式都不应该被提倡。但是，随着网络购物的不断普及，很多老人被网购平台上提供的各种优惠活动或销售折扣所吸引，也纷纷开始进行网购。老人认为，自己身边同龄的很多朋友在使用这种信用支付，自己不能落伍太多。于是，在这样一个网购的大环境下，很多老年人加入了网购大军。他们也常常会因为挡不住商家销售粮油、鸡蛋、日用品等时提供的小恩小惠，而成为网购分期支付的重要客户群。同时，中老年人在网购时的群体效应特别强烈，例如有消费者反映自己的老妈不仅经常网购，就像着了魔一样，而且介绍给了不少平日在一起跳广场舞的“舞友”，她们也经常向其请教如何开通信用支付。此外，在很多家庭主妇的圈子里，任何优惠的信息都会一传十、十传百。为了满减优惠或者信用支付的一点儿折扣，中老年人可以扎堆研究如何薅取平台的“羊毛”，包括热衷于传播助力链，甚至借用别人账号注册开通信用支付，赚取更多的优惠。

与很多年轻人在心仪商品面前把持不住一样，年长的用户往往会因为网购的各种优惠而动心，能够刺激他们消费冲动的，线上信用支付应用是一大诱因。为了优惠，不少中老年人忘记了过去训诫晚辈量力而行、务实消费的忠告。不知道未来在信用消费应用的渗透和大势下，老人们的退休金是否还能支撑得起他们的网购消费呢？所以，我们在享受网络购物便利的同时一定不要忘了量力而行。

资料来源：https://www.chinaz.com/news/2019/1219/1074306.shtml.

【分析要求】

1. 分析消费信用的作用？

2. 上述案例对您有什么启示，谈谈您的感想？

项目实训

【实训内容】

利率调整

【实训目标】

通过对我国利率的调整分析，了解我国利率调整的现状，分析利率调整对我国经济的影响。培养学生分析问题能力、解决问题的能力；培养学生资料查询、整理的能力。

【实训组织】

以学习小组为单位，查找最近三年我国利率调整的数据；分组进行数据整理，分析我国利率调整的原因；判断我国利率调整的趋势；分析利率调整对我国经济的影响；汇报分析结果。

【实训成果】

1. 考核和评价采用报告资料展示与学生讨论相结合的方式；

2. 评分采用学生和教师共同评价的方式，并完成实训报告。

《利率调整》实训报告		
项目实训班级：	项目小组：	项目组成员：
实训时间：　　年　　月　　日	实训地点：	实训成绩：
实训目的：		
实训步骤：		
实训结果：		
实训感言：		

项目三

金融市场

○ **知识目标**

理解：金融市场的概念，金融市场的构成要素。

熟知：金融市场的分类，金融市场的功能，金融市场的组织方式。

掌握：货币市场和资本市场的概念、特点和类型。

○ **技能目标**

1. 能够运用金融市场工具进行金融市场操作。

2. 能够运用所学的理论、知识和方法分析解决金融市场的相关问题。

○ **素质目标**

1. 具备收集资料、分析资料的能力；具备独立思考、团结协作的能力，注重团队的成绩与荣誉。

2. 培养与人沟通、言行举止得体等综合素质能力。

3. 理解不忘初心的核心要义和精神实质，塑造自己的品格、品行和品位，树立正确的世界观、人生观和价值观，把学与用有机结合，做到学思用贯通、知信行统一。

○ **项目引例**　　**发明家的机器人**

一位发明家发明了一种价格低廉的机器人，它能清扫房屋、洗车、割草等。可惜的是，发明家没有足够的资金来把他的发明投入生产。一位独居老人有大笔的存款。如果我们能让发明家和这位老人合作，把老人的资金提供给发明家，那么发明家的机器人就会有光明的前景，而经济和社会的福利也会得到改善：我们会有更整洁的房子、更干净的车子和更漂亮的草坪。

金融市场和金融中介机构最基本的功能就是使这样的资金短缺者和资金盈余者相互合作，将资金从盈余者手中转移到短缺者手中。金融市场是总体经济运行中一个重要的组成部分，在经济发展中扮演着非常重要的角色。金融市场是资金融通机制的主要载体。通过参与金融市场活动，各经济主体实现调剂资金余缺的目的，同时使资金得到合理化配置。

○ **引例导学**

金融市场有哪些功能和类型？相关的子市场又是如何运作的？这些正是本项目所要讨论的问题。

○ **知识准备**

任务一　金融市场概述

一、金融市场的概念

金融市场有广义和狭义之分。广义的金融市场是指资金供应者和资金需求者双方通过信用工具进行交易而融通资金的市场，也就是说，金融市场是实现货币借贷和资金融通、办理各种票据和有价证券交易活动的市场。而狭义的金融市场往往特指证券的发行与买卖的场所。一般将金融市场理解为以金融资产为交易对象而形成的供求关系及其机制的总和。其具体内涵如下：

(1)金融市场是进行金融资产交易的场所，这个市场既可以是有形的，如证券交易所；也可以是无形的，如外汇交易员通过计算机网络构成的看不见的市场进行着资金的调拨。

金融市场

(2)金融市场交易的对象是金融资产。金融资产表现为各种金融工具或产品，如债券、股票等，代表持有人对实物资产或未来现金流的索取权，对于持有人来说是资产或者财富。交易双方的关系不是简单的买卖关系，而是建立在信用基础上的资金使用权的有偿转让。

(3)金融市场包含金融资产交易过程中所产生的各种运行机制，包括价格机制、发行机制、监督机制等，其中最主要的是价格机制。在金融市场上，最重要的价格机制是利率。

拓展阅读 3-1　　金融体系、金融市场与金融中介

金融体系是一个经济体中资金流动的基本框架，是金融资产、金融中介、金融市场和金融监管系统等各金融要素构成的综合体。金融中介是指在资金融通过程中，在资金供求者之间起媒介作用的人或机构，与金融市场的资金转移机制不同，金融中介的运作机理是：它首先购买赤字单位发行的直接证券，然后向盈余单位发行间接证券，成为赤字单位与盈余单位之间名副其实的媒介。金融体系包括几个相互关联的组成部分：①金融部门，包括各种金融机构、市场，它们为经济中的非金融部门提供金融服务。②融资模式与公司治理，居民、企业、政府的融资行为以及基本融资工具；协调公司参与者各方利益的组织框架。③监管体制。金融体系不是这些部分的简单相加，而是相互适应与协调。现实中不同国家的金融制度差异较大，存在着不同的金融体系。一是以美、英为代表的市场主导型金融体系，二是以法、德、日为代表的银行主导型金融体系。美国、英国的金融体制常常被称为“市场主导型”，而德国、法国、日本的则被称为“银行主导型”。

二、金融市场的构成要素

一个较完善的金融市场一般包括以下基本要素。

(一)金融市场业务活动的参加者

金融交易同其他交易一样要有交易双方，即货币资金的供应者和需求者，也就是金融市场业务活动的参加者，一般有企业、金融机构、政府、个人、国外投资者和中央银行。

1. 企业

企业是金融市场运行的基础,也是整个经济活动的中心。金融市场活动的其他参加者都与企业有着密不可分的联系,金融市场又是企业筹集和运用资金的最好场所。当企业资金有盈余时,可以利用金融市场进行投资,并视其资金闲置长短选择不同的信用工具,或投资于货币市场或投资于证券市场取得收益;当企业资金不足,需要筹措资金时,企业可以从金融市场上取得资金,或是持未到期的商业票据到银行办理贴现,或是以企业财产和各种有价证券作抵押到银行办理抵押贷款,或是在证券市场上发行股票和债券。金融市场成为企业筹集各种资金,运用闲置资金进行金融投资的理想场所。

2. 金融机构

金融机构是金融市场运行的主导力量。商业银行是金融市场上资金的最大供应者,它除了对客户提供各种放款与票据贴现外,也对有价证券进行投资。同时,商业银行也通过吸收存款以及发行金融债券、定期存单等形式筹集资金,成为资金的需求者。而各类专业银行则通常是通过发行股票、债券的方式筹集资金,除一部分用于专门的放款外,大部分用于有价证券投资。其他金融机构也通过各种方式从金融市场筹集资金或者向金融市场提供资金。

3. 政府

政府在金融市场上是资金的需求者。政府为了弥补财政赤字或刺激经济增长,利用国家信用工具来筹措资金,比如,在短期金融市场上发行短期政府债券——国库券,在长期金融市场上发行公债券等。由于政府债券的大量发行,每个银行、企业及个人或多或少地拥有国债,因此政府部门对金融市场影响很大并在金融市场上占有重要的地位。

政府也是资金的供给者。它通过地方财政、国有企业等公共部门向民间特定的领域和政策性金融机构提供稳定资金,来调整经济结构或影响整个经济活动的规模。尽管财政资金的投放有时不通过金融市场进行,但财政资金的供应可以改变金融市场上的资金供求关系,因此政府仍然可以被认为是金融市场的资金供给者之一。

4. 个人

个人主要是金融市场的资金供给者。个人的货币收入大于支出的部分可以在金融市场上用于各种投资。他们可以根据投资目的不同而选择不同的金融资产。比如,有的人投资以安全性为第一选择,就购买国债或信誉卓越的公司股票和债券,这些证券风险小但利率也较低;有的人投资目的是为了获取高额利息或红利收入,他就可以选择股票或一些低级债券,相应地承担的风险也大;有的人资金闲置时间很短,可以投资于短期的国库券、存单或活期存款等资产,利率低但变现性很强。

个人也是金融市场上的资金需求者。当个人收入或储蓄不足,在购买汽车、住房发生资金困难时,也可以从金融市场上通过消费贷款而取得资金,以实现自己的消费行为。

5. 国外投资者

随着金融市场向着国际化方向发展,国外投资者在各国金融市场进行筹资和投资的需求越来越大,这部分资金的流出或流入会对一国的金融市场产生重大影响。

6. 中央银行

中央银行是商业银行最后贷款人,要通过再贷款与再贴现的方式解决商业银行放款来源的不足;同时,它通过公开市场操作在金融市场上购入和出售有价证券,扮演资金供应者与需求者的双重角色。当然在这些活动中,中央银行更重要的是以资金供求的调节者和金融市场的管理者身份出现的。

(二)金融市场的交易对象

如果说参加者是金融市场主体,那么交易对象就是金融市场的客体。金融市场的交易对象是货币资金。货币资金是一种特殊的商品,作为特殊商品的货币资金是以金融工具的形式出现的。无论是银行的存贷款,还是证券市场上的证券买卖,最终都要实现货币资金的转移,但这种转移在多数情况下只是货币资金使用权的转移,而不是所有权的转移。这与商品市场上作为交易对象的商品的转移不同,在商品的交易中,不仅商品的使用权要发生转移,而且所有权要从卖者手中转移到买者手中,使用权的转移要以所有权的转移为前提。一个健全完善的金融市场,能够向参加者提供众多的可供选择的金融资产和金融工具,从短期的票据到国库券,再到长期的公债、公司债券和股票等一应俱全,以满足参加者各种不同的需求。

(三)交易价格

在金融市场上,交易对象的价格就是货币资金的价格。在借贷市场上,借贷资金的价格就是借贷利率。而在证券市场上,资金的价格较为隐蔽,直接表现出的是有价证券的价格,从这种价格反映出货币资金的价格。至于外汇市场,汇率反映了货币的价格。直接标价法反映了外币的价格,而间接标价法反映了本币的价格。在黄金市场上,一般所表现的是黄金的货币价格,如果反过来,就显示出单位货币的黄金价格。

三、金融市场的分类

按交易对象不同,金融市场可以分为货币市场、资本市场、外汇市场、黄金市场和金融合约市场。

(1)货币市场。货币市场是指融资期限在一年以下的金融交易市场,是金融市场的重要组成部分。货币市场就其结构而言,可分为短期借贷市场、同业拆借市场、商业票据市场、短期债券市场、大额可转让定期存单市场、回购协议市场等。

(2)资本市场。资本市场主要是指长期资金交易的场所,它包括证券市场和长期借贷市场。在证券市场上,交易的工具主要是股票、债券和投资基金。

(3)外汇市场。外汇市场是指由外汇需求者与外汇供给者以及买卖中介机构所构成的买卖外汇的场所或交易网络。在外汇市场上,既可以进行本币与外币之间的买卖,也可以进行以一种外币兑换成另一种外币,即不同币种的外币间的买卖。外汇市场是国际金融市场的一个重要组成部分,并且与其他金融市场存在着种种密切关系,例如国际货币市场的借贷业务、国际资本市场上的投资活动以及黄金市场上的各种交易都离不开外汇买卖。外汇市场的参与者有经营外汇业务的外汇银行、接洽外汇买卖的外汇经纪人、从事外币有价证券买卖的证券公司、买卖外汇的进出口公司及个人、负责监管的中央银行等。

(4)黄金市场。黄金市场是集中进行黄金买卖和金币兑换的交易中心或场所。由于目前黄金仍是各国进行国际储备的工具之一,在国际结算中占据重要的地位,因此,黄金市场仍被看作是金融市场的一个重要组成部分。国际黄金市场是世界各国集中进行黄金交易的一个中心,有固定的交易场所。目前,世界上重要的黄金市场有伦敦、纽约、苏黎世、芝加哥和中国香港,号称五大国际黄金市场。世界的黄金交易可以在 24 小时内不停地进行。

拓展阅读 3-2　黄金市场——天然的货币,最舒服的避风港

黄金是人类最早发现并利用的贵金属之一。

黄金投资是一种永久的投资。几千年来,黄金永远散发着它美丽的光芒,并以其独有的不变质、易流通的特性以及保值、投资、储值的功能,成为人们资产保值的首选。

由于黄金具有特殊的自然属性,所以被人类赋予了社会属性,也就是流通货币功能。黄金成为人类的物质财富,成为人类储藏财富的重要手段,故而马克思在《资本论》中写道:“金银天然不是货币,但货币天然是金银”。

投资黄金是一种与股票相类似的投资行为,但是相对于股票而言,黄金的历史更加悠久。国际上所通行的黄金交易市场也要比股票市场更加规范,收益也相对更高。

黄金市场,是集中进行黄金买卖的交易场所。黄金交易与证券交易一样,都有一个固定的交易场所,世界各地的黄金市场就是由存在于各地的黄金交易所构成的。黄金交易所一般都在各个国际金融中心,是国际金融市场的重要组成部分。在黄金市场上买卖的黄金形式多种多样,主要有各种成色和重量的金条、金币、金丝和金叶等,其中最重要的是金条。金价按纯金的重量计算,即以金条的重量乘以金条的成色。目前,国内黄金投资主要分为实物黄金交易和纸黄金交易两类。实物黄金交易是指可以提取实物黄金的交易方式,纸黄金交易是指只能通过账面反映买卖状况,不能提取实物黄金的交易方式。

两种交易方式各有所长,如果出于个人收藏或者馈赠亲友的目的,投资者可以选择实物黄金交易;如果期望通过黄金投资获得交易盈利,那么纸黄金无疑是最佳选择。与实物黄金交易相比,纸黄金交易不存在仓储费、运输费和鉴定费等额外的交易费用,投资成本较低,同时不会遇到实物黄金交易通常存在的“买易卖难”的窘境。

此外,黄金投资有黄金管理账户、黄金凭证、黄金期货、黄金期权、黄金股票、黄金基金和国际现货黄金等种类。

(5)金融合约市场。金融合约市场是指以特殊的金融合约为交易对象的市场,主要包括期货合约、期权合约、互换合约等。保险市场也应属于金融合约市场,因为保险市场是以保险单和年金的发行与转让为交易对象的场所,而保险单(即保险合同)实际上是一种特殊的金融合同。

拓展阅读 3—3　　期权市场——有权不用,过期作废

在亚里士多德的《政治学》的第一卷中记载有一个关于期权的最古老的故事。

哲学家泰利斯因为贫穷而遭人耻笑,并且人们以此为理由认为哲学是毫无用处的,但结果却是擅长占星术的泰利斯笑到了最后。

有一年冬天,泰利斯通过观测星象预测到第二年秋天本地橄榄将会遇到百年一遇的大丰收。于是,他拿出了自己仅有的一点积蓄,秘密拜访了当地所有的橄榄油压榨机的主人。他付给每人一小笔订金来买下一份“期权”,该期权的内容就是到了秋天时,他能优先以正常的租金租用他们的压榨机。

第二年,橄榄大丰收果然来临了,压榨机的需求骤然增加,这一下泰利斯得到了向求租者漫天要价的机会,结果大发横财。泰利斯以此昭告天下:哲学家要想致富,简直易如反掌。

除此之外,金融市场按照融资方式可以分为直接融资市场和间接融资市场,按照金融交易的程序可以分为发行市场和流通市场,按照金融交割的时间可以划分为现货市场和期货市场,按照地域范围可以划分为国内金融市场和国际金融市场。

四、金融市场的功能

金融体系最基本的功能是在不确定的环境下,便于资源进行跨时(Inter-temporal)和跨地

(Cross-sectional)的配置。与金融中介机构一样,金融市场最基本的功能是充当联结储蓄者与投资者的“桥梁”,对资本进行时间和空间上的合理配置,即通俗意义上的融资功能。

(一)融通资金功能

融通资金是指将储蓄转化为投资,是金融市场最基本的功能。通过这个功能可以有效地筹集和调剂资金。金融市场是一种多渠道、多形式、自由灵活地筹资与融资的场所。金融市场通过各种金融商品的买卖,为融资双方提供了各种可供选择的机会,以适应广大公众不同的金融投资和融资需求。在金融市场上,金融工具多种多样,能适应不同资金供应者在利率、期限、方式等方面的要求,具有高度的选择性。

(二)资源配置功能

在金融市场上,随着金融工具的流动,相应地发生了价值和财富的再分配。金融是物资的先导,随着金融资产的流动,带动了社会物质资源的流动和再分配,将社会资源由低效部门向高效部门转移。金融市场中的供求双方通过竞争决定了金融资产的价格,或者说确定了金融资产要求的收益率。金融市场能够将资源从低效率利用的部门转移到高效率利用的部门,从而实现稀缺资源的合理配置和有效利用。

(三)流动性提供功能

金融市场为投资者出售金融资产提供了便利。由于这个特点,它对被迫或主动出售金融资产的投资者有很大的吸引力。如果缺乏流动性便利,投资者将被迫持有债务工具直至其到期或者持有权益工具直至公司破产清算,那么损失可能非常大。

(四)风险分散功能

在市场经济中,经济主体面临各种各样的风险,无论是投资于实业还是投资于金融资产,都可能面临价格风险、通货膨胀风险、利率风险、汇率风险、经营风险等。风险是客观存在的现象,人们无法消灭风险,但可以利用金融市场分散风险、规避风险。金融市场为它的参与者提供了分散、降低风险的机会,利用组合投资,可以分散投资于单一金融资产所面临的非系统性风险,如金融衍生工具已成为各类经济主体进行风险管理的重要工具。

(五)信息反映功能

金融市场之所以有信息反映功能,是因为金融市场与高度发达的市场经济是一个国家中整个市场体系的枢纽。首先,金融市场是反映微观经济运行状况的指示器。其次,金融市场交易直接和间接反映国家货币供应量的变动。最后,金融市场有大量专门人才长期从事商情研究和分析,他们与各类工商企业保持着不间断的直接接触,能及时、充分了解企业的发展动态。

(六)公司控制功能

资金的转移和有效配置通常面临许多风险。其中,如何确保资金使用者能够有效运用资金并到期偿还或给予当初允诺的投资回报,是投资者决策时要考虑的重要问题之一。因此,需要有一套监控和激励机制来确保资金的高效使用。金融市场的信息生产功能主要解决投资决策作出前的非对称信息问题,即逆向选择;而监控与激励机制则主要解决投资决策作出后的非对称信息问题,即道德风险。金融市场的监控机制主要包括两类:一类是作为投资者的股东通过“用手投票”和“用脚投票”等方式对公司进行直接干预;另一类监控机制则是金融市场提供了激励公司管理层的有效机制,即对经理人的报酬采取股票期权制度,从而使职业经理人自身的效用最大化行为与公司的利润最大化重合起来。

(七)宏观调控功能

宏观调控功能是指金融市场作为政府宏观调节机制的重要组成部分,具有宏观控制经济的作用。国家对国民经济运行的计划调控,转换成一系列金融政策,通过中央银行传导到金融市场,引起货币流量和流向的变动。货币流量和流向变动产生的一系列金融信号又通过金融市场传导到国民经济的各个部门,引起国民经济的局部变动或整体变动。中央银行正是利用金融市场宏观调控功能,通过公开市场业务,在金融市场上买卖有价证券,回笼货币,收缩货币供应量;当流通中货币量过少时,中央银行在金融市场上购买有价证券,增加货币供应量,从而使货币供给与需求相适应。中央银行货币政策对各个金融市场的影响如表3－1所示。

表3－1　　中央银行货币政策对各个金融市场的影响

金融市场类型	受货币政策影响的相关因素	主要的机构参与者
货币市场	目前货币市场工具在二级市场的价值 货币市场新发行证券的收益率	商业银行、储蓄机构、货币市场基金、信用社、保险公司、金融公司、养老基金
债券市场	债券二级市场价值 正在发行债券的收益率	商业银行、储蓄机构、信用社、金融公司、货币市场基金、保险公司、养老基金
股票市场	股票预期收益率进而影响其市场价值 公司的收入预期进而影响其价值	股票共同基金、保险公司、养老基金
抵押贷款市场	住房需求进而影响住房抵押贷款需求 住房抵押贷款在二级市场的价值 新的住房抵押贷款利率 住房抵押贷款的溢价	商业银行、储蓄机构、信用社、保险公司、养老基金
外汇市场	货币需求影响货币价值,进而影响货币衍生产品价格	受到汇率风险影响的金融机构

中央银行的货币政策、利率政策和信贷政策,都是国家宏观调控经济发展通常采用的手段。它首先引起金融市场的货币波动,然后传递到商品市场和其他要素市场,最后达到调节整个国民经济运行的目的。

五、金融市场组织方式

有了交易主体、交易工具及交易对象的媒介,只是有了形成市场的可能,要使金融市场成为现实的市场并正常运转,还需要一定的制度安排——组织形式。金融市场的组织方式就是把交易双方和交易对象通过金融机构这个媒介联系起来,共同确定交易价格,最终实现转让交易对象目的的形式。金融市场的组织方式主要有拍卖方式和柜台方式两种。

(一)拍卖方式

金融市场上的拍卖方式是指所有的金融交易都采取拍卖的方式成交,买卖双方通过公开竞价来确定买卖的成交价格。目前,公开竞价有两种方式:一种是人工拍卖,即由金融工具的出售方呼喊加手势报出要价;购买方之间激烈竞争报出买价,出价最高的购买方将最终获得所售金融工具;另一种方式是计算机自动撮合,即买卖双方不必直接见面,而是分别将欲买和欲售金融工具的价格输入计算机,由计算机按照时间优先、价格优先的原则自动配对,实现成交。时间优先是指同样的价格先提出优先成交,价格优先是指对于购买方而言,同一时间价格高的优先成交;对于出售方而言,同一时间价格低的优先成交。金融市场工具的拍卖在交易所内进行。但交易所内除了真正要买卖金融工具的市场参与者之外,还有受人委托代理买卖的经纪人和股票交易商。他们由作为交易所会员的经纪人公司和证券公司派出,这些公司受实际投资人、筹资人、保值人或者投机人的委托,按照委托人的要求以尽可能有利的价格进行交易。

这是拍卖方式的一大特点。

拍卖方式可以分为单向拍卖和双向拍卖。①单向拍卖方式的交易双方中一方是一个交易群体，例如一批要购买或要出售的同一金融工具，而另一方是一个交易单位。后者报出买卖金融工具的出价或要价，前者中的各个交易单位围绕报价展开竞争，竞相抬价以求买进或者竞相压价以求售出。最后，后者将要出售的金融工具卖给出价最高的交易方，或以最低的价格购得要购买的金融工具。②双向拍卖方式的交易双方都是交易群体，交易双方在买卖某种交易工具时，以该种工具上次成交的价格为基础，分别提出各自的出价和要价。买方希望以较低价格买入，卖方希望以较高价格卖出。买方群体中不断有人为买进而提高出价，卖方群体中不断有人为卖出而降低要价，这样双方的报出价格逐渐接近，到双方群体中最高出价和最低要价相等时便可以成交。

(二)柜台方式

柜台方式是指通过作为交易中介的证券公司来买卖金融工具，而不是通过交易所竞价方式确定交易价格。这种方式中金融工具的买卖双方都分别同证券公司进行交易，或者将出售的金融工具卖给证券公司，或者从证券公司买进欲购买的金融工具。

在柜台方式组织的金融交易中，买卖价格不通过交易双方直接竞争来确定，而是由证券公司根据市场行情和供求关系自行确定。对于同意交易的某种金融工具，证券公司以双价制的方式进行挂牌，即同时报出该工具的买入价格和卖出价格，表示愿意以所报出价格买入或者卖出金融工具。证券公司一旦对某种金融工具报出双价，则在报出新的价格之前，不得拒绝以已经报出的买入或者卖出的价格来买卖该种工具。一般证券公司的报价中买入价格低于卖出价格，价差(Spread)就是证券公司的主要利润来源。

任务二　货币市场和资本市场

一、货币市场

(一)货币市场的概念和特点

货币市场是融资期限在一年以内的短期资金交易市场。在这个市场上用于交易的工具形形色色，交易的内容十分广泛。相对于资本市场来说，货币市场有以下几个突出特点。

首先，它是短期的，而且是高流动性和低风险性的市场。在货币市场上交易的金融工具具有高度的流动性。如果你急需一笔现金，被迫要处理长期证券，那你就会遭受损失。但如果你有短期债券，那么你可以乘机卖掉它们，而不致遭受太大的损失。短期债券到期很快，如果你脱手一段时间，当它们到期时你可以按票面价值买回这些债券。

货币市场

其次，货币市场是一种批发市场。由于交易额极大、周转速度快，一般投资者难以涉足，所以货币市场的主要参与者大多数是机构投资者。其深谙投资技巧，业务精通，因而能在巨额交易和瞬变的行情中获取利润。

最后，货币市场又是一个不断创新的市场。由于货币市场上的管制历来比其他市场要松，所以任何一种新的交易方式和方法，只要可行就可能被采用和发展。

(二)货币市场的类型

1. 同业拆借市场

同业拆借市场又称同业拆放市场，是指银行与银行之间、银行与其他金融机构之间进行短期(1 年以内)临时性资金拆出和拆入的市场。

同业拆借市场有如下特点：对进入市场的主体有严格的限制，即必须是指定金融机构；融资期限较短，最初多为 1 日或几日的资金临时调剂，是为了解决头寸临时不足或头寸临时多余等问题所进行的资金融通；交易手段比较先进，手续简便，成交时间短；交易额大，而且一般不需要担保或抵押；利率由双方议定，可以随行就市。

货币市场工具

同业拆借市场最早出现于美国，其形成的根本原因在于法定存款准备金制度的实施。按照美国 1913 年通过的《联邦储备法》的规定，加入联邦储备银行的会员银行，必须按存款数额的一定比例向联邦储备银行缴纳法定存款准备金。而由于清算业务活动和日常收付数额的变化，总会出现有的银行存款准备金多余、有的银行存款准备金不足的情况。存款准备金多余的银行需要对多余部分加以运用，以获得利息收入，而存款准备金不足的银行又必须设法借入资金以弥补准备金缺口，否则就会因延缴或少缴准备金而受到经济处罚。在这种情况下，存款准备金多余和不足的银行，在客观上需要互相调剂。于是，1921 年在美国纽约形成了以调剂联邦储备银行会员银行的准备金头寸为内容的联邦基金市场。

在经历了 20 世纪 30 年代的第一次资本主义经济危机之后，西方各国普遍强化了中央银行的作用，相继引入法定存款准备金制度作为控制商业银行信用规模的手段，与此相适应，同业拆借市场也得到了较快发展。在经历了长时间的运行与发展过程之后，当今西方国家的同业拆借市场，较之形成之时，无论是在交易内容、开放程度方面，还是在融资规模等方面，都发生了深刻变化。拆借交易不仅发生在银行之间，而且扩展到银行与其他金融机构之间。从拆借目的看，已不限于补足存款准备和轧平票据交换头寸，金融机构如在经营过程中出现暂时的、临时性的资金短缺，也可进行拆借。更重要的是，同业拆借已成为银行实施资产负债管理的有效工具。由于同业拆借的期限较短、风险较小，许多银行把短期闲置资金投放于该市场，以利于及时调整资产负债结构，保持资产的流动性。特别是那些市场份额有限、承受经营风险能力脆弱的中小银行，更是把同业拆借市场作为短期资金经常性运用的场所，力图通过这种做法提高资产质量、降低经营风险、增加利息收入。

拓展阅读 3－4　　　　　　　我国的同业拆借市场

1986 年 1 月，国家体改委、中国人民银行在广州召开金融体制改革工作会议，会上正式提出开放和发展同业拆借市场。同年 3 月，国务院颁布的《中华人民共和国银行管理暂行条例》，也对专业银行之间的资金拆借作出了具体规定。此后，同业拆借在全国各地迅速发展起来。1986 年 5 月，武汉市率先建立了只有城市信用社参加的资金拆借小市场，武汉市工商银行、农业银行和人民银行的拆借市场随之相继建立。不久，上海、沈阳、南昌、开封等大中城市形成了辐射本地区或本经济区的同业拆借市场。到 1987 年 6 月底，除西藏外，全国各省、市、自治区都建立了不同形式的拆借市场，初步形成了一个以大中城市为依托的、多层次的、纵横交错的同业拆借网络。1995 年，为了巩固整顿同业拆借市场的成果，中国人民银行进一步强化了对同业拆借市场的管理，要求跨地区、跨系统的同业拆借必须经过人民银行融资中心办理才可行，不允许非金融机构和个人进入同业拆借市场，从而使同业拆借市场得到了进一步规范和发展。1995 年 11 月，中国人民银行发出通知，要求商业银行在 1996 年 4 月 1 日前撤销其所办的拆借市场。这一措施为建立全国统一的同业拆借市场奠定了坚实的基础。1996 年 1 月 3

日，经过中国人民银行长时间的筹备，全国统一的银行间同业拆借市场正式建立。目前，全国银行间同业拆借中心与中国外汇交易中心合用一个交易系统，并包括全国银行间拆借和债券（包括现券买卖、回购交易）两个交易子系统。

2. 银行承兑汇票市场

银行承兑汇票市场是以银行承兑汇票作为交易对象所形成的市场。国际与国内贸易的发展是产生银行承兑汇票的重要条件，同时，银行承兑汇票的产生大大便利了国际与国内的贸易。目前，银行承兑汇票市场已成为世界各国货币市场体系中的重要组成部分。

3. 短期国债市场

短期国债，也称国库券，是由中央政府发行的、期限在 1 年以内的政府债券。期限通常为 3 个月、6 个月或 12 个月。最早发行短期国债的国家是英国。现在西方各国普遍发行大量短期国债，把它作为弥补财政赤字的重要手段。同时，一定规模的短期国债也是中央银行开展公开市场业务、调节货币供给的资金基础。我国自 1981 年恢复国债发行以来，所发国债期限多在两年以上，1994 年首次发行了期限为半年的短期国债，丰富了我国的国债品种。

短期国债的最大特点是安全性。它是凭中央政府的信用发行的，所以几乎不存在违约风险；它在二级市场上的交易也极为活跃，变现非常方便。此外，与其他货币市场工具相比，短期国债的起购点比较低，面额种类齐全，适合一般投资者购买。短期国债的这些特点使它成为一种普及率很高的货币市场工具。

4. 可转让定期存单市场

可转让定期存单是银行发行给存款人按一定期限和利率计息，到期前可以转让流通的证券化的存款凭证。它与一般存款的不同之处在于可以在二级市场进行流通，从而解决了定期存款缺乏流动性的问题，所以很受投资者的欢迎。其面额一般比较大（美国的可转让定期存单最小面额为 10 万美元），期限则多在 1 年以内。它最早是由美国花旗银行于 1961 年推出的，并且很快为别的银行所效仿，目前已成为商业银行的重要资金来源。在美国，其规模甚至超过了短期国债。我国于 1986 年下半年开始发行大额可转让定期存单，最初只有交通银行和中国银行发行，1989 年起其他银行也陆续开办了此项业务。在我国面向个人发行的存单面额一般为 500 元、1 000 元和 5 000 元，面向单位发行的存单面额则一般为 5 万元和 10 万元。然而，由于没有给大额存单提供一个统一的交易市场，同时由于大额存单出现了很多问题，特别是盗开和伪造银行存单进行诈骗等犯罪活动十分猖獗，中央银行于 1997 年暂停审批银行的大额存单发行申请，大额存单业务因而实际上被完全停止。其后，大额可转让定期存单逐渐淡出人们的视野。

5. 商业票据市场

商业票据是由一些大银行、财务公司或企业发行的一种无担保的短期本票。所谓本票，是由债务人向债权人发出的支付承诺书，承诺在约定期限内支付一定款项给债权人。商业票据是一种传统的融资工具，但是它的迅速发展却是从 20 世纪 60 年代后期开始的。由于 Q 条例规定了存款利率的上限，美国的商业银行开始寻求新的获取资金的渠道。其中之一便是通过银行控股公司（持有数家银行股份的公司）发行商业票据。与此同时，越来越多的大企业也开始更多地依赖发行商业票据来获得流动资金。到 20 世纪 90 年代，商业票据已经成为美国数额最大的货币市场金融工具。

拓展阅读3－5　　美国的"Q条例"

Q条例是指美国联邦储备委员会按字母顺序排列的一系列金融条例中的第Q项规定。1929年之后，美国经历了一场经济大萧条，金融市场随之也开始了一个管制时期。与此同时，美国联邦储备委员会颁布了一系列金融管理条例，并且按照字母顺序为这一系列条例进行排序，如第一项为A项条例，其中对存款利率进行管制的规则正好是Q项，因此该项规定被称为Q条例。后来，Q条例成为对存款利率进行管制的代名词。Q条例的内容是：银行对于活期存款不得公开支付利息，并对储蓄存款和定期存款的利率设定最高限度，即禁止联邦储备委员会的会员银行对它所吸收的活期存款(30天以下)支付利息，并对上述银行所吸收的储蓄存款和定期存款规定了利率上限。当时，这一上限规定为2.5%，此利率一直维持至1957年不曾调整，而此后却频繁进行调整。它对银行资金的来源和去向都产生了显著影响。美国金融市场上也产生了许多为规避Q条例而创新的金融工具。

6. 回购协议市场

回购协议是产生于20世纪60年代末的短期资金融通方式。它实际上是一种以证券为抵押的短期贷款。其操作过程如下：借款者向贷款者暂时出售一笔证券，同时约定在一定时间内以稍高的价格重新购回；或者借款者以原价购回原先所出售的证券，但是向证券购买者支付一笔利息。这样证券出售者暂时获得了一笔可支配的资金，证券的购买者则从证券的买卖差价或利息支付中获得一笔收入。回购协议主要以政府债券交易为主。回购协议中的出售方大多为银行或证券商，购买方则主要是一些大企业，后者往往以这种方式来使自己在银行账户上出现的暂时闲置余额得到有效利用。回购协议的期限大多很短，可以是1天到1年中的任意天数。由于数额巨大，购买者的收入也很可观。

债券回购交易一般在证券交易所进行，目前我国不仅在上海、深圳两个交易所开展了回购交易，而且全国银行间同业拆借市场也开展该项业务。

7. 共同基金市场

货币市场共同基金是美国20世纪70年代以来出现的一种新型投资理财工具。共同基金是将众多的小额投资者的资金集合起来，由专门的经理人进行市场运作，赚取收益后按一定的期限及持有的份额进行分配的一种金融组织形式。而对于主要在货币市场上进行运作的共同基金，则称为货币市场共同基金。

货币市场共同基金最早出现在1972年。当时，由于美国政府出台了限制银行存款利率的Q项条例，银行存款对许多投资者的吸引力下降，他们急于为自己的资金寻找到新的能够获得超过货币市场现行利率水平的收益途径。货币市场共同基金正是在这种情况下应运而生。它能将许多投资者的小额资金集合起来，由专业人士操作。货币市场共同基金出现后，其发展速度是很快的。目前，在发达的市场经济国家，货币市场共同基金在全部基金中所占比重最大。

我国货币市场共同基金正式创立于2003年。2003年12月10日，华安现金富利基金、招商现金增值基金、博时现金收益基金经历了曲折最终获批，其中华安现金富利基金于2003年12月30日正式成立，另两只基金则于2004年1月成立，标志着我国货币市场共同基金的正式启动，基金公司可以通过设立货币基金而在货币市场为闲置资金寻找一个安全的"避风港"。

二、资本市场

(一)资本市场的概念及特点

资本市场是融资期限在一年以上的长期资金交易市场。与货币市场相比，资本市场的特点主要有如下几点：

(1)融资期限长。融资期限至少在1年以上，也可以长达几十年，甚至没有到期日。

(2)流动性较差。在资本市场上筹集到的资金多用于解决中长期融资需求，因此流动性和变现性相对较弱。

(3)风险大而收益较高。由于融资期限较长，发生重大变故的可能性较大，市场价格容易波动，投资者需要承受较大的风险。同时，作为对风险的回报，其收益也较高。

(二)资本市场的类型

在资本市场上，资金供应者主要是银行、保险公司、信托投资公司、各种基金公司和个人投资者，资金需求方主要是社会团体、政府机构、企业等。资本市场主要包括证券市场和长期借贷市场。证券市场包括发行市场和流通市场两部分，其各自的交易方式均不相同。在证券市场上，交易对象主要是股票、债券、投资基金，它们的交易及运行机制各不相同。

1. 股票市场

股票是股份公司发给投资人、证明其投入本公司资本并据此取得股息和红利的凭证，是证明股东权利和义务，并能转让的有价证券。

迄今为止，资本市场的最大组成部分是股票市场。

(1)股票的发行市场

股票的发行市场又称一级市场，是指股份公司向社会增发新股的市场，包括公司初创期发行的股票和增资扩股所发行的股票。一级市场的整个运作过程通常由咨询与准备、股票销售两个阶段构成。

第一阶段：咨询与准备。咨询与准备是股票发行的前期准备阶段，发行人(公司)须听取投资银行的咨询意见并对一些主要问题作出决策，主要包括发行方式的选择、选定作为承销商的投资银行或证券公司、准备招股说明书、确定发行价格。发行公司着手完成准备工作之后，即可按照预定的方案发售股票。

①发行方式的选择。股票发行的方式一般可分为公募发行和私募发行两类。公募发行是指面向市场上大量的非特定的投资者公开发行股票。其优点是：可以扩大股票的发行量，筹资潜力大；无须提供特殊优厚的条件，发行者具有较大的经营管理独立性；股票可在二级市场上流通，从而提高发行者的知名度和股票的流通性。其缺点则表现为工作量大，难度也大，通常需要承销者的协助，发行者必须向证券管理机关办理注册手续，必须在招股说明书中如实公布有关情况以供投资者作出正确决策。

私募发行是指只向少数特定的投资者发行股票，其对象主要有个人投资者和机构投资者两类，前者如使用发行公司产品的用户或本公司的职工，后者如大的金融机构或与发行者有密切业务往来关系的公司。私募发行具有节省发行费用、通常不必向证券管理机关办理注册手续、有确定的投资者从而不必担心发行失败等优点。但也有需要向投资者提供高于市场平均条件的特殊优厚条件、发行者的经营管理容易受干预、股票难以转让等缺点。

②选定作为承销商的投资银行。公开发行股票一般都通过投资银行来进行，投资银行的这一角色称为承销商。许多公司与某一特定承销商建立起牢固的关系，承销商为这些公司发行股票且提供其他必要的金融服务。在我国，承销商的职能由证券公司来承担。

③准备招股说明书。招股说明书是公司公开发行股票的书面说明，是投资者了解和准备购买股票的依据。招股说明书必须包括财务信息、公司经营历史的陈述、高级管理人员的状况等。

④发行定价。发行公司和承销商可以将路演时投资者的关注度作为一个参考,并结合多种因素来考虑发行定价。发行定价是一级市场的关键环节。如果定价过高,会使股票的发行数量减少,进而使发行公司不能筹到所需资金,股票承销商也会遭受损失;如果定价过低,则承销商的工作会更容易,但发行公司却会蒙受损失。发行定价有平价、溢价和折价三种方式。平价发行是以股票票面所标明的价格发行;溢价就是按超过票面金额的价格发行;折价发行就是按低于票面金额的价格发行。

⑤路演。路演的本意译自英文 road show,是国际上广泛采用的证券发行推广方式,指证券发行商发行证券前针对机构投资者的推介活动,是在投融资双方充分交流的条件下促进股票成功发行的重要推介、宣传手段。路演的主要形式是举行推介会。在推介会上,公司向投资者就公司的业绩、产品、发展方向等作详细介绍,充分阐述上市公司的投资价值,让准投资者们深入了解具体情况,并回答机构投资者关心的问题。随着网络技术的发展,这种传统的路演被搬到了互联网上,出现了网上路演,即借助互联网的力量来推广。网上路演现已成为上市公司展示自我的重要平台及推广股票的重要方式。

第二阶段:股票销售。发行公司着手完成准备工作之后,即可按照预定的方案发售股票。对于承销商来说,其销售股票的方式有以下几种:

①全额包销。承销商买下全部股票,再按发行价推销;这种方式手续费高,承销机构风险最大。

路演

②余额包销。承销商将在规定期间内未销售出去的股票买下。

③代销。在发行期间,承销商尽力销售,未销售出去的股票由发行人自行处理。此种方式承销商承担的风险最小,因此收取的佣金最低。

(2)股票的流通市场

股票的流通市场也称交易市场、二级市场,是不同的投资者之间买卖已发行的股票所形成的市场。二级市场可以分为有组织的证券交易所和场外交易市场。

①证券交易所。证券交易所是由证券管理部门批准的、为证券的集中交易提供固定场所和有关设施并制定各项规则以形成公正合理的价格和有条不紊的秩序的正式组织。交易所是一个有组织、有固定地点、有严格交易制度、集中进行竞价成交的场所。股份公司符合一定条件,其公开发行的股票可以在证券交易所挂牌交易,也称作"上市"。

拓展阅读 3—6　　证券交易所与"牛市和熊市"的渊源

证券市场有牛市和熊市的说法,牛市(bull market)代表上涨行情。在西方古代文明中,牛代表着力量、财富和希望。古罗马人对牛有无限的崇拜,人们用"牛市"表示股市上升之势,代表了一种对财富的期盼。熊市(bear market)代表下跌行情。熊也是古代西方人崇拜的对象,美洲和欧洲的许多人认为熊具有强效的治病功能。熊每逢冬季要冬眠 5 个月。在冬眠期内熊可以随时清醒。当春天来临,熊重返地面。人们用"熊"表示跌市,其深远意义在于:股市的调整是不为人们的意志所左右的(就像熊一样不能驯化),熊是投资者的"医生",教人们控制自己无止境的欲望,教人们怎样像熊一样,在必要的时候从喧嚣中归隐起来,耐心等待,冷静地思索并保持高度警惕,直到新机会的来临。

但人们的欲望是无止境的,人们总是盼望着牛市,而不管股票的价格是否已经形成泡沫;同时,对熊市的到来感到恐惧。

现在我们看到很多国家的证券交易所门前有牛和熊的雕像,其实最初采取这种做法的是德国的法兰克福证券交易所,后来其他证券交易所也纷纷效仿。世界知名的证券交易所每年也会吸引很多游客的光临,比如美国纽约证券交易所、英国伦敦证券交易所和德国法兰克福证券交易所。游客们常常在交易所门前牌照留影,可是大家愿意和牛像合影,却不愿意与熊像合影,因为大家都期盼着牛市的到来。

交易所本身并不参与证券的买卖,也不决定证券的交易价格,只是提供一个有组织的集中交易场所,并制定交易制度。我国目前有两家证券交易所,分别是上海证券交易所和深圳证券交易所。世界知名的证券交易所有纽约证券交易所、伦敦证券交易所、阿姆斯特丹证券交易所、法兰克福证券交易所等。

拓展阅读 3—7　　纽约证券交易所

在华尔街有一座显著的建筑——纽约证券交易所,这座古希腊风格建筑的正面,有一组浮雕。浮雕上有从事工业、农业、贸易的人们,他们代表着经济领域的各个方面,6 根圆柱托起的这些浮雕象征着资本市场对经济的支撑作用。来自世界各地的 3 000 多家公司在这里上市,其中有近 50 家中国上市公司。无论是上市公司发行股票筹集资金的数额,还是上市交易股票的总价值,纽约证券交易所都是当今世界上规模最大的证券交易市场,这里所传递出的信息直接对美国和全球经济产生重大影响。

在美国证券发行之初,尚无集中交易的证券交易所,证券交易大多在咖啡馆和拍卖行里进行。纽约证券交易所的起源可以追溯到 1792 年 5 月 17 日。当时 24 个证券经纪人在纽约华尔街 68 号外一棵梧桐树下签署了"梧桐树协议",协议规定了经纪人的"联盟与合作"规则,通过华尔街现代老板俱乐部会员制度交易股票和高级商品,这也是纽约交易所的诞生日。1817 年 3 月 8 日该组织起草了一项章程,并把名字更改为"纽约证券交易委员会",1863 年改为现名——纽约证券交易所。从 1868 年起,只有从当时老成员中买得席位方可取得成员资格。

资料来源:根据央视大型纪录片《华尔街》《资本市场》解说词整理而成。

②场外交易市场。场外交易是相对于证券交易所交易而言的,凡是在证券交易所之外的股票交易活动都可以称作场外交易。场外交易与交易所交易相比,没有固定的、集中的场所,无法实行公开竞价,其价格是通过协商达成的。场外交易受到的管制少,灵活方便,因而能够为中小型及具有潜质的公司股票提供交易渠道。

拓展阅读 3—8　　美国纳斯达克市场

纳斯达克,即 NASDAQ(全美证券交易商协会自动报价系统),是全球第一个电子化的场外交易报价市场,也是全球最成功的创业板市场,主要扶植处于成长期的高科技企业,其上市标准低于主板市场。纳斯达克指数是反映纳斯达克市场行情变化的股票价格平均指数。纳斯达克的上市公司涵盖所有新技术行业,包括软件和计算机、电信、生物技术、零售和批发贸易等。举世瞩目的微软公司就是通过纳斯达克上市并获得成功的。

2. 债券市场

债券是投资者向政府、公司或金融机构提供资金的债权债务合同,该合同载明发行者在指定日期支付利息并在到期日偿还本金的承诺,其要素包括期限、面值与利息、税前支付利息、求偿等级、限制性条款、抵押与担保及选择权(如赎回与转换条款)。

债券市场是一种直接融资的市场,即不通过银行等金融机构的信用中介作用,资金的需求者与资金的供给者,或者说资金短缺者与资金盈余者直接进行融资的市场。

拓展阅读 3-9　　我国债券市场历史

我国首次发行的债券，是 1894 年清政府为支付甲午战争军费的需要，由户部向官商巨贾发行的，当时称作息借商款，发行总额为白银 1 100 多万两。甲午战争后，清政府为交付赔款，又发行了公债，总额为白银 1 亿多两。

从清政府开始发行公债至中华人民共和国成立前，历届政府为维持财政平衡，都发行过大量公债，从北洋政府到国民政府先后发行了数十种债券。

新中国成立后，曾于 1950 年 1 月发行了人民胜利折实公债，实际发行额折合人民币 2.6 亿元，该债券于 1956 年 11 月 30 日全部还清本息。1954 年，中央政府又发行了国家经济建设公债，共发行了 5 次，累计发行了 39.35 亿元，至 1968 年全部偿清。此后 10 余年时间，我国未再发行任何债券，到 80 年代初才又开始发行各种类型债券。

资料来源：南方财富网，www.southmoney.com。

(1)债券的发行

债券的发行按其发行方式和认购对象，可分为私募发行与公募发行；按其有无中介机构协助发行，可分为直接发行与间接发行；按定价方式，可分为平价发行、溢价发行和折价发行。

债券的私募发行，是指面向少数特定投资者的发行。一般来讲，私募发行的对象主要有两类：一类是有所限定的个人投资者，另一类是指定的机构投资者。

公募发行是指公开向社会非特定投资者的发行，充分体现公开、公正的原则。

直接发行是指债券发行人直接向投资人推销债券，而不需要中介机构进行承销。间接发行是指发行人不直接向投资者推销，而是委托中介机构进行承购推销。

平价发行即债券的发行价格与票面金额相一致。溢价发行即债券的发行价格高于票面金额。折价发行即债券的发行价格低于票面金额。

在债券发行过程中，除了要确定发行方式、承销方式外，还必须确定发行利率和发行价格，这也是债券发行市场的重要环节。

(2)债券的流通

债券在二级市场上的交易，主要有三种形式，即现货交易、期货交易和回购协议交易。

债券的现货交易，是指买卖双方根据商定的付款方式，在较短的时间内进行交割清算，即卖者交出债券，买者支付现金。现货交易按交割时间的安排可以分为三种：即时交割，即于债券买卖成交时立即办理交割；次日交割，即成交后的第二天办理交割；限期交割，即于成交后限定几日内完成交割。

债券的期货交易，是指买卖成交后，买卖双方按合同规定的价格在将来的指定日期（如 3 个月、6 个月以后）进行交割清算。进行债券的期货交易，既是为了规避风险、转嫁风险，实现债券的套期保值，也是一种投机交易，要承担较大的风险。

债券的回购协议交易是指债券买卖双方按预先签订的协议，约定在卖出一笔债券后一段时期再以特定的价格买回这笔债券，并按商定的利率付息。这种有条件的债券交易形式实质上是一种短期的资金借贷融通。这种交易对于卖方来讲，实际上是卖现货买期货；对于买方来讲，是买现货卖期货。

3. 证券投资基金市场

证券投资基金是指通过发行基金股份（或收益凭证），将投资者分散的资金集中起来，由专业管理人员分散投资于股票、债券或其他资产，并将投资收益分配给基金持有者的一种利益共享、风险共担的集合投资方式。

投资基金在美国称为“共同基金”或“互助基金”，在英国和我国香港特别行政区称为“单位信托基金”，在日本、韩国和我国台湾地区称为“证券投资信托基金”。

证券投资基金同样可以分为发行市场和流通市场两个层次。

(1)基金的发行市场

基金的发行市场主要从事基金的发行和认购，二者是同时进行的。无论是封闭型基金还是开放型基金，初次发行总额都要分成若干等额份数(即股份化)，每份就是一个基金单位(或称1股)。如果某投资基金初次发行总额1亿元分为1亿份，那么每个基金单位(或每股)面值就为1元。不过其价格不一定是1元，发行价往往是面值加2%左右的手续费，以后价格依赖其每份净资产或市场供求状况变化。在基金的发行市场上，从投资者角度上来说就是认购基金券，认购方式有两种：①认购开放型基金。开放型基金虽然总额变动，但初次发行时也要设定基金发行总额和发行期限，只有在3个月以后才可能允许赎回和续售。②认购封闭型基金。对于封闭型基金，除规定了发行价、发行对象、申请认购方法、认购手续费、最低认购额外，还规定了基金的发行总额和发行期限。发行总额一经售完，不管是否到期，基金都要进行封闭，不再接受认购申请。

(2)基金的流通市场

基金的流通原则上与股票流通相似，但开放型基金的二级市场与股市有较大区别。在基金初次发行完毕后，持有基金券的投资者希望卖出基金变现，持有现金的投资者希望买进基金投资，这些都要在证券二级市场实现。但是，对于开放型基金而言，基金券的流通是基金经理公司赎回或再次发行的行为。它的二级市场一般就是指定的柜台或交易网点，交易的价格等于基金单位净值加上或减去申购赎回费用。对于封闭型基金而言，基金成立3个月后基金公司就会申请基金上市(在证交所挂牌交易)，此后基金券的买卖都像股票买卖一样在二级市场委托证券公司代理，其价格由市场供求决定，大家竞价买卖。

任务三　外汇市场和衍生金融市场

一、外汇市场

外汇市场是金融市场重要的组成部分，由于外汇市场的存在，国际债权债务的清偿、国际资本的流动等才得以实现。

(一)外汇市场的含义

国际上因贸易、投资、旅游等经济往来，总会产生货币收支关系，但各国货币制度不同，要在国外支付，必须先以本国货币购买外币。另外，从国外收到外币支付凭证也必须兑换成本国货币才能在国内流通，这样就发生了本国货币与外国货币的兑换问题。两国货币的比价称汇价或汇率。

外汇市场是指由各国中央银行、外汇银行、外汇经纪人和客户组成的买卖外汇的交易系统。外汇市场不一定有固定的交易场所，它可以通过现代化的通信设备及互联网系统来从事外汇买卖的交易活动。外汇市场可以从狭义和广义两个角度来理解：狭义的外汇市场是指银行同业之间的外汇交易市场，包括外汇银行之间、外汇银行与中央银行之间以及各国中央银行之间的外汇交易；广义的外汇市场还包括银行同一般客户之间的外汇交易。

(二)外汇市场的功能

1. 实现购买力的国际转移

国际贸易和国际资金融通至少涉及两种货币,而不同的货币对不同的国家形成购买力,这就要求将本国货币兑换成外币来清理债权债务关系,使购买行为得以实现,而这种兑换就是在外汇市场上进行的。外汇市场所提供的就是这种购买力转移交易得以顺利进行的经济机制,它的存在使各种潜在的外汇售出者和外汇购买者的意愿能联系起来。当外汇市场汇率变动使外汇供应量正好等于外汇需求量时,所有潜在的出售和购买愿望都得到了满足,外汇市场处于平衡状态中。这样,外汇市场提供了一种购买力国际转移机制。同时,由于发达的通信工具已将外汇市场在世界范围内联成一个整体,这使得货币兑换和资金汇付能够在极短时间内完成,购买力的这种转移变得迅速和方便。

2. 提供资金融通

外汇市场向国际交易者提供了资金融通的便利。外汇的存贷款业务集中了各国的社会闲置资金,从而能够调剂余缺,加快资本周转。例如,美国财政部发行的国库券和长短期政府债券中相当大的部分是由外国官方机构和私人企业购买并持有的,而这种证券投资是以不同货币之间可自由兑换为前提的。

3. 提供外汇保值和投机的市场机制

在以外汇计价成交的国际经济交易中,交易双方都面临着外汇风险。由于市场参与者对外汇风险的判断和偏好的不同,有的参与者宁可花费一定的成本来转移风险,而有的参与者则愿意承担风险以获取预期利润,由此产生了外汇保值和外汇投机两种不同的行为。在金本位和固定汇率制下,外汇汇率基本上是平稳的,因而就不会形成外汇保值和投机的需要及可能,而浮动汇率下,外汇市场的功能得到了进一步的发展,外汇市场的存在既为套期保值者提供了规避外汇风险的场所,又为投机者提供了承担风险、获取利润的机会。

(三)外汇市场的交易方式

1. 即期交易

即期交易是指外汇买卖成交后,交易双方于当天或两个交易日内办理交割手续的一种交易行为。即期外汇交易是外汇市场上最常用的一种交易方式,即期外汇交易占外汇交易总额的很大部分。这主要是因为即期外汇买卖不但可以满足买方临时性的付款需要,也可以帮助买卖双方调整外汇头寸的货币比例,以避免外汇汇率风险。

2. 远期交易

远期交易又称期汇交易,是指交易双方在成交后并不立即办理交割,而是事先约定币种、金额、汇率、交割时间等交易条件,到期才进行实际交割的外汇交易。

远期外汇交易产生的主要原因在于企业、银行、投资者规避风险的需要,具体包括以下几个方面:

第一,进出口商预先买进或卖出期汇,以避免汇率风险。汇率变动是经常性的,在商品贸易往来中,时间越长,由汇率变动所带来的风险也就越大,而进出口商从签订买卖合同到交货、付款又往往需要相当长时间,因此,有可能因汇率变动而遭受损失。进出口商可以利用远期外汇交易避免汇率波动所带来的风险。

第二,外汇银行为了平衡其远期外汇持有额而交易。远期外汇持有额就是外汇头寸(foreign exchange position)。进出口商为避免外汇风险而进行期汇交易,实质上就是把汇率变动的风险转嫁给外汇银行。外汇银行之所以有风险,是因为它在与客户进行了多种交易以后难免会出现期汇和现汇的超买或超卖现象。这样,外汇银行就处于汇率变动的风险中。为此,外汇银行就设法把它的外汇头寸予以平衡,即要对不同期限不同货币头寸的余缺进行抛售或补进,由此求得期汇头寸的平衡。

第三,短期投资者或定期债务投资者预约买卖期汇以规避风险。在没有外汇管制的情况下,如果一国的利率低于他国,该国的资金就会流向他国以谋求高息。假设在汇率不变的情况下纽约投资市场利率比伦敦高,两者分别为9.8%和7.2%,则英国的投资者为追求高息,就会用英镑现款购买美元现汇,然后将其投资于3个月期的美国国库券,待该国库券到期后将美元本利兑换成英镑汇回国内。这样,投资者可多获得2.6%的利息,但如果3个月后,美元汇率下跌,投资者就得花更多的美元去兑换英镑,因此就有可能换不回投资的英镑数量而招致损失。为此,英国投资者可以在买进美元现汇的同时,卖出3个月的美元期汇,这样,只要美元远期汇率贴水不超过两地的利差(2.6%),投资者的汇率风险就可以消除。当然,如果超过这个利差,投资者就无利可图而且还会遭到损失。这是就在国外投资而言的,如果在国外有定期外汇债务的人,就要购进期汇以防债务到期时多付出本国货币。

3. 掉期交易

掉期交易是指在买入或卖出即期外汇的同时,卖出或买进同一货币的远期外汇,以防止汇率风险的一种外汇交易。这种金融衍生工具,是当前用来规避由于所借外债的汇率发生变化而给企业带来财务风险的一种主要手段。

在国际金融市场一体化潮流的背景下,掉期交易作为一种灵活、有效的避险和资产负债综合管理的衍生工具,越来越受到国际金融界的重视,用途日益广泛,交易量急速增加。

掉期交易与前面讲到的即期交易和远期交易有所不同。即期与远期交易是单一的,要么做即期交易,要么做远期交易,并不同时进行,主要用于银行与客户的外汇交易中。掉期交易的操作涉及即期交易与远期交易或买卖的同时进行,主要用于银行同业之间的外汇交易。一些大公司也经常利用掉期交易进行套利活动。

掉期交易的目的包括两个方面:一是轧平外汇头寸,避免汇率变动引发的风险;二是利用不同交割期限汇率的差异,通过贱买贵卖赚取利润。

二、衍生金融市场

衍生金融市场是一种以证券市场、货币市场、外汇市场为基础衍生出来的金融市场。它是利用保证金交易的杠杆效应,以利率、汇率、股价的趋势为对象设计出大量的金融商品进行交易,以支付少量保证金及签订远期合同进行互换、掉期等金融派生商品的交易市场。这里只简要介绍金融期货市场和金融期权市场的一些基础知识。

(一)金融期货市场

20世纪70年代,在商品期货不断完善和发展的基础上产生了金融期货产品。金融期货市场在短短几十年的时间里显示出了强大的生命力和影响力。

金融期货是指在特定的交易场所通过竞价方式成交,承诺在未来的某一日或期限内,以事先约定的价格买进或卖出某种金融商品的合同。其产生的根本原因是为了规避金融产品价格的频繁变化而带来的风险。

金融期货主要包括外汇期货、利率期货、股票指数期货三种。外汇期货是最早出现的金融期货品种,是为了规避汇率风险而产生的。外汇期货是在外汇交易所内,交易双方通过公开竞价确定汇率,在未来的某一时期买入或卖出某种货币。利率期货是指交易所通过公开竞价买入或卖出某种价格的有息资产，在未来的一定时间按合约交割。股指期货是指以股指这种没有实物形式的金融商品为交易对象，买卖双方通过交易所竞价确定成交价格。

(二)金融期权市场

虽然人们使用各种各样的期权已有几百年的历史，但是金融期权在20世纪70年代才创立，并在80年代得到广泛应用。

金融期权是期权的一种。期权是一种选择权，是一种能在未来某特定时间内或特定时点以特定价格买进或卖出一定数量的某种特定商品的权利。期权购买者在支付期权费后就获得了在合约规定的未来某特定时间，以协议价格向期权出售者买进或卖出一定数量某种金融商品或金融期货合约的权利。期权购买者在期权的有效期内或规定的特定履约日可以选择行使权利也可以选择放弃权利。期权出售者在收取期权费后，只要期权购买者要求行使其权利，就必须无条件履行合约。

按不同的划分标准，金融期权可以分为以下几类：

1. 场内期权与场外期权

金融期权未必是集中性的场内交易形式，也未必是标准化的金融期权合约的交易形式。只有场内期权是一种标准化的金融期权合约的交易，其交易数量、协定价格、到期日期及履约时间等均由交易所统一规定；场外交易是一种非标准化的金融期权合约的交易，其交易数量、协定价格、到期日及履约时间等均可由交易双方议定。

2. 现货期权与期货期权

现货期权是一种金融工具本身为期权合约标的物的期权；期货期权是一种以金融期货合约作为标的物的期权。

3. 欧式期权与美式期权

欧式期权与美式期权这两个术语源于欧洲和美洲的期权交易所不同的交易方式，现在与地理位置已经不相关了，但名称保留了下来。欧式期权是指期权购买者只能在期权到期日行使其权利；美式期权是指期权购买者既可在期权到期日行使权利，也可在期权到期日之前的任何一个营业日行使其权利。由于美式期权的这一灵活性，所以期权费要比欧式期权高些。

4. 看涨期权与看跌期权

看涨期权是指依据买卖双方签订的合同，买方在协定期内有权按照双方协定价格向卖方买进一定数量的指定证券。看跌期权是指依据买卖双方签订的合同，买方在协定期内有权按照双方协定价格向卖方卖出一定数量的指定证券。看涨期权和看跌期权正好相反，看涨期权是获得买入某种证券的权利，而看跌期权是获得卖出某种证券的权利。相同的是，看涨期权和看跌期权都是获得了权利。

应知考核

一、单项选择题

1. 狭义的金融市场是指(　　)。

A. 商品市场　　B. 货币市场　　C. 证券市场　　D. 衍生产品市场

2. 下列不属于货币市场的是(　　)。

A. 同业拆借市场　　B. 商业票据市场　　C. 回购市场　　D. 股票市场

3. 股票市场属于(　　)。

A. 货币市场　　B. 资本市场　　C. 期货市场　　D. 期权市场

4. 在证券市场上，交易的工具主要是股票、债券和投资基金的是（　　）。

A. 货币市场　　B. 资本市场　　C. 外汇市场　　D. 黄金市场

5.（　　）是金融市场最基本的功能。

A. 融通资金功能　　B. 资源配置功能

C. 流动性提供功能　　D. 风险分散功能

二、多项选择题

1. 金融市场业务活动的参加者主要有（　　）。

A. 企业　　B. 金融机构

C. 政府、个人　　D. 国外投资者和中央银行

2. 按交易对象不同，金融市场可以分为（　　）。

A. 货币市场　　B. 资本市场　　C. 外汇市场　　D. 黄金市场

3. 金融市场的组织方式主要有（　　）。

A. 拍卖方式　　B. 柜台方式　　C. 招标方式　　D. 投标方式

4. 属于货币市场的主要类型有（　　）。

A. 同业拆借市场　　B. 银行承兑汇票市场

C. 短期国债市场　　D. 可转让定期存单市场

5. 在资本市场上，资金供应者主要是（　　）。

A. 银行　　B. 保险公司　　C. 社会团体　　D. 政府机构

三、判断题

1. 金融市场包含金融资产交易过程中所产生的各种运行机制，其中最主要的是发行机制。（　　）

2. 货币资金是一种特殊的商品，作为特殊商品的货币资金是以金融工具的形式出现的。（　　）

3. 保险市场是以保险单和年金的发行与转让为交易对象的场所。（　　）

4. 银行承兑汇票市场是以银行承兑汇票作为交易对象所形成的市场。（　　）

5. 凡是在证券交易所之外的股票交易活动都可以称作场内交易。（　　）

四、简述题

1. 简述金融市场的构成要素。

2. 简述金融市场的功能。

3. 简述货币市场的概念及特点。

4. 简述资本市场的概念及特点。

5. 简述证券投资基金市场的内涵及分类。

应会考核

■ 观念应用

【背景资料】

中国银行的海外发展

中国银行是中国持续经营时间最久的银行。1912 年 2 月,经孙中山先生批准,中国银行正式成立。从 1912 年至 1949 年,中国银行先后行使中央银行、国际汇兑银行和国际贸易专业银行职能,坚持以服务社会民众、振兴民族金融为己任,历经磨难,艰苦奋斗,在民族金融业中长期处于领先地位,并在国际金融界占有一席之地。1949 年以后,中国银行长期作为国家外汇外贸专业银行,统一经营管理国家外汇,开展国际贸易结算、侨汇和其他非贸易外汇业务,大力支持外贸发展和经济建设。改革开放以来,中国银行牢牢抓住国家利用国外资金和先进技术加快经济建设的历史机遇,充分发挥长期经营外汇业务的独特优势,成为国家利用外资的主渠道。1994 年,中国银行改为国有独资商业银行。2004 年 8 月,中国银行股份有限公司挂牌成立。2006 年 6 月、7 月,中国银行先后在香港联交所和上海证券交易所成功挂牌上市,成为国内首家"A+H"发行上市的中国商业银行。继服务 2008 年北京夏季奥运会之后,2017 年中国银行成为北京 2022 年冬奥会和冬残奥会官方银行合作伙伴,成为中国唯一的"双奥银行"。2019 年,中国银行再次入选全球系统重要性银行,成为新兴市场经济体中唯一连续 9 年入选的金融机构。

在 100 多年的发展历程中,中国银行始终秉承追求卓越的精神,将爱国爱民作为办行之魂,将诚信至上作为立行之本,将改革创新作为强行之路,将以人为本作为兴行之基,树立了卓越的品牌形象,得到了业界和客户的广泛认可和赞誉。

资料来源:https://www.sohu.com/a/393849629_120604343.

【考核要求】

根据上述资料,分析中国银行的发展变化的原因?如果以后在银行工作,我们如何确立自己的世界观、人生观和价值观?

■ 技能应用

一级市场和二级市场矛盾有望缓解

上海申银万国证券研究所市场研究人员认为,在沪深股市中,有一个长期存在的问题,就是一级、二级市场之间有着很大的价格落差,这样也就导致在一级市场发行的股票,到二级市场上市后,一般都会带来很丰厚的收益。由此,也就引发了一级、二级市场之间的矛盾:作为二级市场的投资者,对一级市场发行股票有一种近乎天然的反感,感觉这是其资产被吞噬,这种意识的绝对化就是反对股市扩容。而反过来,由于两个市场之间存在价差,投资一级市场往往具有很高的无风险收益,这又使得每每有新股发行,就有巨额资金集聚在一级市场,以期抢夺这部分收益。这部分资金视二级市场为利润的兑现点,其在一级、二级市场之间的"倒腾"行为,客观上成为股市资金外流的一个重要渠道,并且在一定程度上扭曲了资本市场的结构。

那么,为什么在一级、二级市场之间会存在很大的价差呢?最根本的原因就在于发行没有实现真正的市场化,一级市场的发行价受到包括行政等因素的影响,通常定价会明显低于二级市场。这样,虽然确保了发行的成功,但因此也吸引了大量资金参与事实上的套利操作,使之失去了风险投资的本意。而且当新股在二级市场上市时,还很容易导致爆炒行为的出现,结果是加大了新股上市后的风险。这个问题,在很多年前就被人们认识到了,也曾经尝试过网上竞价发行的做法,应该说这样一来市场化是做得非常彻底了,但由于当时的条件所致(比如缺乏机构投资者),结果把二级市场的高投机行为转移到了一级市场,酿成了更大的风险。

随着新的 IPO 办法推出,其政策导向就是要提高、完善发行的市场化程度。现在看来,这个目的确实是在一定程度上得到了实现。虽然，由于在当前市场上，新股溢价的因素仍然存在，在一级市场申购新股仍然会有收益，但是不管怎么说新股上市时的差价收益是明显被压缩了。另外，再加上发行过程中对申购上限的限制，使得机构的大资金优势很难有效发挥，这样也就进一步降低了其申购收益。由此，一级、二级市场的矛盾也就在某种程度上得到了缓和。至少，当在一级市场申购新股不再能够获取暴利时，一种风险与收益对称的市场机制也就有了形成的初步条件。资本市场上的一大结构性矛盾，也就得到了一定的化解。

【技能要求】

1. 一级市场和二级市场存的矛盾是什么？

2. 如何解决一级、二级市场的矛盾？请谈谈你的看法。

■ 案例分析

【情景与背景】

从历史看中国金融市场的发展

金融是现代经济的核心。任何一个国家或地区的崛起都离不开金融的助推和支撑。综观500年世界近现代史，不同时期具有代表性的世界经济强国在崛起的进程中，金融特别是金融市场对经济均发挥了很强的引领和加速作用。

工业革命不仅是技术创新的结果，而且是金融革命的结果，因为工业革命早期使用的技术创新大多在工业革命之前已出现，而技术革命既没有引发经济持续增长，也没有带来工业革命，一个重要原因是已存在的技术创新缺乏筹措大规模资金的金融市场。因此，工业革命不得不在金融革命开始之后才加速发生，这充分说明了金融是推动近现代工业化发展的重要因素。西方发达国家较早重视金融业的发展，并将提升本国金融竞争力作为国家战略。如美国政治学会前会长、哈佛大学战略研究所所长萨缪尔·亨廷顿在《文明的冲突与世界秩序的重建》一书中，将控制国际银行系统、控制硬通货和掌握国际资本市场列为美国控制世界的14个战略要点中的第1项、第2项和第5项，而控制高科技军火工业和控制航天工业则分别退居倒数第1位和倒数第3位；日本在1998年把金融列为综合安全保障七大要点的首位；欧盟则试图以1999年欧元的正式启动为契机，增强国际金融地位，并希望重建国际金融秩序。

从历史的发展来看，在17世纪，荷兰得益于国际贸易的飞速发展，最早建立了高效和健全的金融体系，并借此迅速崛起称霸世界。1609年，荷兰成立世界第一家银行——阿姆斯特丹银行。该银行使阿姆斯特丹迅速成长为欧洲储蓄和兑换中心。到1660年，阿姆斯特丹成了一个多边支付体系的核心角色，世界上第一家证券交易所也在阿姆斯特丹成立。17世纪中叶，阿姆斯特丹成长为欧洲的股票交易中心。银行和股票交易所的设立与发展，推动阿姆斯特丹迅速成为国际金融中心，加上其占主导的国际贸易地位，荷兰货币成为国际贸易结算货币。强大的金融体系进一步推动了荷兰贸易和经济的扩张，使17世纪成为“荷兰的世纪”。随着17世纪后半期英国“金融革命”取得巨大成功，英国同样凭借强有力的金融力量迅速崛起，并在18世纪后半期替代荷兰，成为新的世界大国。1689年，英国政府为英法战争筹集资金，开始了“金融革命”。1694年，英国政府发行公债建立英格兰银行，随后，重新组建东印度公司，并成立南海公司。由此，三者和政府公债创造了一个能为政府大规模筹集资金的资本市场。到18世纪后半期，伦敦超越阿姆斯特丹成为新的国际金融中心。伦敦金融市场的繁荣，扩大和深化了政府债务市场，降低了英国政府的融资成本，从而可以更好地建设军队和发展经济。1816年，英国制定“金本位制度法案”，在世界上首先实行了金本位制，英镑逐渐成为国际货币。英国凭借其经济、军事和金融优势，促成了国际金本位体系在19世纪70年代的最终形成，并从此确立了英国的世界大国地位。英国的世界大国地位随着两次世界大战的爆发以及美国金融业的崛起而被其所取代。1944 年,美国凭借其经济实力和金融竞争力,在布雷顿森林举行的货币会议上,和与会国一起通过了《布雷顿森林协定》,从此建立了以美元为中心的国际货币体系。该体系的核心是各国货币与美元挂钩、美元与黄金挂钩,这种"双挂钩"体制使得世界进入固定汇率制时代,促进了国际贸易发展,推动了世界经济在战后的恢复。

【分析要求】

1. 从大国崛起的简要历史叙述中,可以归纳出金融市场发挥着什么功能和作用?
2. 中国金融市场未来将如何推进改革?

项目实训

【实训内容】

股票市场交易

【实训目标】

通过对股票交易过程的模拟,深入理解股票市场交易的风险性和收益性,提高自己投资的分析判断能力;培养学生分析问题能力、解决问题的能力;培养学生资料查询、整理的能力。

【实训组织】

以学习小组为单位,根据自己熟悉的领域分析一到两个行业;从行业中独立选出几只股票,说明理由;在股票模拟操作中买入并观察行情;写出每日操作心得;总结股票模拟操作中遇到的问题并加以改善。

【实训成果】

1. 考核和评价采用报告资料展示和学生讨论相结合的方式;
2. 评分采用学生和教师共同评价的方式,并完成实训报告。

《股票市场交易》实训报告		
项目实训班级:	项目小组:	项目组成员:
实训时间: 年 月 日	实训地点:	实训成绩:
实训目的:		
实训步骤:		
实训结果:		
实训感言:		

项目四

金融体系和金融机构体系

○ **知识目标**

理解：金融体系的含义。

熟知：金融体系结构及分类，金融机构的分类。

掌握：金融机构体系，我国的金融机构体系。

○ **技能目标**

1. 能够具备分析我国目前金融机构体系的合理性和缺陷。

2. 能够用金融机构基础知识识别金融机构，初步掌握国际金融体系格局。

○ **素质目标**

1. 具备收集资料、分析资料的能力，具备独立思考、团结协作的能力，注重团队的成绩与荣誉。

2. 培养与人沟通、言行举止得体等综合素质能力。

3. 理解不忘初心的核心要义和精神实质，塑造自己的品格、品行和品位，树立正确的世界观、人生观和价值观，把学与用有机结合，做到学思用贯通、知信行统一。

○ **项目引例** **一起诈骗案引发的思考**

20世纪90年代中期，在中国的某城市发生了这样一个诈骗案，骗子竟然在城市的繁华闹市区开了一家“中国人民银行××街储蓄所”，这家储蓄所开了仅半个多月时间，诈骗金额竟高达上百万元，直至犯罪分子携款潜逃，这起案件才被揭发出来。事实上，早在1984年中国人民银行就开始单独行使中央银行的职能，而中央银行是不可能开办储蓄业务的。

○ **引例导学**

广大民众对金融机构的认识是否正确？这些正是本项目所要讨论的问题。

○ **知识准备**

任务一　金融体系

一、金融体系的含义

金融体系的运作方式并不是能够直接看到的，实际上它是一套十分复杂的体系。所谓金融体系，就是指实现资金从储蓄者到使用者的融通、流动和转移的系统。对金融体系的理解有狭义和广义之分，从狭义来看，它是由金融机构、金融市场、金融工具、监管当局和金融制度所构成，与我们通常所说的“金融部门”或“金融系统”大致相当；而从广义来看，金融体系还应包括实体经济部门的金融方面，即家庭和个人的储蓄和非金融性公司的融资方面，以及与公司融资相联系的公司治理结构和行为。一般来讲，经济学家们大多是在狭义的范畴内使用金融体系的概念。

金融体系提供了将资金从储蓄者转移到借款人/投资者的渠道。储蓄者(或借出者)是资金的供给方，他们提供资金给借款人，形成金融资产，是资金运用，并获得在未来得到更多资金偿还的承诺，也就是对借款人未来收入的要求权。而借款人是资金的需求方，将资金用来购买耐用品、住房或者建厂和购买设备，并根据未来较高收入的预期承诺偿还所借资金，形成金融负债，是资金来源，也是对储蓄者未来收入的要求权的承担者。例如，汽车贷款是银行的一项资产(资金运用)，也是借款人的一项负债(资金来源)。又如，投资者购买了国债，那么，这些债券就是投资者的资产，同时是政府的负债。

二、金融体系结构及分类

金融体系结构一般是指金融机构和金融市场的相对规模、比例关系和所占地位。金融机构和金融市场是实现资金融通和流转的两种渠道，金融机构一方面吸收储蓄者的资金，另一方面将资金发放给用资者，充当资金融通的中介，资金供应者与资金需求者并不直接进行交易，故称以金融机构为中介的资金融通为间接融资或间接金融。

金融机构被称为金融中介，可以划分为银行和非银行金融机构，前者包括商业银行、专业银行、信用合作社；后者包括证券公司、保险公司、信托投资公司、财务公司、金融租赁公司、资产管理公司、投资基金、养老金和年金等。

金融市场是市场参与主体借助金融工具直接进行货币资金融通或开展金融资产交易的场所或网络。市场参与主体主要是资金供给者和资金需求者，包括企业、金融机构、居民个人。由于资金供求双方直接在金融市场上进行资金融通，所以，经由金融市场的资金融通被称为直接融资或直接金融。此外，中央银行通过参与金融市场的交易活动来对金融市场进行管理，以及对国民经济运行进行宏观调控。金融市场交易的对象一般来说就是货币资金，但通常是以各种各样的金融工具为载体的。金融工具是指代表未来收益或资产要求权的凭证或合约，分为基础性金融工具与衍生性金融工具两大类，前者主要包括债务性金融工具(票据和债券)和权益性金融工具(股票)；后者主要包括远期、期货、期权和互换。当金融工具被持有、贮藏起来，就作为一种静态的金融资产形式而表现出来。金融工具具有期限性、流动性、风险性、收益性等特性。一般来说，金融工具的期限越长，收益就越高，流动性就越差，风险也就越大，反之同理。此外，某些金融工具越来越脱离实物交易，成为一种获得收益的权利符号，具有虚拟性特征，尤其是金融衍生工具交易，以本身就具有虚拟性的证券、指数等作为基础资产，就更具有了双重虚拟性。随着衍生工具的普及和衍生交易的扩大，整个金融业日益呈现出独立于实物交易而独立运动的趋势，虚拟性越来越强，风险越来越高。

按照银行和金融市场在金融体系中的相对重要性，可以把各国金融体系分为两类，即银行主导型金融体系和市场主导型金融体系。银行主导型的代表性国家有德国、日本、法国、比利时、葡萄牙、西班牙、意大利、新西兰、印度、阿根廷等；市场主导型的代表性国家有英国、美国、加拿大、荷兰、澳大利亚、瑞典、南非、韩国、泰国、新加坡、马来西亚等。在每一类里面都有发达国家和发展中国家。

三、金融机构的分类

在经济金融化、金融全球化的背景下，金融机构越来越成为市场经济的重要参与者，尤其在银行主导型金融体系中，金融机构的作用更是不可替代的。所谓金融机构，也常常称作金融中介或者金融中介机构，就是指专门从事各种金融活动的组织。金融市场上的各种金融活动都要借助于一定的金融机构来完成，金融机构是金融市场不可缺少的中介主体。现代金融机构种类繁多，各种金融机构组成相互联系、分工协作的统一体便构成了金融机构体系。一国社会经济条件对该国金融机构体系的构成具有制约作用，各国经济发展状况不同，便形成了不同的金融机构体系。

因此，从不同的角度可以将金融机构分为不同的类别。一般来讲，比较常见的分类有以下几种：

（1）按照融资方式的不同，可以将金融机构划分为直接金融机构和间接金融机构。所谓直接金融机构，是指在直接融资领域中为资金盈余者和使用者提供中介服务的金融机构，其主要业务一般包括证券的发行、经纪、保管、登记、清算、资信评估等，它一般不发行以自己为对象的融资工具，只是协助将筹资者发行的金融工具销售给投资者。所谓间接金融机构，是指一方面以债务人的身份从资金盈余者借入资金，同时以债权人的身份向用资者提供资金的金融机构，商业银行就是典型的间接金融机构。

（2）按照金融机构是否经营存款业务，可以将金融机构划分为银行和非银行金融机构。其中，银行可以接受活期存款，具有信用创造功能，可以发挥中介和支付手段的作用，资产业务则是承做短期贷款，以存款负债为基础进行资产运作。非银行金融机构也称为其他金融机构，其资金来源是通过发行股票和债券等渠道筹集起来的，资产业务则主要是以非贷款类金融业务为主，如经营证券承销与经纪、各类保险、信托投资和融资租赁等金融业务。

（3）按照是否以利润最大化为经营目标，可以将金融机构划分为商业性金融机构和政策性金融机构。商业性金融机构经营以利润最大化为目标，一般不承担国家的政策性融资任务，受到市场竞争规律的支配，如商业银行、证券公司和保险公司等。政策性金融机构是指那些由政府或政府机构发起、出资创立、参股或保证的，不以利润最大化为经营目的，在特定的业务领域内从事政策性融资活动，以贯彻和配合政府的社会经济政策或意图为目的的金融机构。

现实中的金融机构体系是一个非常多样、复杂的体系，想要明确、细致地逐一分门别类比较困难。联合国统计署统计分类处曾经制定国际标准产业分类法（ISIC），按经济活动类型的分类，把现今世界上的经济活动分成 17 个大类。金融机构就是其中一大类，这一大类包括：

（1）不包含保险和养老基金的金融中介活动。①货币中介，主要包括中央银行的活动和其他货币中介，其他货币中介主要是指存款货币银行性质的活动。②其他金融中介，主要包括金融租赁活动、其他提供信用的活动（主要是指如农业信贷、进出口信贷、消费信贷等专业信贷的活动）、其他金融中介活动。

（2）保险和养老基金（不包括强制性社会保障）的活动。这方面主要包括生命保险活动、养老基金活动、非生命保险活动。

（3）辅助金融中介的活动。其主要包括金融市场组织和与金融中介有关的其他辅助活动。金融市场组织的一个例子是证券交易所的活动。

除按经济活动类型的分类外，还有按中心产品的分类，共分为 9 个大类。金融产品属于服务性质的产品。“金融中介、保险及辅助服务”包括的内容是：

(1)金融中介服务——不包括投资银行服务、保险和养老基金服务。其具体包括:中央银行服务,存款、贷款服务,中间业务的服务,金融租赁,等等。

(2)投资银行服务。其具体包括:投资银行服务,证券买卖服务,证券承销、包销服务,等等。

(3)保险和养老基金服务(不包括强制性社会保障)。其具体包括:生命保险和养老基金服务,意外伤害和健康保险服务,非生命保险服务,等等。

(4)再保险服务。

(5)金融中介辅助服务。其具体包括:与投资银行有关的服务,如合并与收购服务、公司理财和风险投资服务;经纪服务、证券交易的处理和结算服务;金融资产管理、信托、委托服务;与金融市场有关的营运服务和管理服务。

(6)保险和养老基金辅助服务。

国民核算体系(SNA)对金融业从交易主体或资金收支角度进行划分,将金融机构划分为:①中央银行;②其他存款公司;③不是通过吸纳存款的方式而是通过在金融市场上筹集资金并利用这些资金获取金融资产的其他金融中介机构,如投资公司、金融租赁公司,以及消费信贷公司等;④金融辅助机构,如证券经纪人、贷款经纪人、债券发行公司、保险经纪公司以及经营各种套期保值的衍生工具的公司等;⑤保险公司和养老基金。

任务二 金融机构体系

一、银行机构

(一)中央银行

中央银行也称货币当局,是在西方国家银行业发展过程中,从商业银行中独立出来的一种银行。在当代经济社会中,几乎所有的国家或地区都有中央银行或类似中央银行的金融机构。中央银行是各国金融机构体系的中心和主导环节,对内代表国家对整个金融体系实行领导和管理,维护金融体系的安全运行,实施宏观金融调控,是统制全国货币金融的最高机构;对外是一国货币主权的象征。

各国国家中央银行的制度形式有四种:①单一的中央银行制度,即在一国范围内单独设立一家统一的中央银行,通过总分行制,集中行使金融管理权,多数西方国家是这种制度。②二元的中央银行制度,即在一国范围内建立中央和地方两级相对独立的中央银行机构,分别行使金融管理权,如美国、德国。③跨国中央银行制度,即几个国家共同组成一个货币联盟,各成员国不设本国的中央银行,而由货币联盟执行中央银行职能。例如,1962 年 3 月成立的西非货币联盟,该联盟中央银行设在达喀尔,在各成员国设有代理机构,总行负责制定货币政策、管理外汇储备,各代理机构负责经办地区性业务。又如,1998 年 6 月欧盟在法兰克福成立的欧洲中央银行,要求成员国的中央银行接受其领导,并逐步摆脱本国政府的干预。④准中央银行制度,即一个国家或地区只设类似中央银行的机构,或由政府授权某个或某几个商业银行行使部分中央银行职能,如新加坡、中国香港。

(二)商业银行

商业银行也称存款货币银行,一般以经营工商业存贷款为主要业务,并为顾客提供多种服务,通过办理转账结算实现国民经济中的绝大部分货币周转,起着创造存款货币的作用。在西方国家,商业银行以机构数量多、业务渗透面广和资产总额比重大而成为金融机构体系中的重要力量。它是最早出现的现代银行机构，居于其他金融机构不能代替的重要地位。

(三)专业银行

专业银行是指专门经营指定范围业务和提供专门性金融服务的银行。其特点有：①专门性。专业银行是社会分工发展在金融业的表现，其业务具有专门性，其服务对象是某一特定部门或领域。②政策性。专业银行的设置往往体现了政府支持和鼓励某一地区、某一领域发展的政策指向，其中开发银行、进出口银行等专业银行的贷款，具有明显的优惠性，如政府贴息和保险，以及借款期限和还款限期较长等。③行政性。专业银行的建立往往有官方背景，有的就是政府银行或政府代理银行。专业银行种类甚多、名称各异，这里仅介绍其中主要的几种。

(1)储蓄银行

储蓄银行是指专门办理居民储蓄，并以储蓄存款为主要资金来源的专业银行。储蓄银行的名称各国有所不同，有的甚至不以银行相称，如在美国称为信贷协会、储蓄贷款协会等，英国称之为信托储蓄银行，日本称之为储蓄银行等，但功能基本相同。由于储蓄银行直接服务于广大居民，因而其数量在各国都较多。储蓄银行既有私营的，也有公营的。

这类银行的服务对象主要是居民消费者，资金来源主要是居民储蓄存款，储蓄存款的金额虽比较零星分散，但存款期限比较长、流动性较小。资金运用主要是为居民提供消费信贷和其他贷款等，由于储蓄存款余额较为稳定，因此主要用于长期信贷和长期投资，如发放抵押贷款，投资政府债券、公司债券、股票等。有些国家明文规定储蓄银行须投资于政府债券的比例。在过去，储蓄银行的业务活动受到诸多限制，如不能经营支票存款、不能经营一般工商贷款。但随着金融管制的放松，储蓄银行的业务不断扩大。

(2)抵押银行

抵押银行是“不动产抵押银行”的简称，是指专门从事以土地、房屋和其他不动产为抵押办理长期贷款业务的银行。抵押银行的资金来源，主要是发行不动产抵押证券募集。其长期贷款业务可分为两类：一类是以土地为抵押品的长期贷款，贷款的对象主要是土地所有者或农场主；另一类是以城市不动产为抵押品的贷款，贷款的对象主要是房屋所有者或经营建筑业的投资者。抵押银行有不同的名称，如法国的房地产信贷银行、美国的联邦住房放贷银行、德国的私人抵押银行和公营抵押银行。抵押银行有公营、私营和公私合营三种形式。由于不动产抵押品常因处理时不易出售，易造成资金占压，因而专门的抵押银行不多。因此，商业银行正大量涉足不动产抵押贷款业务，而不少抵押银行也开始经营一般信贷业务。目前，这种混业经营呈加强趋势。

(3)农业银行

农业银行是指在政府指导和资助下，专门为农业、畜牧业、林业、渔业的发展提供金融服务的银行。农业银行在不同国家也有不同的名称，如美国的联邦土地银行、联邦中期信贷银行、合作社银行，法国的土地信贷银行、农业信贷银行，德国的农业抵押银行，日本的农林中央金库、农(渔)业协同组合联合会、农林渔业金融公库等。由于农业受自然条件影响大；农户分散，对资金需求数额小，期限长，利息负担能力有限；抵押品集中管理困难，担保和收益能力低、资本需求期限长且具有季节性，大多数贷款者只凭个人信誉，故农业信贷风险大、期限长、收益低，一般商业银行和其他金融机构不愿经营农业信贷。为此，西方许多国家专门设立以支持和促进农业发展为主要职责的农业银行，并对农业银行贷款给予贴息或税收优惠，以满足农业产业融资需要。其资金来源主要有政府拨款、吸收存款、发行各种股票和债券，贷款业务范围比较广泛，几乎包括农业生产过程中的一切资金需要。近年来，不少农业银行的业务范围逐渐超出单纯农业信贷业务的界限。有些国家已准许农业银行办理商业银行业务。

(4)开发银行

开发银行是指专门为经济开发提供投资性贷款的专业银行。这类银行是专门为满足经济社会发展长期投资需要而设立的银行。这类投资具有投资量大、见效慢、周期长、风险大等开发性特点，一般商业银行不愿意承担。开发银行多为国家或政府创办，不以营利为目的。开发银行是一种重要的专业银行，可分为国际性、区域性和本国性三种。国际性开发银行由若干国家共同设立，其中最著名的是国际复兴开发银行(简称世界银行)。区域性开发银行主要由所在地区的成员国共同出资设立，如泛美开发银行和亚洲开发银行。本国性开发银行由政府在国内设立，为国内经济的开发和发展服务，其资金来源主要是在国内发行债券。

(5)进出口银行

进出口银行是指专门为对外贸易提供结算、信贷等国际金融服务的银行。创建进出口银行的宗旨是推动本国进出口贸易，特别是大型机电设备的出口贸易，加强国际金融合作，广泛吸引国际资本，搜集国际市场信息。进出口银行一般是政府的金融机构，如日本的输出入银行、美国的进出口银行等。有些国家的进出口银行属半官方性质，如法国的对外贸易银行。由于进出口银行在经营原则、贷款利率等方面都带有浓厚的官方色彩，因而本质上是一种政策性银行。进出口银行的主要业务是提供各种出口信贷。出口信贷通常有两种方式：一种是卖方信贷，即出口商所在地银行对出口商提供的信贷；另一种是买方信贷，即出口商所在地银行给国外进口商或进口商银行提供贷款，以购买本国设备。一个国家国际贸易的发展，常常是与进出口银行的支持分不开的。

(6)住房信贷银行

住房信贷银行是指专门为居民购买住房提供金融服务的金融机构。美国称其为住房信贷体系，与农业信贷体系和进出口银行一样同属于联邦代理机构，具体包括联邦住房贷款银行委员会及其所属银行、联邦住宅抵押贷款公司、联邦住宅管理局、联邦全国抵押贷款协会等机构。日本称之为住宅金融公库，属于政府的金融机构。英国称之为住房协会，其资金来源主要是协会会员缴纳的股金和吸收存款(美国和日本的这类金融机构可以发行债券和接受政府资金)，住房协会吸收的股金和存款一律付息，利息通常高于银行，且有减免税优惠，这就使得住房协会对小额储蓄者具有很大的吸引力。另外，住房协会所吸收的存款和股金的利息按日计算，每年付息两次，但有许多利息并不支付现金，而是把应付利息加到原来的投资上，这等于自动增加资金流入。其资产 90%用作购买新旧住房的抵押贷款，10%用作土地担保贷款和无担保贷款。这类贷款的偿还期可长达 15 年至 25 年，由借款人偿还。其偿还本金和利息有两种形式：一种形式是借款人按月偿付利息，本金则分期偿付，一般是最初几年只付利息，剩余期限偿付本息，但利息按本金递减计算；另一种形式是抵押贷款与借款人的定期人寿保险相结合，借款人在借款期间按月支付利息，同时缴纳人寿保险费，人寿保险到期时，借款人就用其到期的保险收入偿还抵押贷款本金。

此外，还有专门为中小企业服务的银行、抵押银行、海外银行等专业银行。

二、非银行金融机构

(一)投资银行

投资银行的称法流行于美国和一些欧洲大陆国家。除此之外，它还有许多名称，如英国称之为商人银行、法国称之为实业银行、日本称之为证券公司。所谓投资银行，是专门经营长期投资业务的银行，投资银行虽称为“银行”，但并不能办理商业银行的传统业务，也不同于信托公司或投资公司。

投资银行的资金来源主要靠发行自己的股票和债券。投资银行不得吸收存款，在一些国家虽准许投资银行吸收存款，但也主要是吸收定期存款。此外，投资银行也可从其他金融机构或其他融资渠道获取借款，但这并不构成其主要的资金来源。投资银行主要是作为证券发行公司和证券投资者的中介，其具体的业务主要有：①承销证券的发行；②经纪业务，即以经纪人身份代理客户进行证券交易；③自营业务，即以自有资金进行证券交易；④收费的银行业务，即从事并购顾问、证券经济研究和其他形式的金融咨询活动。此外，有些投资银行也兼营中长期贷款、黄金与外汇买卖及租赁业务等。

(二)投资基金

世界上最早的投资基金是英国于 1886 年成立的海外殖民信托基金。投资基金，在美国称为共同基金，在英国称为单位信托基金，在日本称为证券投资信托。所谓投资基金，就是指通过发行基金股票或基金受益凭证将众多投资者的资金集中起来，直接或委托他人将集中起来的资金投资于各类有价证券或其他金融商品，并将投资收益按原始投资者的基金股份或基金受益凭证的份额进行分配的一种投资金融中介机构。

投资基金的组织形式有契约型和公司型两种。①契约型投资基金是指基金的设定人(基金经理或基金管理公司)设计特定类型的基金，以信托契约的形式发行受益凭证，募集投资者的定期资金，进行运营和投资。基金的募集、保管、利润分配、收益及本金的偿还支付等业务，则委托银行具体办理。契约型基金成立的重要依据是信托契约，它包括委托人(基金经理公司)、受托人(基金保管银行或公司)、投资人(受益人)三个当事人。日本、韩国、新加坡等国家的投资基金多属于这种类型。②公司型投资基金是指通过组建基金股份公司来发行基金股票、募集投资者的资金，由公司投资经理部门或委托其他投资管理公司操作投资，并以基金股息、红利形式，将收益分配给投资者，基金资产的保管与业务处理可以由公司本身负责，也可以委托银行办理。公司型投资基金的最大特点是基金与投资者之间的关系是股份公司与股东的关系。美国绝大部分投资基金属于此类型。

根据交易方式的不同，投资基金还可以分为开放型投资基金和封闭型投资基金两种。所谓开放型投资基金，就是基金股权是开放的，投资者随时可以购买基金(即申购)，持股人也随时可卖出基金(即赎回)。而封闭型投资基金，是指一次发行一定数量股份，以后不再追加，一般不允许退股，只能在二级市场上转让。

(三)保险公司

保险公司是专门经营保险或再保险业务的专业性金融机构。西方国家的保险业十分发达，各类保险公司甚至已经成为各国最重要的非银行金融机构。保险公司的业务范围分为两大类：一是财产保险业务，具体包括财产损失保险、责任保险、信用保险等业务；二是人身保险业务，具体包括人寿保险、健康保险、意外伤害保险等业务。

按照保险种类分，有形式多样的保险公司，如人寿保险公司、财产保险公司、灾害和事故保险公司、老年和伤残保险公司、信贷保险公司、存款保险公司、再保险公司等。其中，人寿保险公司的规模最大，并且兼有储蓄银行的性质。这是因为，人寿保险金就像流向储蓄机构的储蓄一样，成为人寿保险公司的资金来源，并且人寿保险单对于其所有者来讲，实际上是一项固定面值的潜在资产，因而可以认为人寿保险公司是一种特殊形式的储蓄机构。

由于保险公司获得的保费收入经常远远超过它的保费支付，因而聚集起大量的货币资本。

这些货币资本往往比银行存款更稳定，是西方国家金融体系长期资本的重要来源。保险公司的资金运用业务，主要是长期证券投资，如投资于公司债券和股票、市政债券、政府公债，以及发放不动产抵押贷款、保单贷款等。

(四)退休或养老基金会

这类机构是指雇主或雇员按期缴付工资的一定比例，在退休后，可取得一次付清或按月支付的退休养老金。退休或养老基金会是第二次世界大战后迅速发展起来的，目前普遍存在于市场经济国家。其资金来源，一方面来自雇员工资一定比例的扣缴及雇主的相应比例缴款，另一方面来自积聚资金的投资收益。20 世纪 80 年代以前，该类基金投资运营比较简单，一般用于购买国债和存放银行。后来，由于西方国家的人口老龄化问题突出，完全依靠增加企业和个人负担来筹集足够的养老基金越来越困难，因而养老基金运营开始转向证券市场，进行资本运作，并且出现了国际化的趋势，投向海外证券市场的资金比例在不断上升。

(五)邮政储蓄机构

邮政储蓄机构是一种与邮政部门关系密切的非银行金融机构，主要经营小额存款，其吸收的存款一般不用提缴准备金，其资金运用一般是存入中央银行或购买政府债券。这种金融机构的设立最初是为了利用邮政部门广泛的分支机构，提供廉价有效的邮政汇款服务，提高结算速度，加速资金周转，因此在各国发展比较普遍。近年来，邮政储蓄机构在朝两个方向发展：一种是逐步回归到商业银行性质；另一种是在政府支持下，变成一种公共事业，为社会提供各种服务，便利人们的生活。西方典型的邮政储蓄机构是英国在 1861 年创立的国民储蓄银行。目前，该银行提供两种储蓄账户：一种是“普通账户”，存款数额不得超过 1 万英镑，利率随货币借贷利率的总水平而变动；另一种是 1966 年后增设的“投资账户”，该账户的利率主要根据在国债市场进行投资后所获得的收益来确定，但通常比普通账户的利率高。如果要提取投资账户的存款，须提前一个月通知银行。此外，瑞典邮政总局的划拨银行是专门的邮政银行，独立核算，可办理全面的银行业务；法国国家邮政总局的国家储蓄银行是邮政金融业务局，可办理部分银行业务。这两类邮政金融机构都办理种类繁多的邮政储蓄业务。

(六)信用合作社

信用合作社是一般由个人集资联合组成，以简便的手续和较低的利率向成员提供信贷服务，是以互助为主要宗旨的合作金融组织。它们的资金来源于合作社成员缴纳的股金和吸收存款，贷款主要用于解决其成员的资金需要。起初，信用合作社主要发放短期生产贷款和消费贷款。现在，一些资金充裕的信用合作社已开始为解决生产设备更新、改进技术等提供中长期贷款，并逐步采取了以不动产或有价证券为抵押的贷款方式。

(七)信托投资公司

信托投资公司是一种以受托人的身份代人理财的金融机构。它的业务非常广泛，通常包括办理信托存款、办理信托贷款和投资、代理发行企业股票和国家债券、代理买卖和出租房地产、代管财产、办理遗产转让和代理保管业务等。其资金来源是客户委托存款、委托贷款、委托投资所集聚的资金和经济联合体的投资，其投资对象一般是股票、债券和不动产抵押证券。信托投资公司业务具有收益高、责任重、风险大、管理复杂等特点。目前，国际上信托投资公司的投资业务大多分为两类：一是以某公司的股票和债券为经营对象，通过证券买卖和股利、债息获取收益；二是以投资者身份直接参与对企业的投资。

(八)金融公司

金融公司，也称作财务公司，是指通过发行商业票据、股票、中长期债券或从银行借款获取资金，对个人或企业发放小额贷款，满足借款人特定融资需要的金融机构。金融公司主要有三种：

(1)销售金融公司

销售金融公司主要为企业产品的销售提供融资，包括向消费者发放贷款，以便使他们能够从特定的零售商或制造商那里购买商品，或者为向购买这些产品的零售商提供融资。此类金融公司往往与大企业结合在一起，或者为融资标的商品的制造厂商所拥有，或者为想购买这些商品的零售商所拥有，为促进销售这些商品而提供融资。

(2)消费者金融公司

消费者金融公司，也称作小额贷款公司，主要为消费者提供购买家具、家用电器及房屋维修等的小额贷款，或者为消费者提供已到期的小额债务再融资。消费者金融公司发放的大多数贷款是针对那些在商业银行无法得到贷款的消费者，所以其利率也通常高于商业银行利率。

(3)企业金融公司

企业金融公司主要是通过购买或保管应收账款而向企业提供融资。这种金融公司也从事设备租赁业务，它们应企业的要求购买设备，并以事先商定的租金和租期将设备租给客户，为企业提供融资服务。

(九)金融租赁公司

金融租赁公司是专门经营租赁业务的公司，是租赁设备的物主，通过提供租赁设备而定期向承租人收取租金。金融租赁公司开展业务的过程是：①租赁公司根据企业的要求，筹措资金，提供以“融物”代替“融资”的设备租赁。②在租期内，作为承租人的企业只有使用租赁物件的权利，没有所有权，并要按租赁合同规定，定期向租赁公司交付租金。③租期届满时，承租人向租赁公司交付少量的租赁物件的名义货价(即象征性的租赁物件残值)，双方即可办理租赁物件的产权转移手续，至此，租赁物件即正式归承租人所有，称为“留购”；或者办理续租手续，继续租赁。由于租赁业具有投资大、周期长的特点，在负债方面，我国允许金融租赁公司发行金融债券、向金融机构借款、进行外汇借款等，作为长期资金来源渠道；在资金运用方面，限定其主要从事金融租赁及相关业务。这样，金融租赁公司成为兼有融资、投资和促销多种功能，以金融租赁业务为主的非银行金融机构。金融租赁在发达国家已经成为设备投资中仅次于银行信贷的第二大融资方式。

金融租赁公司的主要业务有：用于生产以及科、教、文、卫、旅游、交通等方面的动产、不动产的租赁、转租赁、回租租赁业务；前述租赁业务所涉及的标的物的购买业务；出租物和抵偿租金产品的处理业务；向金融机构借款及其他融资业务；吸收特定项目下的信托存款；租赁项目下的流动资金贷款业务；外汇及其他业务。

任务三　我国的金融机构体系

概括来讲，我国目前形成了以中国人民银行为领导，商业银行为主体，多种金融机构并存、分工协作的金融机构体系。

一、银行机构

(一)中国人民银行

作为我国中央银行的中国人民银行，是在国务院领导下制定和实施货币政策并对金融业实施监督管理的国家机关。它是我国的发行银行、银行的银行和政府的银行，也是在国务院的领导下制定和执行货币政策、维护金融稳定、提供金融服务的宏观调控部门。

根据《中华人民共和国中国人民银行法》的规定，中国人民银行的具体职责是：依法制定和执行货币政策；发行人民币，管理人民币流通；按照规定审批、监督管理金融机构；按照规定监督管理金融市场；发布有关金融监督管理业务的命令和规章；持有、管理、经营国家外汇储备、黄金储备；经理国库；维护支付、清算系统的正常运行；负责金融业的统计、调查、分析和预测；作为国家的中央银行，从事有关的国际金融活动；履行国务院规定的其他职责。

中国人民银行的分支机构根据履行职责的需要而设立。作为派出机构，它们根据中国人民银行的授权，负责其辖区内的金融监督管理，承办有关业务。

由于目前我国实行金融分业管理体制，所以中国人民银行同中国证券监督管理委员会和中国保险监督管理委员会共同承担金融监督管理业务。按分工，这两个委员会分别履行中国证券业和保险业的监督管理职责。2000 年 9 月，为加强协调监管和信息沟通，增强监管合力，提高效率，促进金融业的稳健发展，中国人民银行、证监会、保监会决定建立三方监管联席会议制度，通过不定期召开会议形式协调有关监管政策。2018 年 3 月，这一历时已久的监管框架迎来了变革，银监会和保监会合并为银保监会。加上 2017 年成立的国务院金融稳定发展委员会，"一行三会"成为了历史，"一委一行两会"的新格局形成。

(二)商业银行

中国工商银行、中国农业银行、中国银行和中国建设银行四家国有控股银行在我国金融机构体系中占据了主体地位。长期以来，四大国有控股商业银行无论是在人员和机构网点数量上，还是在资产规模及市场占有份额上，在我国整个金融领域中均处于举足轻重的地位，即便是在世界上的大银行排序中，也处于较前列的位置。

按照《中华人民共和国商业银行法》的规定，国有商业银行的业务经营范围包括：吸收公众存款；发放短期、中期和长期贷款；办理国内外结算；办理票据贴现；发行金融证券；代理发行、代理兑付、承销政府债券；买卖政府债券；从事同业拆借；买卖、代理买卖外汇；提供信用证服务及担保；代理收付款项及代理保险业务；提供保管箱服务；办理经中国人民银行批准的其他业务。

随着市场经济体制改革的不断深化，我国陆续组建和成立了一批新型的股份制商业银行。1986 年，国家决定重新组建股份制商业银行——交通银行。在这前后，陆续建立了一批全国性商业银行，如中信实业银行、中国光大银行、华夏银行、中国民生银行、广东发展银行、深圳发展银行、招商银行、福建兴业银行、上海浦东发展银行等。这些商业银行，在筹建之初绝大多数是由中央政府、地方政府、国有企业集团或公司出资支持创建的，即以国有资本为主，而且大多没有采取股份公司的组织形式。后来则先后实行了股份制改造。交通银行筹建伊始即明确为股份银行，原定国家股份 50%、公开招股 50%，由地方政府、企事业单位、个人认购入股。章程中，个人股在资本总额中限定不得超过 10%，但个人股一直未征集。应该说有股份制之名，无股份制之实。例外的有 2 家，一是深圳发展银行(后来被平安银行收购)，一开始就明确股份制，在初建的股本中，国有资本金的比例也较低；二是中国民生银行，组建较晚，是我国第一家民营银行，其股份构成最初主要来自民营企业、集体企业、乡镇企业或公司等，服务对象也以民营企业为主。

随着金融改革的深化，除地区性的住房储蓄机构外，所有区域性银行的经营地界均已越出原来的指定范围，在全国大城市设置了经营性分支机构。这些商业银行是日益依照国际通行规则和市场原则开展各项银行业务活动和进行自身经营管理的，尽管它们在资产规模、机构数量和人员总数等方面，难以与四大国有控股商业银行相比，但在资本、资产及利润的增长速度方面已经高于四大国有控股商业银行，呈现出较强的经营活力和良好的经营效益。

（三）政策性银行

政策性银行是由政府投资设立的、根据政府的决策和意向专门从事政策性金融业务的银行。它们的活动不以营利为目的，并且根据具体分工的不同，服务于特定的领域，所以也有政策性专业银行之称。政策性银行在从事业务活动中，均贯彻不与商业性金融机构竞争、自主经营与保本微利的基本原则。其资金来源主要有以下渠道：一是财政拨付；二是由原来的各专业银行划出的资本金；三是发行金融债券。目前，我国的政策性银行有3家：国家开发银行、中国进出口银行和中国农业发展银行。

（1）国家开发银行

中国国家开发银行，成立于1994年，总部设在北京，是直属国务院领导的、政府全资拥有的国家政策性金融机构，经批准可在国内外设置必要的办事机构。

国家开发银行的主要任务是：按照国家法律、法规和方针、政策，筹集和引导境内外资金，向国家基础设施、基础产业和支柱产业的大中型基本建设与技术改造等政策项目及其配套工程发放贷款，从资金来源上对固定资产投资总量进行控制和调节，优化投资结构，提高投资效率。其业务范围主要包括：管理和运用国家核拨的预算内经营性建设基金和贴息资金；向国内金融机构发行金融债券和向社会发行财政担保建设债券；办理有关的外国政府和国际金融机构贷款的转贷，经国家批准在国外发行债券，根据国家利用外资计划筹借国际商业贷款等；向国家基础设施、基础产业和支柱产业的大中型基建与技改等政策性项目及其配套工程发放政策性贷款；办理建设项目贷款条件评审、咨询和担保等业务，为重点建设项目物色国内外合资伙伴、提供投资机会和投资信息。

2008年12月16日，国家开发银行转为国家开发银行股份有限公司，当日在北京挂牌，转型为商业银行。但在中国银监会的管理序列中，国开行仍归口于政策性银行管理部门。2015年3月20日，国务院批复国家开发银行深化改革方案。国开行深化改革的目标是，紧紧围绕服务国家经济重大中长期发展战略，建立市场化运行、约束机制，努力把国开行建设成为资本充足、治理规范、内控严密、运营安全、服务优质、资产优良的开发性金融机构。国开行的深化改革进一步明确了国开行的开发性金融机构的功能定位。

（2）中国进出口银行

中国进出口银行，成立于1994年7月1日，总部设在北京，其主要任务是：执行国家产业政策、对外经贸政策、金融政策和外交政策，为扩大机电产品和成套设备等资本性货物出口提供政策性金融支持。其经办的主要业务包括：办理与机电产品和成套设备有关的出口信贷业务；办理与机电产品和成套设备有关的政府贷款、混合贷款、出口信贷的转贷、国际银行间及银团贷款业务；办理短期、中长期出口信用保险，进出口保险，出口信贷担保，国际保理等业务；经国家批准，在境外发行金融债券；办理与本行承担的各类贷款、担保、对外经济技术合作等项目的评审，为境内外客户提供有关本行筹资、信贷、担保、保险、保理等业务的咨询服务。

（3）中国农业发展银行

中国农业发展银行的主要任务是：按照国家的法律、法规和方针、政策，以国家信用为基础，筹集农业政策性信贷资金，承担国家规定的农业政策性金融业务，代理财政性支农资金的拨付，为农业和农村经济发展服务。其主要业务范围是：办理粮、棉、油等主要农副产品的国家专项储备贷款；办理粮、棉、油等主要农副产品的收购、调销、加工贷款；办理国务院确定的扶贫和农业综合开发贷款；办理国家确定的小型农、林、牧、水利基本建设和技术改造贷款；办理业务范围内开户企事业单位的存款和结算；发行金融债券；办理境外筹资。

在贷款拨付等业务的具体经办方面，国家开发银行、中国进出口银行主要委托国有商业银行为其代理，一般不再设经营性分支机构。中国农业发展银行的业务则是以自营为主、代理为辅，所以在各省、自治区、直辖市设立分行，在计划单列市和农业大省的地(市)设立分行的派出机构，在农业政策性金融业务量大的县(市)设立支行。

二、非银行金融机构

目前，随着我国金融改革的不断推进和深化，非银行金融机构得到较为迅速的发展，不仅在数量上日益增多，而且在种类上也更加多样，使得金融机构体系分工不断细化和丰富。

(一)保险公司

1988 年以前，保险业由中国人民保险公司独家经营。后来，我国保险业发展迅速，保险市场主体逐步增加。例如，中国太平洋保险公司、中国平安保险公司、华泰财产保险有限公司、新华人寿保险有限公司、泰康人寿保险有限公司等多家保险公司先后加入保险系统。其间，地方也有组建寿险公司的。1996 年 7 月，中国人民保险公司改建为中国人民保险(集团)公司，简称中保集团，下设中保财产、中保人寿和中保再保险三家保险有限公司，实行产、寿险分业经营。根据《中华人民共和国保险法》确立的商业保险与社会保险分开经营的原则，17 家地方寿险公司全部并入中保人寿保险有限公司。1998 年 10 月，为进一步促进我国保险事业健康发展，撤销了中国人民保险(集团)公司，其上述三家子公司分别更名为中国人民保险公司、中国人寿保险公司、中国再保险公司；中保集团所属的其他海外经营性机构全部划归香港中国保险(集团)有限公司管理。根据《中华人民共和国保险法》的规定，保险公司积聚的资金，除用于理赔给付外，其余只限于银行存款、政府债券、股票、金融债券及证券投资基金。

(二)证券公司(投资银行)

证券公司又称券商，是由证券主管机关批准设立的以经营证券业务为主的非银行金融机构。在我国，没有投资银行的称谓，但为数众多的证券公司实际是金融机构体系中投资银行这一环节的主要力量。

我国证券公司的业务范围一般包括：代理证券发行业务；自营、代理证券买卖业务；代理证券还本付息和红利的支付；证券的代保管和签证；接受委托代收证券本息和红利；接受委托办理证券的登记和过户；证券抵押贷款；证券投资咨询业务等。1999 年 7 月 1 日开始实施的《中华人民共和国证券法》明确了综合类证券公司和经纪类证券公司的分类管理原则。前者可从事证券承销、经纪、自营业务，而后者只能从事证券经纪类业务。截至 2020 年 8 月 30 日，134 家证券公司总资产为 8.03 万亿元，净资产为 2.04 万亿元，净资本为 1.67 万亿元，客户交易结算资金余额(含信用交易资金)1.64 万亿元，受托管理资金本金总额 11.83 万亿元，可以说，证券业在我国获得了快速的发展。

(三)投资基金

我国的投资基金最早产生于 20 世纪 80 年代后期，1987 年，中国银行和中国国际信托投资公司共同推出面向海外投资者的基金。1991 年，武汉成立我国第一家面向国内投资者的“武汉证券投资基金”。1992 年 9 月，中国国际信托投资公司与英国 KB 银行联合发起中国投资发展基金；10 月，香港中银集团发起成立中银中国基金；11 月，经中国人民银行批准，在淄博成立了淄博乡镇企业投资基金。

我国较为规范的证券投资基金产生于1997年11月《证券投资基金管理暂行办法》出台之后，根据要求，中国证监会对老基金进行了清理规范，同时审批新基金的设立。1998年，6家规模均为20亿元的第一批试点证券投资基金（均为封闭式基金）陆续发行上市。此后又不断有新的、规模更大的封闭式证券投资基金推出。2000年10月，证监会发布《开放式投资基金试点办法》，对开放式基金的公开募集、设立、运作及相关活动作出规定。这标志着我国进入开放式基金试点的阶段。截至2020年11月底，我国境内共有基金管理公司132家，其中中外合资公司44家，内资公司88家；取得公募基金管理资格的证券公司或证券公司资管子公司共12家，保险资管公司2家。以上机构管理的公募基金资产合计18.75万亿元。

近年来，我国出现了一些名称形形色色带有私募基金性质的投资基金，它们所控制的资金实力估计达数千亿元。这类基金的出现和发展实质上反映了集合投资的客观需要。但它们的合法地位尚在讨论过程中。

风险投资基金在我国也有较大发展。风险投资主要服务于创业型的企业，传统上，其退出的机制有两种：一是所投资的企业完成IPO；二是所投资的企业被收购。最早从事风险投资的机构是成立于1985年的中国新技术创业投资公司。过去，中国的创业企业要实现IPO有着较大的困难，原因在于深圳中小板市场对企业上市也是限制重重，随着深圳创业板的推出，我国风险投资基金获得了退出渠道，但对于大量的风险投资基金，出路依然狭窄。

我国于2007年9月29日正式成立了自己的主权财富基金——中国投资有限责任公司。主权财富基金是国家、特别是拥有大量外汇储备的国家设立的一种基金组织形式，主要投资于境外的各种金融资产。受2008年国际金融危机的影响，2009年，花旗、美林等多家美国金融巨头接受了主权财富基金的注资。中投公司也参与到这一行动中，向摩根士丹利注入了50亿美元的资金。但是，我国主权财富投资基金的投资活动受到了更多的非商业歧视，使其作用的发挥受到了限制，而且，还存在事实上的投资收益不佳甚至巨额亏损的问题。中投公司下设三个子公司，分别是中投国际有限责任公司（2011年9月设立，简称“中投国际”）、中投海外直接投资有限责任公司（2015年1月成立，简称“中投海外”）和中央汇金投资有限责任公司（2003年12月成立，简称“中央汇金”）。

（四）金融资产管理公司

1999年3月至10月，我国先后建立了四家由国家投资的特定政策性金融资产管理公司——华融、长城、东方、信达，分别收购、管理和处置从工、农、中、建四家国有独资商业银行剥离出来的不良资产。组建金融资产管理公司是为了达到三个目的：一是改善四家国有独资商业银行的资产负债状况，化解潜在的金融风险，提高其国内外资信；二是运用特殊的法律地位和专业化优势，通过建立资产回收责任制和专业化经营，实现不良贷款价值回收最大化，以最大限度保全资产、减少损失；三是通过金融资产管理，对符合条件的企业实施债权转股权，支持国有大中型亏损企业摆脱困境，并按照现代企业制度的要求转换经营机制，建立规范的法人治理结构。

（五）信托投资公司

我国的信托投资公司是在经济体制改革后开始创办起来的。1979年，设立了中国国际信托投资公司，现已发展为金融、投资、贸易、服务相结合的综合性经济实体。后又陆续设立了一批全国性信托投资公司，如中国光大国际信托投资公司、中国民族国际信托投资公司、中国信息信托投资公司、中国教育信托投资公司等，以及为数众多的地方性信托投资公司与国际信托投资公司。

信托投资公司中有相当一部分是由银行系统出资创办的，也有由国务院或国务院各部委创办的，更多的则是由各级地方政府出资组建的。我国信托投资公司的建立之初，虽以“信托”为名，但实际却是经营一般的商业银行业务。之后，我国多次对信托行业进行整顿规范。

2007 年，《信托公司管理办法》和《信托公司集合资金信托计划管理办法》出台，将原来的“信托投资公司”统一改称为“信托公司”，对信托公司自有资金的投资范围、信托业务的发展方向、信托资金的管理模式等涉及信托业发展、定位的核心问题作出了新的规定。

（六）信用合作社

信用合作社是农村信用合作社和城市信用合作社的统称。它们是群众性的合作制金融组织，是对我国银行体系的必要补充和完善，对我国城乡集体企业、个体工商业户和居民个人之间的资金融通起了很好的作用。

信用合作社是合作制金融组织，是与股份制不同的产权组织形式。不同之处在于：首先，入股方式不同。股份公司一般自上而下控股，下级为上级所拥有；合作制则自下而上参股，上一级机构由下一级机构入股组成，并被下一级机构所拥有，基层社员是最终所有者。其次，经营目标不同。股份制企业以利润最大化为目标；而合作组织的主要目标是为社员服务。再次，管理方式不同。股份制实行一股一票，大股东控权；合作制实行一人一票，社员不论入股多少，具有同等权利。最后，分配方式不同。股份制企业的利润主要用于股东分红，积累要量化到某一股份；而合作组织盈利主要用于积累，积累归社员集体所有。

我国的农村信用合作社是在 20 世纪 50 年代中期组建起来的，改革开放后，由中国农业银行建立，其隶属于农行，不具有合作的性质。1996 年下半年，国家对农村信用合作社进行了改革：一是与农业银行脱离隶属关系，农业银行不再领导、管理农村信用合作社，而由农村信用合作社的县联社负责业务管理；二是要求按合作制原则重新规范农村信用合作社，使其恢复合作制的性质。在经营方面的基本要求则是贯彻自主经营、独立核算、自负盈亏、自担风险的原则。在近些年的发展中，在经济比较发达地区，一些信用合作社实质上已发展成为小型商业银行。在经济发展比较落后的地区，大量信用合作社的处境相当困难，难以自负盈亏。

实践中，绝大多数城市信用合作社同样存在名不副实的问题。而且其中不少由于靠高息揽存——以高于法定的利率吸收存款——支持证券、房地产投机，纷纷陷入难以为继的困境。20 世纪 90 年代中期之后，政府着手进行整顿，除对少数违法违规经营的城市信用合作社实施关闭或停业整顿外，先是合并组建“城市合作银行”，随即在 1998 年完成了将约 2 300 家城市信用合作社纳入 90 家城市商业银行的组建工作。

（七）财务公司

我国财务公司始于由企业集团组建的第一家企业集团财务公司，建立于 1987 年 5 月，为东风汽车工业财务公司。财务公司的宗旨和任务是，为本企业集团内部各企业筹资和融通资金，促进其技术改造和进步。财务公司在业务上受中国人民银行领导、管理、监督与稽核，在行政上则隶属于各企业集团，是实行自主经营、自负盈亏的独立企业法人。我国财务公司的业务有：存款、贷款、结算、票据贴现、融资性租赁、投资、委托以及代理发行有价证券等。从今后规范要求的角度看，财务公司的特点就是为集团内部成员提供金融服务，其业务范围、主要资金来源与资金运用都应限定在集团内部，而不能像其他金融机构一样到社会上去开拓生存空间。截至 2019 年，财务公司资产合计 7.6 万亿元，负债合计 6 万亿元，所有者权益超过 1 万亿元。

（八）金融租赁公司

我国的融资租赁业起源于 1981 年 4 月，最早的租赁公司以中外合资企业的形式出现，其初始动机是引进外资,1981 年 7 月成立了首家由中资组成的非银行金融机构——中国租赁有限公司。金融租赁公司的创建,大多是由银行、其他金融机构以及一些行业主管部门合资,如中国租赁有限公司、东方租赁有限公司等。

2007 年,银监会修订《金融租赁公司管理办法》,重新允许合格金融机构参股或设立金融租赁公司。随后,工行、建行、交行、民生银行和招商银行先后向银监会提交设立金融租赁公司的申请。2007 年 11 月,由工行独资设立的工银金融租赁公司开业,这是在商业银行退出租赁行业 10 余年后的再次进入,其他 4 家商业银行筹建金融租赁公司的申请也通过银监会批准,获准开业。允许商业银行开办融资租赁业务,有助于推动我国商业银行综合化经营,它有利于商业银行提升核心竞争力。商业银行的介入,也有助于提升融资租赁行业的整体发展水平。截至至 2020 年底,全国共有 71 家金融租赁公司。

(九)邮政储蓄机构

为了更有效地利用遍及全国城乡的邮政机构的现有基础设施,并发挥它们点多、面广、相关业务联系密切和四通八达的电信网络等优势,1986 年 2 月,全国开办邮政储蓄业务,并在邮政总局下设立邮政储汇局。依照规定,邮政网点吸收的储蓄全部缴存中国人民银行;邮政储蓄存款成为中国人民银行的一项信贷资金来源。2007 年 3 月 20 日,中国邮政储蓄银行正式挂牌成立。2015 年,邮储银行引入十家境内外战略投资者,进一步提升了综合实力。在“2016 年全球银行 1 000 强排名”中,邮储银行总资产位居第 22 位,经营范围已由初期的人民币储蓄和汇兑业务,发展成本外币负债类业务、代理类中间业务和以债券投资与协议存款为主的资产类业务以及经营商业银行法规定的各项业务,拥有营业网点超过 4 万个,服务个人客户超过 5 亿人,拥有优异的资产质量和显著的成长潜力。2016 年,邮储银行在香港交易所主板上市,2019 年 12 月,邮储银行在上交所挂牌上市。

拓展阅读 4-1　　“一委一行两会”格局落定

“一委一行两会”的金融监管框架包括国务院金融稳定发展委员会(金稳委)、中国人民银行(央行)、中国银行保险监督管理委员会、中国证监会。

从 2003 年银监会成立算起,中国“一行三会”的金融监管格局已走过 15 个春秋。2018 年 3 月,这一历时已久的监管框架迎来了变革。3 月中旬,国务院发布金融监管改革方案,合并银监会和保监会为银保监会。加上 2017 年成立的国务院金融稳定发展委员会(以下简称“金融委”),“一行三会”成为了历史,“一委一行两会”的新格局就此形成。

在行业壁垒逐渐消融的现状下,金融机构间跨行业合作频繁,行业乱象滋生,旧体制的弊端日益明显。“一行三会”的旧体制存在着监管职责不清晰、交叉监管和监管空白等问题,而对于此次监管框架的调整,业内普遍认为这能够在统一监管标准、减少沟通成本、杜绝监管套利等方面发挥积极作用。

“机构改革之后,央行负责制定一些政策,而中国银行保险监督管理委员会负责具体的执行,看执行的效果可以判断,到底是政策的问题还是执行的问题。”复旦大学经济学院副院长孙立坚告诉时代周报记者。

一、银保监会

我国金融监管格局的改革历程主要分为三个阶段:计划经济下的混业监管,市场经济逐步活跃后的分业监管,市场经济进一步发展下重归混业监管。金融框架由合至分,又由分至合,监管政策始终随着金融发展模式进行着相应的动态改变。

改革开放后，随着市场经济不断发展，金融业各种公司、交易所如雨后春笋般涌现，央行的统一监管开始显得力不从心。1992年，国务院证券委员会和证监会成立，分业监管初现雏形。随后，1998年保监会成立，开始负责对保险业的统一监管。直至2003年，银监会正式组建，标志着我国"一行三会"分业监管的金融监管体制正式确立。

在分业监管体制下，监管部门通常奉行"谁家的孩子谁抱走"的原则。这有一定道理，但也存在一定弊端，其中就包括监管盲区阶段性凸显。因此，金融监管格局迫切需要重新厘定。

本次改革中，最引人瞩目是银监会和保监会的合并。两会合并前，银监会职责在于监督管理银行、金融资产管理公司、信托投资公司及其他存款类金融机构；保监会履行行政管理职能，依法监督管理保险市场。合并后，银保监会继承了银监会和保监会原有职能，对银行业和保险业进行统一管理。

银监会和保监会的合并，填补了旧的监管格局的不足。"银监会和保监会的合并，从短期看，符合防范风险、服务实体经济的主基调；从中长期来看，为我国金融业真正走向市场化、国际化打下了坚实基础。"国家发改委国际合作中心首席经济学家万喆对时代周报记者分析称。

二、金融监管与改革

除银监和保监合并外，成立于2017年的金融委加入了金融监管框架。金融委为国务院统筹协调金融稳定和改革发展重大问题的议事协调机构，其宗旨在于强化中国人民银行宏观审慎管理和系统性风险防范职责，及强化金融监管部门监管职责，以确保金融安全与稳定发展。

可以说，金融委的成立，是我国从分业监管回归混业监管的标志。金融委的成立意味着金融监管和金融改革等方面更能够"全国一盘棋"，能够统筹各方面的利益和职能，而非目前的分业监管、各部门分别推进改革等现状。

在本次改革中，央行虽在机构设置上没有变化，但承接了原属于银监会和保监会关于重要法律法规草案与监管基本制度的拟定权，由此央行统筹监管的职能愈发凸显。

央行的权力与职责较此前有较大提升。"央行除了货币政策职能外，更多担负起了宏观审慎管理的工作。央行作为控制总需求的一个操作者是最合适的，央行担负了金融稳定的责任。"中银国际研究公司董事长曹远征告诉时代周报记者。

证监会在本次改革中并无明显变动。之所以证监会未动，与证券市场的特殊性有关。相对于银监会和保监会，证监会的监管对象更为繁杂，除金融机构外，还有上市公司和投资者。证监会主要负责信息披露的真实性，更偏重对投资者和消费者的保护。

中国新监管未来职责划分主要在于以下几方面：金融委加强宏观审慎保障金融稳定并负责监管协调；央行通过货币政策保障币值稳定，同时进一步加强宏观审慎保障金融稳定；银保监会通过加强微观审慎以保障个体金融机构稳定，保障消费者权益。

资料来源：曾令俊."一委一行两会"格局落定[N].时代周报，2018—11—14.

应知考核

一、单项选择题

1. 世界上第一家股份制银行是1694年成立的(　　)，它的成立标志着现代商业银行的诞生。

A. 德意志银行　　B. 法兰西银行　　C. 英格兰银行　　D. 日本银行

2. 在一个国家或地区的金融监管组织机构中居于核心位置的机构是(　　)。

A. 社会性公律组织　　B. 行业协会
C. 中央银行或金融管理局　　D. 分业设立的监管机构

3. 在我国,执行中央银行职能的是(　　)。
A. 中国银行　　B. 中国人民银行
C. 中国建设银行　　D. 中国工商银行

4. 2003 年,随着(　　)的成立,银行、证券、保险——中国金融业"分业经营,分业监管"的框架最终完成,新中国成立 50 多年来中国人民银行集货币政策与银行监管于一身的"大一统"时代也宣告结束。
A. 中国人民银行　　B. 保监会　　C. 证监会　　D. 银监会

5. 1986 年,国家决定重新组建的股份制商业银行是(　　)。
A. 交通银行　　B. 中国银行　　C. 中国农业银行　　D. 中国工商银行

二、多项选择题

1. 银行类金融机构按其在经济中的功能可分为(　　)。
A. 国有银行　　B. 中央银行　　C. 商业银行　　D. 专业银行

2. 不以营利为目的的银行是(　　)。
A. 商业银行　　B. 投资银行　　C. 开发银行　　D. 抵押银行

3. 非银行金融机构的构成庞杂,其中包括(　　)。
A. 保险公司　　B. 投资公司　　C. 信用合作组织　　D. 基金公司

4. 投资银行的主要业务包括(　　)。
A. 为居民提供消费信贷和其他贷款　　B. 代理证券还本付息和红利的支付
C. 证券抵押贷款　　D. 代办发行或包销工商企业的股票和债券

5. 1994 年,为适应金融机构体系改革的需要,使政策性金融与商业性金融相分离,我国相继成立了(　　)等政策性银行。
A. 国家开发银行　　B. 中国进出口银行
C. 中国农业发展银行　　D. 交通银行

三、判断题

1. 单一的中央银行制度通过总分行制,集中行使金融管理权。(　　)
2. 中国香港实行跨国中央银行制度。(　　)
3. 在投资银行的称呼中,法国称之为实业银行、日本称之为证券公司。(　　)
4. 中国农业银行是政策性银行。(　　)
5. 证券公司又称投资银行。(　　)

四、简述题

1. 金融体系的构成与分类是怎样的?
2. 金融体系是如何实现资源配置功能的?
3. 金融机构体系一般由哪些金融机构构成?
4. 试述我国当前金融机构体系的构成。
5. 我国的政策性金融机构的主要内容是什么?

应会考核

■ 观念应用

【背景资料】

重庆力帆财务有限公司票据风险案

昔日“摩托车大王”重庆力帆走到了破产境地，旗下财务公司所涉及的一系列票据风险也相继暴露。

继宝塔石化集团有限公司(以下简称“宝塔石化”)财务公司拒付案件之后，重庆力帆财务有限公司(以下简称“力帆财务公司”)成为第二家大规模票据得不到兑付的集团财务公司，并在市场上造成较大的负面影响。

据悉，由于财务公司开具的票据为银行承兑汇票，该类票据此前在市场有较高的信誉度和较强的流通能力。然而，宝塔石化和重庆力帆两家集团企业的财务公司在票据兑付上暴露重大风险之后，一些企业和金融机构对此类票据出现了区别对待的情况。

1. 大批票据拒付

2020 年 9 月以来，各地法院密集公布了力帆财务公司一批票据纠纷案件。9 月 16 日，重庆自由贸易试验区人民法院公布一则民事判决书，涉及上海士诺健康科技股份有限公司与重庆理想制造汽车有限公司、力帆财务公司的票据纠纷。上述判决书显示，2018 年 10 月 31 日，重庆理想制造汽车有限公司作为出票人签发了电子银行承兑汇票，承兑人为力帆财务公司，该票据依次背书转让给重庆厚升机电有限公司和重庆阿普达空气净化设备有限公司。2018 年 12 月 24 日，重庆阿普达空气净化设备有限公司为支付货款，将该汇票背书转给上海士诺健康科技股份有限公司，汇票金额为 21 万元，到期时间为 2019 年 4 月 30 日。在该银行承兑汇票到期后，力帆财务公司签收票据一直处于“结束，已结清”状态，却未支付票据款项。法院在判决中认为，力帆财务公司的行为足以表明其拒绝付款的意思表示，持票人可向出票人重庆理想制造汽车有限公司和承兑人力帆财务公司行使追索权。此外，公开信息显示，宁波福尔达智能科技有限公司、十堰东方联众物贸有限公司、芬雷选煤工程技术有限公司黄陵分公司、重庆俊财机电有限公司、重庆诚捷物流有限公司、鞍钢股份有限公司等一批公司均持力帆财务公司票据且未实际兑付，上述公司也将力帆财务公司告上法庭。

值得一提的是，作为国内排名前五的钢铁集团，鞍钢股份有限公司于 2019 年 8 月 1 日发布公告称，该公司在销售商品过程中，收取的部分货款为金融机构开出的银行承兑汇票，其中 3.38 亿元银行承兑汇票逾期未偿付，该事件一时间引发市场高度关注。其后证实，上述票据来自三家财务公司，力帆财务公司就是其中之一。力帆财务公司在纠纷案审理中称，其因为资金紧张，票据金额确实没有支付，公司正在面临企业重组，需要按照重组金额支付票据金额；同时，公司账户收支均受到银保监局监管，无法自行确定清偿的顺序和方式。

2. 财务公司票据“很受伤”

一位资深票据业内人士表示，宝塔石化和重庆力帆两家公司的票据案件对财务公司票据在整个市场上造成了很大的负面冲击。财务公司票据属于银行承兑汇票，与一般商票有很大区别。银行承兑汇票是银行信用，且兼具开票行和转贴现的信用，极少出现到期未偿付的情况。接连出现的财务公司票据风险让企业和银行在接受该类票据时更加谨慎，这也说明市场的信任度有所降低。

2019 年 7 月，银保监会针对企业集团财务公司承兑汇票逾期未兑付风险事件专门发布了

《关于进一步加强企业集团财务公司票据业务监管的通知》，进一步加强财务公司票据业务监管，防范票据业务风险。

资料来源：https://wap.rzline.com/showinfodetail_15132_undefined_.html.

【考核要求】

根据上述材料，分析票据业务是否是财务公司业务？

■ 技能应用

中国首家金融机构破产案
——广东省国际信托投资公司破产案例分析

1999年1月10日，广东省国际信托投资公司由于严重资不抵债，向法院提出破产申请。当年1月16日，广东省高级人民法院认定，广东省国际信托投资公司及其全资4家子公司因不能清偿到期境内外债务，符合法定破产条件，裁定进入破产还债程序，由法院指定的清算组接管破产企业。与此前发生的广东发展银行收购"中银信托"、关闭海南发展银行等金融机构市场退出案例不同的是：广东省国际信托投资公司破产是中国首家金融机构破产案，是我国金融机构市场退出中首例通过人民法院宣布破产后进入退出程序的。它打破了我国金融机构不能破产的"神话"。

广东省国际信托投资公司是1980年7月经广东省人民政府批准建立的企业，1983年被中国人民银行批准为非银行金融机构并享有外汇经营权，接着在1989年又被国家主管机关确定为全国对外借款窗口，并被称为广东省人民政府的"窗口公司"。20世纪80年代末期，广东省国际信托投资公司的经营规模不断扩大，逐渐从单一经营信托业务，发展成为以金融和实业投资为主的企业集团，在广东的投资曾有3 000多项，经营规模在中国信托业中居第二位，成为广东省最大的非银行金融机构。但是，长期以来广东省国际信托投资公司经营管理较为混乱，存在大量高息揽存、账外经营、乱拆借、乱投资等违规经营行为，致使不能支付巨额到期债务，严重资不抵债。1998年10月6日，中国人民银行对广东省国际信托投资公司进行关闭处理，经过三个月的清算，初步查明广东省国际信托投资公司的资产总额为214.71亿元，负债361.65亿元，资产负债率高达168.23%，资不抵债达146.9亿元。鉴于财务状况严重恶化，不能清偿到期债务呈连续状态，1999年1月，广东省国际信托投资公司及其全资深圳公司、广东国际租赁公司和广信企业发展公司分别向广东省高院、深圳市中院和广州市中院提出破产申请。

广东省高级人民法院指定省政府有关部门成立破产清算组，负责对广东省国际信托投资公司的破产清算工作。清算组聘请会计师事务所和律师事务所负责破产清算工作中的具体事务，包括对破产企业财产的接管、财务清理、对外债权追索、申报债权登记确认、破产财产的处理和分配方案的制订以及其他与保护债权人利益相关的事务。为了保证破产清算工作的顺利进行，法院与破产清算组、各中介机构经过研究、协商，明确了各自的分工和责任：法院负责依法裁判，保证程序合法、处理正确；清算组对清算工作负责，向法院报告工作，接受法院监督，并对所聘请的中介机构决定的各项事务享有充分的审查权、监督权和否决权；中介机构具体负责破产清算工作中的财会、法律、评估等专业事务。广东省国际信托投资公司开了我国运用破产方式处置问题金融机构的先例，也给中外债权人和社会公众上了"风险教育"这一课。

【技能要求】

金融机构市场退出的方式主要有哪些？请分析说明。

■ 案例分析

【情景与背景】

我国三家商业银行的倒闭

海南发展银行(简称“海发行”)于1995年8月18日开业,注册资本16.77亿元人民币(其中外币折合人民币3 000万元)。银行由海南省政府控股,一共有包括中国北方工业总公司、中国远洋运输集团公司、北京首都国际机场等在内的43个股东。银行以兼并了5家信托投资公司,并向中国大陆募集股本的方式设立的。海发行并非只在海南省内经营,曾于1996年在广州和1998年5月在深圳设立过两家分行。海发行收息率为90%,没有呆滞贷款,与中华人民共和国境外36家银行及共403家分支行建立了代理关系,外汇资产规模达1.7亿美元。虽然兼并了28家信用社、托管了5家信用社的债权债务,使得海发行账面上实力增强——海发行的股本金增长为106亿元,存款余额为40亿元,债务为50亿元,但由于这些信用社大多是不良资产,海发行也背上了沉重的包袱,而且兼并后的海发行员工人数剧增为3 000多人,是原来的数倍。

1997年2月,汕头市13家城市信用社根据中国人民银行的批准同意合并成立汕头城市合作银行,并于1998年更名为汕头市商业银行股份有限公司(简称“汕头商行”),共有营业网点59个。后因高息揽存、挪用资金和账外贷款等一系列经营问题,出现支付危机。2001年,汕头商行放出的贷款中坏账资金高达40多亿元,无法向私人储户偿付的债务约15亿元,甚至包括企业和汕头市财政局等部门的大批资金。最终,汕头商行开业仅4年就被人民银行勒令于2001年8月起实施停业整顿至今,并遗留下大量历史问题。截至2008年6月30日,汕头商行资产总额13.98亿元,负债总额68.82亿元,净资产—54.84亿元,或有负债为1.84亿元。

从2020年11月12日,银保监会原则同意包头商业股份银行(简称“包商银行”)进入破产程序,2021年3月9日被裁定破产。包商银行的总资产仅为4.47亿,而负资产却高达2 055.16亿,负债率达到罕见的99.8%。管理人接管包商银行后,经调查审阅,包商银行在破产清算申请前已无任何生产经营,也无任何在职人员,除继续履行合同项下的相关工作,也无其他业务,其实际资产价值较审计报告记载情况进一步降低。因此,包商银行已经明显资不抵债且无实际清偿能力。2020年4月30日,蒙商银行正式成立并开业。同日,包商银行接管组发布公告,包商银行将相关业务、资产及负债,分别转让至蒙商银行和徽商银行(系4家区外分行)。存款保险基金根据《存款保险条例》第十八条授权,向蒙商银行、徽商银行提供资金支持,并分担包商银行的资产减值损失,促成蒙商银行、徽商银行收购承接,保持金融业务连续运行。

资料来源:http://finance.sina.com.cn/roll/2020—08—03/doc—iivhuipn6553511.shtml.

【分析要求】

根据上述资料,说明如何加强金融机构的管理。

项目实训

【实训内容】

我国金融机构的职责划分

【实训目标】

通过本项目的实训,认识我国现有的各种金融机构;培养学生分析问题能力、解决问题的能力；培养学生资料查询、整理的能力。

【实训组织】

以学习小组为单位，各组进行实地考察；各组选出两种以上与个人有关的金融业务并选择金融机构进行办理；分组讨论，加深对各种金融机构的认识。

【实训成果】

1. 考核和评价采用报告资料展示和学生讨论相结合的方式；

2. 评分采用学生和教师共同评价的方式，并完成实训报告。

<table>
<tr><th colspan="3">《我国金融机构的职责划分》实训报告</th></tr>
<tr><td>项目实训班级：</td><td>项目小组：</td><td>项目组成员：</td></tr>
<tr><td>实训时间：　　年　　月　　日</td><td>实训地点：</td><td>实训成绩：</td></tr>
<tr><td colspan="3">实训目的：</td></tr>
<tr><td colspan="3">实训步骤：</td></tr>
<tr><td colspan="3">实训结果：</td></tr>
<tr><td colspan="3">实训感言：</td></tr>
</table>

项目五

商业银行

○ **知识目标**

理解：商业银行的性质，商业银行的职能，商业银行的类型。

熟知：商业银行的经营原则，商业银行的管理。

掌握：商业银行的负债业务，商业银行的资产业务，中间业务与表外业务。

○ **技能目标**

1. 能够分析安全性、流动性、盈利性之间的矛盾与协调关系。

2. 能够运用现代经营理念对我国商业银行进行简单的评价与分析，提出自己的设想。

○ **素质目标**

1. 具备收集资料、分析资料的能力，具备独立思考、团结协作的能力，注重团队的成绩与荣誉。

2. 培养与人沟通、言行举止得体等综合素质能力。

3. 理解不忘初心的核心要义和精神实质，塑造自己的品格、品行和品位，树立正确的世界观、人生观和价值观，把学与用有机结合，做到学思用贯通、知信行统一。

○ **项目引例　邮储银行2019年净利润同比增16.48%，不良贷款率0.86%**

截至2019年末，邮储银行总资产规模达10.22万亿元，总负债规模达9.67万亿元；实现营业收入2 768.09亿元，同比增长6.06%。

邮储银行近4万个、覆盖全国99%的县(市)的营业网点成为其他银行艳羡的“金矿”。截至2019年末，邮储银行个人客户数达6.05亿户，管理零售客户资产(AUM)超过10万亿元，较2018年末增加8 000余亿元。

截至2019年末，邮储银行个人存款规模81 833.14亿元，占邮储银行客户存款的87.86%；个人贷款规模27 507.88亿元，占该行客户贷款的55.30%。报告期内，该行个人银行业务营业收入1 765.69亿元，同比增长7.94%，占该行营业收入的63.79%，较2018年提升1.12个百分点。

不仅如此，代理网点还为邮储银行代理销售保险、基金等产品带来优势。年报披露，2019年邮储银行代理新单保费3 392.29亿元，代理期交新单保费586.45亿元，均居银行业首位。与此同时，邮储银行也需要向邮政集团支付代理费，其中，2019年支付储蓄代理费及其他合计金额761.53亿元。

不良贷款率为0.86%。年报显示，截至报告期末，邮储银行不良贷款余额428.44亿元，较2018年末增加59.56亿元；不良贷款率0.86%，与2018年末持平。关注类贷款余额327.09亿元，较2018年末增加59.78亿元；关注类贷款占比0.66%，较2018年末上升0.03

个百分点；不良贷款与逾期90天以上贷款比例147.55%，较2018年末上升14.82个百分点。报告期内，公司类不良贷款余额的增加主要来源于制造业。截至报告期末，公司贷款制造业不良贷款余额96.86亿元，较2018年末增加39.27亿元。

截至报告期末，邮储银行拨备覆盖率389.45%；核心一级资本充足率、一级资本充足率和资本充足率分别为9.90%、10.87%和13.52%。邮储银行公告称，该行3月18日成功完成2020年无固定期限资本债券发行，本期债券发行规模人民币800亿元，发行时票面利率为3.69%。这是邮储银行自2019年A股上市后的一大动作，也是2020年以来国有大行完成发行的首单无固定期限资本债券。

邮储银行董事长张金良在年报致辞中表示，新的一年要持续完善“全面、全程、全员”的风险管理体系，严守风险底线和合规防线，把好新增入口、存量管控、不良处置“三道闸口”，像爱护自己的眼睛一样，坚决守住一张干净、健康的资产负债表。

资料来源：邮储银行董事长张金良：大行蝶变 再谱新章，财经网，2020年3月25日。

○ **引例导学**

商业银行的业务有哪些？你是如何看待不良贷款的？商业银行的业务有哪些？这些正是本项目所要讨论的问题。

○ **知识准备**

任务一 商业银行概述

一、商业银行的性质

从商业银行的起源和发展历史来看，商业银行的性质可以归纳为：以追求利润为目标的，以金融资产和负债为经营对象的，综合性、多功能的金融企业。

第一，商业银行是一种企业。它具有现代企业的基本特征。与一般的工商企业一样，商业银行也具有业务经营所需的自有资金，也须独立核算、自负盈亏，也要把追求最大限度的利润作为自己的经营目标。就此而言，商业银行与工商企业没有区别。

第二，商业银行是一种特殊的企业。主要表现在：①商业银行的经营对象和内容具有特殊性。一般工商企业经营的是物质产品和劳务，从事商品生产和流通；而商业银行是以金融资产和负债为经营对象，经营的是特殊的商品——货币和货币资本，经营内容包括货币收付、借贷以及各种与货币运动有关的或者与之联系的金融服务。②商业银行对整个社会经济的影响要远远大于一般工商企业，同时，商业银行受整个社会经济的影响也较任何一个具体企业更为明显。③商业银行责任特殊。一般工商企业只以营利为目的，只对股东和使用自己产品的客户负责；商业银行除了对股东和客户负责之外，还必须对整个社会负责。

第三，商业银行是一种特殊的金融企业。商业银行既有别于国家的中央银行，又有别于专业银行（指西方指定专门经营范围和提供专门性金融服务的银行）和非银行金融机构。中央银行是国家的金融管理当局和金融体系的核心，具有较高的独立性，它不对客户办理具体的信贷业务，不以营利为目的。专业银行和各种非银行金融机构只限于办理某一方面和几种特定的金融业务，业务经营具有明显局限性。而商业银行的业务经营则具有广泛性和综合性，它既经营“零售”业务，又经营“批发”业务，已成为业务触角延伸至社会经济生活各个角落的“金融百货公司”和“万能银行”。

二、商业银行的职能

商业银行作为一国经济中最重要的金融中介机构，具有其不可替代的作用。而商业银行的经济职能恰恰能够说明这一点。

（一）信用中介职能

信用中介职能是商业银行最基本，也是最能反映其经营活动特征的职能。这一职能的实质是通过商业银行的负债业务，把社会上的各种闲散资金集中到银行，再通过商业银行的资产业务，把它投向社会经济各部门。

（二）支付中介职能

商业银行除了作为信用中介，融通货币资本以外，还执行着货币经营业的职能。通过存款在账户上的转移，代理客户支付；在存款的基础上，为客户兑付现款等，成为工商团体和个人的货币保管者、出纳者和支付代理人。这样，以商业银行为中心，形成了经济社会无始无终的支付链条和债权债务关系。支付中介职能的发挥，大大减少了现金的使用，节约了社会流通费用，加速了结算过程和货币资金周转，促进了经济发展。

（三）信用创造职能

商业银行的信用创造职能是在信用中介与支付中介职能基础上产生的。商业银行利用吸收的存款发放贷款，在支票流通和转账结算基础上，贷款又转化为派生存款，在这种存款不提现或不完全提现的情况下，就增加了商业银行的资金来源。最后，在整个商业银行体系，形成数倍于原始存款的派生存款。

（四）金融服务功能

随着经济的发展，各个经济单位之间的联系更加复杂，各金融中介机构之间的竞争也日益激烈。人们对财富的管理要求也相应提高，商业银行根据客户的要求不断拓展自己的金融服务领域，如信托、租赁、咨询、经纪人业务和国际业务等，并在商业银行经营中占据越来越重要的地位。

三、商业银行的类型

按照不同的分类标准，商业银行可以分为不同的类型。

（一）按照组织形式的不同，商业银行可以分为单一制商业银行、总分行制商业银行、控股公司制商业银行和连锁制商业银行

1. 单一制商业银行

单一制商业银行是指商业银行的业务只由一个独立的商业银行经营，不设或不允许设立分支机构。这种银行主要集中在美国，因为美国历史上曾实行过单一银行制度，规定商业银行业务应由各个相互独立的商业银行本部经营，不允许设立分支机构，每家商业银行既不受其他银行控制，也不得控制其他商业银行。这一制度的实施在防止银行垄断，促进银行与地方经济的协调等方面起到了积极的作用，但也带来许多弊端，不利于银行的发展。1994 年，美国国会通过《黑格—尼尔银行跨州经营及设立分支机构效率法》，取消了对银行跨州经营和设立分支机构的管制。由于历史原因，至今在美国仍有不少单一制商业银行。

2. 总分行制商业银行

总分行制是目前国际上普遍采用的一种商业银行体制，我们国家目前也采用这种银行组织形式。其特点是，法律允许商业银行在总行之下设立分支机构从事银行业务。实行总分行制的商业银行通常有一个以总行为中心的、庞大的银行网络。其优点在于银行规模较大，分工

较细，专业化水平高；分支机构遍布各地，容易吸收存款；便于分支行之间的资金调度，减少现金准备；由于放款额分散于各分支行，可以分担风险。但分支行制会使银行过分集中，不利于自由竞争。

3. 控股公司制商业银行

控股公司制商业银行也称集团制商业银行，其特点是：由一个集团成立股权公司，再由该公司控制或收购若干独立的银行。在法律上，这些银行仍保持各自独立的地位，但其业务经营都由同一股权公司所控制。最初，这种制度主要兴起于第二次世界大战后的美国，其目的在于弥补单一银行制的缺点。实行控股公司制的商业银行可以通过外部并购的方式，更有效地扩大资本，增强实力。此外，控股公司不仅可以控制商业银行，而且可以控股其他非银行金融机构，这样就能够有效地突破分业经营的限制，实现业务多元化发展。正是由于这些显著优点，控股公司制已成为当今国际银行业最流行的组织形式。

4. 连销制商业银行

连销制商业银行与集团制商业银行在形式上基本相似，所不同的只是连销制商业银行不成立股权公司，两家或两家以上的银行在表面上保持各自的独立性，但实际上它们通过相互持有股份的形式而将其所有权操于同一个人或同一个集团手中。

以上是国外商业银行的基本组织形式。除此之外，近年来在国际业务中又出现了新的银行组织形式——财团银行。它是由不同国家的大商业银行合资成立的银行，其宗旨是专门经营境外美元及国际资金的存放款业务。

(二)按业务经营模式的不同，商业银行可以分为分离型商业银行和全能型商业银行。

1. 分离型商业银行

分离型商业银行也称职能分工型商业银行，是指在长、短期金融业务及特定金融业务实行分类的银行体制下，主要从事短期性资金融通业务的商业银行。这类银行以经营工商企业短期存放款和提供结算服务为基本业务，而长期资金融通、信托、租赁、证券等业务由长期信用银行、信托银行、投资银行、证券公司等金融机构承担。实行分离型商业银行制度，主要在于增强银行资金的流动性和安全性。在历史上，英国、美国、日本等国家长期实行这种银行体制。

2. 全能型商业银行

全能型商业银行也称综合型商业银行，是指可以经营长短期资金融通及其他一切金融业务的商业银行。其最大的特点在于，不实行商业银行业务与投资银行业务的严格区分。在历史上，德国、瑞士、奥地利等国家长期实行这种银行体制。与分离型商业银行相比，全能型商业银行的业务要广泛许多，经营的主动权和灵活性也大得多。它不但可以从事短期资金融通业务，而且可以从事长期信用业务或直接投资于工商企业，经营信托、租赁、证券、保险等业务。由于全能型商业银行的业务广泛，在竞争中处于比较有利的地位。

四、商业银行的经营原则

目前，各国商业银行已普遍认同了经营管理中所必须遵循的安全性、流动性和盈利性“三性”原则。我国也在《中华人民共和国商业银行法》中明确规定了商业银行“安全性、流动性、效益性”的经营原则。

(一)安全性

安全性是指商业银行应努力避免各种不确定因素对它的影响，保证商业银行的稳健经营和发展。商业银行之所以必须首先坚持安全性原则，其原因在于商业银行经营的特殊性：

(1)商业银行自有资本较少，经受不起较大的损失。

(2)商业银行经营条件的特殊性,尤其需要强调它的安全性。

(3)商业银行在经营过程中会面临各种风险。因此,保证安全性经营就必须控制风险。概括起来,商业银行面临的风险主要有以下方面:

①国家风险。这是指由于债务国政治动乱或经济衰退而导致债务人无法清偿债务,使债权人遭受损失的可能性。

②信用风险。这是指借贷双方产生借贷行为后,借款方不能按时归还贷款方的本息而使贷款方遭受损失的可能性。信用风险的存在非常广泛,几乎商业银行的所有业务都有可能面临信用风险,其中以信贷业务的信用风险最大。

③利率风险。由于金融市场上利率的变化而使经济主体在筹集资金或运用资金时可能遭受到的损失就是利率风险。利率风险主要表现为经济主体在筹集或运用资金时选择的资金定价方式不当,从而不得不付出比一般水平更高的利息或收到比一般水平更低的收益。

④汇率风险。由于汇率的变动而使经济主体所持有的资产和负债的实际价值发生变动而能带来的损失就是汇率风险。对于既有人民币资产,又有外币资产的商业银行来说,汇率风险是无处不在的。

⑤流动性风险。这是传统商业银行的主要风险之一,指商业银行掌握的可用于即时支付的流动性资产不足以满足支付需要,从而使其丧失清偿能力的可能性。虽然流动性风险经常是商业银行破产倒闭的直接原因,但实际情况往往是由于其他种类风险长时间隐藏、积累,最后以流动性风险的形式爆发出来,因此,对流动性风险的防范必须与其他风险控制结合起来。

⑥经营风险。这是指商业银行在日常经营中由各种自然灾害、意外事故等引起的风险。

⑦竞争风险。这是金融业激烈的同业竞争造成商业银行客户流失,资产质量下降,银行利差缩小,从而增大银行经营的总风险,威胁商业银行安全性的可能性。

商业银行的经营性特点决定了商业银行保持经营安全的重要性。

(二)流动性

流动性是指商业银行能够随时满足客户提存和必要的贷款需求的支付能力,包括资产的流动性和负债的流动性两重内涵。资产的流动性是指资产在不发生损失的情况下迅速变现的能力。它既指速动资产,又指在速动资产不足时其他资产在不发生损失的情况下转变为速动资产的能力。

商业银行是典型的负债经营,资金来源的主体部分是客户的存款和借入款。存款是以能够按时提取和随时对客户开出支票支付为前提的,借入款是要按期归还或随时兑付的。资金来源流动性这一属性,决定了资金运用方必须保持相应的流动性。

一般来说,商业银行的速动资产被称为第一级准备,它的资产以及随时可以收回的通知贷款等,则构成商业银行流动性的第二道防线,称为第二级准备。商业银行负债的流动性则是通过创造主动负债来进行的,如向中央银行借款、发行大额可转让存单、同业拆借、利用国际货币市场融资等。

(三)盈利性

一切经营性企业都有一个共同的目标——追求盈利。商业银行作为经营货币信用的企业,当然也不例外。商业银行通过吸收存款、发行债券等负债业务,把企事业单位和个人的闲置资金集中起来运用出去,弥补一部分企、事业单位和个人的暂时资金不足。商业银行通过这种资金运动,把社会资金周转过程中暂时闲置的资金融通到暂时不足的地方去,解决了社会资金周转过程中资金闲置和不足并存的矛盾,使社会资金能够充分运用,这不仅对社会经济的发展起到有益的促进作用,而且商业银行从资金运用中得到利息收入和其他营业收入。这些收入扣除付给存款人的利息,再扣除支付给职工的工资及其他有关费用,余下的部分形成商业银行的利润。

商业银行盈利水平的提高,首先,能够使投资者获得较高的收益,国家得到更多的税收收入;其次,盈利的增加可以增强商业银行的自身积累能力和竞争能力,提高银行信誉,使商业银行对客户有更大的吸引力;最后,商业银行盈利水平的提高意味着增强了商业银行承担风险的能力,可以避免因资产损失给商业银行带来破产倒闭的危险。

(四)商业银行经营原则的矛盾及其协调

商业银行经营的安全性、流动性和盈利性之间往往是相互矛盾的。从盈利性角度看,商业银行的资产可以分为盈利资产和非盈利资产,资金用于盈利资产的比重越高,商业银行收取的利息就越多,盈利规模也越大。从流动性角度看,非盈利的资产如现金资产随时可以应付存款的提现需要,具有十足的流动性,因而现金资产的库存额越高,商业银行体系应付提现的能力越强,商业银行的流动性越强。从安全性角度看,一般情况下,具有较高收益率的资产,其风险总是较大的。为了降低风险,确保资金的安全,商业银行就不得不把资金投向收益率较低的资产。不难看出,盈利性原则要求提高盈利资产的运用率,而流动性原则却要求降低盈利资产的运用率;资金的盈利性要求选择有较高收益的资产,而资金的安全性却要求选择有较低收益的资产。这样,使得商业银行的安全性、流动性和盈利性之间产生了矛盾。商业银行的某些经营决策往往会产生有利于某一原则,但又有损于另一个原则;某一原则的实现,经常以另一个原则的放弃为代价的情况。这种矛盾关系要求商业银行的管理者必须对"三性"原则进行统一协调。

任务二 商业银行的业务

商业银行的业务归纳起来可分为四大项:负债业务、资产业务、中间业务和表外业务。前两项业务一般称为信用业务,中间业务和表外业务一般称为服务性业务和派生业务。

一、商业银行的负债业务

负债业务是商业银行最基本、最重要的业务。在商业银行的资金来源中,90%以上来自负债。负债数量、结构和成本的变化,在很大程度上决定着商业银行的规模、利润和风险状况。银行的负债业务,主要是指其吸收资金的业务。它包括三项:自有资本、存款和借款。

(一)自有资本

自有资本主要包括两项。

1. 筹建银行时股东的投资

此项自有资本又称资本金。资本金是银行最原始的资金来源,也是银行开业的前提条件之一。任何商业银行在开业登记注册时,必须有一定的资本额,也称法定资本。招募的股本未达到法定注册资本的不予开业。

2. 银行为扩大经营而追加的投资

此项自有资本包括两部分:一是新招募的股本,即扩股;二是股息资本化,即按照法令从每笔支付的股利总额中提取"法定公积金"。

(二)存款

存款是商业银行最主要的资金来源,也是商业银行最主要的负债。任何商业银行总是千方百计地设法增加存款,扩大放款和投资规模,以增加利润收入。

商业银行的存款一般分为活期存款、定期存款和储备存款三大类。

1. 活期存款

活期存款是存户在提取或支付时不需预先通知银行的存款。它的特性在于存户可以随时取款。活期存款的形式近年来有所增多,传统的活期存款账户有支票存款账户、保付支票、本票、旅行支票和信用证,其中以支票存款最为普遍。

由于活期存款的流动性很高,客户在活期存款账户上存取频繁,银行为此要承担较大的流动风险,并要向存户提供诸多的配套服务,如存取服务、转账服务、提现服务和支票服务等,鉴于高风险和高营运成本,银行对活期存款账户原则上不支付利息。中央银行为使银行避免高的流动风险,对活期存款都规定了较高的准备金比率。银行在缴纳法定准备金外,还保存部分库存现金以应付活期账户存户的取现。

2. 定期存款

定期存款是指存款人在银行存款时要约定存款期限,到期存款户才能提取存款,并支付利息,若存款人提前支取还需付罚息。

3. 储蓄存款

储蓄存款是指存户不需按照存款合同要求,只需按照银行所要求的任何时间,在实际提取1周以前,以书面申请形式通知银行申请提款的一种账户。可见,储蓄存款不是在特定的某一到期日,或某一特定间隔期限终止后才能提取。商业银行对储蓄存款有接到取款通知后缓期支付的责任。

由于储蓄存款的流动性介于活期存款和定期存款之间,银行承担的流动性风险也大于定期存款流动性风险、小于活期存款流动性风险,故银行对储蓄存款支付的利率低于定期存款。

储蓄存款主要面向个人家庭和非营利机构,营利公司、公共机构和其他团体开立储蓄存款账户受到限制。

居民储蓄存款通常使用银行储蓄存折或计算机储蓄账户。储蓄存折上载明账户的规定事项,包括使用规则和修改账户的条件。计算机储蓄账户下,银行不发给存户存折,而代之以储蓄存款支票簿。存款金额记录于该簿的存根上,取款时银行签发一张不可转让的储蓄提款单。每月的计算机报表显示储蓄账户的收支。在自动出纳机系统发展起来后,银行办理计算机账户的收支会趋于自动化。

(三)借款

商业银行在自有资本和存款不能满足放款的需求时,就必须通过其他途径——借款来满足日益增长的放款需要,以扩大其经营规模。商业银行借入资金主要通过以下方式:

(1)同业拆借。同业拆借是指资金不足的银行向有超额储备的银行借入资金,这种借贷方式在美国称为联储资金。同业拆借一般是短期的,如今天借,明天还,因而不需要抵押品。但如果借款行资金较紧张,需要时间长,经双方磋商同意,可以续借。过去,这一活动只限于大银行,近年来中小银行也陆续开展这一业务,不过有时需要抵押品。

(2)通过发行各种债券借入资金。商业银行在金融市场上发行的、按约定还本付息的有价证券称为金融债券。商业银行发行长期金融债券,要经过金融管理当局的批准,发行额也有一定限制。此外,商业银行还可以发行次级债券、混合资本债券和可转换债券来借入款项。次级金融债券是指商业银行发行、本金和利息的清偿顺序列于商业银行其他负债之后、先于商业银行股权资本的债券。这类债券的期限比较长，一般为10年，最低不低于5年。混合资本债券与次级金融债券一样，发行混合资本债券所筹集到的资金也可以按规定计入银行的附属资本。不同的是，混合资本债券的清偿顺序位于次级金融债券之后，而且期限更长，一般不低于15年。可转换债券是指商业银行依照法定程序发行、在一定期限内依据约定的条件可以转换成银行股份的金融债券。由于可转换债券附有一般债券所没有的选择权，因此，其利率一般低于普通债券，银行发行这种债券有助于降低筹资成本。

(3)向中央银行借款。在商业银行资金不足时，除在金融市场筹资外，还可以向中央银行借款。中央银行的货币政策对这种借款影响极大。商业银行向中央银行借款的主要形式有再贷款和再贴现两种。前者是指中央银行向商业银行的直接信用放款，后者是指商业银行将其买入的未到期的商业票据向中央银行再次申请贴现。在市场经济发达的国家，由于商业票据和贴现业务广泛流行，再贴现就成为商业银行向中央银行借款的主要渠道；而在商业票据信用不普及的国家，则主要采用再贷款形式。一般情况下，商业银行向中央银行的借款只能用于调剂头寸、补充储备不足和资产的应急调整，而不能用于日常的贷款和证券投资。

二、商业银行的资产业务

商业银行筹集资金的目的，主要是为了运用这些资金。商业银行的资产业务，就是银行的资金运用过程，一般包括贷款和投资，并以放款为主要业务。

(一)贷款业务

贷款是商业银行出借给贷款对象，并以按约定利率和期限还本付息为条件的货币资金。出借资金的银行称为贷款人，借入资金的贷款对象称为借款人。贷款是商业银行的传统核心业务，也是商业银行最主要的盈利资产。商业银行贷款可以按不同的标准划分为不同的种类。

1. 短期贷款、中长期贷款

期限在一年以内(含一年)的贷款为短期贷款；期限在一年以上的贷款为中长期贷款。

2. 信用贷款和担保贷款

信用贷款是指没有担保、仅依据借款人的信用状况而发放的贷款；担保贷款是指由借款人或第三方依法提供担保而发放的贷款，按照具体担保方式的不同，担保贷款又可分为保证贷款、抵押贷款和质押贷款。

3. 公司类贷款、个人贷款和票据贴现

公司类贷款是银行针对公司类客户而发放的贷款，包括流动资金贷款、项目贷款和房地产开发贷款等；银行针对个人客户发放的贷款即为个人贷款，包括个人住房贷款、个人消费贷款、个人经营性贷款和银行卡透支等；票据贴现是贷款的一种特殊方式，是指银行应客户的要求，以现金或活期存款买进客户持有的未到期的商业票据的方式而发放的贷款。

4. 正常贷款、关注贷款、次级贷款、可疑贷款和损失贷款

正常贷款是指借款人能够履行合同，不存在任何影响贷款本息及时全额偿还的消极因素，银行对借款人按时足额偿还贷款本息有充分把握，贷款发生损失的概率为零。关注贷款是指尽管借款人目前有能力偿还贷款本息，但存在一些可能对偿还产生不利影响的因素，如果这些因素继续下去，则有可能影响贷款的偿还，因此，需要对其进行关注或监控。通常情况下，这类贷款的损失概率不会超过5%。次级贷款是指借款人的还款能力出现明显问题，完全依靠其正常营业收入已无法足额偿还贷款本息，需要通过处置资产或对外融资乃至执行抵押担保来

还款付息，这类贷款损失的概率在30%～50%。可疑贷款是指借款人无法足额偿还贷款本息，即使执行抵押或担保，也肯定要造成一部分损失，只是因为存在借款人重组、兼并、合并、抵押物处理和未决诉讼等待定因素，损失金额的多少还不能确定，贷款损失的概率在50%～75%。损失贷款是指借款人已无偿还本息的可能，无论采取什么措施和履行什么程序，贷款都注定要损失，或者虽然能收回极少部分，但其价值也是微乎其微，从银行的角度来看，也没有任何意义和必要再将其作为银行资产在账目上保留下来。对于这类贷款在履行了必要的法律程序之后应立即予以注销，其贷款损失的概率在95%～100%。通常说的不良贷款就是指次级贷款、可疑贷款和损失贷款。

拓展阅读5－1　　发达国家商业银行的"6C"原则

为了确保贷款的安全与盈利，发达国家商业银行非常重视对借款人信用情况的调查与审查，并于多年的实际操作中逐渐形成一整套的衡量标准。如通常所说的放款审查"6C"原则，即character（品德）、capacity（才能）、capital（资本）、collateral（担保品）、condition（经营环境）、continuity（事业的连续性）。

（二）投资业务

商业银行的投资业务是指银行购买有价证券的经营活动。银行购买的有价证券包括债券和股票。但西方商业银行在有价证券上的投资，是要受到国家很大限制的。一般不允许银行投资于股权证券，不过银行可以随时进行政府债券投资。

与贷款业务相比，商业银行从事的证券投资业务具有以下特点：

（1）主动性强。在贷款业务中，银行只能根据客户的申请，被动地贷出款项。而在证券投资业务中则不同，银行完全可以根据自身的资金实力和市场行情独立自主地作出决策。

（2）流动性强。银行贷款一般都必须持有至到期，不能随时收回。即使存在二级市场能够转让，其条件也会非常苛刻。而绝大多数证券不仅有着完善的二级市场，可以方便地转让，而且能够作为担保品或回购对象使银行轻松地获得融资。因此，证券投资业务具有很强的流动性，一些安全性较高的短期债券通常被当作商业银行的二级储备。

（3）收益的波动性大。贷款业务的收入来自利息，主要受利率的影响。证券投资业务的收入则有两个来源，即持有证券的利息（或股息）收入和买卖证券的价差收入，因此，收入不仅要受利率的影响，而且要受到金融市场行情的影响，波动性较大。

（4）易于分散管理。在贷款业务中，受监管规章、客户需求和银行自身管理能力的限制，银行贷款投向分散的难度较大。而在证券投资业务中，银行几乎可以在足不出户的情况下，投资于任何地区、任何发行人、任何品种的证券，从而能够完全根据投资组合和需要进行分散化管理，降低银行整体风险。

（三）现金资产

现金资产是指商业银行持有的库存现金以及与现金等同的可以随时用于支付的银行资产，一般包括以下几类：

1. 库存现金

库存现金的主要作用是银行用来应付客户提现和银行本身的日常零星开支。随着电子支付系统的发展，库存现金在银行总资产中所占的比重越来越小。

2. 在中央银行的存款

商业银行在中央银行的存款是指商业银行存放在中央银行的资金，即存款准备金。在中央银行的存款由两部分构成：法定存款准备金和超额存款准备金。

3. 存放同业及其他金融机构款项

这是指商业银行存放在其他银行和金融机构的存款。这部分款项的主要用途为在同业之间开展代理业务和结算收付，大多属于活期性质，可以随时支用。

存款准备金

现金资产是商业银行流动性最强的资产，持有一定数量的现金资产，主要目的在于满足银行经营过程中的流动性需要。但由于现金资产基本上是一种无盈利或微利的资产，过多地持有这种资产，将会失去其他盈利机会，也就是说，银行持有现金资产会付出机会成本。除了机会成本外，银行持有库存现金还会面临着大量的保管费用和被盗风险。因此，商业银行现金资产管理的任务就是要在保持满足流动性需要的前提下，通过适当调节，保持现金资产的规模适度性和安全性。

三、中间业务与表外业务

表外业务是指未列入银行资产负债表但却能影响银行当期损益的业务。表外业务存在着广义和狭义两种不同的理解。广义的表外业务既包括传统的无风险业务，如汇兑、代理、支付结算等业务，又包括金融创新中产生的一些有风险的业务，如互换、期权、期货、远期交易、贷款承诺、担保等业务。狭义的表外业务则专门指那些风险较大业务。

在我国，中间业务是指商业银行不需要运用自己的资金而代理客户承办支付和其他委托事项，并据以收取手续费的业务。例如，传统的汇兑、信用证、代收、代客买卖等业务。根据中国人民银行 2001 年发布的《商业银行中间业务暂行规定》，“中间业务是指不构成商业银行表内资产、表内负债，形成银行非利息收入的业务”。由此可见，中间业务实际等同于广义的表外业务。

两个概念所指的内容大致相同，在我国常常使用“中间业务”一词，而国际上则通用“表外业务”。商业银行的这一类业务大致有如下几种：

(一)结算类业务

结算类业务是指由商业银行为客户办理因债权债务关系引起的与货币支付、资金划拨有关的收费业务。

表外业务

1. 结算工具

商业银行的结算工具是指其用于结算的各种票据和凭证，主要包括银行汇票、商业汇票、银行本票、支票及其他转账结算凭证。

(1)银行汇票是由出票银行签发的、由其在见票时按照实际结算金额无条件支付给收款人或者持票人的票据。

(2)商业汇票是由出票人签发的、委托付款人在指定日期无条件支付确定的金额给收款人或持票人的票据。商业汇票分为银行承兑汇票和商业承兑汇票。

(3)银行本票是银行签发的、承诺在见票时无条件支付确定的金额给收款人或者持票人的票据。

(4)支票是出票人签发的、委托办理支票存款业务的银行在见票时无条件支付确定的金额给收款人或持票人的票据。

2. 结算方式

结算方式是指用一定的形式和条件来实现各单位(或个人)之间货币收付的程序和方法。结算方式是办理结算业务的具体组织形式，是结算制度的重要组成部分。根据结算地点的不同，可以划分为同城结算方式、异地结算方式和通用结算方式三大类。①同城结算方式是指在同一城市范围内各单位或个人之间的经济往来，通过银行办理款项划转的结算方式，具体有支票结算方式和银行本票结算方式。②异地结算方式是指不同城镇、不同地区的单位或个人之间的经济往来通过银行办理款项划转的结算方式，具体包括银行汇票结算方式、汇兑结算方式和异地托收承付结算方式。③通用结算方式是指既适用于同一城市范围内的结算，又适用于不同城镇、不同地区的结算，具体包括商业汇票结算方式和委托收款结算方式，其中商业汇票结算方式又可分为商业承兑汇票结算方式和银行承兑汇票结算方式。

(二)担保类中间业务

担保类中间业务是指商业银行为客户债务清偿能力提供担保，承担客户违约风险的业务。其主要包括银行承兑汇票、备用信用证、银行保函等。

1. 银行承兑汇票

银行承兑汇票是由收款人或付款人(或承兑申请人)签发，并由承兑申请人向开户银行申请，经银行审查同意承兑的商业汇票。银行承兑汇票多产生于国际贸易，一般由进口商国内银行开出的信用证预先授权。银行承兑的作用在于为汇票成为流通性票据提供信用保证。汇票是列明付款人和收款人的双名票据，经银行作为第三者承兑后则成为三名票据。承兑银行成为主债务人，而付款人则成为第二债务人。实际上，银行承兑汇票相当于对银行开列的远期支票。持票人可以在汇票到期时提示付款，也可以在未到期时向银行尤其是承兑银行要求贴现取得现款。银行贴进票据后，可以申请中央银行再贴现，或向其他银行转贴现，常见的做法是直接卖给证券交易商，再由其转卖给其他各类投资者。银行承兑汇票的最重要投资者是外国银行和非银行金融机构。

2. 备用信用证

备用信用证是一种特殊形式的信用证，是开证银行对受益人承担一项义务的凭证。开证行保证在开证申请人未能履行其应履行的义务时，受益人只要凭备用信用证的规定向开证行开具汇票，并随附开证申请人未履行义务的声明或证明文件，即可得到开证行的偿付。备用信用证最早流行于美国，因美国法律不允许银行开立保函，故银行采用备用信用证来代替保函，后来其逐渐发展成为为国际性合同提供履约担保的信用工具。其用途十分广泛，如可用于国际承包工程的投标、国际租赁、预付货款、赊销和国际融资等业务。

3. 银行保函

银行保函是指银行应委托人的申请而开立的有担保性质的书面承诺文件，一旦委托人未按其与受益人签订的合同的约定偿还债务或履行义务时，由银行履行担保责任。银行保函业务中涉及的主要当事人有三个——委托人、受益人和担保银行，此外，往往还有反担保人、通知行及保兑行等。

(三)代理类中间业务

代理类中间业务是指商业银行接受客户委托、代为办理客户指定的经济事务、提供金融服务并收取一定费用的业务，包括代理政策性银行业务、代理中国人民银行业务、代理商业银行业务、代收代付业务、代理证券业务、代理保险业务、代理其他银行银行卡收单业务等。下面仅介绍其中三个业务。

1. 代收代付业务

代收代付业务是指商业银行利用自身的结算便利，接受客户的委托代为办理指定款项的收付事宜的业务，例如代理各项公用事业收费、代理行政事业性收费和财政性收费、代发工资、代扣住房按揭消费贷款还款等。

2. 代理证券业务

代理证券业务是指银行接受委托办理的代理发行、兑付、买卖各类有价证券，还包括接受委托代办债券还本付息、代发股票红利、代理证券资金清算等业务。此处有价证券主要包括国债、公司债券、金融债券、股票等。

3. 代理保险业务

代理保险业务是指商业银行接受保险公司委托代其办理保险业务。商业银行代理保险业务，可以受托代个人或法人投保各险种的保险事宜，也可以作为保险公司的代表，与保险公司签订代理协议，代保险公司承接有关的保险业务。代理保险业务一般包括代售保单业务和代付保险金业务。

（四）信托业务

信托是指委托人基于对受托人的信任，将其财产权委托给受托人，由受托人按委托人的意愿以自己的名义，为受益人的利益或特定目的，进行管理或处分的行为。

信托业务与代理业务的区别在于：第一，信托的当事人至少有委托人、受托人、受益人三方，而代理的当事人仅有委托人和受托人（代理人）两方。第二，设立信托必须有确定的、合法的信托财产，而代理不一定以存在财产为前提，没有确定的财产，委托代理关系也可以成立。第三，信托受托人依据信托合同规定管理运用信托财产，享有广泛的权限和充分的自由，委托人不干预；而在代理业务中，受托人权限较小，仅以委托人的授权为限。

可见，在信托业务中，受托人的角色十分重要，他不仅有很高的信誉度，而且要具备管理信托财产所需的专业知识。除了专业性的信托公司之外，商业银行同样具备从事信托业务的显著优势。就商业银行而言，信托业务不仅开辟了新的利润来源渠道，有利于增加收益，而且扩大了服务范围，丰富了业务种类，从而分散了银行的经营风险。在发达国家，较大的商业银行普遍会经营信托业务。

（五）承诺类中间业务

承诺类中间业务是指商业银行在未来某一日期按照事前约定的条件向客户提供约定信用的业务。它主要是指贷款承诺，包括可撤销承诺和不可撤销承诺两种。

1. 可撤销承诺

可撤销承诺附有客户在取得贷款前必须履行的特定条款，在银行承诺期内，客户如没有履行条款，则银行可撤销该项承诺。

2. 不可撤销承诺

不可撤销承诺是银行不经客户允许不得随意取消的贷款承诺，具有法律约束力，包括备用信用额度、回购协议、票据发行便利等。

（六）交易类中间业务

交易类中间业务是指商业银行为满足客户保值或自身风险管理等方面的需要，利用各种金融工具进行的资金交易活动，主要是各种金融衍生业务。金融衍生交易业务是指商业银行为满足客户保值或自身头寸管理等需要而进行的以货币、利率、股票和商品为标的的远期、互换、期权等衍生交易业务。商业银行的交易类中间业务主要有以下几种：

1. 远期合约

远期合约是指交易双方约定在未来某个特定时间以约定价格买卖约定数量的资产，包括利率远期合约和远期外汇合约。

2. 金融期货

金融期货是指以金融工具或金融指标为标的的期货合约，如股票期货、股指期货。

3. 互换

互换是指交易双方基于自己的比较利益，对各自的现金流量进行交换，一般分为利率互换和货币互换。

4. 期权

期权是指期权的买方支付给卖方一笔权利金，获得一种权利，可于期权的存续期内或到期日当天，以执行价格与期权卖方进行约定数量的特定标的的交易。按交易标的分，期权可分为股票指数期权、外汇期权、利率期权、债券期权等。

需要注意的是，金融衍生交易往往蕴含着巨大的风险，如果控制不当，不仅会给单个商业银行带来巨额损失，而且会引起系统性金融风险。

(七)基金托管业务

基金托管业务是指有托管资格的商业银行接受基金管理公司委托，安全保管所托管的基金的全部资产，为所托管的基金办理基金资金清算款项划拨、会计核算、基金估值、监督管理人投资运作，包括封闭式证券投资基金托管业务、开放式证券投资基金托管业务和其他基金的托管业务。

(八)租赁业务

租赁是指资产的所有权与使用权之间的一种借贷关系，即由所有者(出租人)按照合同规定，将财产租给使用者(承租人)使用，并按期缴纳租金。出租人保有所有权，承租人保有使用权。租赁的形式可分为金融租赁和操作性租赁两大类，这里只介绍前者。

金融租赁又称融资性租赁或资本性租赁，也称租赁信贷。这种租赁方式只由承租人自己选好所需设备，由银行下属租赁公司(出租人)出资购买后租给承租人使用。租赁公司投入的资金在租期内陆续通过租金的形式收回(包括利息)。出租人只负责资金，而有关设备的安装、维修、管理等概由承租人负责。租期届满后可以退回和续租，或按市价卖给承租人。

金融租赁业务的开展，有利于促进生产和流通的大力发展。这种业务可以使承租人减少大量的开支，避免资金的占压。同时，还可以使承租人及时更新设备和运用新技术。

(九)咨询情报业务

银行利用自己的机构多、了解国内外市场情况多以及与各方面联系较多等优势，及时向客户提供新的经济信息。西方一些较大的商业银行专门成立咨询情报服务机构，协助企业收取款项；分析资金占用情况，制定降低成本的措施，提高企业经营管理的能力；制定企业发展方向，预测市场行情，及时掌握了解市场动态等，从而提高企业的竞争能力。

1. 企业信息咨询业务

此业务是包括项目评估、企业信用等级评估、验证企业注册资金、资信证明、企业管理咨询等。

2. 资产管理顾问业务

此业务是指商业银行为机构投资者或个人投资者提供全面的资产管理服务，包括投资组合建议、投资分析、税务服务、信息提供、风险控制等。

3. 财务顾问业务

此业务包括大型建设项目财务顾问业务和企业并购顾问业务。大型建设项目财务顾问业务是指商业银行为大型建设项目的融资结构、融资安排提出专业性方案。企业并购顾问业务是指商业银行为企业的兼并和收购双方提供的财务顾问业务，银行不仅参与企业兼并与收购的过程，而且作为企业的持续发展顾问，参与公司结构调整、资本充实和重新核定、破产和困境公司的重组等策划和操作过程。

4. 现金管理业务

此业务是指商业银行协助企业科学合理地管理现金账户头寸及活期存款余额，以达到提高资金流动性和使用效益的目的。

(十)计算机服务与网上银行服务

当前外国的商业银行，特别是大城市的银行，各种服务基本使用计算机。在顾客和银行之间使用计算机传递各种经济信息；处理存、放、汇和代收代付业务，这就是电子化资金调拨系统，以此为顾客提供较广泛、较准确、较及时的服务。当前银行服务电子化已经由内部会计、统计发展到柜台业务；由一行联机处理发展到同业之间的联机处理；由国内银行系统的联机作业发展到国内各行各业以及国际的网络化。

近年来，欧美国家的商业银行还对交通、公共设施、住宅、文教卫生、城市建设等方面提供较全面的金融服务，以促进其发展。

拓展阅读 5－2　　方便快捷的网上银行

网上银行也称网络银行，就是在网上开通银行业务。它是以互联网为交易平台，人们可以在网上即时转账、支付结算等。你只要有一台联网的计算机就可以不用去银行取钱购物或是到银行转账。而且，你可以随时查询自己的银行账户信息，即使出门旅行、出差在外，你也可以享受到很多的银行服务。换句话说，网上银行就是网上的虚拟银行柜台。

在网络上，网友们将网上银行称为“3A 银行”，因为它不受时间、地点、方式的限制，能够在任何时间(anytime)、任何地点(anywhere)、任何方式(anyway)为客户提供金融服务。

商业银行中间业务与商业银行的表内资产业务相比，风险度较低，但并不能说没有风险。与表内资产负债业务相比，商业银行中间业务呈现以下特点：

一是自由度较大。中间业务不像传统的资产负债业务，受金融法规的严格限制，一般情况下，只要交易双方认可，就可达成协议。中间业务可以在场内交易，也可以在场外交易。绝大多数中间业务不需要相应的资本金准备，这导致部分商业银行委托性和自营性中间业务的过度膨胀，从而给商业银行带来一定的潜在风险。

二是透明度差。中间业务大多不反映在资产负债表上，许多业务不能在财务报表上得到真实反映，财务报表的外部使用者如股东、债权人和金融监管当局难以了解银行的全部业务范围和评价其经营成果，经营透明度下降，影响了市场对银行潜在风险进行正确和全面的判断，不利于监管当局的有效监管。

三是多数交易风险分散于银行的各种业务中。中间业务涉及多个环节，银行的信贷、资金、财会、网络等部门都与其相关，防范风险和明确责任的难度较大。

四是高杠杆作用。所谓高杠杆作用，也就是“小本博大利”。这主要是指金融衍生业务中的金融期货、外汇按金交易等业务所具有的特征。例如，一名债券投资者，只要拿出 10 万美元，便可以在金融期货市场上买入几个 100 万美元价值的债券期货合约。由于高杠杆的作用，从事金融衍生业务交易，既存在着大赚的可能性，也存在着大亏的可能性。

任务三 商业银行的管理

一、资产管理理论

资产管理理论随着历史的发展经历了以下几个发展阶段：

(一)商业贷款理论

商业贷款理论是最早的资产管理理论，是由18世纪英国经济学家亚当·斯密在其《国富论》一书中提出的。该理论认为商业银行的资金来源主要是流动性很强的活期存款，因此，其资产业务应主要集中于短期自偿性贷款，即基于商业行为能自动清偿的贷款，以保持与资金来源高度流动性相适应的资产的高度流动性。短期自偿性贷款主要是指短期的工商业流动资金贷款。由于这种理论强调贷款的自动清偿，也被称为自动清偿理论；又由于该理论强调商业银行放款以商业行为为基础，并以真实商业票据作抵押，因此，也被称为真实票据论(real bill theory)。

商业贷款理论产生于商业银行发展初期。当时商品经济不够发达，信用关系不够广泛，社会化大生产尚未普遍形成，企业规模较小。企业主要依赖内源融资，需向银行借入的资金多属于商业周转性流动资金；此时中央银行体制尚未产生，没有作为最后贷款人角色的银行在银行发生清偿危机时给予救助，银行经营管理更强调维护自身的流动性，而不惜以牺牲部分盈利性作为代价。因此，银行资金运用结构单一，主要集中于短期自偿性贷款上。

商业贷款理论奠定了现代商业银行经营理论的一些重要原则。首先，该理论强调了资金运用受制于资金来源的性质和结构。这一原则已成为商业银行进行资金运用所遵循的基本准则；其次，该理论强调银行应保持资金的高度流动性，以确保商业银行安全经营，这为银行降低经营风险提供了理论依据。

然而，随着资本主义的发展，商业贷款论的理论局限性逐渐显露出来。首先，该理论没有认识到活期存款余额具有相对稳定性，而使银行资产过多地集中于盈利性较差的短期自偿性贷款上。尽管活期存款流动性很强，但按"续短为长"的原理，在活期存款的存取之间，总会存在一个相对稳定的余额。这部分资金可用于发放长期贷款而不会影响其流动性。其次，该理论忽视了贷款需求的多样性。商业贷款理论不主张发放不动产贷款、消费贷款、长期性设备贷款和农业贷款，这样就限制了商业银行自身业务的发展和盈利能力的提高。最后，该理论忽视了贷款清偿的外部条件。贷款的清偿受制于贷款性质，同时受制于外部的市场状况。在经济萧条时期，就难以自动清偿，因此，短期自偿性贷款的自偿能力是相对的，而不是绝对的。

(二)资产转移理论

20世纪20年代，金融市场不断发展、完善，尤其是短期证券市场的发展，为银行保持流动性提供了新的途径。与此相适应，资产转移理论应运而生。这种理论是美国经济学家莫尔顿在1918年的《政治经济学杂志》上发表的"商业银行及资本形成"一文中提出的。资产转移理论认为，银行流动性强弱取决于其资产的迅速变现能力，因此，保持资产流动性的最好方法是持有可转换的资产。这类资产具有信誉好、期限短、流动性强的特点，从而保障了银行在需要流动性时能够迅速转化为现金。最典型的可转换资产是政府发行的短期债券。

资产转移理论沿袭了商业贷款理论银行应保持高度流动性的主张。同时，资产转移理论扩大了银行资产运用的范围，丰富了银行资产结构，一是突破了商业贷款理论拘泥于短期自偿性贷款的资金运用的限制，是银行经营管理理念的一大进步。资产转移理论不足之处在于，过分强调资产通过运用可转换资产来保持流动性，限制了银行高盈利性资产的运用。二是可转换资产的变现能力在经济危机时期或证券市场需求不旺盛的情况下会受到损害，从而影响银行的流动性和盈利性的实现。

（三）预期收入理论

预期收入理论产生于20世纪40年代，由美国经济学家普鲁克诺于1949年在《定期存款及银行流动性理论》一书中提出的。该理论认为，银行资产的流动性取决于借款人的预期收入，而不是贷款的期限长短。借款人的预期收入有保障，期限较长的贷款可以安全收回；借款人的预期收入不稳定，期限短的贷款也会丧失流动性。因此，预期收入理论强调的是贷款偿还与借款人未来预期收入之间的关系，而不是贷款的期限与贷款流动性之间的关系。预期收入理论产生于第二次世界大战后西方各国经济恢复和发展的背景之下。

从政策导向上看，此时凯恩斯的国家干预经济的理论在西方非常盛行，该理论主张政府应该扩大公共项目开支，进行大型基础建设项目；鼓励消费信用的发展，以扩大有效需求从而刺激经济的发展。因此，中长期贷款及消费贷款的需求扩大了。从市场竞争来看，随着金融机构多元化的发展，商业银行与非银行金融机构的竞争日益激烈，这迫使银行不得不拓展业务种类，增加利润率回报较高的中长期贷款的发放。

预期收入理论为银行拓展盈利性的新业务提供了理论依据，使银行资产运用的范围更为广泛，巩固了商业银行在金融业中的地位。预期收入理论依据借款人的预期收入来判断资金投向，突破了传统的资产管理理论依据资产的期限和可转换性来决定资金运用的做法，丰富了银行的经营管理思想。其不足之处在于，对借款人未来收入的预测是银行主观判断的经济参数。随着客观经济条件及经营状况的变化，借款人实际未来收入与银行的主观预测量之间会存在偏差，从而使银行的经营面临更大的风险。

资产管理理论强调银行经营管理的重点是资产业务，强调流动性为先的管理理念。其管理的手段、内容及对银行流动性保持的认识也逐渐深化。在20世纪60年代以前的100多年里，其对整个商业银行业务的发展及商业银行在金融业地位的巩固起到了重要作用。

二、负债管理理论

负债管理理论兴起于20世纪60年代，该理论主张银行可以积极主动通过借入资金的方式来维持资产流动性，支持资产规模的扩张，获取更高的盈利水平。负债管理理论开辟了满足银行流动性需求的新途径，改变了长期以来资产管理仅从资产运用角度来维持流动性的传统做法。

1961年，花旗银行率先发行了大额可转让定期存单，随后又出现了诸如回购协议等多种创新的融资工具。这些流动性很强的新型融资工具极大地丰富了银行的资金来源渠道，为银行主动型负债创造了条件。西方各国存款保险制度的建立和发展，也激发了银行的冒险精神和进取意识。在这种背景和经济条件下，20世纪六七十年代负债管理理论盛行一时。

负债管理理论主张以负债的方法来保证银行流动性的需要，使银行的流动性与盈利性的矛盾得到协调。同时，使传统的流动性为先的经营管理理念转为流动性、安全性、营利性并重；使银行在管理手段上有了质的变化，将管理的视角由单纯资产管理扩展到负债管理，使银行能够根据资产的需要来调整负债的规模和结构，增强了银行的主动性和灵活性，提高了银行资产盈利水平。但同时应看到负债管理依赖货币市场借入资金来维持主动性，必然会受货币市场供求状况的影响，外部不可测因素的制约增加了银行的经营风险，借入资金要付出较高的利息，增加了银行的经营成本。因此，负债管理不利于银行的稳健经营。

三、资产负债综合管理理论

资产负债管理理论产生于20世纪70年代中后期，该理论并不是对资产管理、负债管理理论的否定，而是吸收了前两种管理理论的合理内涵，并对其进行了发展和深化。资产负债综合管理理论认为，商业银行单靠资金管理或单靠负债管理都难以达到流动性、安全性、盈利性的均衡。银行应对资产负债两方面业务进行全方位、多层次的管理，保证资产负债结构调整的及时性、灵活性，以此保证流动性供给能力。

20世纪70年代末，市场利率大幅上升，使得负债管理在负债成本提高和经营风险增加等方面的缺陷越来越明显。单纯的负债管理已经不能满足银行经营管理的需要。这一时期，各国金融管制放松，使得银行吸收存款的压力减小，因此，商业银行由单纯偏重资产或负债管理转向资产负债综合管理。资产负债综合管理理论既吸收了资产管理理论和负债管理理论的精华，又克服了其缺陷，从资产、负债平衡的角度去协调银行安全性、流动性、盈利性之间的矛盾，使银行经营管理更为科学。

四、商业银行的风险管理

（一）风险的类型

结合商业银行经营主要特征，按诱发风险的原因，巴塞尔委员会将商业银行面临的风险划分为信用风险、市场风险、操作风险、流动性风险、国家风险、声誉风险、法律风险和战略风险八大类。

（1）信用风险。它是指债务人或交易对手未能履行合同所规定的义务或信用质量发生变化，影响金融产品价值，从而给债务人或金融产品持有人造成经济损失的风险。

（2）市场风险。它是指由于市场价格（包括金融资产价格和商品价格）波动而导致商业银行表内、表外头寸遭受损失的风险。

（3）操作风险。它是指由于人为错误、技术缺陷、操作流程或不利的外部事件所造成损失的风险。

（4）流动性风险。它是指商业银行无法获得充足的资金或无法以合理的成本获得充足资金以应对资产增长或到期债务支付的风险。

按照产生原因分类，可以将流动性风险分为融资流动性风险和市场流动性风险。融资流动性风险是指商业银行在不影响日常经营或财务状况的情况下，无法有效满足资金需求的风险；市场流动性风险是指由于市场深度不足或市场动荡，商业银行无法以合理的市场价格出售资产以获得资金的风险。

（5）国家风险。它是指经济主体在与非本国居民进行国际贸易与金融往来时，由于他国经济、政治和社会等方面的变化而遭受损失的风险。

可将国家风险分为社会风险、经济风险和政治风险。社会风险是指由于经济或非经济因素造成特定国家的社会不稳定，而使得贷款商业银行不能把在该国的贷款汇回本国而遭受损失的风险。经济风险是指境外商业银行仅仅受特定国家的直接或间接经济因素的限制，而不能把在该国的贷款汇回本国而遭受损失的风险。政治风险是指商业银行受特定国家的政治因素限制，不能把在该国贷款汇回本国而遭受损失的风险。

（6）声誉风险。它是指由于社会评价降低而对商业银行造成损失的风险。良好的声誉是一家银行多年发展积累的重要资源，是银行的生存之本，是维护良好的投资者关系、客户关系以及信贷关系等诸多重要关系的保证。良好的声誉风险管理对增强竞争优势、提升商业银行的盈利能力和实现长期战略目标起着不可忽视的作用。

(7)法律风险。它是指在金融交易中，因合同不健全、法律解释的差异以及交易对象是否具备正当的法律行为能力等法律方面的因素所形成的风险，包括因合同内容不充分、不适当而导致合同无法执行所造成的经济方面的风险。另外，法律风险有时也包括顺从风险，即由于遵守法律法规、行业习惯和公司制度而引发的经济方面的损失，如罚款、停业损失、业务改进费等。

(8)战略风险。它是指商业银行在追求短期商业目的和长期发展目的系统化管理过程中，不适当的未来发展规划和战略决策可能威胁商业银行未来发展的潜在风险。这种风险主要来自四个方面：商业银行战略目标缺乏整体兼容性，为实现这些目标而制定的经营战略存在缺陷，为实现目标所需要的资源匮乏，以及整个战略实施过程的质量难以保证。

(二)风险管理的概念及本质、目标

1. 风险管理的概念及本质

风险管理是金融体系中的基本活动，也是金融体系配置风险的具体形式。从微观上看，金融风险管理是金融机构针对所面临的各种风险暴露而制定的一系列政策和采取的程序与措施的总和。从风险管理实施的步骤看，金融风险管理的内容包括风险识别、风险衡量、风险决策与实施、风险监控。风险管理的本质就是金融机构通过对其承担的风险进行科学合理定价，获得与其承担风险相匹配的风险补偿。风险管理本质上说就是对风险暴露的管理、对目标实现的管理，是一个防范损失、追求盈利的过程，从根本上说是把风险转化为实际盈利的过程。

2. 风险管理的目标

从某种意义上讲，商业银行就是经营风险的机构，承担和管理风险是其职责所在。从风险的双侧概念出发，风险既是损失的可能，又是盈利的机会，因而对商业银行而言并不是承担的风险越低越好，不承担风险也意味着盈利机会的丧失。商业银行应根据风险的性质、自身的管理专长、资本金规模和管理风险的能力等因素，将风险分为目标风险和非目标风险，分别采取积极管理和主动规避的不同策略，从而达到既防范损失又把握盈利机会，最终促进商业银行实现稳定的盈利。

应知考核

一、单项选择题

1. 商业银行经营的“三性”原则是指(　　)。

A. 安全性、充足性和效益性　　B. 安全性、流动性和盈利性

C. 公益性、安全性和合法性　　D. 充足性、流动性和趋利性

2. 我国商业银行的资金来源主要是(　　)。

A. 吸收存款　　B. 政府借款

C. 预算拨款　　D. 向国际金融机构借款

3. 商业银行处理转账结算业务体现了其执行(　　)。

A. 信用中介职能　　B. 支付中介职能　　C. 信用创造职能　　D. 金融服务职能

4. 一般来说，商业银行最主要的资产业务是(　　)。

A. 再贷款业务　　B. 贷款业务　　C. 存款业务　　D. 货币发行

5. 商业银行最基本的职能是(　　)。

A. 支付中介　　B. 信用中介　　C. 信用中介　　D. 金融服务

二、多项选择题

1. 贷款五级分类中属于不良贷款的有(　　)。

A. 正常　　B. 关注　　C. 次级　　D. 可疑

2. 关于商业银行的性质的说法中正确的有(　　)。

A. 商业银行是以获取利润为经营目标　　B. 商业银行具备一般企业的基本特征

C. 商业银行是一般的企业　　D. 商业银行的活动范围是货币信用领域

3. 商业银行作为特殊的金融企业,具有的职能有(　　)。

A. 信用中介　　B. 支付中介　　C. 信用创造　　D. 金融服务

4. 商业银行的负债业务包括(　　)。

A. 自有资本　　B. 存款　　C. 借款　　D. 购买国债

5. 属于商业银行中间业务的有(　　)。

A. 结算业务　　B. 代理业务　　C. 担保业务　　D. 贷款业务

三、判断题

1. 我国目前采用的银行组织形式为控股公司制商业银行。　　(　　)

2. 商业银行以"安全性、流动性、效益性"为经营原则。　　(　　)

3. 资产业务是商业银行最基本、最重要的业务。　　(　　)

4. 商业银行的资产业务一般包括贷款和投资,并以投资为主要业务。　　(　　)

5. 正常贷款是指借款人能够履行合同,贷款发生损失的概率为零。　　(　　)

四、简述题

1. 简述商业银行的职能。

2. 简述商业银行的经营原则。

3. 简述商业银行的负债业务。

4. 简述商业银行的资产业务。

5. 简述中间业务与表外业务。

应会考核

■ 观念应用

【背景资料】

商业银行的理财产品

除了传统的吸收存款以外,近些年来,商业银行陆续推出了银行理财产品来吸收资金。理财产品由商业银行自行设计并独立发行。银行将募集到的资金根据产品合同约定投入相关金融市场及购买相关金融产品,获取收益以后,再根据合同中规定的分配方式分给投资人。简单地说,就是我拿钱给你投资,你负责让这些钱"再生钱"。

2011年以来,银行理财产品发行量出现了快速增长,这主要与市场环境有关。主要是由于国家出台了一系列的政策，如“限购”、提高银行准备金及利率等，楼市和股市都相继出现“降温状况”，金融市场的资金需要找出自己的出路，而银行理财产品刚好适合这一时期的投资。

投资者购买理财产品有几大要点是必须了解的。首先是产品收益率，要明白广告中的收益率是年收益率还是积累收益率，是税前收益率还是实际收益率。其次是投资方向，要了解投资的金融产品是什么行业、什么收益，风险有多大。再次，如果是挂钩型产品，应分析所挂钩市场或产品的表现，挂钩方向与区间是否与目前市场预期相符，是否具有实现的可能。最后，要了解资金的流动性，了解终止合同或是转让产品是否收取手续费、质押金，金额是多少。

【考核要求】

商业银行的理财产品属于商业银行的什么业务？具有哪些特点？

■ 技能应用

互联网金融冲击传统金融业，银行亟待理念革新

微信 5.0 版本正式上线，增加快捷支付；支付宝未来一周将推信用支付服务，直接透支消费额度最高 5 000 元；京东商城、当当网等 33 家企业发起成立国内首家互联网金融行业组织；京东商城已成立金融集团，且已累计放款几十亿元……这是金融领域最热的几则新闻，只不过，相比过往，新闻主角已由银行、基金、券商等变成清一色的互联网企业。

你跟互联网金融打过哪些交道？用拉卡拉还了信用卡欠款、把多余的闲钱存进余额宝或用支付宝在网上买了一件新衣？不仅如此，很快，你可以在淘宝网上购置基金；如果想方便快捷获得贷款，有一个选择是网贷……在人们日常工作生活中，以前由银行扮演的金融服务提供者正在被互联网公司取代，互联网金融“来势汹汹”。

迄今为止，互联网金融似乎还没有一个严格概念。从已出现在周遭的服务看，大体可以分为三类：一类是支付行业，如今持牌第三方支付机构已达 200 多家；第二类是 P2P 模式，有粗略统计称目前全国大体有 300 家 P2P 公司；第三类则是淘宝、京东、腾讯等互联网平台公司对接持牌的金融机构、类金融机构，针对其平台上的商户、个人所推出的金融服务。

这些互联网金融模式将会带来什么？有人认为，这将颠覆传统金融业的生存地位。一份颇具影响的报告指出，互联网金融模式会给信贷市场、证券市场带来巨大商机，也会促成竞争格局大变化：移动支付将替代传统支付业务，全球移动支付未来 5 年将以年均 40%以上的速度增长；P2P 贷款替代传统存贷款业务；通过互联网为投资项目募集股本金的众筹融资模式将替代传统证券业务。

事实上，我国互联网金融业务近年来快速发展，新型机构不断涌现，市场规模持续扩大。目前央行已向 200 多家企业发放第三方支付牌照。

不过，在金融业界以及研究人士看来，“颠覆”说法过于夸大。央行有关负责人在接受媒体采访时说，目前和今后相当长时间，互联网金融三大板块的业务量还不会撼动传统金融业务。“目前，金融机构各项贷款余额超过 68 万亿元，P2P 就算做得再好，未来 5 年可能也很难达到这个规模的 1%。”

一位银行业人士也公开表示，80 后、90 后进入主流社会以后，消费付款平台更多选择互联网，对传统银行影响较大，但目前影响力被夸大了，因为银行很多业务功能，互联网公司都不具备，比如创造货币的功能、发卡派生功能等。在传统银行业不做改变的情况下，互联网金融对其产生冲击的地方还是会局限于渠道方面。

尽管如此，人们仍对互联网金融寄予更多希望，互联网与金融融合给传统金融业务发展带来新机遇。渠道的拓展、产品的创新、风险甄别与控制手段的创新等都是这两者融合后给传统金融业带来的改变。一位业内人士说:“互联网金融是在互联网时代不可不重视的一个新的业态,也可以说是‘新金融’,它的一个特点就是明天不可知。”

作为传统金融业代表的银行已充分感受到新金融的压力,并更加深入反思。一位国有银行人士坦言,现在互联网电商企业要做金融,银行也想做互联网和电商,但总体上还是前者做得好一些,原因是双方思维方式不同:“互联网的精神是平等、开放、分享、合作、共赢,所以电商企业能更多地考虑消费者利益,而传统银行往往站在自己的角度考虑问题。”

事实上,当前,银行最缺乏的不是新技术,而是理念革新。有分析人士指出,银行管理者习惯了几十年来封闭、独享的市场,习惯居高临下的服务方式,面对互联网时代平等、开放、分享之类的理念,每一个都会触动原有的利益。银行应该清醒,不能自己革去旧疾,就只能等别人来革自己的命。

资料来源:华晔迪、罗宇凡:互联网金融:颠覆还是融合,人民网,2013 年 8 月 11 日。

【技能要求】

1. 如何认识互联网金融这种新金融模式?

2. 互联网金融给传统的商业银行带来哪些冲击?

3. 你认为商业银行应如何应对互联网金融的挑战?

■ 案例分析

【情景与背景】

存款送礼是合规的吗

银行通过送礼吸引储户在业内已不是新鲜事,2018 年元旦过后,有记者走访北京地区部分银行网点发现,为了吸收存款,多家银行推出了“存款送礼”活动。某股份制银行的工作人员告诉记者:“现在新增存款 5 万元及以上并绑定期限三个月以上产品,银行都会有礼品相赠,新开卡的客户以及资产提升的客户都可以参加活动,活动时间截至 2018 年 3 月 31 日。”同时,工作人员介绍,对于“绑定期限三个月以上产品”的要求为定期存款或者大额存单。记者查看该行赠品宣传单发现,赠送的礼品也是多种多样,包括抽纸、口罩、坚果、洗衣液、花生油、吹风机、拉杆箱等。在另一家股份制银行,“存款送礼”活动进行得相对低调。大堂经理告诉记者:“1 月份,我行对于升级金卡的客户会有礼品赠送,礼品都摆在橱窗里,随意挑选,先到先得。”对于升级金卡的要求,大堂经理解释道:“日均存款在 5 万元以上就可以升级金卡。”

在某国有大行网点,记者走访发现,除了存款送礼,还有存款送积分的活动。根据新增存款的多少,分别赠送洗衣皂、洗衣液、调和油或花生油。同时,每新增 1 万元赠送的积分可折合为 25 元兑换礼品。礼品的种类更加丰富,小到毛巾、湿巾,大到家用电器等。

按照该行大堂经理的介绍,新增存款必须是半年以上的定期存款或大额存款,如果提前支取需要退回赠送的礼品。在某城商行网点,工作人员也告诉记者:“卡内新增存款满足 30 天以上日均余额为 10 万元以上就有礼品相赠。”

在走访过程中,多家银行的工作人员告诉记者,送礼品活动吸引了不少客户询问和参与,尤其是中老年客户。有银行工作人员在记者表示“不参加活动”时,改变策略顺势推销理财产品,并表示“留住客户是最主要的目的”。另有银行工作人员向记者透露:“这波‘送礼’活动估计要持续到春节前后,我们银行本来没有推出存款送礼活动,无奈周边的网点纷纷推出类似活动,为避免储户流失,只能跟进。”

资料来源:http://www.redsh.com/a/20180109/202336.shtml.

【分析要求】

根据上述资料，分析存款送礼是否合规？我们应该遵守哪些规定？谈谈您的观点，从而做到学思用贯通，知信行统一。

项目实训

【实训内容】

对我国商业银行开展的中间业务及表外业务进行评价分析

【实训目标】

通过对商业银行开展中间业务与表外业务的调研，了解我国商业银行此类业务的开展情况及存在的问题；培养学生分析问题能力、解决问题的能力；培养学生查询、整理资料的能力。

【实训组织】

以学习小组为单位，选择两家以上的商业银行，搜集其相关中间业务及表外业务的资料；对商业银行中间业务及表外业务开展情况进行总结分析，说明拓展中间业务及表外业务的难点与对策。

【实训成果】

1. 考核和评价采用报告资料展示和学生讨论相结合的方式；

2. 评分采用学生和教师共同评价的方式，并完成实训报告。

<table>
<tr><th colspan="3">《对我国商业银行开展的中间业务及表外业务进行评价分析》实训报告</th></tr>
<tr><td>项目实训班级：</td><td>项目小组：</td><td>项目组成员：</td></tr>
<tr><td>实训时间：　年　月　日</td><td>实训地点：</td><td>实训成绩：</td></tr>
<tr><td colspan="3">实训目的：</td></tr>
<tr><td colspan="3">实训步骤：</td></tr>
<tr><td colspan="3">实训结果：</td></tr>
<tr><td colspan="3">实训感言：</td></tr>
</table>

项目六

非银行金融机构

○ **知识目标**

理解：保险、信托和信托公司、证券公司的概念。

熟知：保险的基本职能和基本原则，信托的构成要素和种类，信托公司的职能，证券公司的职能，其他非银行金融机构。

掌握：保险公司、信托公司、证券公司的主要业务。

○ **技能目标**

1. 能够理解非银行金融机构与商业银行的区别。

2. 分析非银行金融机构的类别和主要业务。

○ **素质目标**

1. 具备收集资料、分析资料的能力，具备独立思考、团结协作的能力，注重团队的成绩与荣誉。

2. 培养与人沟通、言行举止得体等综合素质能力；能够具有运用非银行金融机构的金融产品的能力。

3. 理解不忘初心的核心要义和精神实质，塑造自己的品格、品行和品位，树立正确的世界观、人生观和价值观，把学与用有机结合，做到学思用贯通、知信行统一。

○ **项目引例**　　**信托资产规模突破 10 万亿元**

中国信托业协会发布数据显示，截至某年三季度末，我国 67 家信托公司管理的信托资产规模为 10.13 万亿元，突破 10 万亿元大关，再创历史新高，与上年同期相比增长 60.3%。67 家信托公司实现利润总额 389.84 亿元。

从信托财产来源来看，单一资金信托占比达到 71.28%，其中，低端客户驱动的银信合作单一信托占比继续下降为 21.39%，高端客户驱动的非银信合作单一信托占比提升为 49.89%；集合资金信托占比 23.28%，中端客户继续成为信托增长的第二动力；管理财产信托占比 5.44%。

从 9.58 万亿元的资金信托投向领域来看，投向基础产业的信托余额 2.49 万亿元；投向房地产的信托余额 8 942.01 亿元；投向证券市场（包括股票、基金、债券）的信托余额 1.03 万亿元；投向金融机构的信托余额 1.09 万亿元；投向工商企业的信托余额 2.83 万亿元；投向其他领域的信托余额 1.25 万亿元。

值得注意的是，截至三季度末，为地方政府融资的信政合作业务规模继续增长，达到 8 238.78 亿元，较上季度末增长 196.9 亿元。

资料来源：我国信托资产规模突破 10 万亿元，中国新闻网，2013 年 11 月 6 日。

○ **引例导学**

上述引例说明了什么问题？信托公司作为非银行的金融机构主要有哪些业务？这些正是本项目所要讨论的问题。

○ **知识准备**

任务一　保险公司

一、保险概述

（一）保险的概念

从本质上来讲，保险是运用互助共济（大数法则）的原理，将个体面临的风险通过一定的组织形式、根据合同约定的权利与义务由群体来分担的一种经济行为。《中华人民共和国保险法》（以下简称"保险法"）中对保险的表述为："本法所称保险，是指投保人根据合同的约定，向保险人支付保险费，保险人对于合同约定的可能发生的事故因其发生所造成的财产损失承担赔偿保险金责任，或者当被保险人死亡、伤残、疾病或者达到合同约定的年龄、期限时承担给付保险金责任的商业保险行为。"不难看出，《保险法》中的保险仅指商业保险，是一种狭义的保险。广义上的保险既包括商业保险又包括政策性保险。

（二）保险的基本职能

保险的本质决定保险的职能，分散风险、补偿损失是保险的基本职能。

1. 分散风险职能

在经济学中，风险就是损失的不确定性，是引起或者增加损失的可能性，是一种预计损失。对于个别投保人而言，灾害事故的发生是一种偶然和不确定，仅表现为一种风险；但对于全体投保人而言，灾害事故的发生就是必然和确定的，表现为实实在在的损失。从这个意义上来看，分散风险职能即分摊损失职能。保险的基本职能就是分散风险，分摊损失，起到"千家万户保一家"的互助共济的作用。这是保险业区别于其他金融业的根本标志。

2. 补偿损失职能

补偿损失职能就是把全体投保人通过缴纳保险费建立起来的保险基金用于少数投保人因遭遇灾害事故所受损失的经济补偿。按照保险合同对遭受灾害事故的单位和个人进行经济补偿，以保障经济活动的顺利进行以及给予受难者经济帮助是保险的目的，通过收取保险费以分散造成经济损失的风险是保险进行经济补偿的一种手段。

许多人身保险品种具有储蓄性质，人身保险的补偿一般称为给付保险金。

保险的两大基本职能相辅相成，缺一不可。只有分散风险，分摊损失，才能进行经济补偿；没有经济补偿的需要也就无须通过分摊损失以分散风险。

（三）保险的基本原则

1. 保险利益原则

所谓保险利益，是指投保人对投保标的具有法律上承认的利益。它体现了投保人或被保险人与投保标的之间的利害关系。保险利益原则的规定具有以下三方面的意义：

（1）与赌博从本质上划清了界限。如果没有保险利益的规定，保险行为就会扭曲为一种赌博行为。例如，你为他人财产投保，只有他人财产发生损失时，你才能拿到保险赔偿金，这样你会希望他人财产早日发生损失，从而获得额外的收益。而保险利益原则的规定使得被保险人不可能获取额外收益，同时保险基金是通过大数化原则由广大投保人分担，不会造成过重负担。这样，就避免了保险行为成为赌博或者类似赌博的行为。

(2)防止道德风险的产生。保险中的道德风险是指投保人购买保险的目的不是为了获取经济保障，而是为了谋取保险赔款。这种投保人不是主动防止保险事故的发生，反而希望保险事故的发生，甚至促成或者制造保险事故。保险利益原则消除了道德风险产生的隐患，因为投保人对保险标的具有利害关系，保险标的受损，投保人也会蒙受经济损失。投保人制造保险事故使自己蒙受经济损失有违常理。尤其是在人寿保险中，保险利益的规定减少以取得保险金为目的谋杀被保险人的风险，是对被保险人的保护。

(3)合理衡量保险补偿的程度。根据保险利益原则，投保人不仅要对保险标的具有保险利益，而且需要衡量投保人对保险标的保险利益有多少。投保人对超过其保险标的实际价值的部分没有保险利益。由此可见，保险利益确定了被保险人获得赔偿的最高标准。

2. 最大诚信原则

最大诚信原则即通常所说的诚实信用原则。该原则要求保险活动的一方当事人对另一方的当事人不得隐瞒任何重要的有关保险活动的事实，尤其是被保险人必须主动向保险人陈述有关保险标的风险情况的“重要事实”，不得以欺骗手段诱致保险人与之签订保险合同，否则所签合同无效。若某些事实足以影响保险人判断风险大小、保险费率的厘定、保险人是否承接该风险以及保险合同双方是否决定签订合同，那么这些事实就是重要事实。例如，标的物损失的可能性超出同类型物体的一些情况，被保险人真实的健康状况，投保标的有关的道德风险等。

最大诚信原则的内容主要包括告知与保证。

(1)告知。告知是指合同订立之前、合同订立时以及在合同有效期内，投保方对已知的或应知的与保险标的有关的实质性重要事实应据实向保险方作口头或者书面申报；保险方也应将与投保方利害相关的实质性重要事实据实通告投保方。

(2)保证。保证是指被保险人在保险合同有效期限内针对某种特定事项，作出做某事或者不做某事的承诺。例如，作为减少保险费的条件，一家百货商场要保证每天 24 小时有 2 名警卫值班。保证一般是明示保证，明示保证是在保险合同内以条款形式载明的保证。但在海上保险中也有若干默示保证，例如具有适航能力、不改变航道和航班合法性等。

3. 损失补偿原则

损失补偿原则是指在财产保险中投保人通过购买保险，将其自身原来承担的特定风险转移给保险人来承担，当保险事故发生时，保险人给予被保险人的经济赔偿恰好填补被保险人因遭受保险事故所造成的经济损失。

损失补偿的方法主要有现金、修理、重置、恢复原状四种。在四种方法所需费用一致时，可以由被保险人征得保险人同意后选择其中一种，在大多数的保险实务中是通过货币补偿来解决的。

损失补偿原则规定，保险事故发生后，保险补偿具有以下几个限制：

(1)以实际损失为限，这是最基本的限制条件。当被保险人遭受损失后，其所能获得保险赔偿金额以其标的实际损失为限，而不管其保单约定的保险金额为多少。例如，某保单约定保险金额为 20 万元，遭灾或者事故后实际损失仅为 10 万元，则被保险人可获得的保险赔偿为 10 万元。

(2)以保险金额为限。保险金额是确定保险费的基础和依据，也是其履行赔偿责任的最高限额。例如，在某不足额投保案例中，某房屋价值 100 万元，而房主即投保人购买的保单所约定的保险金额仅为 80 万元，若保险事故发生，被保险人实际损失 100 万元，被保险人所获得的赔偿仍以 80 万元为限。

(3)以保险利益为限。若发生保险事故时，被保险人对保险标的已经不具有保险利益，则保险人不能赔付。

4. 近因原则

保险中的近因是指引发保险事故发生的主要原因，即在保险事故发生过程中起着主导或者支配作用的因素。这是从保险事故产生的因果关系上来讲的，而非字面意义上的时间先后关系。造成保险标的损失的原因各种各样，既有保险责任，也有除外责任，且有时有些原因互为因果，其中有些原因只是引发保险事故的次要原因。近因原则规定，只有当承保风险是损失发生的近因时，保险人才会承担赔偿责任。例如，某轮船投保火灾保险，轮船若遭受损失的起因是火灾，则保险人承担理赔责任，若是其他原因造成的损失，保险人可以拒绝赔偿。因此，近因原则要求从保险事故中找出主要原因，从而确定造成损失的直接原因，进一步确定保险人的赔偿责任。

二、不同类型保险公司的主要业务

保险公司划分为两大类：商业性保险公司和政策性保险公司。下面分别介绍这两大类保险公司的主要业务。

(一)商业性保险公司的主要业务

保险业务通常主要分为两大类：人身保险和财产保险。随着社会经济关系的不断复杂化以及保险经营技术的不断发展，责任保险和再保险也越来越受到重视，并逐渐从传统的业务经营种类中分离出来，成为独立的业务种类。于是，现代商业性保险业务便由人身保险、财产保险、责任保险、再保险四大部分组成。1995 年，《中华人民共和国保险法》以法律的形式确立了产、寿险分业经营的原则，因此寿险公司只能以人身保险为主要经营业务，财产保险公司只能以财产保险和责任保险为主要经营业务，再保险公司则以再保险为主要业务。

1. 人寿保险公司

人寿保险公司主要经营人身保险。人身保险是以人的身体或者生命为保险标的的一种保险。根据保障范围的不同，可以区分为人寿保险、意外伤害保险和健康保险。

(1)人寿保险

人寿保险是人身保险中最基本的人身保险。人寿保险又称为生命保险，以人的寿命为保险标的，当发生保险事故时，保险人对被保险人履行给付保险金的责任。可以说，人寿保险是以人的生存或者死亡作为保险事故的人身保险业务。人寿保险分为死亡保险、生存保险、生死合险。

死亡保险是被保险人在合同有效期限内死亡，保险人给付保险金的一种保险，它又分为定期保险和终身保险。定期保险提供一个确定时期内的保险，比如 5 年、10 年，或者被保险人达到某个年龄为止，比如 70 岁。如果被保险人在合同规定的期限内死亡，保险人要向受益人给付保险金。终身保险是一种不定期死亡保险，提供终身保障，一般以生命表的终极年龄 100 岁为止。若被保险人在 100 岁以前任何时候死亡，保险人都必须向受益人给付保险金。

生存保险是以被保险人在规定期限内生存作为保险人给付保险金条件的一种保险，分为年金保险和定期生存保险。年金保险即通常所说的养老金保险，被保险人按照约定定期支付保险费后，保险人根据合同约定日期起开始在被保险人生存期间定期给付相同金额的年金，直至被保险人死亡为止。如果被保险人在保险期内死亡，保险合同终止，保险人的给付责任也终止。人们购买年金保险的目的是保证长寿生活的稳定，防止因寿命过长而可能导致的收入来源丧失或者储蓄耗尽。定期生存保险是被保险人在保险期满时仍生存，由保险人根据保险合同的规定向被保险人给付保险金的一种保险。如果被保险人在保险期内死亡，保险公司不再承担给付责任，也不退还保费，死亡的被保险人缴纳的保险费及其所生利息，由生存到约定年限的受益人享有。

生死合险又称两全保险，是定期生存保险和定期死亡保险的混合险种。它不仅在被保险人在保险期限内死亡时向其受益人给付保险金，而且在被保险人期满时仍生存向其本人给付保险金。生死合险的责任范围包括生存保险和死亡保险两者的责任范围，因此它的保险费要高于单纯的生存保险或者死亡保险。生死合险最能体现人寿保险中保险和储蓄的性质。

(2)意外伤害保险

人身意外伤害保险是指在保险期限内因发生意外事故导致被保险人死亡或者残废，由保险人按照保险合同的规定给付保险金的保险品种。人身意外伤害保险的保障项目包括被保险人因意外伤害导致的死亡给付、残疾给付、医疗给付和收入损失给付。一种意外伤害保险可以提供这四项保障，也可以提供其中任何一项或若干项。该险种可单独办理，也可以附加于其他人身险种作为一种附加险种。它分为两大类：普通意外伤害保险和特种意外伤害保险。前者作为独立险种，专门为被保险人因各种意外事故导致身体伤害而提供保障；后者保障范围仅限于特定原因或特定地点所造成的伤害，例如电梯乘客意外伤害保险、旅游意外伤害保险等。

(3)健康保险

健康保险是以人的身体为对象，当被保险人在保险有效期内由于疾病、分娩而造成的经济损失由保险人提供经济保障的一种保险。按照损失的种类，健康保险分为三类：一是收入保险，即被保险人由于疾病所致的全部工作能力或者部分工作能力丧失，不能获取正常收入，由保险人分期给付保险金的一类健康保险；二是医疗费用保险，即被保险人由于疾病或分娩所支出的医疗费用，由保险人给予经济保障的一类健康保险；三是死亡和残疾保险，即被保险人由于疾病或分娩导致残疾或死亡，由保险人给付一次性的残疾保险金或死亡保险金的一类健康保险。

2. 财产保险公司

财产保险公司主要经营财产保险业务。我国《保险法》第九十一条把财产保险业务的范围规定为“包括财产损失险、责任保险、信用保证保险等保险业务”。这里的财产保险是广义上的财产保险，基本上把除人身险以外的所有其他各种保险均纳入财产保险范畴。财产保险公司的经营业务范畴是一种广义的财产保险范畴。

(1)财产损失险

此处的财产损失险即狭义的财产保险，主要是对处在相对静止状态的有形财产的直接损失以及相关间接损失提供补偿的保险业务。该险种主要承保财产自身可能因为火灾、风暴、冰雹、地震、爆炸、航空器及其他运输工具坠落等原因引起的损失，以及财产损失引起的收入损失，例如出租的房子受损，租金就会丧失；工厂的制成品受损，利润就会丧失；等等。具体来说，财产损失险的主要内容包括火灾保险、海上保险、利润损失保险、汽车保险、航空保险、工程保险、农业保险等。

火灾保险简称火险，早期是指保险人对于保险标的因火灾所导致的损失进行经济补偿的一种财产险，主要针对火灾对各种财产的损坏，后来随着经营技术的改进，火灾保险单承保的责任范围扩展到各种自然灾害和意外事故对财产所造成的损失，但国际保险市场仍习惯将对一般的固定资产和流动资产的保险称为火灾保险。1951年，中国人民保险公司制定新的火灾保险条款就是在最初火灾保险责任基础上有所扩大，以火灾保险单的名义承保显得名不符实，因此改为财产保险，包括企业财产保险、家庭财产保险和涉外财产保险。

海上保险简称水险，是所有保险中历史最为悠久的险种，是指保险人对于保险标的因海上危险所导致的损失承担经济赔偿责任的一种保险，其保险标的随着保险技术的改进而不断变化。19世纪以前的海上保险承保范围以航海为界，之后扩展为凡是与航海有关的财产、利益或责任。20世纪以来，海上保险的内容与形式进一步扩展，其标的扩展至与航海无直接关系的海上作业、海上工程开发等工程项目，保障范围也由海上运输风险扩展至航空运输、陆地运输以及国际多式联运的风险和责任。

利润损失险是对传统财产保险不承保的间接损失提供经济补偿，它承保因各种自然灾害或意外事故造成被保险人在一定时期内停产、停业所造成的间接经济损失，包括利润损失和各种必要的额外费用的支出。该险种是一种附加险，是依附在狭义财产保险单上一种扩大责任的保险，只有在财产遭受保险事故发生经济损失，并且该损失获得经济赔偿的前提下，保险人才负责赔偿保险事故所造成的利润损失。

(2)责任保险

责任保险是以被保险人依法应负的民事损害赔偿责任或者经过特别合同约定的合同责任作为保险标的一种保险。责任保险种类繁多，根据承保方式的不同分为两大类：一类是作为各种财产保险的附加险承保的责任保险，包括机动车辆保险第三者责任、船舶碰撞责任、旅客责任、飞机保险的第三者责任、建筑和安装工程保险的第三者责任保险等；第二类是单独承保的责任保险，包括公众责任保险、产品责任保险、雇主责任保险、职业责任保险等。责任保险在当前的全球范围内受到广泛重视，尤其在一些经济发达国家，责任保险已经成为保险公司主要业务种类。

(3)保证保险

保证保险是指被保证人根据权利人的要求，请求保险人担保自己信用的一种保险。保证保险的保险人代替被保证人向权利人提供担保，如果被保证人不履行合同或存在犯罪行为，导致权利人遭受经济损失，由保险人负赔偿责任。例如，承包商为政府桥梁管理部门承建一座桥梁，如果不能按时完工，保证人要对项目按时完工或者雇用另一个承包商的额外费用负责。保证保险分为忠诚保证保险和确实保证保险两大类。前者承保雇主因雇员各种不法行为而受到的各种经济损失；后者承保工程所有人因承包人不能按时、按质、按量完成工程所遭受的经济损失。

3. 再保险公司

根据我国《保险法》第二十八条规定，再保险的概念为："保险人将其承担的保险业务，以承保形式，部分转移给保险人的，为再保险。"再保险作为"保险的保险"，对于保障保险市场安全，为直接保险公司分散赔付风险、扩大承保能力和巨灾保障功能，并辅助保险市场调控以及强化行业风险管理发挥了重要的作用。

在我国，中国再保险集团通过旗下中国财产再保险股份有限公司、中国人寿再保险股份有限公司及集团国际业务部经营再保险业务，经营范围主要包括财产再保险业务、人寿再保险业务等。

财产再保险公司的业务经营主要包括比例合同分保业务、非比例合同分保业务、临时分保业务、国际再保险业务。寿险再保险公司的业务经营主要包括寿险再保险业务、健康险再保险业务、意外伤害险再保险业务、年金再保险业务。

比例再保险是以保险金额为基础来确定分出公司自留额和分入公司分得保额的再保险方式。分出公司和分入公司对于保险费的分配和赔款的分摊按照分配保险金额同一比例进行。非比例再保险是以赔款金额为基础确定分出公司自负责任和分入公司分保责任的再保险方式。当分出公司的赔款超过约定的额度或标准时,其超过部分由分入公司在一定额度内或标准内负责。临时再保险是分出公司根据承包业务的需要,将有关风险和责任进行临时分出的再保险安排。在作出临时再保险安排时,需要将分出业务的具体情况和分保条件逐笔告知对方,双方均具有自由选择权。

(二)政策性保险公司的主要业务

所谓政策保险,是指政府为实现其政治、经济、社会等方面的政策目的,利用保险形式实施的措施。目前,政策性保险主要包括出口信用保险和存款保险,分别由出口信用保险公司和存款保险公司经营。

1. 出口信用保险公司

出口信用保险公司的诞生与国际贸易市场上的激烈竞争有着密切联系。出口商为了扩大销售采取各种手段提高竞争力,其中一个重要手段就是向买方提供商业信用,允许买方以非银行信用证的方式付款,甚至延期付款。目前,欧美等发达经济体超过80%采用非信用证方式完成交易,这大大增加了收汇风险。为了保障收汇安全,世界上先后有几十个国家成立了出口信用保险机构。中国人民保险公司在1998年成立了出口信用保险部,开始开办出口信用保险业务,并对其进行独立核算。该业务是一项政策性业务,并不以营利为目的。2001年12月18日,中国出口信用保险公司成立。该公司是我国唯一承办政策性信用保险业务的金融机构,资本来源为出口信用保险风险基金,由国家财政预算安排。目前,中国出口信用保险已形成由14个分公司、8个营业管理部和22个办事处组成的覆盖全国的服务网络,并在英国伦敦设有代表处。

出口信用保险公司主要经营出口信用保险业务,包括短期出口信用保险和中长期出口信用保险,以及其他与对外经济开放相关联的业务,如投资保险。

短期出口信用保险保障1年期以内,出口商以信用证(L/C)、付款交单(D/P)、承兑交单(D/A)、赊销(OA)方式从中国出口或转口的收汇风险。在这种保险中,出口信用保险公司一般承保商业风险和政治风险。具体来说,就是在承保被保险人与国外买家签订销售合同或订单生效日至出运日的时间内,被保险人已按销售合同规定的条件进行生产或采购,因国外买家的商业风险或买家所在国的政治风险导致被保险人无法正常履行合同,出运前直接成本难以全额收回或得到补偿的直接经济损失。

中长期出口信用保险旨在鼓励出口企业积极参与国际竞争,特别是高科技、高附加值的机电产品和成套设备等资本性货物的出口以及承包海外工程项目;支持银行等金融机构为出口贸易提供信贷融资。中长期出口信用保险包括买方信贷保险和卖方信贷保险两种形式。前者是指在买方信贷项下出口信用保险机构为支持本国资本性货物出口所提供的贷款担保和信用风险的保险;后者是指一国出口信用保险机构对卖方信贷项下本国出口商信用风险的保险。

投资保险是为了支持我国企业到境外投资,鼓励外国及港、澳、台地区的投资者来我国大陆投资而开办的。我国投资保险的责任范围包括战争险、征用险、外汇险三种。同时,我国保险公司规定,投资保险应该与财产保险或工程保险一起投保。

2. 存款保险公司

存款保险是指由商业银行等金融机构以其依法所吸收之存款为保险标的，向存款保险公司投保并缴付保险费的一种政策性保险。如果商业银行等金融机构发生停业或无法清偿其所收受的存款等情形时，由存款保险公司在保险额度范围内赔付存款人的存款，以保障存款人权益并维护金融稳定。存款保险承保的对象一般是一国依法成立的各种金融机构，包括商业银行、信托投资公司、外国银行分行、信用合作社等。

长期以来，我国实际上实行的是隐性存款保险制度。在经营不善的金融机构退出市场的过程中，往往是由中央银行和地方政府承担个人债务清偿的责任。但随着经济的快速发展和金融体制改革的深化，由各级政府或中央银行"买单"的缺陷和弊端也日益显现出来，这种模式不仅给各级财政带来沉重负担，而且导致中央银行货币政策目标的严重扭曲。因此，建立我国存款保险制度和成立存款保险公司的呼声越来越强。

三、我国保险公司的改革与发展

1949 年 10 月 20 日，中国人民保险公司在北京成立，标志着中华人民共和国保险业的开端。中华人民共和国成立初期，登记复业的华商保险公司有 63 家，外商保险公司有 41 家。1958 年以后，由于受"左"的思想的干扰，保险业陷入停顿状态，全国保险系统职工人数锐减至不足 500 人。改革开放后，国家于 1980 年恢复中国人民保险公司，中国的保险事业进入新的发展阶段。

1986—1991 年期间，新疆建设兵团保险公司、平安保险公司、太平洋保险公司等股份制保险公司相继成立。此后，随着中国改革开放的不断深入，华泰财险、泰康人寿、新华人寿、永安财险等一批股份制保险公司又相继设立，促进了市场竞争。同时，我国保险业对外开放初步试点，1992 年，美国友邦保险有限公司在上海市设立分公司，经营人寿保险业务和财产保险业务。

1995 年《保险法》颁布实施。1996 年，中国人民保险公司按照国务院的部署改建成集团公司，下辖三个子公司，即中保财产保险有限公司、中保人寿保险有限公司和中保再保险有限公司。1998 年，上述三家保险公司分别更名为中国人民保险公司、中国人寿保险公司、中国再保险公司。

随着保险公司的发展，保费收入快速增长。伴随着保费收入的增加，保险公司资金运用范围也不断扩大。1999 年，《保险公司投资证券投资基金管理执行办法》公布，标志着证券投资基金市场对保险公司开放，保险资金"间接入市"。同年，中资保险公司获准同商业银行试办 5 年期以上的大额协议存款，并可申请成为银行间同业拆借市场成员，办理国债回购业务，以及买卖部分中央企业债券。2001 年 3 月，保监会批复同意保险公司购买电信通讯类企业债。2004 年 10 月 24 日，中国保监会和中国证监会联合发布《保险机构投资者股票投资管理暂行办法》，保险资金直接入市获准。2005 年 2 月 17 日，中国保监会联合中国银监会下发了《保险公司股票资产托管指引（试行）》和《关于保险资金股票投资有关问题的通知》，明确了保险资金直接投资股票市场涉及的资产托管、投资比例、风险监控等有关问题，这意味着保险资金使用范围进一步扩大，迈入"直接入市"阶段。

尽管我国保险公司自改革开放以来取得了令世人瞩目的成就，但是我国保险公司自身仍然存在着几个问题：一是风险防范意识不足，化解风险能力不强，例如定价风险、公司治理结构不完善风险、内控不严格的风险等；二是呈现粗放型的增长方式，具体表现为高投入、高成本、高消耗、低效率的特点；三是保险产品开发缺乏创新意识，这导致没有适销对路的保险产品来满足众多消费者的保险需求；四是许多保险公司在诚信经营方面存在问题，表现为理赔难、销售误导等，“承保容易理赔难”、诱导投资者等现象没有得到根本改变。

针对以上种种问题，保险公司应该增强保险业风险的识别、预警、防范和化解能力，尤其需要完善公司治理结构，加强内部控制，同时积极引入创新所需要的人才和技术，最重要的是保险公司始终要坚持诚信经营的理念。

任务二　信托公司

一、信托概述

(一)信托的概念和特点

信托是指委托人基于对受托人的信任，将其财产权转移给受托人，受托人以自己的名义，为受益人的利益或特定目的，管理或处分财产的行为。

信托的特点：

(1)信托是一种由他人进行财产管理、运用或处分的财产管理制度。

(2)委托人与受托人之间具有充分的信任关系，是以信任为前提的。受托人对委托人的忠诚可靠，成为信托关系产生的基础。

(3)受托人以自己的名义管理、运用、处分信托资产，但信托财产具有独立性，即信托财产与受托人的国有财产、与委托人的其他财产等相互独立。

(4)受托人按照信托文件或者是信托法律的规定，行使对信托财产的管理、运用或处分的权限，并就此承担责任。

(5)受托人因管理、运用或处分信托财产而产生与第三方之间的权利和义务，仅归属于受托人，不直接归属于委托人或受益人。

(6)受托人虽然取得信托财产权的名义，但在其行使管理、运用或处分权时，必须受信托目的的约束，信托财产在实质上归属于委托人和受益人。

(二)信托的基本构成要素

1. 信托关系人

信托关系是信托活动的参加者即委托人、受托人、受益人之间的权利与义务关系。委托人、受托人和受益人被称为信托关系人，他们是信托关系的主体。

2. 信托行为

信托行为是进行信托活动时，信托关系人设立的道义上的或法律上的行为，也就是说，信托行为是发生和建立信托关系，为达成一项信托活动所涉及的诸关系人之间，在道义上或法律上就信托财产的目的和要求、信托的类型和数量、信托财产的管理方法等，需要履行的手续。

3. 信托目的

信托活动的诸关系人通过信托行为，必须要能达到一定的目的，提出一定的要求。

4. 信托财产

信托财产是信托活动的物质前提，作为信托财产，必须是可以计算价值的、能够转移的，否则，就不能成为信托财产。

(三)信托的种类

根据分类标准和分类方法的不同,可以将信托分为不同的种类。这里,我们只选择与信托产品关系密切的信托类别予以简单介绍。

1. 根据受托人接受信托是否为营业目的,信托可分为民事信托和商事信托

受托人受托管理财产的目的并不是为了营业和营利的信托是民事信托。受托人受托管理信托事务为商业性目的或者说是为了营利的是商事信托。商事信托又称营业信托、营业性或商业信托。

通常,商事信托的受托人必须依照法律法规取得经营资格或者牌照,并不是随意什么企业或者组织都可以自行开展营业性信托业务的。

商事信托系由民事信托发展演变而来。这一演变最早主要是在美国完成的。现代信托业的发展,使商事信托占有越来越重要的地位。在发达国家,商业性的信托业务构成金融业重要的经营业务,信托业是地道的金融支柱产业。商事信托在各国主要由拥有信托牌照的商业银行经营,个别国家采取信托与银行分业经营的业态模式,中国目前属于这一类国家。目前,中国的信托投资公司所从事的主营信托业务均为商事信托。

商事信托适用信托法、信托业法、民法、商法、民法和商法特别法的调整与规范。

区分民事信托和商事信托的意义是非常明显的,首先,民事信托是任何民事主体都可以设立的,受托人可以是任何的民事主体,但根据中国的法律,商事信托却不是一般的民事主体可以作为受托人的,也就是说,自然人不得从事商事信托,一般的法人机构也不得经营商事信托。从理论上说,在目前的法律制度架构之下,商事信托只能由信托投资公司和证券投资基金管理公司经营。其次,区分了民事信托和商事信托,才能进一步区分信托产品的分类,因为只有商事信托领域才有信托产品。最后,民事信托不存在营业问题,所以无须监督管理机构监管,但商事信托是经营活动,需要设立专门的监督管理机构管理监督。

2. 根据信托成立的原因,或者说按照信托成立是否为当事人意思区分,信托可分为任意信托与法定信托

任意信托又称意定信托,是指依信托当事人的意思表示而成立的信托。采取信托合同、遗嘱而设立的信托,均为依信托当事人意思表示而成立的信托。

法定信托是指信托关系的成立并非基于当事人的意思表示,而是依法律规定或者强制,或者法律根据对当事人意思的解释、推定而成立的信托。典型的如构成信托(constractive trusts)、归复信托(resulting trusts)及法院的判定信托。中国《信托法》中没有关于法定信托的规定。

构成信托是指无须视当事人的意思,只根据法律的作用而生成的信托,是法律强制对非法所得或者不当得利设定的拟制性信托。例如,有人捡到别人遗失的金钱,并将该金钱用于股票投资,如果股票价格大大上涨,则可以认为存在一个以金钱遗失者为受益人、金钱拾得者为受托人、遗失金钱为信托财产的信托。这个信托存在的意义在丁,受托人有义务将本金和股票收益交还受益人。

归复信托是指信托设立后由于特定的事由使得信托没有生效,或者设立信托的意愿没有达成的情况下,委托人或者其继承人以受益人的身份享有信托利益时方才承认其生效的信托。此时,与原信托不同,受托人有义务将信托财产返还权利归属人。另一种说法认为,归复信托是由于委托人进行一项财产转移,由于某种原因并未完全放弃财产上的权益,当委托人的动机不明时,为了填平财产所有权上的缺口,法院裁定产生的一种信托,由于委托人没有被彻底地

剥夺财产上的权利，最后权益又“归复”于委托人，因而称为归复信托。

3. 根据信托设定行为的方式或形态，信托可分为合同信托、遗嘱信托

合同信托是指依委托人与受托人意思表示的合意并签订信托合同而成立的信托。基于商业性目的而设立的商事信托是典型的合同信托。在这类信托中，信托的成立须以委托人与受托人协商一致并达成信托合同为条件。信托合同中须明确委托人、受托人、受益人、信托目的、信托财产、受益人取得信托利益的形式与方法等要件，通常还须明确信托期限、信托财产的管理方法、受托人的报酬等事项。

遗嘱信托是指民事法律关系中的当事人，以遗嘱的方式设立的信托。遗嘱信托也必须具备委托人（遗嘱人）、受托人、受益人、信托目的、信托财产、受益人取得信托利益的形式与方法等要件内容。

4. 根据信托利益是否归属于委托人本身，信托可分为自益信托与他益信托

自益信托是指委托人为自己的利益而设立的信托，委托人本身即为受益人，因而信托利益归属于委托人本身。

他益信托是指委托人并非为自己的利益，而是为第三人的利益设定的信托。由于受益人是其他第三人，因而信托利益归属于第三人。

从历史的角度看，最早产生的信托多是他益信托。例如，英国历史上教士将土地信托不是为了自己的利益，而是为了教会的利益。在各种民事信托中，也多为他益信托。就英美的情况看，他益信托也多于自益信托。各种生前信托，都是为了安排委托人死后的信托利益，多是为了后代或者亲友的利益进行的信托安排。

但是，就中国的情况而言，由于信托是外来的制度，而且引进这个制度的初始目的主要在于规范信托业及发展营业性的商事信托，中国参与信托的社会公众主要是为了自己或者家庭获取信托投资的收益，而且由于信托产品一直没有建立起一个有效运作的流通转让平台，信托受益权转让的情况非常少见，这使得中国的信托绝大部分是自益信托而非他益信托。但是，随着信托观念的普及、信托制度的完善、信托事业的发展，他益信托将越来越常见。

区分自益信托与他益信托的意义主要在于：在信托的变更、终止时，可以据此判断委托人是否有权单方面解除信托关系。自益信托的委托人及其继承人有权单方面终止信托，但是这种权利行使的基础不是因为其委托人身份而是基于其受益人的身份，中国《信托法》给予委托人相当宽泛的权利，但是，从信托制度的本意来说，信托是以受益人的利益最大化为宗旨的；而他益信托的委托人则必须与受益人共同行为，才能变更、终止信托。自益信托的委托人可以自由处分其受益权，也可以将自益信托变更为他益信托；而他益信托的委托人要变更、终止其信托或处分受益人的权利，则必须取得受益人的同意，或者依照法律、法规的规定。

5. 根据是否集合社会公众的财产，信托可分为单一信托和集合信托

单一信托又称个别信托，是指受托人就单个委托人所信托的特定财产，分别独立地予以管理的信托，其特点在于对受益人利益的保护及信托财产的独立特性。

集合信托又称集团信托，是指受托人受两个以上的多个委托人的信托，集合众多委托人的财产，集中加以管理和运用于确定目的的信托。

6. 根据受托人的管理权限和信托财产的形态是否变更区分，信托可分为管理方式信托和处分方式信托

管理方式信托又称管理信托，或者保管信托，其目的在于保护信托财产的物理和化学属性上的完整，维护信托财产的现状，不改变信托财产的原有形态和方式，并收取该信托财产的固

有收益和支付必要的费用。这种信托中，受托人只有管理信托财产的权利，但没有处分、支配信托财产的权利。最典型的管理方式信托是出租运用的房产信托。

处分方式信托的目的在于通过使用、支配、处分信托财产，达到使信托财产本身价值增加或使受益人获得信托收益的目的。为达到这个目的，受托人通常必须拥有充分的管理权限，委托人也必须允许受托人变更信托财产的方式和形态。

7. 根据信托文件是否对信托财产管理、运用的方法、范围和对象作出规定，信托可分为指定用途信托和非指定用途信托

指定用途信托是指信托文件对信托财产的管理、运用的方式、范围和对象有明确、具体、特别规定的信托。

非指定用途信托是指通常是基于委托人对受托人的诚信和管理能力的高度信任而将信托财产交付信托，受托人对信托财产的管理、运用，其方法、范围和对象均由受托人自行确定的信托。

二、信托公司的概念和职能

(一)信托公司的概念

信托公司是以营利为目的的，并以受托人的身份专门(或主要)从事信托业务经营的经济组织。随着经济的发展，货币成为社会财富的一般表现形式，信托公司受托经营财产管理等事务，自然会使货币资金得以融通，因此，各国一般都将信托公司视为非银行金融机构的一种。同时，信托公司办理信托业务的突出特点在于受托从事投资活动，所以，过去相当长一段时期，我国很多信托公司取名为信托投资公司。

(二)信托公司的职能

1. 财务管理职能

该职能又称财产事务管理职能，是指信托公司受委托人之托，为之经营管理或处理财产的职能，即“受人之托，为人管业，代人理财”，这是信托公司的基本职能。

2. 资财融通职能

信托公司的资财融通职能是指它受托作为信用中介，筹措资金，并对需要资金的单位，给予融通和调剂。信托公司融通资财的职能，主要表现在以货币资金作为信托财产的信托业务经营中。

3. 沟通和协调经济关系的职能

信托公司的沟通和协调经济关系职能是一种处理与协调经济关系和咨询事务的职能。

4. 为社会公益事业服务的功能

信托业可以为欲捐款或资助社会公益事业的委托人服务，以实现其特定目的的功能。随着经济的发展和社会文明程度的提高，越来越多的人热心于学术、科研、教育、慈善、宗教等公益事业，纷纷捐款或者设立基金会，但他们一般对捐助或募集的资金缺乏管理经验，并且又希望所热心支持的公益事业能持续下去，于是就有了与信托机构合作办理公益事业的愿望。

5. 社会投资功能

信托公司的社会投资功能是指信托业运用信托业务手段参与社会投资活动的功能。信托业务的开拓和延伸，必然伴随着投资行为的出现，也只有在信托机构享有投资权和具有适当的投资方式的条件下，其财务管理功能的发挥才具有可靠的基础，因此，信托机构开办投资业务是世界上许多国家的信托机构的普遍做法。信托业的社会投资职能，可以通过信托投资业务

和证券投资业务得到体现。

三、我国信托公司的设立与业务经营范围

上述信托公司的职能，通过其开展的各项信托业务方能得以体现。所谓信托业务，上文已有所提及，是指信托公司以收取报酬为目的，以受托人身份承诺信托和处理信托事务的经营行为。

（一）我国信托公司的建立

设立信托公司，应当具备下列条件：

（1）有符合《中华人民共和国公司法》和中国银行业监督管理委员会规定的公司章程；

（2）有具备中国银行业监督管理委员会规定的入股资格的股东；

（3）具有规定的最低限额的注册资本；

（4）有具备中国银行业监督管理委员会规定任职资格的董事、高级管理人员和与其业务相适应的信托从业人员；

（5）具有健全的组织机构、信托业务操作规程和风险控制制度；

（6）有符合要求的营业场所、安全防范措施和与业务有关的其他设施；

（7）中国银行业监督管理委员会规定的其他条件。

①中国银行业监督管理委员会依照法律法规和审慎监管原则对信托公司的设立申请进行审查，作出批准或者不予批准的决定；不予批准的，应说明理由。

②信托公司注册资本最低限额为3亿元人民币或等值的可自由兑换货币，注册资本为实缴货币资本。

申请经营企业年金基金、证券承销、资产证券化等业务，应当符合相关法律法规规定的最低注册资本要求。

中国银保监会根据信托公司行业发展的需要，可以调整信托公司注册资本最低限额。

③未经中国银保监会批准，信托公司不得设立或变相设立分支机构。

信托公司有下列情形之一的，应当经中国银保监会批准：变更名称；变更注册资本；变更公司住所；改变组织形式；调整业务范围；更换董事或高级管理人员；变更股东或者调整股权结构，但持有上市公司流通股份未达到公司总股份5%的除外；修改公司章程；合并或者分立；中国银保监会规定的其他情形。

信托公司出现分立、合并或者公司章程规定的解散事由，申请解散的，经中国银保监会批准后解散，并依法组织清算组进行清算。

信托公司不能清偿到期债务，且资产不足以清偿债务或明显缺乏清偿能力的，经中国银保监会同意，可向人民法院提出破产申请。

中国银保监会可以向人民法院直接提出对该信托公司进行重整或破产清算的申请。

信托公司终止时，其管理信托事务的职责同时终止。清算组应当妥善保管信托财产，作出处理信托事务的报告并向新受托人办理信托财产的移交。信托文件另有约定的，从其约定。

（二）我国信托公司的业务经营范围

信托公司可以申请经营下列部分或者全部本外币业务：资金信托，动产信托，不动产信托，有价证券信托，其他财产或财产权信托，作为投资基金或者基金管理公司的发起人从事投资基金业务，经营企业资产的重组、购并及项目融资、公司理财、财务顾问等业务；受托经营国务院有关部门批准的证券承销业务，办理居间、咨询、资信调查等业务，代保管及保管箱业务，法律法规规定或中国银保监会批准的其他业务。

信托公司可以根据《信托法》等法律法规的有关规定开展公益信托活动。

信托公司可以根据市场需要，按照信托目的、信托财产的种类或者对信托财产管理方式的不同设置信托业务品种。

信托公司管理运用或处分信托财产时，可以依照信托文件的约定，采取投资、出售、存放同业、买入返售、租赁、贷款等方式进行。中国银保监会另有规定的，从其规定。

信托公司不得以卖出回购方式管理运用信托财产。

信托公司固有业务项下可以开展存放同业、拆放同业、贷款、租赁、投资等业务。投资业务限定为金融类公司股权投资、金融产品投资和自用固定资产投资。

信托公司不得以固有财产进行实业投资，但中国银保监会另有规定的除外。

信托公司不得开展除同业拆入业务以外的其他负债业务，且同业拆入余额不得超过其净资产的20%。中国银保监会另有规定的除外。

信托公司可以开展对外担保业务，但对外担保余额不得超过其净资产的50%。

信托公司经营外汇信托业务，应当遵守国家外汇管理的有关规定，并接受外汇主管部门的检查、监督。

四、我国信托公司的经营管理

目前，我国信托公司经营管理的法律依据，主要是2001年4月28日公布并于当年10月1日起实施的《信托法》，2001年1月出台后经多次修订于2007年3月1日实施的《信托公司管理办法》，2002年7月颁布的《信托投资公司资金信托业务管理暂行办法》（统称为"一法两规"）等。根据现有相关法律法规，我国信托公司经营管理的主要内容包括以下方面：

（一）我国信托机构的业务经营方式

《信托公司管理办法》规定，我国的信用公司在开展信托业务，即管理、运用信托财产时，可以依照信托文件的约定，采取投资、出售、存放同业、买入返售、租赁、贷款等方式进行。信托公司不得以卖出回购方式管理运用信托财产。

（二）信托公司经营信托业务的义务

（1）信托公司应当以受益人的最大利益为宗旨处理信托事务，并谨慎管理信托财产。

（2）亲自处理义务，即信托公司应当自己处理信托事务。

（3）分别管理，分别记账义务，即信托公司应当将信托财产与其自有财产分开管理，并将不同客户的信托财产分开管理。信托财产为资金时，可以采取分别记账的方式。

（4）保密义务，即信托公司应当为委托人、受益人以及处理信托事务的情况和资料保密。

（5）赔偿义务，即信托公司违反目的或者因违背管理职责、管理信托事务不当致使信托财产受到损失的，信托公司应当予以补偿、赔偿或恢复原状，在未予补偿、赔偿或恢复原状前，信托公司不得请求给付报酬。

（三）信托公司对信托业务的接受与终止

受托人职责依法终止的，新受托人依照信托文件的约定选任；信托文件未规定的，由委托人选任；委托人不能选任的，由受益人选任；受益人为无民事行为能力人或者限制民事行为能力人的，依法由其监护人代行选任。新受托人未产生前，中国银保监会可以指定临时受托人。

信托公司经营信托业务，有下列情形之一的，信托终止：①信托文件约定的终止事由发生；②信托的存续违反信托目的；③信托目的已经实现或者不能实现；④信托当事人协商同意；⑤信托期限届满；⑥信托被解除；⑦信托被撤销；⑧全体受益人放弃信托受益权。

信托终止的，信托公司应当依照信托文件的约定作出处理信托事务的清算报告。受益人或者信托财产的权利归属人对清算报告无异议的，信托公司就清算报告所列事项解除责任，但信托公司有不当行为的除外。

任务三 证券公司

一、证券公司的概念和职能

（一）证券公司的概念

证券公司是证券市场上的主体和中介之一，其以灵活的业务形式参与证券市场的资源配置，成为资金供求双方之间重要的联系纽带。由于各国经济发展水平、证券市场完善程度等的不同，证券公司在各国的称谓也不尽相同，美国称之为投资银行，英国称之为商人银行，日本称之为证券公司，我国也称之为证券公司。

由于各国证券公司及同一国家或地区的证券公司在不同历史时期的业务不完全一样，因此，给证券公司下精确定义并非易事。在这里，我们将它简单定义为：证券公司又称证券商，简称券商，是指由证券主管机关批准设立的、在证券市场上经营证券业务的金融机构。

（二）证券公司的职能

证券公司在证券市场上发挥着重要作用，通过证券公司的业务活动，有助于资金供求双方通过证券市场而实现资金余缺的调节。

1. 融资中介职能

融资中介是金融机构都具备的职能。证券公司的融资中介职能是指证券公司通过帮助资金需求者发行证券，将证券发售给资金供给者，使资金供求双方联系起来，实现资金融通的职能。在这个过程中，证券公司的作用表现在：一是帮助资金需求者寻找资金来源，同时帮助资金供给者寻找投资机会；二是设计合理交易方式，通过对证券种类、规模、期限、利率、还本付息方式的选择，使资金供求双方在互惠互利的基础上达成融资协议。

2. 分散证券市场风险的职能

这是指证券公司通过自身的业务经营活动，在一定程度上分散证券市场的风险。证券市场上的融资活动属于直接融资，与以商业银行为中介机构的间接融资活动相比较而言，风险性更大。原因如下：

(1)证券市场种类和层次的多样性，形成了错综复杂的交易关系和债权债务关系。众多的交易主体参与交易活动，其交易动机多种多样，利益需求各不相同，由此便形成了风险和收益的差别。

(2)间接融资的金融机构不仅数量有限，而且对其管理也很严密，其经营行为比较规范，可控程度较高。

(3)间接融资资金供需双方有金融中介机构的转换和调节，金融中介机构既要对资金供应方承担全部的责任，又要承担资金运用风险损失的责任，因此，其自身行为约束较严。相比之下，由于是直接融资活动，证券市场不仅可控性差，而且风险性大。例如，作为主承销商的证券公司在包销证券时，买下发行公司所拟发行的证券，到它们将这些证券再出售给公众，需要间隔一段时间。在这期间可能会发生未曾预料到的市场条件变化，从而使承购包销的证券不能顺利售出。在这种情况下，证券公司实际上承担了证券发行风险。也正是由于有证券公司承担证券发行风险，才有力地促进了新证券的发行和分销。

此外，证券公司还具有促进证券市场平稳发展等职能。

二、证券公司的主要业务

(一)证券承销业务

证券承销业务是指证券公司通过与证券发行人签订证券承销协议，在规定的证券发行有效期内协助证券发行人推销其所发行证券的业务活动。这种业务是证券公司最根本，也是最基本的业务。

证券承销的方式大体有三种：①包销，也称全额包销，是指证券公司与证券发行人通过签订承销协议，以议定的价格承诺购买发行人新发行的全部证券，然后销售给投资大众。这一过程中，证券公司一般是以略低的价格买进证券，再以较高的价格卖出，买卖价格的差额即为承销费用。承销费用的支付还有一种更为常用的计算方式，即按承销金额的一定百分比计算，习惯上称之为佣金。②助销，也称余额包销，是指证券公司与证券发行人签订承销协议，在规定的时间内按照约定的价格向投资大众销售证券，届时若有剩余，则由证券公司全部买下。③推销是指证券公司与证券发行人签订承销协议，在规定的时间内按照约定的价格向投资大众销售证券，届时能否销售出去、销售出去多少，证券公司不承担责任。

上述三种证券承销方式，证券公司一般在承销风险和承销收益之间进行考虑、进行平衡，显然，对于证券公司而言，包销、助销、推销三种证券承销方式的风险依次递减，相应地，收益也依次递减。目前，我国证券公司办理承销业务时，多采用助销，即余额包销方式。

(二)证券经纪业务

证券经纪业务是指证券公司代理客户在证券二级市场上进行证券交易，从中赚取交易佣金的业务活动。

(三)证券自营业务

证券自营业务又称证券交易业务，是指证券公司以自主支配的资金或证券直接以自己的名义参与证券交易活动，并承担证券交易风险的业务活动。证券自营业务可以给证券公司带来价差和股利或利息收入，当然也可能带来损失。

证券公司的证券自营业务，包括做市业务和自营交易业务两种类型。所谓做市业务，是指证券公司为证券交易制造市场，通过为证券交易报价而替证券市场创造流动性的一项业务。

证券自营交易业务是指证券公司为了实现通过证券价格水平变动获取收益的期望，通过自己的账户，用自有或自筹资金在二级市场上进行交易的行为。

(四)资产管理业务

资产管理业务是指证券公司作为资产管理人，与资产委托人签订资产管理合同，根据资产委托人的投资意愿进行证券的组合投资，以实现资产收益最大化的行为。

(五)其他业务

其他业务包括财务顾问、咨询服务、代理债券的还本付息、代理股息红利的发放、代保管有价证券等。

三、我国证券公司的设立条件与业务范围

(一)我国证券公司的设立条件

根据我国现行有关证券法规，设立证券公司，应当具备下列条件：

(1)符合法律、行政法规规定的公司章程。

(2)主要股东具有持续盈利能力,信誉良好,最近三年无重大违法违规记录,净资产不低于人民币 2 亿元。

(3)有符合《中华人民共和国证券法》规定的注册资本。具体的注册资本数额根据证券公司的业务范围确定。证券公司的注册资本应当是实缴资本。

(4)董事、监事、高级管理人员具备任职资格,从业人员具有证券从业资格。

(5)有完善的风险管理与内部控制制度。

(6)有合格的经营场所和业务设施。

(二)我国证券公司的业务范围

在我国设立的证券公司,经国务院证券监督管理机构批准,可以经营下列部分或者全部业务:①证券经纪;②证券投资咨询;③与证券交易、证券投资活动有关的财务顾问;④证券承销与保荐;⑤证券自营;⑥证券资产管理;⑦其他证券业务。

根据我国现行规定,经营上述第一至第三项业务的证券公司——习惯称之为经纪类证券公司,注册资本最低限额为人民币 5 000 万元;经营第四项至第七项业务之一的,注册资本最低限额为人民币 1 亿元;经营第四项至第七项业务中两项以上的,注册资本最低限额为人民币 5 亿元。在我国,习惯将经营上述前三项以上的证券公司称为综合类证券公司。截至 2020 年 11 月底,我国共有 137 家证券公司。

任务四　投资银行

一、投资银行的界定

投资银行的称谓盛行于美国,与商业银行相对应。在 1929—1933 年的世界性经济大危机中,美国商业银行大量破产倒闭,许多经济学者将其原因归咎于商业银行的综合性业务经营,尤其是经营风险较大的证券业务。面对危机以后的金融萧条,美国国会通过了《1933 年银行法》,制定了证券投资活动的基本管理原则,这些条款又被单独称为《格拉斯—斯蒂格尔法》。该法案规定,任何以吸收存款为主要资金来源的商业银行,除了可以进行投资代理、经营指定的政府债券、用自有资本有限地买卖股票债券这三种投资性业务外,不能同时经营证券投资等长期性投资业务;相反,经营证券投资业务的投资银行不能从事吸收存款等商业银行业务。

中国目前没有真正意义上的投资银行。不过大多数银行有投资银行业务,中国的证券公司具有部分投资银行功能,中国国际金融有限公司是中国第一家中外合资投资银行,中国建设银行、摩根士丹利是它的大股东。中国各大银行都开展了投资银行业务,投资银行是中国部分银行今后的发展方向。

投资银行

20 世纪 70 年代之后,伴随着金融管制的放松和金融自由化的发展,商业银行与投资银行的业务都不断扩展,逐渐渗入彼此领域,出现业务交叉。1999 年年底,美国国会颁布《金融服务业现代化法案》,废除《格拉斯—斯蒂格尔法》,允许银行、证券、保险机构跨业经营,金融混业经营得到法律认可。

美国著名的金融投资专家罗伯特・库恩(Robert Kuhn)曾根据投资银行业务的发展和趋势对投资银行作出了如下四种定义:

(1)凡是经营华尔街金融业务的银行,都可以被称为投资银行。此定义所包含的金融机构最为广泛，它不仅包括从事证券业务的金融机构，而且包括保险公司和各类不动产经营公司。

(2)只有经营部分或全部资本市场业务的金融机构，才能被称为投资银行。这是针对投资银行的第二广泛定义。此处所指的资本市场是指期限在1年以上(包括1年)的中长期资金市场。因此，证券包销与承销、资本金筹集、兼并与收购、各种投资咨询服务、基金管理、风险资本以及证券私募发行都属于投资银行业务，但是不动产经纪、保险、抵押除外。

(3)较为狭义的投资银行业务仅包括部分资本市场业务，如包销业务、兼并与收购，但是基金管理、风险资本、风险管理工具的创新等资本市场业务则被排除在外。

(4)最狭义定义认为，只有在一级市场承销证券、筹集资金以及在二级市场上交易证券的金融机构才是投资银行。该定义排除了过多的当前各国投资银行现实中正在经营的业务，显然已经不符合投资银行业务迅猛扩张时代的趋势。

罗伯特·库恩认为上述第二种定义最符合美国投资银行业的现实情况，是目前投资银行的最佳概念。

本任务也以此定义为基准，将投资银行界定为主要从事证券发行、承销、交易、企业重组、兼并与收购、投资分析、风险投资、项目融资等业务的非银行金融机构。依此概念，我国的投资银行还处于发展的初期阶段，大多数的证券公司还仅是经营投资银行最基本的证券承销和交易业务，按罗伯特·库恩的观点，还只能称为证券公司。

二、投资银行的基本职能

投资银行是现代金融体系的重要组成部分，是资本市场的核心。在现代金融体系中执行着其他金融机构无法替代的职能。

(一)媒介资金供需，提供直接融资服务

在资本市场上，投资银行通过帮助资金需求者发行股票和债券等直接融资工具，并将其出售给资金供给者，而将资金供需双方连接起来，实现资金的互通有无。在这种直接融资方式下，投资银行是资金供求双方的中介人，虽然自己并不直接与资金的供给者和需求者发生融资合同关系，但通过自己的中介服务，在帮助资金需求者寻找到资金来源的同时，也帮助资金供给者寻找到了投资机会。另外，投资银行通过设计合理的交易方式，通过对期限、利率、还本付息方式等的选择，使资金供求双方在互利互惠的基础上达成协议，互通有无。

(二)构建发达的证券市场

1. 投资银行通过咨询、承销、分销、代销等方式帮助构建证券发行市场

证券发行工作较为复杂，证券发行者必须准备各种资料，进行大量宣传工作，提供各种技术条件，办理复杂的手续，因此仅依靠发行者自身的力量发售证券，不仅成本高，而且效果不理想。所以，大多数的证券发行工作总是要依靠投资银行才能顺利完成。

2. 投资银行以做市商、经纪商和交易商的身份参与证券交易市场活动，发挥重要作用

(1)在证券承销完毕一段时间内，投资银行经常作为做市商参与证券交易活动，收集市场信息，预测市场行情，并因此吞吐大量证券，起到发现市场价格的作用，保证了证券价格的连续性和稳定性。

(2)在证券交易市场中，投资银行以经纪商的身份接受客户的委托，代其进行证券买卖活动，方便了客户买卖证券，活跃了市场的交易，提高了市场交易效率，保障了交易活动的顺利进行。

3. 投资银行在证券市场的业务创新中发挥重要作用

投资银行作为金融领域中最积极、最活跃的力量，本着分散风险、保持合理流动性、追求最大化利润的原则，不断推出创新的金融工具，通过期货、期权、互换等各种衍生性金融工具满足客户的各种需求。

4. 投资银行促进证券市场的信息披露

投资银行在证券市场中通过搜集资料、调查研究、提供咨询、介入交易，极大地促进了各种有关信息在证券市场的披露与传播。

(三)优化资源配置

投资银行作为证券市场上的中介机构，通过对不同企业和不同项目融资的收益和风险的确定，可以起到引导社会资金流向、优化金融资源配置的功能。证券市场中，那些产业前景好、盈利能力强、发展潜力大的企业更容易通过发行股票、债券方式获取发展所需资金，投资银行通过向投资者推介与承销这些企业发行的股票与债券，使资金流向这些企业，取得更好的资金使用效率。此外，投资银行通过提供并购服务促进优质企业并购劣质企业，使优质企业掌握更多资源，也起到了优化资源配置的功能。

(四)促进产业集中

在经济的发展过程中，生产的高度社会化必然导致产业的集中和垄断，而产业的集中和垄断又反过来促进生产社会化向更高层次发展，推动经济进一步发展。资本市场出现以前，产业集中是通过企业自身价值成长的内在动力以及优胜劣汰的自然规律驱动完成的。资本市场出现以后，其更注重企业未来价值的成长性，从而为资金流向提供一种信号，引导着更多的资金流向优质企业，从而加速产业集中进程。投资银行通过募集资本的投向和并购方案的设计，帮助优质企业获得资金，加快产业集中进程。

由于企业并购是一个技术性很强的工作，选择合适的并购对象、合适的并购时机、合适的并购价位以及进行合理的针对并购的财务安排都需要大量的资料、专业人才和先进技术，这是一般企业难以胜任的。

三、投资银行的业务

2007 年美国次贷危机的爆发以及由此引发的全球性金融危机对投资银行业产生巨大的影响，伴随着贝尔斯登的垮台、美林证券被接管、百年投行雷曼兄弟破产、大摩和高盛向商业银行的转型，美国华尔街五大投行几乎全军覆没，投资银行的发展前景受到人们的普遍关注。然而，无论独立的投资银行发展前景如何，只要证券市场存在，只要直接融资方式存在，投资银行所从事的业务就不会消失，其特有的功能也不会消亡。

如上所述，现代投资银行已经突破了传统的证券发行与承销、证券交易与经纪等业务，企业并购、资产管理、财务顾问、风险投资、衍生品交易等都已经成为投资银行的核心业务。

(一)证券承销业务

证券承销是投资银行最为传统与基础的业务。它是指投资银行帮助证券发行人就发行证券进行策划，并将公开发行的证券出售给投资者以筹集到发行人所需资金的业务活动。时至今日，该项业务仍然是投资银行的主营及核心业务之一。在美国，对投资银行的专业能力与实力的排名都是依据其所完成的承销额来评判的。

投资银行承销证券的范围相当广泛，包括本国中央政府、地方政府、政府部门发行的债券，各种企业发行的债券和股票，外国政府和外国公司发行的证券，以及国际金融机构发行的证券等。

标准的证券承销包括三大步骤：首先，投资银行就证券发行的时间、条件、方式、种类等向发行人提出建议。投资银行在进行调查研究的基础上，再结合丰富的经验，向证券发行人提出最佳的发行方案，并提示发行方案的利弊和风险等信息。其次，当证券发行方案确定并经证券管理机关批准后，发行人与投资银行签订承销证券协议，投资银行帮助发行人销售证券。最后，双方签订协议之后，进入实质性的证券分销阶段。为了销售证券，投资银行通常组成一个规模庞大的承销团，形成庞大的销售网络，迅速地向投资者推销证券。

投资银行在对证券进行承销的操作中一般会按照所承销的金额与风险的大小来选择相应的承销方式，通常会采用的方式有代销和包销两种。

1. 代销

代销是证券代理销售的一种形式，由发行人与投资银行签订代销协议，按照协议条件，投资银行在约定的期限内销售所发行的证券，到约定的期限，部分未售的证券退还发行人，投资银行不承担责任。代销实际上是发行人与投资银行之间的一种委托代理关系，投资银行不承担销售风险，因此代销的佣金较低。

2. 包销

包销又分两种：一种是全额包销，另一种是余额包销。

(1)全额包销是指由投资银行与发行人签订协议，由投资银行按约定价格买下发行的全部证券，然后以稍高的价格向社会公众出售，即低价买进高价售出，中间差额为投资银行赚取的利润。如果到期投资银行不能将证券全部销售出去，则投资银行承担相应风险。

(2)余额包销是指投资银行与发行人签订协议，在约定的期限内发行证券，并收取佣金，到约定的销售期满，售后剩余的证券，由投资银行按协议价格全部认购。余额包销实际上是先代理后包销。

投资银行证券承销业务的利润来源有两块：一是价差，即投资银行支付给证券发行者的价格与投资银行实际销售的价格之间的差额；二是佣金，即投资银行按照发行金额的比例提取佣金。一般而言，承销金额的大小、发行的难易程度、竞争者的价格、成本状况等都是影响投资银行承销业务利润的决定因素。

(二)证券交易与经纪业务

证券交易与经纪也是投资银行的一项基本业务，它是证券承销业务的延续业务。证券交易所作为场内交易市场，通常规定只有交易所会员才能入场进行交易。普通投资者要想买卖证券交易所内上市证券，必须通过投资银行等经纪商，由其代为买卖证券，这就是证券的经纪业务。在经纪业务中，投资银行与客户是一种委托代理关系，客户是委托人，投资银行是受托人。投资银行必须严格按照客户的交易指令(包括证券的种类、数量、价格和指令的有效时间等要素)买卖证券，不能擅自更改客户的交易指令。投资银行不承担证券交易中的风险，以向客户收取佣金作为报酬。除了经纪业务，投资银行还会动用自有资金参与证券交易，通过赚取买卖价差而获利，这是投资银行的交易业务。

(三)并购业务

并购业务即兼并与收购业务，对企业的兼并与收购业务已成为投资银行除承销与经纪业务外最为重要的业务种类。

兼并是指由两个或两个以上的企业实体形成新经济单位的交易活动。收购是指两家公司进行产权交易，由一家公司获得另一家公司的大部分或全部股权以达到控制该公司的交易活动。企业的兼并与收购业务是一项专业性极强又十分繁杂的交易活动，投资银行利用其专长为进行此项交易活动的任何一方提供价值评估、策划咨询、设计并购方案、协助融资和反收购等相关专业服务活动，从而获取报酬收入。

在并购业务中，投资银行的业务主要有两大类：一是投资银行充当并购策划和财务顾问，以中介人的身份，为并购交易的主体和目标企业提供顾问、策划和相应的融资业务；二是投资银行是并购的主体，将并购活动作为一种股权投资行为，先买下企业，后进行整体转让，或分拆卖出，或包装上市卖出股权，以进行套现。

(四)资产管理业务

资产管理业务源于企业及个人的财富积累和谋求资产增值的市场需求。在成熟的资本市场中，投资者愿意将自己的资产委托给专业机构进行理财管理，从而避免自身作为缺乏相关投资知识及时间的非专业人士进行投资而招致的损失。为了满足这样的市场需求，投资银行开办资产管理业务，以受托人的身份根据与委托人(投资者)签订的相关资产委托管理的协议，为委托人的资产提供理财服务，依靠其专业能力为委托人控制风险，获取投资收益，从而使委托人实现资产的增值。在典型的资产管理业务中，投资银行与客户的关系是委托代理关系，即“受人之托，代人理财”。

资产管理业务中的“资产”，从理论上来说，涵盖一切形式的资产，包括现金、证券、股权、债权、实物资产等，当然通常是货币、证券等金融资产。这里主要介绍资产管理业务的两种主要业务：现金管理业务和基金资产管理业务。

现金管理业务是投资银行为客户提供的现金管理服务。现金管理通常的做法是由投资银行对企业的财务统计数据进行分析和预测，建立数学模型，确立企业日常经营中所需要的最佳现金存量；制订有关的现金收支计划，通过收账、短期借债，对财务进行动态管理，尽可能地增加企业的可用现金，从而为企业构建出一种最佳的现金流动组合。

基金资产管理业务是指在基金投资目标和投资原则的指导下，按照一定的投资规则和程序，把通过发行基金份额募集的资金，分散投资到证券、不动产、实业及实物等资产中去，取得投资收益。投资银行作为基金资产的管理人，其主要职责包括：与投资者签订委托合同，按照约定条款进行投资管理；通过专业的资产管理活动，构造投资组合，实现资产的保值与增值；定期编制并公布基金的相关财务报告；接受投资者和基金监管机构的监督。

(五)财务顾问与咨询业务

投资银行的财务顾问业务是投资银行所承担的对公司尤其是上市公司的一系列证券市场业务的策划和咨询业务的总称。它主要是指投资银行在公司的股份制改造、上市、在二级市场再筹资以及发生兼并收购、出售资产等重大交易活动时提供的专业性财务意见。根据内容的不同，投资银行主要提供重组并购顾问、投资咨询、管理咨询等业务。

1. 重组并购顾问

在企业的重组并购过程中，企业的战略规划、经营策略、财务管理、业务重组等需要重新考虑。在这一过程中，投资银行充当企业的咨询顾问，并提供下列服务：

(1)帮助企业进行财务分析，找出当前危机的根源所在，并找出解决危机需首先解决的问题。

(2)根据企业的现状和资源禀赋，重新制定企业发展战略和经营战略，使企业发展目标明确。

(3)协助企业进行融资，补充企业进一步发展所需要的资金。

(4)根据客观的现状，重新分析企业的经营计划，并排列出业务的主次，剔出不熟悉或不盈利的业务，以便集中利用有限的资源。

(5)咨询审查企业的组织结构和分支机构，对于那些对企业发展无影响甚至有负面作用的分支机构作出撤销、销售处理。

2. 投资咨询业务

习惯上常将投资银行的投资咨询业务的范畴定位在对参与二级市场的投资者提供投资意见和管理服务，主要包括债券投资咨询业务和股票投资咨询业务两大类。

(1)在债券投资咨询业务中，投资银行帮助客户选择债券种类、选择与收益率相对应的债券价格、帮助客户分析债券投资的风险等。

(2)在股票投资咨询业务中，投资银行帮助客户分析股票市场行情、树立正确的投资理念并指导客户形成正确的投资方法。

3. 管理咨询服务

管理咨询服务主要包括企业的发展战略、组织架构、激励体系、信息流动、市场和财务状况以及客户资源管理等。同时，投资银行结合企业的行业运行特点及发展趋势，从第三方角度对企业管理框架进行规划，逐步从人员结构及管理框架优化上提升企业的发展后劲。

(六)风险投资业务

风险投资又称创业投资，是指对新兴公司在创业期和拓展期进行的资金融通，表现为风险大、收益高。新兴公司一般是指运用新技术或新发明生产新产品，具有很大的市场潜力，可以获得远高于平均利润的利润，但却充满了极大风险的公司。由于高风险，普通投资者往往不愿涉足，但这类公司又最需要资金的支持，因而为投资银行提供了广阔的市场空间：第一，采用私募的方式为这些公司筹集资本；第二，对于某些潜力巨大的公司进行直接投资，成为其股东；第三，设立“风险基金”或“创业基金”，向这些公司提供资金来源。

大部分投资银行偏向于向处于成长后期的公司提供风险资本，如二级资金、桥梁资金、借贷收购资金等。二级资金用来支持新产品已经打开销路但生产规模需要扩大的企业，以供它们添置各种设备、厂房等固定资产。桥梁资金用来支持初具规模实力、产品和市场较为稳定的企业在首次上市前的未成熟阶段的公司。借贷收购资金用来支持新生公司的经理层收购一家现成的企业或者生产线以扩大生产规模。

私募是指发行公司不通过公开的证券市场直接将证券出售给少数特定的认购人。在私募业务中，投资银行主要承担四项职责：寻找可能的投资者、帮助发行公司准备各种文件、对发行公司进行尽职调查、制定私募发行的日程表。在这样的中介服务中，投资银行会获得高额的代理业务佣金。

拓展阅读 6—1　　投资银行与商业银行的区别

尽管在名称上都冠有“银行”字样，但实质上投资银行与商业银行之间存在着明显差异：从市场定位上看，银行是货币市场的核心，而投资银行是资本市场的核心；从服务功能上看，商业银行服务于间接融资，而投资银行服务于直接融资；从业务内容上看，商业银行的业务重心是吸收存款和发放贷款，而投资银行既不吸收各种存款，也不向企业发放贷款，业务重心是证券承销、公司并购与资产重组；从收益来源上看，商业银行的收益主要来源于存贷利差，而投资银行的收益主要来源于证券承销、公司并购与资产重组业务中的手续费或佣金。具体如表 6—1 所示。

表 6—1　　投资银行与商业银行的区别

项　目	投资银行	商业银行
本源业务	证券承销	存贷款
功能	直接融资,并侧重长期融资	间接融资,并侧重短期融资
业务概况	无法用资产负债反映	表内与表外业务
主要利润来源	佣金	存贷款利差
经营方针与原则	在控制风险前提下更注重开拓市场	追求收益性、安全性、流动性三者结合,坚持稳健原则
监管部门	主要是证券管理机构	中央银行
风险特征	一般情况下,投资人面临的风险较大,投资银行风险较小	一般情况下,存款人面临的风险较小,商业银行风险较大

任务五　其他非银行金融机构

一、金融租赁公司

金融租赁于 20 世纪 50 年代初兴起于美国,由于其特有的集融资与融物于一体的功能,迅速风靡世界。相应地,各国也就先后出现了专门或主要以金融租赁活动为主要业务的金融机构,即金融租赁公司。

金融租赁公司的业务流程一般为:金融租赁公司(作为出租人)根据客户(即承租人)的要求筹措资金,提供以"融物"代替"融资"的设备租赁。在租期内,承租人只有租赁物件的使用权,没有所有权,并要按租赁合同规定,定期向租赁公司交付租金。租期届满时,承租人或留购(指承租人向租赁公司交付少量的租赁物件的名义货价——相当于残值,双方即可办理租赁物件的产权转移手续)或继续租赁。

我国的金融租赁公司产生于 20 世纪 80 年代,大多由银行、其他金融机构以及一些行业主管部门合资创建。1987 年成立的中国租赁有限公司是我国首家租赁公司。到 21 世纪之前,从总体上看,我国的金融租赁公司及其业务没有得到发展。按照金融业分业经营与管理的规定,我国的金融租赁公司也已与其所隶属的银行等机构脱钩。到 2006 年 12 月 28 日,中国银行业监督管理委员会颁布《金融租赁公司管理办法》,我国金融租赁公司迎来了新一轮发展高潮。

二、证券投资基金管理公司

证券投资基金管理公司是指对证券投资基金进行运作和管理的一种非银行金融机构。投资基金不同于平常所说的基金,它要以投资盈利为目的。根据投资的主要方向不同,投资基金可分为证券投资基金、产业投资基金、风险投资基金等。

证券投资基金管理公司一般由若干发起人(多为企业法人)提出申请,经对口主管机关批准成立;然后,向投资人发行受益凭证或股份募集资金,再以组合方式对证券等各种金融资产进行投资。投资人不参与投资基金的运作和管理,只按与投资基金管理公司之间的合同定期参与投资收益的分配(当然,届时若没有取得收益,则无所谓分配);而基金管理公司则根据与投资人之间的合同进行投资运作，提取管理费收入。由此可见，投资人与基金管理公司之间本质上讲是一种信托关系。

我国的投资基金管理公司产生于20世纪80年代后期，1987年，中国银行和中国国际信托投资公司推出面向海外投资者的基金。到2008年12月31日，我国共有60家基金管理公司，管理着众多的、投资风格和投资标的各异的封闭式基金和开放式基金。证券投资基金管理公司已成为我国证券市场的重要机构投资者。

证券投资基金管理公司不得把基金财产用于下列投资或者活动：①承销证券；②向他人贷款或者提供担保；③从事承担无限责任的投资；④买卖其他基金份额，但是国务院另有规定的除外；⑤向其基金管理人、基金托管人出资或者买卖其基金管理人、基金托管人发行的股票或者债券；⑥买卖与其基金管理人、基金托管人有控股关系的股东或者与其基金管理人、基金托管人有其他重大利害关系的公司发行的证券或者承销期内承销的证券；⑦从事内幕交易、操纵证券交易价格及其他不正当的证券交易活动；⑧依照法律、行政法规有关规定，由国务院证券监督管理机构规定禁止的其他活动。

三、财务公司

财务公司也是一种重要的非银行金融机构。与西方的财务公司不同，我国的财务公司是指由企业集团设立，以加强企业集团资金集中管理和提高企业集团资金使用效率为目的，为企业集团成员单位（以下简称“成员单位”）提供财务管理服务的非银行金融机构。

自1987年我国第一家财务公司——南京中山（电子）集团财务公司成立以来，企业集团财务公司稳步发展。

根据2004年9月1日开始实施的中国银行业监督管理委员会制定的《企业集团财务公司管理办法》，我国的财务公司可以经营下列部分或者全部业务：①对成员单位办理财务和融资顾问、信用鉴证及相关的咨询、代理业务；②协助成员单位实现交易款项的收付；③经批准的保险代理业务；④对成员单位提供担保；⑤办理成员单位之间的委托贷款及委托投资；⑥对成员单位办理票据承兑与贴现；⑦办理成员单位之间的内部转账结算及相应的结算、清算方案设计；⑧吸收成员单位的存款；⑨对成员单位办理贷款及融资租赁；⑩从事同业拆借；⑪中国银行业监督管理委员会批准的其他业务。同时还规定，符合条件的财务公司，可以向中国银行业监督管理委员会申请从事下列业务：①经批准发行财务公司债券；②承销成员单位的企业债券；③对金融机构的股权投资；④有价证券投资；⑤成员单位产品的消费信贷、买方信贷及融资租赁。

四、金融资产管理公司

所谓金融资产管理公司，是指为了化解金融风险而成立专门收购、管理和处置金融机构不良资产的非银行金融机构。金融机构在其业务经营过程中，由于主观或客观方面的原因，难免会或多或少产生不良资产。特别是20世纪90年代末东南亚金融危机的爆发，使得一些国家经济遭受沉重打击，甚至诱发了个别国家的政治危机。

1989年，美国为了解决其储蓄贷款协会的大量不良贷款，从联邦存款保险公司中分离出一个专门的机构——重组信托公司，负责接管和处置储贷协会的不良资产。后来的实践证明，这种做法取得了成功，不仅解决了金融机构不良资产引发金融危险的问题，而且实现了不良资产价值回收最大化的目标。随后，很多国家纷纷仿效，成立各自的金融资产管理公司处置金融机构的不良资产。

20 世纪 90 年代末期，为了改善当时工、农、中、建四家国有独资商业银行的资产质量，降低不良资产比例，化解金融风险，同时为了支持国有大中型企业实施债权转股权，帮助其摆脱亏损困境，转换经营机制，完善法人治理结构，我国于 1999 年 3 月至 10 月，由国家投资先后组建了四家金融资产管理公司，即中国信达资产管理公司、中国华融资产管理公司、中国长城资产管理公司、中国东方资产管理公司，分别收购从建、工、农、中四家国有独资商业银行剥离出来的不良资产。其注册资本均为 100 亿元。此外的资金来源，一是划转中国人民银行发放给国有独资商业银行的部分再贷款；二是由这四家金融资产管理公司向对应的银行发行金融债券。

应知考核

一、单项选择题

1. 具有分散风险、组织经济补偿职能的金融机构是(　　)。

A. 证券公司　B. 财务公司　C. 保险公司　D. 担保公司

2. 集融资与融物功能为一体的金融业务是(　　)。

A. 证券信托　B. 银行信贷　C. 财产保险　D. 金融租赁

3. 保险活动特有的内在经济功能是(　　)。

A. 保险赔付　B. 分散危险　C. 转移支付　D. 资金融通

4.《中国信托投资公司管理办法》规定在中国设立信托投资公司的最低注册资本金不低于人民币(　　)。

A. 1 亿元　B. 2 亿元　C. 3 亿元　D. 4 亿元

5. 信托机构为委托人代为管理货币资金表现为信托的(　　)。

A. 财务管理职能　B. 资金融通职能　C. 信用服务职能　D. 信用创造职能

二、多项选择题

1. 我国证券公司的业务有(　　)。

A. 证券经纪　B. 证券投资咨询　C. 证券承销　D. 证券自营

2. 在现代社会，保险的职能包括(　　)。

A. 专业理财　B. 分散风险　C. 组织经济补偿　D. 融通资金

3. 下列关于信托的表述正确的有(　　)。

A. 信托机构对信托资产拥有最终处置权　B. 信托是受人之托、代人管理的行为

C. 信托财产具有独立性　D. 信托财产本质上属于委托人和受益人

4. 下列属于非银行金融机构的有(　　)。

A. 证券公司　B. 财务公司　C. 中央银行　D. 投资基金管理公司

5. 证券公司的业务主要包括(　　)。

A. 抵押业务　B. 代理业务　C. 自营业务　D. 信用业务

三、判断题

1. 保险的本质决定保险的职能：分散风险、补偿损失是保险的基本职能。　(　　)

2. 信托公司可以卖出回购方式管理运用信托财产。　(　　)

3. 证券公司在各国的称谓也不尽相同，美国称之为商人银行，日本称之为证券公司。　(　　)

4. 财务公司也是一种重要的银行金融机构。　(　　)

5. 投资银行是现代金融体系的重要组成部分，是货币市场的核心。　(　　)

四、简述题

1. 简述保险的概念、基本职能和原则。
2. 简述商业性保险公司和政策性保险公司的主要业务。
3. 简述信托的概念、特点、构成要素和职能。
4. 简述证券公司的主要业务。
5. 简述投资银行的基本职能。

应会考核

■ 观念应用

【背景资料】

文化产业保险市场亟待专业化

故宫文物受损事件引发了人们对文物、艺术品投保话题的热议。数据显示，2010 年，中国艺术品市场总成交额超过 500 亿元，但国内艺术品展览 9 成以上没有保险。绝大多数博物馆和美术馆中的多数藏品处于无保状态，较欧美等成熟完善的艺术品保险市场，中国的市场巨大，但却极其不成熟。

据了解，艺术品保险是从传统财产保险和货运保险基础上演变发展而来的，主要承保火灾以及其他自然灾害和意外事故造成的艺术品直接损失。保险标的包括投保人所有、代他人保管或与其他人共有，由投保人负责保管、展览、装卸、运输的艺术品。显然，对于艺术品保护而言，投保艺术品保险是最直接的风险管控手段之一。

资料来源：9 成以上艺术品“裸保”文化产业保险破冰，中国新闻网，2011 年 8 月 16 日。

【考核要求】

讨论：为何中国的文化产业保险，尤其是艺术品保险问津者寥寥，国内保险公司也不积极呢？

■ 技能应用

作为第二大金融业态，信托业如何打造中国特色文化

服务实体经济是信托业的使命，也是推动我国经济高质量发展、满足人们美好生活需求的必然要求。信托业坚持“脱虚向实”的发展路径，为“长江经济带”“粤港澳大湾区”等国家重大发展战略及倡议提供资金支持和金融服务。

据《中国信托业服务实体经济报告》研究显示，截至 2019 年二季度末，全国 52 家信托公司投向京津冀、长三角区域、粤港澳大湾区三大城市群范围内的信托业务规模为 6.18 万亿元，占 19.05 万亿元资金信托的 32.44%。服务实体经济的基本原则已经成为信托业的使命文化，引导经济脱虚向实，履行金融企业职责。

截至 2019 年三季度末，信托业直接投入实体经济领域的信托资产余额为 13.25 万亿，占

信托资产余额的60.24%,基本覆盖了实体经济的各个行业,在稳增长、调结构、促转型,解决企业融资难、融资贵等方面发挥了积极的作用。截至2019年三季度末,投向工商企业的信托资金余额5.51万亿元,在资金信托中占比为29.7%,投向基础产业的信托资金余额为2.86万亿元,在资金信托中占比15.45%,表明信托行业坚定服务实体经济,支持国家和地方重点建设项目,尤其在发展小微企业中的积极作用。

未来信托业将继续坚守信托服务实体经济的使命文化,使其成为贯穿信托脱虚向实的一条主线。

资料来源:刘琪:3季度末全国68家信托公司,信托资产规模21.99万亿元,同比下降4.94%,证券日报网,2019年12月19日。

【技能要求】

结合本项目,分析什么是信托,信托业务带来的意义有哪些。

■ 案例分析

【情景与背景】

非银行金融机构的不同作用

约翰·摩根在1913年去世时给儿子留下了巨大的家业,其中就有约翰·摩根创建的摩根公司。1935年,摩根公司被迫分拆成两个公司,一个仍旧叫摩根公司,另一个叫摩根士丹利公司。这两个公司有什么区别呢?为什么要把摩根公司拆成两家公司呢?

这两个公司的区别就是,摩根是商业银行,是银行业金融机构;而摩根士丹利是投资银行,是非银行业金融机构。非银行业金融机构也是金融机构,从事的也都是金融活动,但是,它们不能从事存款、贷款这样只有银行才能从事的业务。非银行金融机构有很多种,包括投资银行、基金、证券公司、资产管理公司、信托公司、保险公司、财务公司、金融租赁公司等。它们的作用各不一样。

在这里,我们看看投资银行与基金是怎么回事?它们有什么作用?是如何运作的?

首先,我们看投资银行。投资银行虽然名字叫投资银行,其实并不是"银行",因为它不能从事存贷款业务。目前,只有银行才能从事存贷款业务。

那么,投资银行是做什么的呢?

美国第一家投资银行是在1800年建立的。经过200年的演变,现在的投资银行与以前的投资银行已有很大的区别。现在的投资银行从事的业务非常广泛,几乎包括除存贷款以外的所有金融业务。但是,投资银行最基本的业务是证券承销与财务顾问。这也是投资银行与其他金融机构的区别。

但是,随着投资银行的演变,在投资银行的业务里面,证券承销与财务顾问的比重越来越低了,投资银行的业务范围已经非常广。除了传统的证券承销与财务顾问业务外,它们从事的业务还包括:证券与商品交易经纪业务、证券与商品交易自营业务、资产管理业务、直接投资业务。

那么,可不可以一家银行既做商业银行的业务,也做投资银行、证券经纪、保险等业务呢?

1933年以前,在美国是可以的,同一家银行既可以从事存贷款等商业银行业务,也可以做投资银行的证券承销等业务。这称作混业经营。美国在1933年通过了一个法案,要求美国的银行要么只做商业银行,要么只做投资银行,不能两个都做。这样,美国的商业银行与投资银行就分开了。这称作分业经营。正是因为这个规定,摩根公司在1935年被迫分拆成两个公司:摩根公司与摩根士丹利公司,摩根公司从事商业银行业务,而摩根士丹利公司则从事投资银行业务。

不过，从那个法案在1933年通过的第一天开始，美国的银行就一直在试图废除这个法案。经过66年的不懈努力，它们终于在1999年让美国国会废除了这个法案。这样，美国又开始了商业银行与投资银行的混业经营。

资料来源：非银行金融机构的不同作用，大律师网，2017年2月4日。

【分析要求】

结合所学过的内容，分析非银行金融机构的不同作用有哪些。

项目实训

【实训内容】

非银行金融机构的产品及功能分析

【实训目标】

通过本项目的实训，熟悉非银行金融机构的产品及功能，并能够在现实中加以应用；培养学生分析问题能力、解决问题的能力；培养学生资料查询、整理的能力。

【实训组织】

以学习小组为单位，①学生可选择一类非银行金融机构；②搜集相关产品资料；③根据产品功能进一步分析该类非银行金融机构的功能。

【实训成果】

1. 写出每日操作心得；
2. 总结分析结果，得出结论，并完成实训报告。

《非银行金融机构的产品及功能分析》实训报告		
项目实训班级：	项目小组：	项目组成员：
实训时间：　　年　　月　　日	实训地点：	实训成绩：
实训目的：		
实训步骤：		
实训结果：		
实训感言：		

项目七

中央银行

○ **知识目标**

理解：中央银行的产生及发展，我国中央银行的产生及发展。

熟知：中央银行的类型与组织结构，中央银行的资本组成类型。

掌握：中央银行的组织结构，中央银行的性质、特征、职能，中央银行与政府的关系，中央银行的业务。

○ **技能目标**

1. 能够理解中央银行与政府的关系，中央银行的相对独立性。

2. 能够认识中央银行在金融机构体系和整个经济中的地位和作用。

○ **素质目标**

1. 具备收集资料、分析资料的能力，具备独立思考、团结协作的能力，注重团队的成绩与荣誉。

2. 培养与人沟通、言行举止得体等综合素质能力。

3. 理解不忘初心的核心要义和精神实质，塑造自己的品格、品行和品位，树立正确的世界观、人生观和价值观，把学与用有机结合，做到学思用贯通、知信行统一。

○ **项目引例**

海南地下钱庄洗钱案的思考

某年，海南省公安厅经侦总队破获一起特大转账提现型地下钱庄案件。该犯罪团伙在两年时间内，利用深圳市汇金信投资有限公司为掩护、20 家“空壳”公司为载体，将 727 亿多元转至 4 473 个境内外账户。此次曝出的特大地下钱庄案，庞大的经营金额和地下钱庄的滋生速度令人震惊，该案件也折射出我国金融制度的缺陷和监管力度的缺失。犯罪团伙在深圳的投资公司接到“业务”后，将“客户”对公账户中的资金转入海南事先注册好的工具公司对公账户中，再通过网银将海南对公账户资金转入工具账户，最后转入“客户”指定的账户中。在此转账过程中，基层行使反洗钱监管能力不到位也是该案发生的重要原因。银行监管部门对开设账户、中小型个体单位注册及运营情况的监管还不全面，不能实时发现可疑资金交易账户的活动情况。提高基层行反洗钱能力，是今后防范地下钱庄洗钱案的关键。首先，商业银行是经营货币的企业，犯罪分子在放置、离析和归并洗钱“三部曲”中，银行自然就成为首选通道。银行很可能有意或无意地被卷入“洗钱”犯罪活动中，扮演着不光彩的角色。其次，银行具有发现洗钱的业务和技术的条件。银行从事货币经营业务，为客户办理资金存取、汇出汇入往来款项，具有识别可疑交易的便利条件。同时，银行的业务操作流程和内控措施，通过保存客户的交易记录，可以控制和防范洗钱犯罪。

○ **引例导学**

反洗钱是我国中央银行除传统业务以外适应新形势需要开展的一项主要业务，那么中央银行都办理哪些主要业务？这些正是本项目所要讨论的问题。

○ **知识准备**

任务一　中央银行概述

当今世界上大多数国家和地区建立了中央银行制度，这些国家和地区的中央银行类似于中央银行的机构，均处于金融体系的核心地位，其不仅担负着制定和执行货币政策，对整个国民经济发挥着宏观调控作用，而且担负着监管商业银行、非银行金融机构以及金融市场的责任。

一、中央银行的产生及发展

（一）建立中央银行的必要性

随着资本主义经济的发展，现代资本主义银行在资本主义国家也迅速建立和发展起来。但是，在现代银行出现后的一个相当长时期内，并没有专门发行银行券的银行，更没有中央银行。随着客观经济发展的需要，建立中央银行的必要性逐渐体现，集中表现在以下几个方面：第一，统一发行银行券的需要。第二，集中办理票据交换及清算的需要。第三，为众多商业银行提供最后的资金支持即“最后贷款人”的需要。第四，代表政府监管金融业的需要。

（二）中央银行产生和发展的过程

上述建立中央银行的几方面客观要求并非同时提出的，中央银行的产生也经历了一个长期的过程。

通常在谈及中央银行起源时，首先提到瑞典银行和英格兰银行。前者成立于 1656 年，后者成立于 1694 年，但它们成立之初并非就是中央银行。瑞典银行初建时是一般私营银行，后于 1668 年改组为国家银行。实际上，直到 1897 年它才独占货币发行权。真正最早全面发挥中央银行功能的应属英格兰银行。英格兰银行作为世界上最早的私人股份银行，成立之初就已具有与其他银行不同的特权，比如接受政府存款并向政府提供贷款，在发行银行券上有优势等。但成为中央银行的决定性的第一步，即基本垄断货币发行权，却是其成立 150 年后的 1844 年的事情。1844 年通过的《英格兰银行条例》，结束了在英国有 279 家银行都发行银行券的局面。1854 年，英格兰银行成为英国银行业的票据交换中心；1872 年，它开始对其他银行承担起在困难时提供资金支持即“最后贷款人”的责任，并且由于它在发生金融危机时的特殊作用，使它具有相当程度的全国金融管理机构的色彩。

在整个 19 世纪到第一次世界大战爆发前这 100 多年里，出现了成立中央银行的第一次高潮。例如，成立于 1800 年的法兰西银行，到 1848 年垄断了全法国的货币发行权，并于 19 世纪 70 年代完成了向中央银行的过渡；德国于 1875 年把原来的普鲁士银行改为国家银行，并于 20 世纪初基本上独享货币发行权；1913 年，美国联邦储备系统建立，是这个阶段最后形成的中央银行制度。在此期间，世界上约有 29 家中央银行相继设立，其中绝大部分是欧洲国家。它们的产生主要是本国客观经济、金融发展的产物，并且除个别例外，都是由普通银行通过逐步集中货币发行和对一般银行提供清算服务及资金支持而演进为中央银行的。

第一次世界大战结束后，面对世界性的金融恐慌和严重的通货膨胀，1920 年在布鲁塞尔召开的国际经济会议上，要求尚未设立中央银行的国家应尽快建立中央银行，以共同维持国际货币体系和经济稳定，由此，推动了又一次中央银行成立的高潮。中央银行的三大职能——发行的银行、银行的银行、国家的银行——在这段迅速扩展时期中逐渐完善。第二次世界大战以后，一批经济较落后的国家摆脱了宗主国或殖民者的统治获得独立，它们皆视中央银行的建立为巩固民族独立和国家主权的一大标志，纷纷建立本国的中央银行。目前，世界上只有极少数的殖民地、附属国尚无自己的中央银行。可见，中央银行的建立主要是通过两个途径进行的：一是从众多的商业银行中逐渐分离出一家银行，逐渐演变为中央银行；二是有国家运用行政力量专门建立的中央银行。

(三)国家对中央银行的控制逐步加强

中央银行一经产生就与政府有着密切的联系，经常体现或实现着政府的某些意图，包括在金融管理中承担一定的责任。从这个意义上说，国家从来都在一定程度上控制着中央银行，尽管这种控制程度在不同的国家以及在同一国家的不同时期强弱不一。

国家对中央银行的控制，总的来说有加强的趋势，尤其是20世纪30年代经济危机以来更为明显。20世纪30年代的经济危机，动摇了传统的认为经济自身能够自我调整而实现均衡的观念。应运而生的凯恩斯经济理论论证了资本主义经济不能自发达到充分就业的均衡，并进一步强调指出了政府干预经济的必要性。在这种理论的指导下，中央银行就成为政府对宏观经济施加调节的重要工具之一。中央银行的货币政策已不仅着眼于稳定银行业自身，而且着眼于稳定整个国民经济。

既然政府要利用中央银行调控宏观经济，那么，其加强对中央银行的控制就是顺理成章的事情，而且必然会引起中央银行制度发生新的变化。第二次世界大战后，政府对中央银行控制的强化直接表现为：

第一，中央银行的国有化。各国中央银行实质上成为政府机构的一部分。

第二，制定新的银行法。第二次世界大战后各国纷纷制定新的银行法，明确中央银行的主要职责就是贯彻执行货币金融政策、维持货币金融的稳定。如日本的新银行法规定，中央银行必须“以谋求发挥全国的经济力量，适应国家政策的需要，调节货币，调整金融及保持并扶植信用制度为目的”。这就从立法上保障了国家对中央银行的控制。

二、我国中央银行的产生及发展

(一)中华人民共和国成立前的中央银行

中华人民共和国成立前的中央银行萌芽于20世纪初。像中国银行(其前身是清政府于1904年设立的户部银行，1908年更名为大清银行)和交通银行(1908年设立)，均由于它们的起始就与政府有着密切的关系并发行作为法偿货币的纸币，而部分地起着中央银行的作用。国民党政府的中央银行正式成立于1928年11月，初始时，其力量远远不及当时的中国银行和交通银行。后来其实力的逐步雄厚与地位的日益增强，也是伴随着对其实行增资改组及各种形式的渗透，从而将它们完全置于政府控制之下。至1942年，中央银行集中了全国的货币发行，取得垄断全国金融的核心地位。1949年，随着中华人民共和国的成立，国民党政府的中央银行及其纸币一同在大陆退出了历史舞台。

(二)中华人民共和国的中央银行

中华人民共和国成立后的中央银行是中国人民银行。中国人民银行是1948年12月1日在合并解放区的华北银行、北海银行和西北农民银行的基础上于河北省石家庄市组建的，直到改革开放前，其既是行使货币发行和金融管理职能的国家机关，又是从事信贷、储蓄、结算、外汇等业务经营活动的经济组织，其机构遍及全国城乡。这种全国基本上只有中国人民银行一家、集中央银行和一般银行的职能与业务于一身的“大一统”银行体制，是与当时实行高度集中统一的计划经济管理体制相联系的。其间虽也存在过一两家专业银行，但它们也不过是财政部或中国人民银行所属的业务部门。1979年后，伴随着经济体制改革进行的金融体制改革，改变了旧有的“大一统”格局，陆续恢复和分设了一些专业银行，开设了各种其他金融机构以及允许外资、侨资在华设立银行分支机构等。与之同时，融资形式、银行业务种类等方面的改革也取得突破。这些变化就使得金融领域中协调、疏导、管理等问题上升到一个重要的位置。但是，直到1983年，中国人民银行仍然身兼二任：既担负日趋繁重的金融管理任务，也经营占全国银行业务绝大比重的工商信贷与城镇储蓄业务。

在这样的背景下，1983年9月，国务院决定：中国人民银行专门行使中央银行职能，以利于其集中力量研究整个金融工作的方针和政策及有效地进行金融宏观调控与管理；中国人民银行原来承办的工商信贷和城镇储蓄业务则新设中国工商银行来经营。1984年1月1日，这一决定得以实施。中国人民银行完全摆脱具体银行业务这一步骤，标志着我国金融制度变革的重大转折，也意味着中央银行体制的正式建立。1995年3月18日，第八届全国人民代表大会第三次会议通过了《中华人民共和国中国人民银行法》，首次以国家立法形式确立了中国人民银行作为中央银行的地位，标志着中央银行体制走向了法制化、规范化的轨道，是我国中央银行制度建设的重要里程碑。

任务二　中央银行的类型与组织结构

一、中央银行的类型

就各国的中央银行制度来看，大致可归纳为四种类型：单一型、复合型、跨国型和准中央银行型中央银行制度。

(一)单一型中央银行制度

单一型中央银行制度是指国家单独建立中央银行机构，使之全面、纯粹行使中央银行职能，并领导全部金融事业的制度。单一的中央银行制度又分有如下三种具体情形。

1. 一元式

这种体制是在一个国家内只建立一家统一的中央银行，机构设置一般采取总分行制。目前世界上绝大部分国家的中央银行实行这种体制，我国也是如此。

1998年以前，我国的中央银行是完全按行政区划和级别设置机构的。中国人民银行在北京设立总行，是国务院下属的一个部级机构，在各省、地(市)、县设立对应的分支机构，中央银行分支行等机构的设置与行政区划的省、市、县重合。这些分支机构在“条条”上归上级行领导，在“块块”上受制于当地政府。在这种组织结构下，容易导致分支机构职能的地方化，即中央银行分支机构立场、行为的非中央银行化。在地方利益的驱动下，地方政府盲目上项目、铺摊子，而中央银行分支机构又难以摆脱地方政府的直接行政干预，这就难免助长地方一级的投资膨胀和信贷膨胀，使中央银行的超脱性和独立性受到限制。

鉴于此，1998年我国改革了这一做法，将按行政区划设置分支机构逐步改为按经济区划设置分支机构。并撤销了原各省、自治区、直辖市一级分行，在全国设置了九家跨区分行和两家总行营业部。九大跨区分行分别设在沈阳(辖黑龙江、吉林和辽宁)、天津(辖天津、山西、内蒙古和河北)、西安(辖陕西、青海、宁夏、新疆和甘肃)、济南(辖山东、河南)、武汉(辖湖北、湖南和江西)、上海(辖上海、浙江、福建)、南京(辖江苏和安徽)、成都(辖四川、贵州、云南和西藏)和广州(辖广东、广西和海南)。两个总行营业部分别设在北京和重庆。

2. 二元式

这种体制是一国内建立中央和地方两级相对独立的中央银行机构。地方级中央银行虽然也要受中央级中央银行的监督管理,并执行统一的金融政策,但它们在各自所辖地区内有较大的独立性,与中央级机构并非总分行的关系,德国中央银行在加入欧洲中央银行之前就实行这种体制。

3. 多元式

这是在一个国家内建立较多的中央银行机构执行中央银行职能和任务。只有美国联邦储备体系是这种格局。美国将全国划分为 12 个联邦储备区,每个区设立一家联邦储备银行为该地区的中央银行,它们在各自辖区内的一些重要城市设立分行。这些联邦储备银行均不受州政府和地方政府的管辖,它们各有自己的理事会,有权印刷联邦储备券(无发行权)和根据本地区实际情况执行中央银行的特殊信用业务。在国家联邦储备银行之上设联邦储备委员会,进行领导和管理,制定全国的货币信用政策。同时,在联邦储备体系内还设有联邦公开市场委员会和联邦顾问委员会等平行管理机构。联邦储备委员会行使整个体系的最高决策权,实际上的美国中央银行总行,直接对国会负责。

(二)复合型中央银行制度

复合型中央银行制度是指一个国家没有设专司中央银行职能的银行,而是由一家大银行集中央银行职能和一般商业银行的经营职能于一身的中央银行体制。这种类型的中央银行制度主要存在于过去的苏联和东欧等地。我国在 1984 年以前也实行过这种中央银行制度。

(三)跨国型中央银行制度

跨国型中央银行制度是由参加某一货币联盟的所有成员国联合组成的中央银行制度。第二次世界大战后,地域相邻的一些欠发达国家建立了货币联盟,并在联盟内共同成立参加国共同拥有的统一的中央银行。这种跨国的中央银行可以发行共同的货币以及为成员国制定货币金融政策。其宗旨则在于推进联盟内各国经济的发展及避免通货膨胀。比如,由贝宁、科特迪瓦、尼日尔、塞内加尔、多哥和上沃尔特(现为布基纳法索)等国组成的西非货币联盟所设的中央银行,由喀麦隆、乍得、刚果、加蓬和中非共和国组成的中非货币联盟所设的中非国家银行,以及东加勒比海货币管理局等,都是完全的或不完全的跨国中央银行体制。

此外,值得特别关注的跨国型中央银行是欧洲中央银行。欧共体(现为欧盟)成员国为适应其内部经济金融一体化进程的要求,于 1969 年 12 月正式提出建立欧洲经济与货币联盟,以最终实现统一的欧洲货币、统一的欧洲中央银行、统一的货币与金融政策。1979 年 3 月,自正式开始实施欧洲货币体系建立的计划以后,其进程虽然缓慢且困难重重,但还是在一步一步向前推进。1998 年 6 月 1 日,欧洲中央银行宣告成立,并于当年 7 月 1 日正式运作,并规定 1999—2002 年为实行欧洲货币——“欧元(EURO)”——的过渡期。1999 年 1 月 1 日开始在欧元区内为所有国家制定统一的货币政策,并由各成员国的中央银行执行,到 2002 年 7 月 1 日,欧元成为欧盟成员国唯一通用的合法货币。

欧洲中央银行的总部设在德国的法兰克福,其基本职责是制定和实施欧洲货币联盟内统一的货币政策,以维持欧元地区内的币值稳定为首要目标。从制度构架上讲,欧洲中央银行由两个层次构成：一是欧洲中央银行本身；二是欧洲中央银行体系，由欧洲中央银行和所有参加欧元区的成员国中央银行组成。前者具备法人身份，后者则不具备。

(四)准中央银行型制度

准中央银行是指有些国家或地区只设置类似中央银行的机构，或由政府授权某个或几个商业银行行使部分中央银行职能的体制，新加坡、中国香港属于这种体制。新加坡设有金融管理局、货币委员会（常设机构为货币局）两个机构来行使中央银行的职能，其中金融管理局负责制定货币政策和金融业的发展政策，执行除货币发行以外的中央银行的一切职能，而货币委员会主要负责发行货币、保管发行准备金和维护新加坡货币的稳定。另外，新加坡还设有投资局和中央公积金局等政府机构，配合金融管理局、货币委员会行使金融管理和货币发行等中央银行的职能。中国香港在过去很长时期并无一个统一的金融管理机构，中央银行的职能由香港政府、同业公会和商业银行分别承担。1993 年 4 月 1 日，香港地区成立了金融管理局，集中了货币政策、金融监管及支付体系管理等中央银行的基本职能，但它又不同于一般中央银行，比如，由汇丰银行、渣打银行和中国银行三家商业银行履行发行钞票货币的职能；票据交换所一直由汇丰银行负责管理；政府的银行这项职能也一直由商业银行执行。

此外，斐济、马尔代夫、利比里亚、莱索托、伯利兹等国，也都实行这种准中央银行体制。

二、中央银行的资本组成类型

各国中央银行资本金的来源及其持有形式不大相同，有全部由国家投资的、有公私混合持股投资的、有全部由私人股份投资的。具体归纳如下：

(一)资本金全部为国家所有的中央银行

资本金全部属于国家所有的，称国有化中央银行。它们或是直接由国家拨款建立，或由私人商业银行经国家收买了私人股份改组而成。目前世界上大多数国家的中央银行是国有资本形式。

(二)资本金为国家和私人混合所有的中央银行

这属于半国家性质的中央银行。其资本金一部分属于国家投入的，一般占到资本总额的 50%以上，另一部分属于私人资本家。例如，日本银行由政府认购资本 55%，其余 45%由私人认购，私股的唯一权利是领取股息；比利时的中央银行中，国家资本占资本总额的 50%；墨西哥的中央银行中，国家资本占资本总额的 51%；奥地利、土耳其等国的中央银行也属于这种类型。

(三)资本金全部为私人所有的中央银行

这是由私人出资的股份制中央银行。这类中央银行，资本全部由私人股东投资，经政府授权，执行中央银行职能。例如，意大利的中央银行就是按股份制组成的。

另外，美国联邦储备银行，其资本属于参加联邦储备银行的各会员银行，即各会员银行认购其所参加的联邦储备银行的股票，数额相当于本身实收资本和公积金的 6%（实际上缴纳的股款为 3%），并享受年息 6%的股息。这种形式实质上也是属于私人股份资本的中央银行。

(四)无资本金的中央银行

在这种制度下，中央银行建立时没有资本金，而是根据国家的授权来执行中央银行职能。中央银行运用的资金来源主要是各金融机构的存款和流通中的货币。韩国的中央银行是目前唯一没有资本金的中央银行。

(五)资本金为多国所有的中央银行

货币联盟中成员国共同组建中央银行的资本金是由各成员国按商定比例认缴的，各国按认缴比例拥有对中央银行的所有权。

中央银行的资本组成，不论是属于国有、半国有，还是私有及中央银行有无资本金，并不是问题的关键所在，关键问题是中央银行受国家的直接控制和监督。中央银行的负责人由国家任命，完成国家赋予的任务。

三、中央银行的组织结构

各国中央银行根据各自的国情、历史文化、传统习惯、社会政治经济制度以及经济发展状况的不同，形成了各自的中央银行组织机构。从其决策权与执行权的关系看，中央银行的组织结构可归纳为如下类型：

（一）决策权、执行权合一型

这是将决策、执行两权集于一身的中央银行，其最高权力机构一般是理事会，如英格兰银行理事会、美国联邦储备理事会等。

（二）决策权、执行权分开型

在这种制度下，最高权力机构分为金融决策机构与执行机构，分别行使权力，日本的中央银行和原联邦德国中央银行——德意志联邦银行等属于这种类型。

（三）最高权力机构分为决策机构、执行机构和监督机构

欧洲中央银行成立之前的法国、比利时和瑞士等国的中央银行的组织结构实行这种形式。

中国人民银行，按 2003 年 12 月通过的《中华人民共和国中国人民银行法》（修正）关于中国人民银行组织结构的主要规定是：中国人民银行设行长一人，副行长若干人。行长由国务院总理提名、全国人民代表大会决定、中华人民共和国主席任免。副行长由国务院总理任命。中国人民银行实行行长负责制，即行长行使最高决策权，行长领导全行工作；副行长协助行长工作。

根据《中华人民共和国中国人民银行法》的规定，1997 年设立了货币政策委员会，其职责、组成和工作程序，由国务院规定，报全国人大常委会备案。2003 年修正后的该法进一步明确其应当在国家宏观调控、货币政策制定和调整中，发挥重要作用。由于货币政策委员会的性质是咨询议事机构，因此中国人民银行属于决策权、执行权和监督权合一并且权力高度集中的中央银行。货币政策的制定和执行由中国人民银行在国务院领导下进行。

中国人民银行根据履行职责的需要设立分支机构，作为中国人民银行的派出机构。中国人民银行对分支机构实行集中统一领导和管理。可见，分支机构不拥有独立的货币政策决策权。

任务三　中央银行的性质、特征和职能

一、中央银行的性质和特征

（一）中央银行的性质

中央银行的性质一般表述为：中央银行既是为商业银行等普通金融机构和政府提供金融服务的特殊金融机构，又是制定和实施货币政策、监督管理金融业、规范和维护金融秩序、调控金融和经济运行的宏观管理部门。中央银行之所以是特殊的金融机构，是因为中央银行在业务经营目标、经营对象和经营内容上与普通的商业银行和其他金融机构有着本质的区别。中央银行之所以是宏观管理部门，是因为中央银行是国家管理金融、制定和执行金融政策、控制

和调节信用活动的重要工具。

(二)中央银行的特征

由于中央银行是代表国家管理金融的政府机关，因而决定了其所具备的基本特征是：第一，不以营利为目的；第二，不经营普通银行业务；第三，中央银行处于超然地位。

二、中央银行的职能

在现代金融体系中，中央银行处于核心地位，是一国最重要的金融管理当局和宏观经济调控部门。中央银行是特殊的银行，在一国的经济和金融运行中发挥着“发行的银行”“银行的银行”“国家的银行”的职能。

(一)发行的银行

中央银行的职能

所谓发行的银行，就是垄断银行券的发行权，成为全国唯一的现钞发行机构。中央银行独占货币发行权，是中央银行发挥其职能作用的基础。目前，世界上几乎所有国家的现钞都由中央银行发行。一般硬辅币的铸造、发行，有的由中央银行经管，有些国家则是由财政部负责，发行收入归财政，然后由中央银行以信用程序投入流通。

在实行金本位制的条件下，对银行券发行的管理，各国均有严格的由立法程序确定的制度，如对发行限额的控制和发行保证制度等均是人们关注的问题。这是由于，当时银行券的稳定是货币流通稳定的关键性标志。20 世纪以来，各国对货币供给的控制，均已涉及存款货币，而不仅仅限于通货。因为货币稳定与否的关键在于较大口径的货币供给状况。目前，国家对银行券发行实行控制，有的国家限制现钞使用范围，但大多西方国家没有这种限制，如果说控制，那就是只有当商业银行在中央银行有准备金存款时，在存款限度之内，才有权提取现金。

银行券的发行是中央银行的重要资金来源，为中央银行调节金融活动提供了资金力量。

(二)银行的银行

中央银行只与商业银行和其他金融机构发生业务往来，不与工商企业和个人发生直接的信用关系。作为“银行的银行”，中央银行集中保管商业银行的存款准备金，并对它们发放贷款，充当“最后贷款者”。中央银行在与商业银行等金融机构进行业务往来时，其主要目的是为了维护金融稳定、调控宏观经济，而不是为了营利。这一职能具体表现在三个方面：第一，集中存款准备金；第二，最后贷款人；第三，组织全国清算。

(三)国家的银行

中央银行作为政府宏观经济管理的一个部门，由政府授权对金融业实施监督管理，对宏观经济进行调控，代表政府参与国际金融事务，并为政府提供融资、国库收支等服务。具体体现在：收受国库存款，代理国库办理各种收付和清算业务；代理政府债券的发行以及还本付息等事项；在法律许可的情况下，采取直接向政府提供短期贷款或购买政府债券等方式向政府提供资金支持；管理、经营国家外汇、黄金储备；代表政府参加国际金融组织和各种国际金融活动；制定和执行货币政策；等等。

作为我国的中央银行，中国人民银行垄断人民币的发行权，管理人民币流通，是“发行的银行”；依法管理存款准备金、基准利率，对商业银行发放再贷款和再贴现，在金融机构出现风险时，根据情况实施必要的救助，防范和化解系统性金融风险，维护国家金融稳定，是“银行的银行”；依法制定和执行货币政策，持有、管理和经营国家外汇储备和黄金储备，负责监督管理银行间同业拆借市场和银行间债券市场、银行间外汇市场、黄金市场，负责建立和管理全国银行系统的征信系统，代表国家从事有关国际金融活动等，是“国家的银行”。

拓展阅读 7－1　　中国人民银行将发行航天纪念币、纪念钞

中国人民银行发布公告，称定于 2015 年 11 月 26 日发行中国航天普通纪念币一枚、中国航天纪念钞一张。

中国航天普通纪念币正面主景图案为国徽图案，其上方刊“中华人民共和国”国名，下方刊年号“2015”。

中国航天普通纪念币背面主景图案为神舟九号近轨对接航天器图案，背景外环上方自右起分别为东方红一号卫星、神舟五号、嫦娥一号、探月月球车、代表中国古代飞天梦的民间图腾图案，左下方为抽象的地球和长征 2F 运载火箭图案，右下方为由和平鸽演变成的五角星和星星图案。

中国航天纪念钞主色调为蓝色。正面主景图案为神舟九号飞船与天宫一号交会对接图案。左上方为国徽图案、“中国人民银行”行名，其下方为东方红一号卫星图案。票面左下方为面额数字“100”和汉字“壹佰圆”。主景图案右侧为嫦娥一号卫星图案，其上方为面额数字“100”和“中国航天纪念”字样。

背面主景图案由上至下依次为嫦娥一号卫星图案、2020 年中国空间站“天宫”、喷气式客机、冯如 2 号双翼螺旋桨飞机、飞禽海东青图案。票面左上角为风筝局部图案，右上角为面额数字“100”。票面下方为行长章与年号“2015”，中国人民银行汉语拼音字母和蒙、藏、维、壮四种民族文字的“中国人民银行”字样与面额，面额数字“100”，汉语拼音字母“YUAN”。

中国航天普通纪念币面额为 10 元，直径为 27 毫米，材质为双色铜合金，发行数量为 1 亿枚。中国航天纪念钞面额为 100 元，票面长为 155 毫米，票面宽为 77 毫米，发行数量为 3 亿张。

中国航天普通纪念币、中国航天纪念钞与现行流通人民币职能相同，与同面额人民币等值流通。

资料来源：方翔：中国人民银行将发行航天纪念币、纪念钞，中国新闻网，2015 年 11 月 6 日。

三、中央银行与政府关系

自 20 世纪 30 年代大危机之后，随着国家对中央银行控制的日趋加强，使中央银行与政府的联系越来越密切，但由于中央银行承担着制定和执行货币政策的特殊使命，使之与政府又保持着相对的独立性。因此，应全面认识中央银行与政府这种既紧密联系又相对独立的关系。中央银行与政府具有共同的使命；中央银行是国家机构的一个重要组成部分；中央银行接受政府的管理与监督。

中央银行是国家机构的组成部分，其职责是为国家利益服务。中央银行的货币政策虽然有着其他经济政策无法替代的地位和作用，但货币政策也不能取代其他经济政策，而需要与其他经济政策紧密配合。因此，中央银行必须接受政府的管理与监督。这种管理与监督主要表现在以下方面：

第一，政府拥有中央银行最高权力机构成员和领导人的提名权或任命权。政府通过掌握中央银行最高权力机构成员的任命权或提名权来直接影响中央银行的工作倾向。

第二，法定的责任关系。中央银行的最高权力机构成员和领导人虽然由政府提名甚至任命，但这并不意味着其工作一定向政府负责，也有向国会负责的。目前，世界上大多数国家中央银行是向政府负责的，如英国、日本等国；而在美国等国，其中央银行是向国会负责的。

第三，一些中央银行的最高决策机构内有政府专派代表。

中央银行作为货币政策的制定者和执行者，中央银行的目标不同于政府其他任何行政部门。中央银行管理一国的货币事务，要保证货币流通的畅通、物价的稳定，并同时兼顾其他宏观经济目标。而达到这些目标的手段也主要不是行政的手段，而是像法定准备金率、再贴现、公开市场业务等一类的经济手段。因此，中央银行需要很高的专业水平和技巧。它要及时判断宏观经济的整体状况和走势，判断资金的松紧程度，从而决定是否需要调整以及何时调整、如何调整、调整力度如何等。中国人民银行作为我国的中央银行，其与政府的关系主要体现为中国人民银行与国务院及其他部门之间的关系。

按照《中华人民共和国中国人民银行法》的规定，中国人民银行在国务院领导下，依法制定并独立执行货币政策。这就以立法的形式明确了中国人民银行是国务院的一个直属机构。中国人民银行是在国务院领导下的一个部级机构，在组织上享有与国务院其他部级机构平行的独立地位。

中国人民银行在国务院领导下，执行其各项职责，就年度货币供应量、利率、汇率和国务院规定的其他重要事项作出决定，报国务院批准执行。中国人民银行不对政府财政透支，不向地方政府、各级政府部门提供贷款和担保。

任务四　中央银行的业务

作为中央银行职能的具体表现中央银行的业务，在上一任务关于中央银行职能的阐述中作了介绍。而这里则是从中央银行作为“银行”的特征出发必然要从事负债业务、资产业务、中间业务活动的角度，择其主要部分，作个轮廓性描述及一些必要的补充。

一、中央银行的资产负债表

中央银行的业务是履行其上述三大基本职能。中央银行的业务活动可以通过它在资产负债表上的记载得到概括反映。由于各个国家的金融制度、信用方式等方面存在着差异，各国中央银行的资产负债表并不是统一的，其中的项目多寡及包括的内容颇不一致。这里仅将中央银行最主要的资产负债项目概括成表7－1，旨在概略表明其业务的基本内容。

表7－1　　中央银行资产负债项目

资　产	负　债
国外资产	流通中通货
再贴现及放款	商业银行等金融机构存款
政府债券和财政借款	国库及公共机构存款
外汇、黄金储备	对外负债
其他资产	其他负债和资本项目
合　并	合　计

中央银行一般是一国通货的唯一发行银行，因此，流通中的通货是中央银行负债的一个主

要项目。作为银行的银行，它与商业银行等金融机构间的业务关系主要是列于负债方的商业银行等金融机构在中央银行的存款（包括准备金存款）和资产方的贴现及放款。作为国家的银行，它在业务上与政府的关系主要是列于负债方的接受国库等公共机构的存款和列于资产方的通过持有政府债券融资给政府，以及为国家储备外汇、黄金等。

二、中央银行的负债业务

（一）货币发行业务

这是中央银行最重要的负债业务。中央银行通过再贴现、贷款、购买证券、收购金银、外汇等方式，把它们投入市场，形成流通中的货币。每张投入市场的钞票（又称“通货”）都是中央银行对持有者的负债或说是持有者对中央银行的债权。

在现代不兑现信用货币流通的制度下，货币的发行在客观上要受国民经济发展水平的制约。中央银行的货币发行必须建立在可靠的准备金基础上，而绝不能因外界影响或政治压力滥发纸币，甚至肆意发行。中央银行发行货币坚持垄断发行原则、信用保证原则、弹性发行的原则。

就世界各国中央银行货币发行准备来看，不外乎两种：一是现金准备，以金银、外汇等抵充；二是信用保证准备，以短期商业票据、财政短期库券、政府公债等抵充。

就我国人民币的发行程序来看，中国人民银行对现金的投放和回笼一直编制现金计划，作为组织执行计划的依据。具体发行是由中国人民银行设置发行基金保管库（简称“发行库”）来办理的。所谓发行基金，是人民银行保管的已印好而尚未进入流通的人民币票券。其过程如图 7—1 所示。

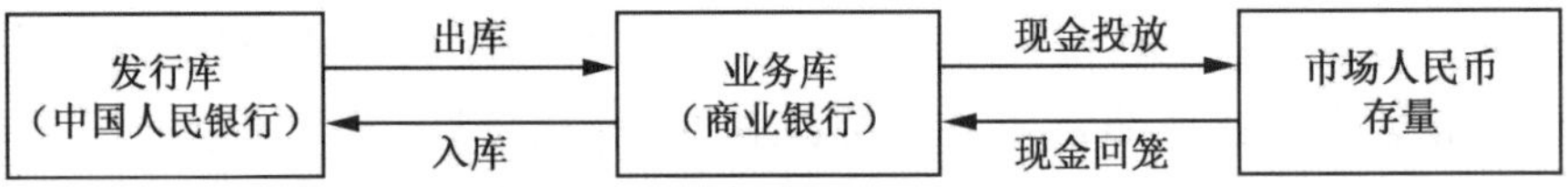

图 7—1 人民币发行和回笼流程

（二）代理国库业务

如前所述，中央银行作为国家的银行，一般均由政府赋予代理国库的职责，政府财政的收入和支出，都由中央银行代理。同时，那些依靠国家拨给行政经费的行政事业单位的存款，也都由中央银行办理。国库存款、行政事业单位存款在其支出之前在中央银行存放，构成中央银行的负债业务，并成为中央银行重要的资金来源。

值得注意的是，目前大部分国家的财政存款集中存于中央银行，但美国的情况特殊。美国财政部只把很小一部分存款存于联邦储备银行内，其余大部分存于许多家合格的商业银行中。

（三）存款业务

中央银行的存款业务完全不同于商业银行和其他金融机构的存款业务。中央银行的存款业务主要来自两个方面：一是来自金融机构；二是来自政府和公共部门。

在现代存款准备金制度下，中央银行集中商业银行和其他金融机构的存款准备金。最初，中央银行集中存款准备金只是为了应付商业银行和其他金融机构的存款人大量挤兑存款的需要，以保证银行业的清偿能力和金融业的稳定。后来中央银行通过提高或降低存款准备金率来调节商业银行的放款能力，从而使法定存款准备金率和法定准备金存款成为中央银行的货币政策工具。此外，商业银行和其他金融机构通过中央银行办理它们之间的债务清算，所以为了满足清算需要也必须把一定数量的存款存在中央银行。

政府和公共部门在中央银行的存款包括：财政金库存款；政府和公共部门经费存款。由于中央银行代理国家金库和财政收支，所以国库的资金以及财政资金在收支过程中形成的存款也属于中央银行的存款。

三、中央银行的资产业务

（一）再贴现和贷款

再贴现和贷款主要是指中央银行对商业银行及其他金融机构进行融资的业务。中央银行有责任对后者提供融资支持。在商业银行等金融机构资金紧迫时，中央银行用再贴现、再抵押方式给予资金融通，目的是保证银行体系的安全性、灵活性和银行业务的顺利进行。

从各国的经验看，中央银行对商业银行等金融机构办理再贴现和贷款业务，要注意这种资产业务的流动性和安全性，注意期限的长短，以保证资金的灵活周转和货币的及时流通以及有效调节。中央银行办理再贴现时，要了解市场资金需求的真实情况，弄清是否有真实的生产与流通的需要，而且票据的内容、款式及有关手续要符合法律规定，可以做到到期即收，以保持中央银行资金的流动性。

（二）证券买卖业务

各国中央银行都经营证券交易业务。一般来说，中央银行持有优等且有利息的证券是适宜的。对那些随市场变化和经营状况不稳定的证券则不宜大量持有，因为中央银行肩负调节金融的重任，需依据市场银根松紧择时调节资金供应。我国的《中国人民银行法》规定：中国人民银行不得直接认购、包销国债和其他政府债券，但可以在公开市场上买卖这些债券。

我国财政赤字的弥补，过去除了以发行国家债券弥补一部分以外，往往采取向中央银行借款或透支的方式解决。自《中国人民银行法》1995 年出台以后，明确规定央银行不得对政府财政透支，也不得对地方政府、各级政府部门提供贷款，国家财政赤字的弥补只能靠发行债券来解决。中央银行在公开市场上是否购买财政债券，视其调节货币流通的需要而定。

（三）金银、外汇储备

金银、外汇储备是用于国际支付的国际储备。当代世界各国，在国内市场上并不将金银、外汇作为货币来流通与使用，流通中的货币也不与金银兑换，不少国家均实行程度不同的外汇管制。在国际收支发生逆差时，一般也不直接支付黄金，而采取出售黄金换取外汇来支付的方式。这样，各国的金银、外汇自然就要集中，至少是部分集中到中央银行储存。需要金银外汇者，一般要向中央银行（说到底是向国家）申请购买，中央银行就把买卖金银、外汇当作自己的一项业务。中央银行开展这种业务是为了代表国家集中国际储备、调节资金，稳定金融和促进一国国际贸易及对外交往的顺利进行。

美国财政部是美国国家拥有的黄金的唯一监理人，并且为了货币流通的日的而买卖黄金。这些业务都是通过联邦储备银行作为其代理机构来进行的。联邦储备银行也为财政买卖外汇，以进行国际收款和付款，并也为本身利益而买卖外汇用于影响美元汇率状况。英国英格兰银行代理经营政府的“外汇平衡账户”以稳定英镑币值。法国法兰西银行负责保管国家的黄金外汇储备，黄金不得自由输出入，还为财政部设立“外汇平准基金账户”，在外汇市场上买卖外汇，干预汇率变动，维持法郎汇率稳定。日本的日本银行作为大藏省的代理机构，与外汇银行一起进行外汇买卖交易。我国的中国人民银行也被赋予持有、管理、经营国家外汇储备、黄金储备的职责。

除上述几项主要资产业务外，各国中央银行大多根据具体情况，经营其他若干资产业务，如对一些非金融机构部门发放特定贷款等。

四、中央银行的中间业务

中央银行的中间业务是中央银行为商业银行及其他金融机构和政府办理资金支付清算与其他委托的业务。这里主要介绍它的资金清算业务。作为起点，我们先来看看票据交换所及其清算程序。

（一）票据交换所及其工作程序

随着支票等银行票据的流通，必然引起银行为客户收进的票据办理向出票人开户行索款的业务。由于支票的签发是以客户在银行有存款为前提的，因此，支票授受客户双方的债权债务关系就反映为双方开户银行间的债权债务关系。由此，也就产生了银行间结清这种债权债务关系的问题。

世界上第一家票据交换所于1773年在伦敦成立。此后，纽约、巴黎、大阪和柏林分别于1853年、1872年、1878年和1887年成立了其所在国的第一家票据交换所。中国银行业间最早的票据交换所是于1933年在上海成立的。

中华人民共和国成立之初，上海票据交换所曾继续营业，1952年由中国人民银行接办。1986年以后，全国开始试行扩大同城票据交换，大中城市普遍建立起票据交换所。目前，全国各城市和经济较为发达的县城也建立了票据交换所，大大提高了票据清算效率，加速了资金周转。

最初，票据交换所只是把参与票据清算的各家银行集中起来，由它们自行分别办理票据交换和结清应收应付。这时，每家银行都须与其他银行逐一办理票据交换。比如A银行要与前来参加清算的B、C、D等几家银行分别交换票据，其他银行也如此。但人们很快认识到，任何一家银行的应收款项，一定是其他银行的应付款；任何一家银行的应付款项，又一定是其他银行的应收款；各银行应收差额的总和，一定等于各银行应付差额的总和。因此，两家银行彼此结抵差额的办法就可用这样的办法代替即所有参加交换的银行分别轧出自己对所有其他银行的应收或应付差额并按每个银行最后轧出的应收应付额结清债权债务，如表7—2所示。

表7—2　票据交换所的工作原理

	A银行	B银行	C银行	D银行	应收总额	应付差额
A银行	—	20	10	40	70	—
B银行	30	—	50	20	100	20
C银行	20	80	—	10	110	—
D银行	10	20	40	—	70	—
应付总额	60	120	100	70	350	×
应收差额	10	—	10	—	×	20

入场前，各银行先将应收票据按付款行分别归类整理，并计算出向各付款行分别应收的款项金额及汇总金额，填写交换票据计算表。

入场后，各银行一方面将应收票据分别送交有关付款行，另一方面接收他们交来的本行应付款票据，核对、计算应付各行款项金额及应付总金额，填写交换票据计算表。各银行根据交换票据计算表，比较本行应收、应付款项总金额，计算出应收或应付差额后，填写交换差额报告单，并凭报告单与交换所的总结算员办理最后款项收付。

过去，曾直接以现金当场结清应收应付差额。如某银行有应收差额，则从票据交换所出纳处领取现金；反之，则将应付现金交给出纳处。随着各商业银行和票据交换所均在中央银行开有活期存款账户，所以收付差额通过在中央银行的存款账户间的转账即可完成。

(二)中央银行组织全国清算的职责

在述及中央银行职能时已经指出，作为“银行的银行”，现代中央银行负有组织全国银行间清算的职责。尤其是在中央银行制度步入成熟发展阶段以来，商业银行等金融机构都在中央银行依法开立有存款准备金账户。这样，各银行之间发生的资金往来或应收、应付款项，通过中央银行划拨转账就是自然而然的事情了。

中央银行组织全国银行清算包括同城(同地区)和异地两大类。

应知考核

一、单项选择题

1. 下列中央银行的业务和服务中，体现其“银行的银行”的职能的是(　　)。

A. 发行货币　　B. 对政府提供信贷

C. 代理国库　　D. 集中保管商业银行存款准备金

2. 中央银行证券买卖业务的主要对象是(　　)。

A. 国库券和国债　　B. 股票　　C. 公司债券　　D. 金融债券

3. 证券买卖业务是中央银行的(　　)。

A. 负债业务　　B. 资产业务　　C. 中间业务　　D. 清算业务

4. 代理国库业务体现的中央银行职能是(　　)。

A. 发行的银行　　B. 银行的银行　　C. 国家的银行　　D. 企业的银行

5. 我国的中央银行是(　　)。

A. 中国银行　　B. 中国人民银行

C. 中国工商银行　　D. 中国银行业监督管理委员会

二、多项选择题

1. 中央银行的资产业务主要有(　　)。

A. 发行货币　　B. 集中存款准备金　　C. 再贴现和贷款　　D. 证券买卖

2. 中央银行的主要职能有(　　)。

A. 发行的银行　　B. 政策的银行　　C. 盈利的银行　　D. 银行的银行

3. 中央银行作为国家的银行，其职能体现在(　　)。

A. 制定并监督执行有关金融管理法规　　B. 对国家给予信贷支持

C. 代理国家债券的发行　　D. 代理国库

4. 以下属于中央银行负债业务的有(　　)。

A. 货币发行业务　　B. 证券买卖业务

C. 集中存款准备金业务　　D. 再贴现业务

5. 中央银行的业务对象有(　　)。

A. 工商企业　　B. 城乡居民　　C. 政府　　D. 金融机构

三、判断题

1. 我国采用中央和地方两级相对独立的中央银行机构。(　　)

2. 目前,世界上几乎所有国家的现钞都由中央银行发行。(　　)

3. 银行券的发行是中央银行的重要资金来源,为中央银行调节金融活动提供了资金力量。(　　)

4. 代理国库业务是中央银行最重要的负债业务。(　　)

5. 国库存款、行政事业单位存款在其支出之前在中央银行存放,构成中央银行的负债业务,并成为中央银行重要的资金来源。(　　)

四、简述题

1. 简述中央银行的类型与组织结构。

2. 简述中央银行的资本组成类型。

3. 简述中央银行的性质与特征。

4. 简述中央银行与政府的关系。

5. 简述中央银行的业务。

应会考核

■ 观念应用

【背景资料】

人民币恶搞案

2018年6月网上曾曝出:迪士尼大中华区创意副总裁欧某在上海迪士尼办公室公然恶搞人民币为自己庆生。他在与友人的聊天记录中展示了印有他本人头像的10元面额、100元面额“人民币”形象。

某居民在小区电梯里面拍了一张照片,内容是某银行卖基金的广告。画面上一个超市购物车里面装满5元、10元、50元、100元的人民币、日元、英镑,表达的意思是在银行买赚钱的基金就跟在超市购物一样方便。前几年,某杂志有一期主题讲烧钱的营销行为,封面就搭配了一张正在燃烧的美元照片。

【考核要求】

根据上述资料,请问:恶搞人民币的行为是否违法呢?

■ 技能应用

身负不良贷款申请难过关

某客户向工商银行某分行申请期限10年、金额11万元的住房贷款1笔。该客户申请资料显示其拥有私家车1辆,具有一定经济实力。查询个人征信系统发现,该客户在其他银行办理的1笔汽车消费贷款已形成不良贷款,余额为7万元。

【技能要求】

请根据上述背景资料,分析银行应采取什么举措。

■ 案例分析

【情景与背景】

中国人民银行:希望各方支持人民币加入SDR

中国人民银行有关负责人14日表示,人民银行欢迎国际货币基金组织总裁拉加德就特别提款权(SDR)审查发表的声明,中方希望各方支持人民币加入SDR。

SDR是IMF创设的一种国际储备资产,用以弥补成员国官方储备不足,其价值目前由美元、欧元、日元和英镑4种货币组成的一篮子储备货币决定。

拉加德在声明中表示,IMF工作人员向执董会提交的SDR审议文件评估认为,人民币符合"可自由使用"货币要求,建议执董会认定人民币可自由使用,并将其作为除英镑、欧元、日元和美元之外的第五种货币纳入特别提款权篮子。最终决定将于11月30日召开的IMF执董会会议上作出。

人民银行有关负责人表示,对国际货币基金组织工作人员有关人民币加入SDR的分析和建议表示赞赏,这也是对中国经济发展和改革开放所取得成绩的肯定。中方认为,人民币加入SDR有助于增强SDR的代表性和吸引力,完善现行国际货币体系,对中国和世界是双赢的结果。中方希望各方支持人民币加入SDR。中方期待并尊重11月30日国际货币基金组织执董会讨论的结果。

据环球银行金融电信协会(SWIFT)统计,人民币已成为全球第二大贸易融资货币、第四大支付货币、第七大国际储备货币。

"今后中方将继续坚定不移地推进全面深化改革的战略部署,稳步推动金融改革和对外开放。"人民银行有关负责人表示。

资料来源:王观:央行:望各方支持人民币加入特别提款权,中国政府网,2015年11月15日。

【分析要求】

根据上述资料,请分析中国人民银行为什么希望人民币加入SDR。

项目实训

【实训内容】

中央银行的资金清算业务

【实训目标】

通过中央银行资金清算过程的模拟,使同学对该业务有具体的感观认识,便于加强对该业务的理解。培养学生分析问题能力、解决问题的能力;培养学生资料查询、整理的能力。

【实训组织】

以学习小组为单位,将学生分组;确定中央银行组和商业银行的总行组、分行组;同城票据交换清算过程的设计及具体模拟;异地跨行清算过程的设计及具体模拟;各组总结同城、异地跨行清算的特点,分析其过程;教师总结中央银行资金清算的过程及作用。

【实训成果】

1. 考核和评价采用报告资料展示和学生讨论相结合的方式;

2. 评分采用学生和教师共同评价的方式,并完成实训报告。

《中央银行的资金清算业务》实训报告		
项目实训班级：	项目小组：	项目组成员：
实训时间：　　年　　月　　日	实训地点：	实训成绩：
实训目的：		
实训步骤：		
实训结果：		
实训感言：		

项目八

货币供求及均衡

○ **知识目标**

理解：货币需求的概念，货币供给的概念，货币均衡的概念，社会总供求平衡的概念。

熟知：货币需求量的测算方法，货币供给及其理论，西方货币供给理论的主要内容，货币供给的形成，存款货币创造在量上的限制因素。

掌握：西方货币需求理论，马克思的货币需求理论，货币供给的决定机制，货币供给的运行机制，货币均衡与社会总供求平衡。

○ **技能目标**

1. 能够分析货币供求是否平衡的能力。

2. 针对具体的通货膨胀和通货紧缩现象提出解决对策的能力。

○ **素质目标**

1. 具备收集资料、分析资料的能力，具备独立思考、团结协作的能力，注重团队的成绩与荣誉。

2. 培养与人沟通、言行举止得体等综合素质能力。

3. 理解不忘初心的核心要义和精神实质，塑造自己的品格、品行和品位，树立正确的世界观、人生观和价值观，把学与用有机结合，做到学思用贯通、知信行统一。

○ **项目引例**

需求的影响因素的应用

假设甲为可口可乐的需求者，有以下几种情况：①如果可口可乐的价格下降了1元；②如果他本月失业；③假定百事可乐的价格上升而可口可乐的价格不变；④如果某项医学研究表明，多喝可乐有害于身体健康。

○ **引例导学**

上述引例会对甲的需求量造成什么影响？他的需求曲线又将发生怎样的变化？这些正是本项目所要讨论的问题。

○ **知识准备**

任务一　货币需求

一、货币需求的概念

货币需求是指宏观经济运行以及微观经济主体对货币的需求及需求因素的决定及其规律。具体而言，货币需求是指商品流通或商品交换对货币的需求。商品通过市场实现其价值时，需要货币充当流通媒介、支付手段、价值贮藏手段。货币需求也是指个人、企业和机构对货币进行流通、支付或价值贮藏手段的需求，或购买股票、债券，或以货币形式把价值保存起来以备将来需要时使用的需求等。

货币需求的实质是市场需求。市场和市场经济由多种系统和因素构成，其中，供给和需求是市场体制的重要构成部分。供给是指商品、劳务等有形物质和精神产品的供给；需求是指货币需求，统一形态的货币需求对应着各种各样、形形色色的商品和劳务供给。没有货币需求，也就不存在市场和市场需求问题。

货币需求是市场体系的重要构成要素。市场体系包括商品市场、劳动力市场、金融市场、技术市场等。其中，金融市场又包括货币市场和资本市场。货币市场和资本市场的逐步形成和完善，是市场经济体制发育和逐步完善的重要标志。无论是货币市场，还是资本市场，其本身都包括货币需求与货币供给两个方面。货币需求机理与市场经济运行的机理相适应。

二、西方货币需求理论

（一）古典学派的货币需求理论

1. 费雪方程式

1911 年，美国耶鲁大学教授欧文·费雪（1867—1947）在其出版的《货币的购买力》一书中提出了著名的交易方程式，被称为费雪方程式。费雪认为，假设以 M 表示一定时期内流通货币的平均数量，V 为货币流通速度，也就是每单位货币在一年内与商品交易的平均次数，P 为各类商品价格的加权平均数，T 为各类商品的实际交易数量，则有：

$$MV=PT \quad 或 \quad P=MV/T$$

这一公式说明，P 的值取决于 M、V、T 这三个变量的相互作用。不过费雪分析，在这三个经济变量中，M 是一个由模型之外的因素所决定的外生变量；V 是由经济中影响个人交易方式的制度所决定的，由于制度性因素在短期内不变，因而可视为常数；交易量 T 对产出水平常常保持固定的比例，并且由于费雪认为工资和价格是完全有弹性的，所以，在正常年份整个经济的总产出总是维持在充分就业的水平上，故在短期内也可以认为是大体稳定的。因此，只有 P 和 M 的关系最重要。这样，P 的值就取决于 M 数量的变化。

由于 $MV=PT$，则：

$$M=PT/V=1/V\cdot PT$$

这是费雪的货币需求函数。在货币市场均衡时，人们手持的货币数量 M 就等于货币需求量 M_d，故可以用 M_d 来取代式中的 M。如果用 K 来代替 $1/V$，则 $M_d=KPT$ 。这说明，仅从货币的交易媒介功能考察，全社会在一定时期一定价格水平下的总交易量决定了人们的名义货币需求量 M_d。而名义货币需求则决定于：①名义收入水平引致的交易水平；②经济中影响人们的交易方式、决定货币流通速度的制约因素。

由于所有商品或劳务的总交易量资料不容易获得，而且人们关注的重点往往在于国民收入，而不在于总交易量，所以这一方程式通常被写成下面的形式（被称为数量方程的国民收入形式）：

$$MV=PY \quad 或 \quad P=MV/Y$$

式中，Y 表示国民收入。

2. 剑桥方程式

由剑桥学派经济学家马歇尔和庇古等人发展起来的现金余额数量论也得出了与现金交易

说完全相同的结论，但分析的出发点完全不同。它首先将货币视为一种资产，然后探讨哪些因素决定了人们对这种资产的需求，进而得出货币和价格水平同比例变化的货币数量论观点。但遗憾的是，他们在作出结论时把其他因素都忽略了，只是简单地断定人们的货币同财富的名义值成比例，财富又同国民收入成比例，所以货币需求就同名义国民收入成比例，即：

$$M_d = KPY$$

其中，K 代表人们的持币比例，即人们经常在手边保存的平均货币量在他们的年收入中所占的比例，也代表了人们愿意以货币这种形式持有的名义国民收入的比例。

剑桥学派还假定，货币供给 M 和货币需求 M_d 会自动趋于均衡，于是便有：

$$M_d = KPY$$

这便是著名的剑桥方程式，如果把 K 看成常数，该方程式和费雪交易方程式就仅有符号的不同了，只需令 $K=1/V$，它们便基本一样了。

(二)凯恩斯及其学派的货币需求理论

按照凯恩斯的观点，作为价值尺度的货币具有两种职能：其一是交换媒介或支付手段，其二是价值贮藏。货币需求就是人们宁愿牺牲持有生息资产(如各种有价证券)会取得的利息收入，而把不能生息的货币保留在身边。至于人们为什么宁愿持有不能生息的货币，是因为与其他的资产形式相比，货币具有使用方便灵活的特点，是因为持有货币可以满足三种动机，即交易动机、预防动机和投机动机。所以，凯恩斯把人们对货币的需求称为流动偏好。流动偏好表示人们喜欢以货币形式保持一部分财富的愿望或动机。

(1)交易动机。交易动机是指人们为了应付日常交易的需要而持有一部分货币的动机。在任何收入水平上，无论是家庭还是厂商都需要作为交易媒介的货币。因为就个人或家庭而言，一般是定期取得收入，但经常需要支出，例如家庭需要用货币购买食品、服装，支付电费和燃料费用等。为了购买日常需要的生活资料，他们经常要在手边保留一定数量的货币。

(2)预防动机。预防动机是人们为了预防意外的支付而持有一部分货币的动机。即人们需要货币是为了应付不测之需，如为了支付医疗费用、应付失业和各种意外事件等。虽然个人对意外事件的看法不同，从而对满足预防动机需要的货币数量有所不同，但从整个社会来说，货币的预防需求与收入密切相关。

(3)投机动机。投机动机是人们为了抓住有利的购买生息资产(如债券等有价证券)的机会而持有一部分货币的动机。一般而言，债券价格与利息率之间存在着一种反方向变动的关系，即：债券价格＝债券固定利息收益/市场利息率。

在正常情况下，出于交易动机和预防动机的货币需求取决于收入水平的高低，出于投机动机的货币需求取决于利率水平的高低，于是，货币需求可以分为 $M1$ 和 $M2$，L 表示流动性偏好函数，Y 和 r 分别表示收入和利率，相应的货币需求函数关系可写成：

$$M = M1 + M2 = L_1(y) + L_2(r)$$

虽然我们可以分别研究货币需求的交易动机、预防动机和投机动机，但是个人出于哪种动机而持有货币是很难分得清楚的，同样一笔货币可以用于任何一种动机。这三种动机都会影响个人对货币的持有量，并且当其他资产形式的获益提高时，对于货币的需求将下降。

(三)货币主义的货币需求理论

1. 货币主义的货币需求理论

1956 年，弗里德曼发表了"货币数量说——新解释说"一文，标志着现代货币数量论的诞生。弗里德曼认为影响人们持有货币数量的因素主要有三类：①财富是影响货币需求的重要因素。这里的财富是包括货币在内的各种资产的总和。同时,他又将总财富划分为人力与非人力财富两种形式。②货币及其他各种财富的预期收益率是影响货币需求的另一因素。③其他因素,如财富所有者的特殊偏好等。

弗里德曼根据以上影响人们持有货币数量的因素提出了货币需求函数:

$$M_d/P=f(Y_p,W,r_m,r_b,r_e,1/p\cdot dp/dt,\mu)$$

其中,M_d/P 代表实际货币需求;Y_p 代表实际恒久性收入,即财富;W 代表非人力财富占个人总财富的比例;r_m 代表货币的预期名义收益率;r_b 代表固定收益的债券的预期名义收益率,包括债券利息与资本利得;r_e 代表非固定收益的证券的预期名义收益率;$1/p\cdot dp/dt$ 代表商品价格的预期变化率,即实物资产的预期名义报酬率;μ 代表反映主观偏好、社会风尚及客观技术与制度等因素的综合变量。

在上述影响货币需求的因素中,Y_p 和 r_m 与货币需求成正向关系,$W,r_b,1/p\cdot dp/dt,r_e$ 与货币需求成反向关系。

2. 对货币学派货币需求理论的评价

货币学派的货币需求理论既是对古典学派货币数量论的继承,又是对其的发展;而它同时既是对凯恩斯主义货币需求理论的批判,又是对其的改进。它有机地结合了宏观经济运行和微观主体行为分析,是较全面的货币需求理论。与传统的货币数量论相比,它有以下独特之处:①认为财富是收入的资本化价值,因此拒绝以当前收入作为财富的代表,而是以恒久性收入作为财富的代表。②影响实际货币需求的最主要因素是恒久性收入。价格水平和利率虽然也是影响它的变量,但其重要性在恒久性收入之下,恒久性收入增加,则货币需求增加;反之,则减少。③由于恒久性收入的波动较小,因此实际货币需求是高度稳定的。④它不是如传统货币数量论者那样假定货币流通速度 v 是固定不变的量,从而货币需求量也是一个稳定的数值,而是把其当作其他变量的稳定函数。⑤货币学派反对国家干预经济。他们认为经济中的私营部门具有内在的稳定性,如果政府不用那些考虑欠周的政策来扰乱经济,虽然收入会有些波动,但失业水平将是可以接受的,而且通货膨胀也是轻的。因此,应放弃政府干预,主张经济的自由放任。

弗里德曼等人的实证研究方法突破了前人纯粹从理论上研究问题的局限性,给当时经济学界及以后的经济学家开启了一条崭新而实用的思路,这是他们在方法论上的重大贡献。

货币学派

三、马克思的货币需求理论

马克思认为,一定时期,社会对执行流通手段职能的货币需求量是一个客观必要的宏观总量,是由商品劳务量、商品劳务价格水平和货币流通速度(次数)三个因素决定的。因此,深入了解和剖析货币必要量,就必须对这三个因素作进一步的分析。

马克思的货币必要量理论是建立在以下几个前提条件下的:

第一,马克思的货币必要量理论以其劳动价值论为基础,即商品的价格决定于商品的价值,而商品的价值决定于生产商品所需要的社会必要劳动时间。因此,商品价格是在流通领域之外决定的。也就是说,商品是带着价格进入流通的。由于价格是先于流通过程而决定的,因此,商品价格总额是一个既定的值,并由此决定货币的必要量。在这一点上,它与费雪的交易方程式有着本质的区别。交易方程式中的物价完全取决于流通环节,表现为一个完全由货币量决定的因变量。

第二,马克思的研究总是以黄金作为货币来进行的。由于金属货币本身具有内在价值,因此，马克思认为金属货币具有蓄水池功能，能自发调节货币流通。从理论上看，金属货币自身具有价值。当作为货币金属的价值大于作为商品金属的价值时，退出流通的金属货币会重新以货币形式进入流通，反之则退出流通。

第三，马克思对于货币必要量的研究是基于简单商品流通这一前提的。"不言而喻，这一切只适合于这里所考察的简单商品流通形式。"在马克思的论述中，简单商品生产主要是与资本主义商品生产相区别使用的一个范畴。在简单商品流通条件下，货币主要表现为一种单纯的媒介物，这从简单商品流通公式 $W-G-W$ 可以看出。在资本主义商品生产条件下，货币是资本总周转的起始点和复归点，它不仅作为交易媒介在发挥作用，而且作为资本在进行流通，这由资本循环公式 $G-W\cdots p\cdots W'-G'$ 可以看出。仅从这两种不同的理论公式就可以得知，简单商品流通条件与复杂的商品流通条件下，货币需求无论是从形式上还是从内容上都是不尽相同的。

马克思的货币需求理论集中反映在他的货币必要量公式中。其理论的假设条件是完全的金币流通。在此条件下，马克思进行如下论证：①商品价格取决于商品价值和黄金的价值，商品价值取决于生产过程，所以商品是带着价格进入流通的。②商品数量和商品价格的多少决定了需要多少金币来实现。③商品与货币交换后，商品退出流通，货币仍留在流通中。通过与媒介商品的交换，从而使一定数量的货币在市场中流通几次就可与几倍于其的商品进行交换。

这一论证用公式表示就是：

$$\text{执行流通手段的货币必要量}=\text{商品价格总额}/\text{货币的流通速度}$$

$$M=PQ/V$$

这一公式表明：在一定时期内，执行流通手段的货币必要量主要取决于商品价格总额和货币流通速度两类因素，与商品价格总额成正比，与货币流通速度成反比。

四、货币需求量的测算方法

（一）经验数据法

经验数据法是以商品零售额代表经济发展水平，用正常年份的社会商品零售额与市场现金流通量的比率关系即货币流通次数测算货币流通量，即所谓 1∶8 的经验。其公式是：

$$\text{货币流通次数}=\frac{\text{某年社会商品零售额}}{\text{某年流通中的平均现金流}}$$

（二）基本公式法

这种方法以经济增长率、物价、货币流通速度三个因素来确定货币需求量增长率。其特点是：①扩大了货币需求的范围，即包括现金和存款货币需求；②从静态观察货币转向动态观察货币；③不是以某一年的数据为依据，而是直接计算货币总量，也可以分层次进行测算。

其公式是：

$$\text{货币增长率}=\frac{(1+\text{预期经济增长率})\times(1+\text{预期调价幅度})}{1\pm\text{货币流通速度变化率}}$$

根据微积分原理，当各种因素变化比率很小时，这个公式可以进一步简化为：

$$\text{货币增长率}=\text{预期经济增长率}+\text{预期物价上涨率}\pm\text{货币流通速度变化率}$$

（三）回归分析法

回归分析法运用数理统计原理和线性回归分析的方法确定经济增长与货币增长之间的函数关系。在测算时，根据自变量的多少，可以用一元回归方程，也可以用多元方程进行测算。

经济增长用社会总产值、工农业总产值、国民收入或国民生产总值来代表，货币增长用现金加全部存款来计算。在此基础上，可以根据历史数据建立一元线性回归方程。

我们用 Y 表示货币总量(现金加存款)，X 表示经济总量(国民生产总值)，a、b 表示待定系数，则回归方程的表达式为：

$$Y=a+bX$$

以因变量 Y 与自变量 X 的若干观察值(样本值)来计算 a 和 b ，它的估计式为：

$$Y=\bar{a}+\bar{b}x$$

设 X、Y 的若干样本值为 X_i、Y_i，$i=1,2,\cdots,n$。

我们要求所建立的回归方程与变量之间的真实相关关系的误差达到极小值。

以 X、Y 来表示样本的均值，经过推算：

$$a=\overline{Y}-b\overline{X}$$

$$b=\frac{\sum(X_i-\overline{X})(Y_i-\overline{Y})}{\sum(X_i-\overline{X})^2}$$

从上式可以看出，利用 a 组样本值 X_i、Y_i($i=1,2,\cdots,n$) ，就可以计算出 b，然后，将 b 值代入 $Y=a+bX$ 中，就可以求出 a 值。

(四)比例法

比例法根据经济增长与货币增长之间的比例系数直接计算货币需求量。具体方法是根据历史数据求得经济总量(以社会总产值或国民生产总值为指标)每增长 1% ，货币需求增长多少。对此，我们将在货币供应量的计算方法中作详细讲解。

任务二　货币供给

一、货币供给及其理论

货币供给

(一)货币供给的概念

货币供给是指时点上为社会经济运转服务的货币量，它由包括中央银行在内的金融机构供应的存款货币和现金两部分构成。

关于货币供给的概念，需要说明以下几点：

(1)货币供给中所指的货币，关系到货币供给的具体内容，但迄今为止，经济理论界对此没有一个统一的认识。由此，许多金融理论和实务问题，如货币供给在整个社会经济活动中的重要性，货币政策对宏观经济的调控作用等，还都存在争议。因此，有必要进一步弄清货币供给的概念和内容。

(2)货币供给是一个存量概念，货币供给量是指一国某一时点上的货币存量。货币供给量不外乎是指被财政部门、各个生产经营单位、家庭个人所持有，由银行体系所供给的存款量和现金发行量。因此，影响和决定货币供给存量大小的是银行的信贷收支。银行是供给和改变货币存量大小的重要机构。

(3)货币需要量虽是有客观数量界限的存量，但毕竟是一个预测量。而货币供给却是实实在在地反映在银行资产负债表上的一定时点上的银行负债总额。具体来说，存款量是商业银行的负债，而现金发行量则是中央银行的负债。

(4)因为中央银行能够按照自身的意图运用货币政策工具对社会的货币量进行扩张和收缩，即货币供给量的大小在很大程度上为政策所左右，所以货币供给首先是一个外生变量。然而，货币供给量的变化又受制于客观经济过程，即除受中央银行货币政策工具的操作左右外，还决定于经济社会中其他经济主体的货币收付行为。它同时是一个内生变量，即不为政策因素所左右的非政策性变量。由此，中央银行对货币供给量的调控就变得十分困难。

(二)西方货币供给理论的主要内容

在现实生活中，货币供给与货币需求是相伴而生的。但在理论研究中，与货币需求理论相比，货币供给理论却是相对后起的。直到从20世纪60年代初期开始，现代意义上的货币供给理论才逐渐产生。并且，自此有许多经济学家诸如弗里德曼、施瓦茨、卡甘、乔顿等人对货币供给理论作出了重要贡献。在此，我们介绍西方国家主要的货币供给理论及其模型。

首先，根据相关概念有以下公式：

$$\text{货币存量}(M)=\text{通货}(C)+\text{活期存款}(D)$$

$$\text{基础货币}(H)=\text{通货}(C)+\text{总准备金}(R)$$

$$\text{总准备金}(R)=\text{活期存款法定准备金}(R_d)+\text{定期存款法定准备金}(R_t)+\text{超额准备金}(R_e)$$

1. 弗里德曼—施瓦茨的货币供给模型

弗里德曼和施瓦茨关于货币供给量的决定因素的分析见于他们合著的《1867—1960年的美国货币史》一书。他们的模型为：

$$M=C+D=\frac{C+D}{H}\cdot H=\frac{C+D}{C+R}\cdot H=\frac{\frac{C+D}{C\cdot R}}{\frac{C+R}{C\cdot R}}\cdot H$$

$$=\frac{\frac{1}{R}+\frac{D}{R}\cdot\frac{1}{C}}{\frac{1}{R}+\frac{1}{C}}\cdot H=\frac{\frac{D}{R}+\frac{D}{R}\cdot\frac{D}{C}}{\frac{D}{R}+\frac{D}{C}}\cdot H=\frac{\frac{D}{R}\left(1+\frac{D}{C}\right)}{\frac{D}{R}+\frac{D}{C}}\cdot H$$

$$m=\frac{\frac{D}{R}\left(1+\frac{D}{C}\right)}{\frac{D}{R}+\frac{D}{C}}$$

其中，基础货币 H 由中央银行决定，而影响货币乘数的变量在弗里德曼—施瓦茨的分析中简化为两个：存款准备金比率(D/R)和存款与通货的比率(D/C)。由方程式可看出决定货币存量的三个因素即是 H、D/R 和 D/C，称为“货币存量的大致的决定因素”。

从基础货币来看，它是非银行公众所持有的通货与银行的存款准备金之和。它们之所以还被称为高能货币，是因为一定量的这样的货币被银行作为准备金而持有后可引致数倍的存款货币。弗里德曼—施瓦兹认为高能货币的一个典型特征就是能随时转化为(或被用作)存款准备金，不具备这一特征就不是高能货币。

基础货币

弗里德曼—施瓦兹利用上述分析方法，检验1867—1960年美国货币史得出的基本结论是：高能货币量的变化是广义货币存量长期性变化和周期性变化的主要原因；D/R 比率和 D/C 比率的变化对金融危机条件下的货币运动有着决定性影响，同时 D/C 比率的变化还对货币存量长期缓慢的周期性变化起重要作用。

二、货币供给的形成

(一)货币出自银行

由于货币供给量是存在于流通领域中被各经济单位(银行系统以外的个人、家庭、企业和机关团体等)所持有的货币存量,如果我们把"经济单位"划分为两个部分——一是个人、家庭为一部分,简称为"个人";二是企业、机关团体为一部分,简称为"社会各单位",那么,流通中的货币是从哪里来的问题就转为个人手中的货币从哪里来和社会各单位的货币从哪里来两个问题。

(1)个人手持货币主要来自:①社会各单位发放的工资、奖励、抚恤金、补贴、稿酬等。②出售商品或提供劳务所得的收入。③来自银行等金融机构。这又包括借款所得、金融机构付给的利息、将个人持有的金银和外汇卖给银行。④非金融机构借款,包括民间借贷。⑤亲友赠送。

(2)社会各单位所持有的货币,在我国通称"货币资金"。如果我们作一次归类,它有以下五种情况:①通过销售商品从买主那里得来。②银行借款。③上级拨入。④同业拆入(包括对单位和个人借款、预收货款等)。⑤金融市场收入(包括发行股票和债券的发行收入和买卖有价证券的业务收入)。

上述对个人和社会各单位货币收入来源分析说明,现实生活中的货币都出自银行,财政、企业单位、机关团体及个人等只是货币的运用者,不得发行货币,货币只由银行发行,又不断回归银行,所以银行是整个货币流通的中心环节。

(二)出自银行的货币都是信用货币

银行信用媒介的职能早为原始银行业所具备,它主要体现在银行的业务活动中。而近代银行作为信用媒介机构和信用创造机构的统一,其本质特征在于信用创造方面,即银行可以在一定范围内通过增加自身的负债去增加货币供给量,由此影响社会各种资源的配置、再生产诸环节的协调、各种经济杠杆的作用发挥以及币值本身的稳定。与此同时,这一信用创造功能还使银行在国民经济中的地位有了根本改变,它一方面大大强化了现代商品经济中的信用经济性质,另一方面促使整个经济的运转与金融活动息息相关,不可分离。

三、货币供给的决定机制

(一)由存款派生引出的货币乘数与货币供给模型

在说明存款货币创造机制时,我们常使用原始存款和派生存款这对概念。从一笔存款派生过程而言,即用微观方法剖析存款货币创造的机制,应该说,选定任何一点都是成立的。就这个意义来说,原始存款与派生存款的概念都是相对的。其实,货币乘数与信用扩张乘数虽都旨在说明存款派生的量,但是仔细分析,应有所区别。

(1)货币乘数说明增加一个单位基础货币的供给可相应引起商业银行存款货币增加多少;而信用扩张乘数通常是指商业银行存款与法定存款准备金的比率。

(2)货币乘数是包括商业银行缴存中央银行的存款准备金和流通中包括现金在内的中央银行对社会总负债的改变量;而信用扩张乘数只反映中央银行对商业银行负债的改变量,是中央银行全部负债数量的一部分。

所谓货币乘数,也称为"信用的扩张倍数"或"存款的扩张倍数",是指一定量的基础货币发挥作用的倍数。意即银行系统通过对一定量的基础货币运用之后,所创造的货币供给量与基础货币的比值。

在基础货币一定的条件下，货币乘数决定了货币供给的总量。货币乘数越大，则货币供给量越多；反之，货币乘数越小，则货币供给量也就越少。所以，货币乘数是决定货币供给量的又一个重要的甚至是更为关键的因素。

货币乘数

设 M_s 为货币供给量，m 表示货币乘数，B 是基础货币，那么，整个货币供给量模型为：

$$M_s = m \cdot B$$

货币乘数模型为：

$$m = M_s / B$$

从动态看，增量基础货币 ΔB 与货币乘数决定着即将增加的货币供应量 ΔM，用公式表示：

$$\Delta M = m \cdot \Delta B$$

(二)基础货币"质"和"量"的规定性

1. 基础货币"质"的规定性

基础货币也称"高能货币"或"强力货币"，又可称为"货币基数"。把基础货币通俗地定义为金融体系能够以其为基础创造出更多货币的货币。

所以，从"质"的角度看，基础货币具有如下显著特点：①它是中央银行的负债。②有很强的流动性，即持有者能够自主运用，是所有货币中最活跃的部分。③派生性，即它能够产生出数倍于它本身量的货币，具有多倍的伸缩功能。④较高的相关度，即它的变化对货币供给变化起着主要决定作用。⑤可控性，即中央银行能够控制它，并且通过对它的控制来控制整个货币供给量。

2. 基础货币"量"的规定性

从大多数西方学者的著述和解释中可以看出，基础货币一般都包括现金和商业银行的准备金两大部分。对于现金，计算口径略有差别。有的是指整个银行体系以外社会公众持有的现金，有的则是指中央银行体系以外社会公众与商业银行持有的现金。对于商业银行在中央银行的存款，也有人认为只指商业银行上缴的法定存款准备金，而另一些人则认为包括法定准备金与超额准备金。

从以上对基础货币质和量的分析，我们可以得出，基础货币的完整概念应该是指创造存款的商业银行和金融机构在中央银行的存款准备金与流通于银行体系之外的通货这两者的总和。前者包括商业银行在中央银行的法定存款准备金和超额存款准备金，用 R 表示，C 表示流通于银行体系之外的现金通货。基础货币"量"的组成通常用以下公式表示：

$$B = R + C$$

(三)基础货币变动与中央银行控制

基础货币的高能和强力作用，能向社会提供多倍于它的货币量，所以研究影响基础货币变动的因素尤为重要。如前所述，一般认为，基础货币主要由以下两个部分组成：一是存款准备金；二是流通在银行体系以外的现金。那么，影响基础货币变动的因素，具体来说就是影响组成基础货币的两个方面的因素。

1. 影响商业银行存款准备金变动的因素

(1)存款准备金比率。如果中央银行提高存款准备金的比率，商业银行上缴存款准备金则增多，基础货币量增加；反之，中央银行降低存款准备金的比率，商业银行上缴存款准备金则减少,基础货币量就减少。

(2)流通中的现金量。流通中的现金流入银行系统的数量增加,能使商业银行上缴存款准备金随之增加;流通中现金流出银行系统,能使商业银行的上缴存款准备金减少。前面已提到,有些国家财政部门有直接向流通中投入现金的权力,所以财政部门直接投入流通中现金量的多少,也会相应地增减存款准备金。

(3)中央银行的行为。这包括中央银行买卖信用证券的数量以及中央银行对商业银行放款和贴现的松紧。中央银行通过“公开市场业务”买进有价证券,就能使商业银行的上缴存款准备金增加;反之,如果卖出有价证券,商业银行的上缴存款准备金减少。中央银行作为“最后的贷款者”,如果它扩大或放松对商业银行的放款和贴现,商业银行在中央银行的存款准备金也能够增加;反之,会使商业银行的上缴存款准备金减少。

2. 影响流通在银行体系以外现金量变动的主要因素

(1)公众收入增加和消费倾向。一般来说,公众货币总收入会逐年增加,手持现金量也会有所增加。同时,由消费倾向所决定的支出构成变化,也会引起现金量的复杂变动,即表现为积蓄和待用部分现金存入银行转化为存款;另外,还可以表现为因购买中高档消费品和大中型生产资料而形成手持现金暂时增加或因劳务供应增加促使实际现金流通量增加。

(2)物价变动状况。一般来说,在币值和物价比较稳定的情况下,公众的手持现金除了随着季节性的变化有所变动外,基本上是比较稳定的。但是,在币值和物价不稳定,甚至出现持续的严重通货膨胀状况下,往往出现提取存款、手持现金、抢购商品等混乱状况,一时会出现流通中现金增加的现象。

(3)经济发展和体制变动情况。如商品交易的发展、就业人数增加、集贸市场扩大、价格调整等因素,往往会促使流通中现金量增加。

(4)存款和现金比例的变化。如收购农副产品付现比重提高,农业贷款、个人贷款中相当部分的付现等,也会促使现金流通量增加。

(5)信用发展程度。如银行存款利率的提高、储蓄网点的增多、非现金结算的广泛开展等,这些因素往往会影响流通中现金量。

从以上分析可看出,中央银行虽对基础货币的决定有重要作用,但影响基础货币的诸因素,并不都是同向推进的关系,而是在错综复杂的联系中呈现相互消长的趋势。所以,对于基础货币来说,并不是某一因素的影响即有变化,而是最终取决于诸因素(包括来自银行部门和来自非银行部门)的合力和消涨作用。

3. 中央银行对基础货币的控制

中央银行对基础货币加以控制的重要性在于:中央银行虽可运用法定存款准备率的变动作为限制专业银行信用扩张的工具,但在具体运用中也有其困难之处。西方国家将调整存款准备率比喻为“猛药”,必须慎行。美国调整存款准备率的幅度一般不超过1%。

四、货币供给的运行机制

(一)现金运行机制

我国现金——人民币(钞票+硬币)由中国人民银行发行,具体是由中国人民银行设置的发行基金保管库(简称发行库)来办理的。在运行过程中,可将其表述为:

中央银行将现金从发行库调至商业银行的业务库,从而进入流通程序。单位或个人从银行提取现金后,进行购买或支付,然后商品的售出者或款项的收受人再将收取的现金存入商业银行。最后,现金由商业银行的业务库回笼到中央银行的发行库。

纵观现金运行机制,有如下三大特点:①现金主要在银行之外流通,但现金在进入银行体系之后或走出银行体系之前,都不是在流通中的。②如果银行体系既不增加现金投入,也不组织现金回笼,那么无论现金如何流通,它只会发生持有人结构的变化,而不会有数量上的增减。③现金流通一般主要对应于小宗商品即消费品的交易。

(二)原始存款和派生存款

所谓原始存款,是指商业银行吸收的现金存款或中央银行对商业银行贷款所形成的存款,包括商业银行吸收到的增加其准备金的存款。商业银行的准备金以两种具体形式存在:一是商业银行持有的应付日常业务需要的库存现金;二是商业银行在中央银行的存款。这两者都是商业银行持有的中央银行的负债,也是中央银行对社会公众总负债中的一部分。

所谓派生存款,是相对于原始存款而言的,是指由商业银行以原始存款为基础运用转账方式发放贷款或进行其他资产业务而引申出来超过最初部分存款的存款。派生存款这一概念具体可分以下三点进行解释。

(1)派生存款必须以一定量的原始存款为基础。派生存款作为商品经济条件下银行信用活动必然产生的普遍现象,作为银行的经济活动提供信用流通工具的一种机能,并非可以凭空创造,必须具有派生的基础,即有一定量的原始存款给予保证。

(2)派生存款是在商业银行(或称存款货币银行)内直接形成的。在现实的银行信用活动中,凡是在银行具有创造信用流通工具的能力以及实行转账结算的条件下,它就有创造派生存款的能力。

(3)以原始存款为基础通过商业银行内的存贷活动形成的派生存款量。数量界限应是由贷款引出超过最初部分的存款。例如,1 万元的贷款,转为 1 万元的存款,通过存款的派生,形成 5 万元的存款,这里,派生存款数应是 4 万元(即 5 万元－1 万元)。

(三)存款货币的创造与收缩过程

1. 几个假设

存款货币的多倍扩张和收缩,会受到多种因素的影响。为了分析的简便起见,我们作如下假设:①整个银行体系由中央银行及至少两家商业银行所构成。②中央银行规定的法定存款准备率为 20%。③准备金由商业银行的库存现金及在中央银行的存款组成。④商业银行只保留法定准备金,而不持有超额准备金,其余均用于贷款或投资。⑤公众不保有现金,即客户将全部货币收入都存入银行体系。

2. 产生多倍存款的过程

存款货币多倍扩张过程实际上就是商业银行通过贷款等行为,引起成倍的派生存款的过程。就整个银行体系而言,一家银行发放贷款,将使另一家银行获得存款,而这家银行也因此发放贷款,从而使第三家银行也获得存款。于是,通过整个银行体系的连锁反应,一笔原始存款将创造出数倍的派生存款。原始存款是创造派生存款的基础。

创造派生存款的前提条件如下:

(1)部分准备金制度:银行将所吸收存款按一定比例作为准备金的制度。在部分准备金制度下,银行可以在保留部分准备金的条件下,将客户存款的其余部分用于发放贷款。

(2)非现金结算:以非现金流通方式进行的结算,即在银行存款的基础上,通过存款货币的转移完成债权债务的清偿,存款被社会当作货币来使用。

为了简化分析,我们作几个假定:整个银行体系由一个中央银行和至少两家商业银行所构成；商业银行只持有法定存款准备金，其余部分全部贷出，超额准备金为零，法定存款准备金率为10%；客户不持有现金，其收入的一切款项均存入银行，形成活期存款，不增加其定期存款和储蓄存款。

做中学8－1　假设第一家银行接受了其客户存入的10 000元现金（原始存款）。在第一家银行原来持有的准备金正好满足中央银行规定的法定存款准备金比率的条件下，根据以上假设，该银行应再提取准备金1 000元，并将剩余准备金9 000元全部用于发放贷款。而取得贷款的客户又将款项用于支付，而收款人又将这笔款项全部存入开户的另一家银行——第二家银行。第二家银行存款增加了9 000元，并且在不保留超额准备金的假设下，它也将根据中央银行规定的法定存款准备金比率，提取准备金900元，然后，将剩余的8 100元用于贷放。以此类推，随着商业银行存贷机制的不断展开，存款货币派生出来，其派生过程如表8－1所示。

表8－1　**商业银行体系存款货币的派生过程**　单位：元

银行名称	存款额	法定准备金	贷款额
第一银行	10 000	1 000	9 000
第二银行	9 000	900	8 100
第三银行	8 100	810	7 290
第四银行	7 290	729	6 561
……	……	……	……
合计	100 000	10 000	90 000

由此可见，在部分准备金制度下，第一家银行最初的10 000元原始存款，通过商业银行贷款业务，使银行系统的存款总额增至100 000元，其中有90 000元是由贷款转化的派生存款。

具体来看，各指标之间的数量关系如下：

银行体系存款扩张的倍数＝1/法定存款准备金比率

银行体系的存款总额＝原始存款/法定存款准备金比率

派生存款＝银行体系的存款总额－原始存款

上述公式是在前述假定的基础上得出的，而现实的经济生活中，由于存在许多客观制约因素，所以银行的存款扩张能力要小得多。

3. 存款的多倍收缩过程

存款货币多倍收缩的过程与多倍扩张的过程正好相反。如果说存款货币的多倍扩张是由商业银行的准备金增加所引起的，那么存款货币的多倍收缩就是由商业银行的准备金减少引起的。通常，商业银行准备金的减少有两个原因：一是存款人从银行提取存款；二是中央银行向商业银行出售有价证券。

现在假设某存款人从甲银行提取100 000元现金，这就使其在甲银行减少100 000元存款的同时，其准备金也减少100 000元。但是，根据中央银行规定的法定准备率，甲银行只能减少20 000元（即存款总额的20%）。由于假定商业银行不持有超额准备，故甲银行发生准备金短缺，金额为80 000元。它必须通过回收贷款等方式加以弥补，现假设甲银行收回贷款弥补准备金的不足。然而，甲银行收回贷款必然使其他银行因此减少存款，从而引起其他银行的准备金也发生短缺并同样通过收回贷款等方式来弥补。假定因甲银行收回贷款而使得乙银行减少了 80 000 元存款，并相应减少了 80 000 元准备金。而根据 20%的法定准备率，乙银行只能减少 16 000 元准备金，于是需要补足 64 000 元。此时，乙银行也通过收回贷款来补足准备金。

很显然，在准备金制度下，这种存款的减少必然引起准备金的不足，从而也必须收回贷款或证券等。于是，经过整个银行体系的连锁反应，存款总额将会成倍收缩。所以，存款货币的多倍收缩过程实际上是多倍扩张的反向过程。

(四)存款货币创造在量上的限制因素

通过上述分析，我们可以看出乘数(即扩张倍数)与法定存款准备率之间呈倒数关系，但事实并非如此简单。在以上分析中，我们只考虑了法定准备率这一个因素，实际上在商业银行存款创造的过程中，还要受诸如超额准备金、现金漏损率等因素的影响。下面我们继续考察和理解各种因素对存款创造倍数的限制。

1. 现金漏损率(c)

前文中假设公众将所有货币收入都存入银行而不在手中保有现金，但事实上是不现实的，尤其是对于银行制度不发达的国家来说，人们总会将部分收入以现金形式保留在手中。这样就出现了现金漏损，即是指银行在扩张信用及创造派生存款的过程中，难免有部分现金会流出银行体系，保留在人们的手中而不再流回。由于现金外流，银行可用于放款部分的资金减少，因而削弱了银行体系创造存款货币的能力。这种现金漏损对银行扩张信用的限制与法定存款准备率具有同等的影响，因而当把现金漏损问题考虑进去后，银行体系创造存款的扩张乘数公式应扩展为：

$$k=\frac{1}{r+c}$$

2. 超额准备金率(e)

前面假设商业银行不持有超额准备金，而在实际经营中为了保持流动性，银行实际持有的准备金总是大于法定准备金，这种差额称为超额准备金。不过，为了实现利润最大化，其持有的超额准备金通常较少。我们从实证分析发现，银行的超额准备金与存款在数量之间也保持着某种有规律的关系，故对其可用超额准备率来表示。这样，银行体系创造存款的扩张乘数公式应为：

$$k=\frac{1}{r+c+e}$$

同法定准备率及现金漏损率一样，超额准备率的变化在存款创造时起着同等作用。如果超额准备率大，则银行信用扩张的能力缩小；如果超额准备率低，则银行信用扩张的倍数提高。

3. 定期存款准备金对存款创造的限制

由于经济行为主体既会持有活期存款，也会持有定期存款。当活期存款被转入定期存款时，尽管不致使原持有的准备金额有何下降，但这种变动会对活期存款乘数 K 产生影响。因为法律规定，银行对定期存款(D_t)也要按一定的法定准备率(r_t)提留准备金(定期存款的法定准备率往往不同于活期存款的法定准备率)。定期存款(D_t)与活期存款总额(D_d)之间也会保有一定的比率关系，当令 $t=D_t/D_d$ 时，则$(r_t \cdot D_t)/D_d=r_t \cdot t$。也就是说，每一个货币单位的活期存款中就会有 $r_t \cdot t$ 作为法定准备漏出(假定对个人定期存款不保持超额准备)，考虑到这部分对存款乘数的影响，从而乘数公式进一步扩展为：

$$k=\frac{1}{r+c+e+r_t \cdot t}$$

上面几种情况，是用抽象的方法分别说明 r、c、e、$r_t \cdot t$ 等因素对存款乘数 K 的影响。就实际情况来说，存款货币的扩张究竟能达到多少倍数，还得依整个国民经济情况、依所处的经济发展阶段而定。

（五）货币乘数

货币乘数是指货币供给的扩张倍数，它说明由于货币基数变化而引起的货币供应量增减的幅度。货币供应量决定于货币基数和货币乘数，货币基数乘以货币乘数即为货币供应量。以 B 表示货币基数，m 表示货币乘数，货币供应量（M_s）模式为：

$$M_s = B \cdot m$$

货币乘数可分为单项和多项乘数模式。

货币供应量

（1）单项货币乘数模式是指以一种因素影响货币乘数变动所建立的模型。如以存款准备金率一种因素影响货币乘数为例，其数值的大小是存款准备金率的倒数。以下列公式表示：

$$m = 1/r_d$$

式中：m 为货币乘数；r_d 为活期存款准备金率，它的大小由中央银行控制。这样，存款准备金率就成为中央银行控制货币供应量的重要工具。

（2）多项货币乘数模型是指以几种因素影响货币乘数变动所建立的模型。其数值大小由一定时期的现金漏损率（提现率）、超额准备金率、定期存款与活期存款的比率等因素决定，是超额储备率之和的倒数。以下列公式表示：

$$m_1 = (1+k)/(r_d + e + k + t \cdot r_t)$$

式中：k 为现金与活期存款的比率；t 为定期存款与活期存款之比；r_t 为定期存款法定准备金率；e 为超额准备金与活期存款之比。

这就是说，一国影响货币乘数，进而影响货币供应量的因素是多项而不是单项的。同时也说明，影响货币乘数的除中央银行所能控制的 r_t 和 r_d 外，公众和商业银行通过 k、t、e 等因素的变化也能够影响乘数的变化和货币供应量的变动。

（六）基础货币

基础货币也称货币基数，是指商业银行存入中央银行的准备金与社会公众所持有的现金之和。基础货币是中央银行直接控制的变量，也是银行体系的存款扩张、货币供给创造的基础。

法定货币

在现代信用货币制度下，流通中的货币是由价值符号代替的，纸币和有些信用货币由国家法律规定具有无限法偿能力，属于法定货币。如前所述，信用货币由一国的中央银行供应和调节是通过变动基础货币进行的。当中央银行向商业银行扩大供应基础货币时，商业银行的派生存款创造能力就加强；当中央银行收缩基础货币供给或停止供给时，商业银行的信用创造能力就减弱，所以，基础货币又称高能货币。

做中学 8—2　某国 2020 年 9 月份的活期存款的法定准备金率为 10%，定期存款比率为 30%，定期存款的法定准备金率为 5%，超额准备金率为 4%，提现率为 7%。该国 2020 年的基础货币为 10 000 亿元。试计算：

（1）该国 2020 年 9 月份货币乘数；

（2）该国 2020 年的货币供应量。

解：

(1)货币乘数$=\dfrac{1+\text{提现率}}{\text{活期存款准备金比率}+\text{定期存款准备金比率}\times\text{定期存款比率}+\text{超额准备金率}+\text{提现率}}$

$=\dfrac{1+7\%}{10\%+4\%+7\%+30\%\times5\%}=4.76$

(2)货币供应量＝货币乘数×基础货币＝4.76×10 000＝47 600(亿元)

任务三　货币均衡

一、货币均衡的概念

货币均衡是指货币供给与货币需求的一种对比关系，是从供求总体上研究货币运行状态变动的规律。简言之，货币均衡是在一段时期内一国的货币供应量与经济运行中客观所需要的货币数量相适应的关系。可以表述为：

$$M^D=Pf(i,Y)=\theta Mh=M^S$$

在这个均衡等式中，货币需求是一个关于价格水平、利率和收入水平的函数；货币供给则是与高能货币和货币乘数有关系。在这里，特别要注意的是对货币均衡在两个层次上的区分。如图 8－1 所示。

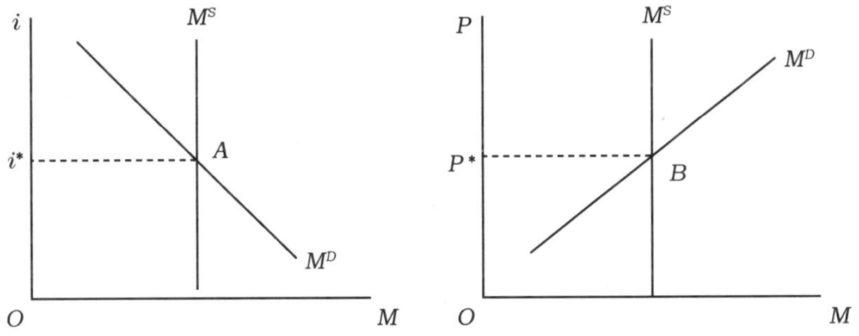

图 8－1　货币市场均衡与均衡利率水平

(一)浅层次的货币均衡

所谓货币均衡，是指仅仅考虑货币市场均衡，即货币市场中货币供给与货币需求相等。如图 8－1 所示，分析货币市场均衡与均衡利率水平的关系时，M^D 曲线的斜率是负的；分析货币市场均衡与均衡价格水平的关系时，M^D 曲线的斜率是正的；而货币供给可以看作是一个外生变量，为一条垂直线。这仅仅是一个最为简单的框架模型，因为在上图中只是考虑到利率 i、价格水平 P 与 M^D 的关系，但在现实生活中影响货币需求的因素有很多，经济学家们建立了各种不同的货币需求模型来分析利率 i、收入水平 Y、价格水平 P 等因素与货币需求 M^D 的关系，但事实上不可能通过这些公式具体统计出实际货币需求量的数值是多少。人们能够看到的货币需求量的数值实际上就是货币当局货币供给的数量，因为发行的货币总是以不同的形式为人们所持有。从这个意义上来说，单纯地分析货币市场的均衡并没有太大的实际意义，M^S 曲线的移动总是能与 M^D 曲线交于一点，而这个均衡点和其对应的均衡利率或均衡价格水平并没有提供一个评判经济运行状态的标准。可以这么说，孤立于实际经济运行来分析货币均衡问题，得到的答案就是：货币市场“永远”都是均衡的。如图 8－2 所示。

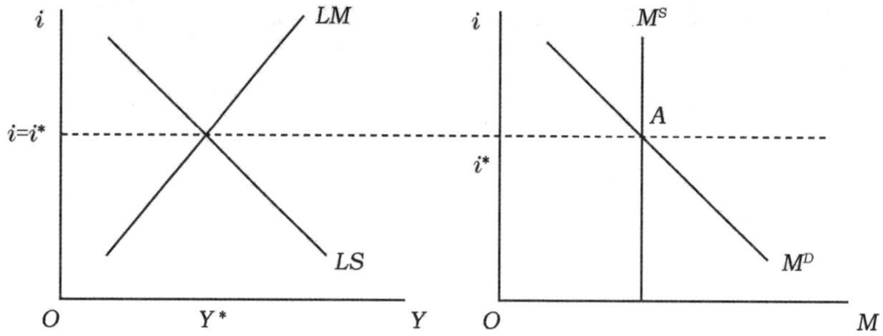

图 8—2 各种不同的货币需求模型

(二)深层次的货币均衡

深层次的货币均衡是指在社会总需求与社会总供给大致相当条件下的货币供求均衡。也就是在任务一中多次提到的两市场同时实现均衡。在两市场同时均衡的经典模型 $IS-LM$ 模型的框架下,再放大观察货币市场均衡,将两者统一起来。

LM曲线

二、社会总供求平衡的概念

一国经济在运行过程中总产品的需求量等于供应量,此时的产出水平就是均衡产出水平,对应的价格水平就是均衡价格水平,它是社会总供给和社会总需求共同作用的结果,即为社会总供求平衡。

(一)社会总供给

社会总供给简单地说可以理解为一国在一定时期内,在一定价格水平的条件下,企业和家庭(个人)愿意提供的产品总量。不同经济学派对社会总供给的认识也不尽相同。

古典学派在充分就业的条件下认为名义工资 ω 具有完全的弹性,当货币条件发生改变,价格水平发生变化时,名义工资会迅速调整,以保证实际工资(ω/P)。在劳动力市场上,实际工资决定着劳动供给和劳动需求的均衡,因为实际工资(ω/P)没有变化,所以劳动力市场的均衡在价格水平发生变化时,出清并没有被打破。社会总供给 Q^S 被看作是关于资本 K 和劳动 L 的函数,在 $Q^S(K,L)$中,假定 K 保持不变,则 Q^S 不会随价格水平发生变化,Q^S 曲线是一条垂直线。按照古典学派的这种分析,货币失衡引起的价格水平的变化并不会影响社会总供给量。如图 8—3 所示。

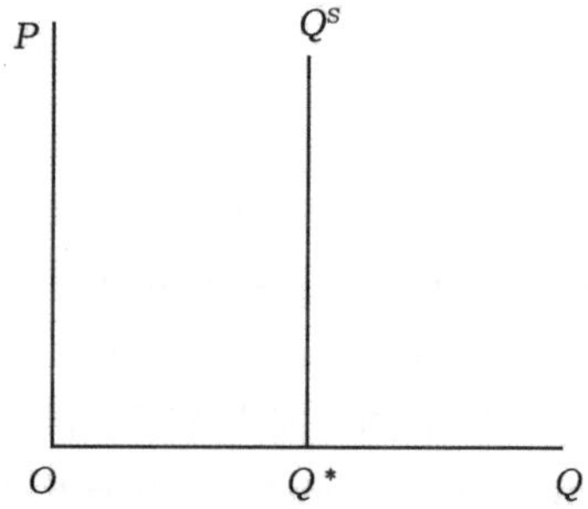

图 8—3 古典学派观点

对此，凯恩斯学派提出了截然不同的看法。凯恩斯学派认为就业是非充分的，并且短期内名义工资 ω 是粘性的。当价格水平变动时，实际工资（ω/P）也将发生变化。如图 8－4 所示，假设价格水平由 P_0 下降至 P_1，则实际工资水平就由（ω/P_0）上升到（ω/P_1），此时企业的劳动需求将会减少，出现非自愿失业，社会总供给将由最初的 Q_0 减少到 Q_1，对应的均衡价格水平也将由最初的 P_0 下降到 P_1。凯恩斯学派的总供给曲线是一条斜线，这就意味着，货币因素的变化将会对实体经济产生影响，货币均衡和商品市场均衡都不可能孤立地实现。

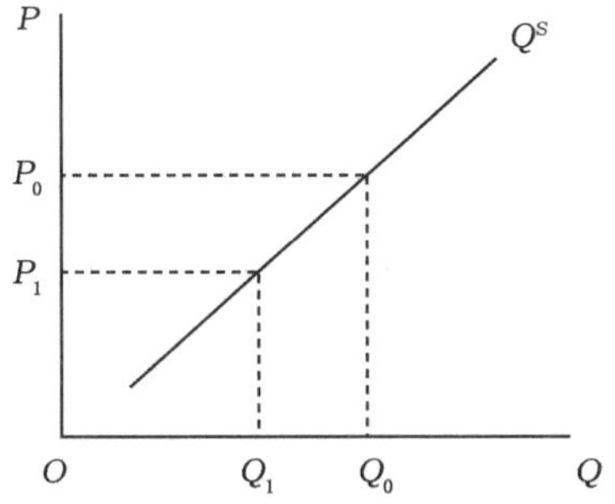

图 8－4　凯恩斯学派观点

（二）社会总需求

社会总需求通常是指一定时期内，一国的社会各方面实际占用或使用的全部产品之和。总需求曲线是一条向右下方倾斜的曲线，价格水平与总需求的关系如图 8－5 所示。

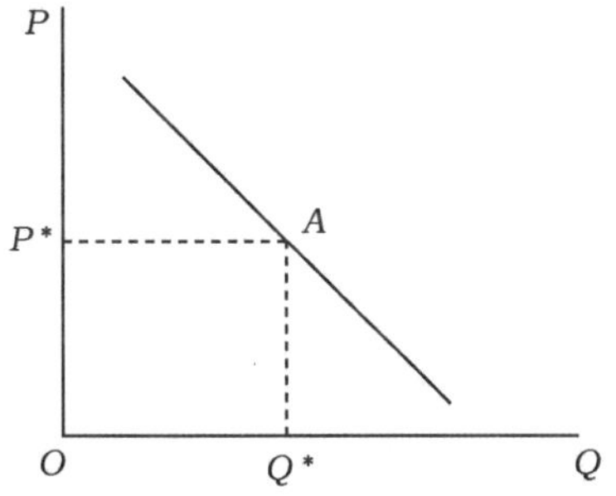

图 8－5　价格水平与总需求的关系

社会总需求曲线的形状相对简单，但是不同经济学派对影响总需求曲线的因素有着不同的认识：

货币学派分析总需求曲线移动是从交易方程式 $M \cdot V = P \cdot Y$ 入手，将价格水平 P 与商品和劳务的名义总量（$P \cdot Y$）联系起来。弗里德曼假设在一段时间内货币的流动速度保持不变，如果货币供应量 M 增加一倍，那么总支出 $P \cdot Y$ 也将增加一倍，这也就是弗里德曼现代货币数量论的观点。他认为总支出的变动主要取决于货币供应量的变动，采取财政拉动的方法增加总支出是行不通的。因为采取积极的财政政策增加政府支出会使私人支出减少，而这种增加具有完全挤出性，最终私人支出变动会完全抵消扩展性财政政策的效果。

凯恩斯学派则不是以交易方程式作为出发点来解释总需求是如何决定的，他们将总需求进行了细分。具体来说，最为简单的是在一个封闭的经济环境中，社会总需求可以用一个简单的会计恒等式表示：$Q^D = C + I + G$。在开放经济条件下，社会总需求就是在既定的价格水平上，本国和外国购买者对本国产品的总需求量，即 $Q^D=C+I+G+(N-X)$。

一方面，凯恩斯学派通过分析价格水平 P 的变动会通过投资 I 和汇率 E 来影响总需求水平的过程，得出和货币学派一样的结论——总需求曲线向下倾斜。

另一方面，凯恩斯学派认为货币因素会影响总支出的变化，如政府支出的增加（$G\uparrow$）和税收减少，促使居民消费增多（$C\uparrow$）和企业投资增加（$I\uparrow$）等因素都会影响到总支出的变化。凯恩斯把这种个人预期带来的消费投资行为的变动也看作是影响总需求曲线的重要原因。对于挤出效应，凯恩斯学派承认其存在，但他们认为政府支出的增加只具有部分挤出效应，仍然会引起总需求的增加。

（三）社会总供求平衡

社会总供求平衡是一个动态和变化的过程，凯恩斯学派和古典学派在刚性和粘性工资上的争论，说到底就是关于时间的争论，古典学派和货币学派的经济学家都认为工资具有充分的弹性，工资和价格的调整过程是十分迅速的，无须采取任何宏观经济政策（按他们的观点也没有时间来采取任何政策）经济就将恢复到均衡水平。凯恩斯学派也看到了经济有恢复到充分就业均衡的倾向，但他们认为经济的这种反应是逐渐的，其中的时差可以利用财政政策和货币政策来加快经济恢复均衡的速度。基于这两种观点，社会总供求平衡从时间上可以区分为短期的社会总供求平衡和长期的社会总供求平衡。

1. 短期的社会总供求平衡

由于信息不对称和货币幻觉的存在，在一个短时期内，货币量的改变带来的影响首先会被信息占优的一方察觉（如企业、政府等），信息处于劣势的一方不会马上改变自身的行动。假设一国政府通过公开市场业务，减少货币供应量，则名义工资（ω/P）将会上升，由于名义工资往往以合同等形式提前确定下来，在一定时期内是固定的，所以企业的劳动需求量将下降，社会总需求下降，Q^{D0} 曲线左移至 Q^{D1}，社会出现大量的非自愿失业，社会总产出和价格水平都将下降，形成新的均衡点 B，以及对应的均衡价格水平 P^1、均衡产出水平 Y^1。如图 8－6 所示。

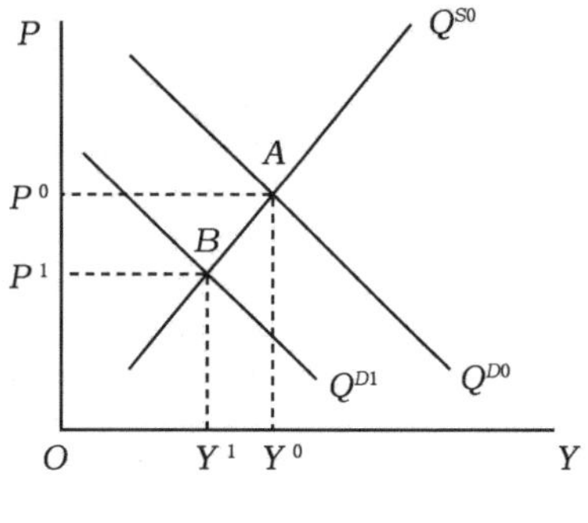

图 8－6 短期的社会总供求平衡

2. 长期的社会总供求平衡

在 B 点所形成的均衡从长期来看是会被打破的，因为总产出的减少，失业的大量存在，将导致名义工资下降，而名义工资的下降会使 Q^{S0} 曲线右移至 Q^{S1}，在供给曲线移动的过程中，价格水平 P 进一步下降，产出水平开始恢复，但只要产出水平低于 Y^0，就存在名义工资 ω 下降和产出水平 Y 上升的趋向，直到产出水平恢复到 Y^0 为止。如图 8－7 所示。

从均衡点 A 到均衡点 B 的过程中，价格水平缓慢下跌而产出水平急剧下降。从均衡点 B 到均衡点 C 的过程中，价格水平迅速下降而产出水平开始回复，直至均衡打破前的充分就业

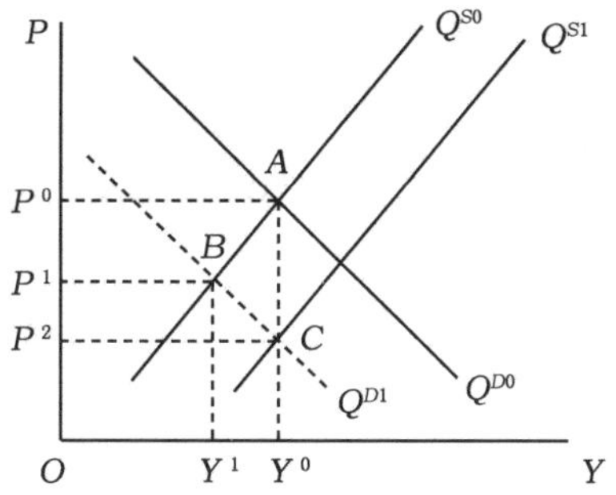

图 8—7 长期的社会总供求平衡

水平上。最终的结果正如古典学派所预期的那样:货币量的改变会影响价格水平 P 的变化,但产出水平仍然保持在原有充分就业的水平上。在社会总供求从均衡→失衡→再均衡的发展过程中,短期内,经济表现出凯恩斯学派的特征,而在长期内则表现出古典学派的特征。

三、货币均衡与社会总供求平衡

(一)货币均衡与社会总供求平衡的关系

分析货币均衡与社会总供求平衡的关系,首先要明白构成货币均衡的货币供给、货币需求与构成社会总供求平衡的社会总需求、社会总供给之间的关系。

现代商品经济的发展并不是要纯粹地追求社会总供给和总需求的绝对一致,事实上,现实的总需求略大于现实的总供给是现代商品经济发展的一个内在动因。在知道社会总供给形成货币需求,货币供给形成社会总需求的情况下,保持社会总供求平衡的关键在于一国货币当局如何通过控制货币供给量来协调实际货币需求与名义货币供给的关系。货币均衡与社会总供求平衡的关系,如图 8—8 所示。

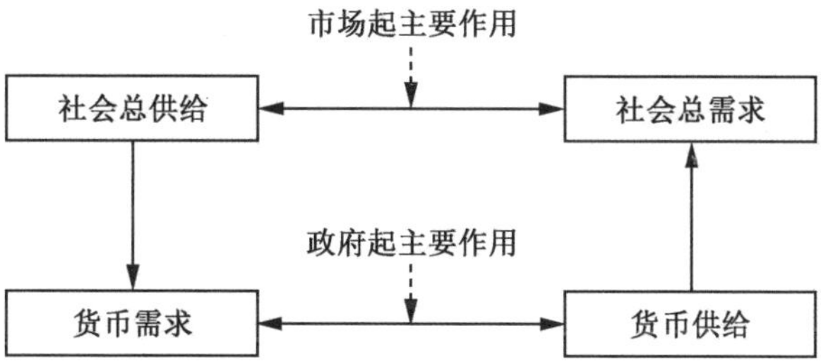

图 8—8 货币均衡与社会总供求平衡的关系

从图 8—8 中可以看出,一国货币当局对货币供给控制的作用十分明显,暂且不论是凯恩斯的后继者提出的"相机抉择"正确,还是货币学派的"单一规则"与实际情况更加吻合,他们所提出的理论背后都蕴含着相同的思想——货币供给与货币需求相适应。实现货币均衡是整个宏观经济平衡的关键。

(二)货币均衡与社会总供求平衡的实现

1. 封闭经济条件下货币均衡与社会总供求平衡的实现

封闭经济条件下货币均衡与社会总供求平衡的实现相对简单,新古典经济学派经济学家希克斯、汉森提出的 $IS-LM$ 模型就很好地描绘了在封闭经济条件下两市场均衡的实现。

在 $IS-LM$ 模型中，IS 曲线(即商品市场均衡曲线)是投资与储蓄曲线，它描述的是在不同的产出水平和利率水平下商品市场所有均衡点的轨迹。在该曲线左下方区域代表总需求不足，右上方区域代表总需求过剩。LM 曲线为货币市场均衡曲线，它描述的是在不同的产出水平和利率水平下货币市场所有均衡点的轨迹。在该曲线左上方区域代表货币供给过剩，右下方区域代表货币供给不足。两曲线相交，即为均衡点，对应着均衡利率水平 i^* 和均衡产出水平 Y^*。如图 8—9 所示。

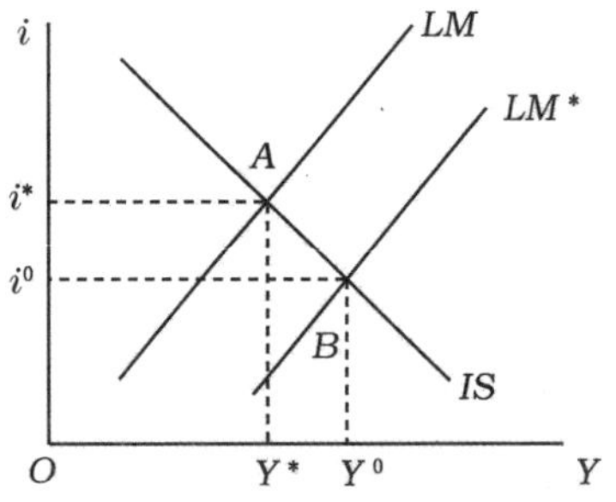

图 8—9　IS—LM 模型

在 $IS-LM$ 模型框架中，假定 IS、LM 曲线最初相交于 A 点，现在该国的货币当局增加了货币供给，LM 曲线向右下方移动，于 IS 曲线相交于 B 点。在封闭经济的条件下，国内利率 i 会从 i^* 下降至 i^0，Y 会从 Y^* 增加到 Y^0，形成新的两市场均衡点 B。

2. 开放经济条件下货币均衡与社会总供求平衡的实现

在开放经济的条件下，必须考虑国际收支的平衡，蒙代尔—弗莱明模型是分析这一问题的重要理论模型。在现实的经济生活中，货币均衡与内、外均衡的关系，以及货币均衡与内、外均衡的实现过程，会受到一国是固定汇率还是浮动汇率、是否有资本控制、本国利率变化能否引起其他国家利率变化等一系列因素的影响，不同的条件应用 $IS-LM-CM$ 框架分析得出的结果是不一样的，但其原理是相同的。在此，我们以一国实行的是固定汇率，没有进行资本控制，资本可以在国与国之间自由流动，并且该国利率 i 不能影响到另一国利率 i^* 为假设前提，以此来说明开放经济条件下货币均衡与社会总供求平衡的实现。

很明显，如果该国国内的利率 i 高于或低于国外利率 i^*，由于资本具有趋利性，那么存在的套利机会将使人在两国之间进行资本的无风险套利，直到 $i=i^*$ 套利机会消失为止。$i=i^*$ 是在上面三个假设前提下的关键，我们将 $i=i^*$ 在 $IS-LM$ 模型中描绘出来，称为资本流动线(capital mobility，CM)。将 CM 纳入 $IS-LM$ 模型中，此时 IS、LM、CM 曲线的交点即为均衡点，表示该国在商品市场、货币市场和国际资本的流动都实现了均衡，此时的均衡利率水平为 $i=i^*$。如图 8—10 所示。

分析其实现过程，如果一国的货币当局增加了货币供给，LM 曲线向右下方移动，与 IS 曲线相交于 B 点，国内利率 i 会下降($i<i^*$)，此时，本国居民就会向货币当局出售本币，而持有外币在国际资本市场上进行套利，个人的行为会抵消货币当局增加货币供给的作用，LM 曲线向左上方移动，使本国货币利率回升到 $i=i^*$ 的水平。均衡点会从最初的 A 点向 B 点移动，最终又回到 A 点位置，在此过程中货币当局的行为“唯一的作用”就是耗损了本国的外汇储备。如图 8—11 所示。

比较上面的分析，可以看到，实行固定汇率安排的国家货币均衡与社会总供求平衡的实

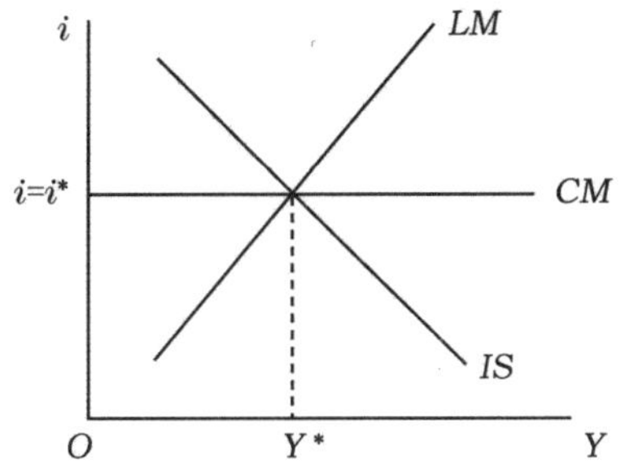

图 8—10　*IS*—*LM*—*CM* 模型

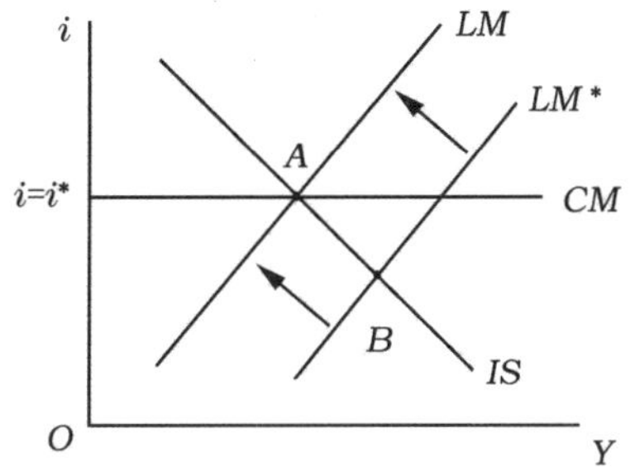

图 8—11　*IS*—*LM*—*CM* 的变动

现，在封闭经济中，*LM* 曲线的移动是政策的外生变化；而在开放经济条件下，它则变成了对资本流动的内生反应，并且以增加货币供给来拉动经济的增长是失效的，至少货币政策的效果会大打折扣。

应知考核

一、单项选择题

1. 正常情况下，流通中的货币总额(　　)。

A. 与商品价格成反比关系　　B. 与流通中的商品数量成反比关系

C. 与货币流通速度成反比关系　　D. 是一个稳定的常量

2. 货币供给的真实源泉是(　　)。

A. 中央银行发行的货币　　B. 财政部发行的债券

C. 出口增加带来的外汇储备　　D. 国民收入及其增量

3. 弗里德曼认为决定货币流通速度相对稳定的主要因素是(　　)。

A. 恒久性收入　　B. 名义收入　　C. 物价水平　　D. 预期通货膨胀率

4. 目前，我国划分货币供给层次的依据是(　　)。

A. 收益性　　B. 流动性　　C. 安全性　　D. 风险性

5. 基础货币不包含(　　)。

A. 流通于银行体系之外的现金　　B. 商业银行在中央银行的存款准备金

C. 商业银行的库存现金　　D. 商业银行吸收的企业活期存款

二、多项选择题

1. 凯恩斯认为影响货币需求的因素有（　　）。

A. 收入　　B. 利率　　C. 财富结构　　D. 税率

2. 经济主体对货币需要量的大小，主要取决于（　　）。

A. 居民一定时期的收入水平　　B. 企业经营规模及货币收支流量

C. 利率高低　　D. 中央银行的货币政策

3. 货币需求量的测算方法有（　　）。

A. 基本公式法　　B. 经验数据法　　C. 回归分析法　　D. 比例法

4. 治理通货膨胀一般可采取的货币政策措施有（　　）。

A. 提高法定存款准备金率　　B. 增加再贷款

C. 在公开市场上买进有价证券　　D. 在公开市场上卖出有价证券

E. 提高存贷款利率

5. 马克思认为流通中货币需求量的决定因素主要有（　　）。

A. 待销售的商品数量　　B. 单位商品价格

C. 其他金融资产的收益率　　D. 持有货币的流动性效用

三、判断题

1. 货币需求的实质是市场需求。（　　）

2. 持有货币可以满足三种动机，即交易动机、预防动机和投机动机。（　　）

3. 影响货币需求的因素中，Y_p 和 r_m 与货币需求成反向关系，W，r_b，$1/p \cdot dp/dt$，r_e 与货币需求成正向关系。（　　）

4. 马克思的研究总是以黄金作为货币来进行的。（　　）

5. 货币供给是一个流量概念。（　　）

四、简述题

1. 简述古典学派的货币需求理论。

2. 简述货币主义的货币需求理论。

3. 简述马克思的货币必要量理论建立的前提条件。

4. 简述西方货币供给理论的主要内容。

5. 简述存款货币的几个假设。

五、计算题

1. 某国 2020 年 9 月份的活期存款的法定准备金率为 8%，定期存款比率为 30%，定期存款的法定准备金率为 3%，超额准备金率为 2%，提现率为 6%。该国 2020 年的基础货币为 9 000 亿元。

试计算：

(1)该国 2020 年 9 月份货币乘数的值；

(2)该国 2020 年的货币供应量。

2. 设某商业银行吸收到 1 000 万元的原始存款，经过一段时间的派生后，银行体系最终形成存款总额 6 000 万元。若法定存款准备率与超额存款准备率之和为 15%，请计算提现率。

3. 设某国某年公众持有的现金为 1 000 亿元，商业银行持有的库存现金为 400 亿元，在中央银行的法定准备金为 400 亿元，超额准备金为 200 亿元；该国法定存款准备金率为 16%，超额准备金率为 6%；现金漏损率为 6%；活期存款转为定期存款的比例为 20%，为这些定期存款而持有的准备比率是 10%。请问：该国基础货币为多少亿元？货币乘数是多少？货币供给量是多少？

4. 某国商业银行体系共持有准备金 300 亿元，公众持有的通货数量为 100 亿元。中央银行对活期存款和非个人定期存款规定的法定准备率分别为 15%和 10%。据测算，流通中的现金漏损率为 25%，商业银行的超额准备率为 5%，而非个人定期存款比率为 50%。

试求：

(1)活期存款乘数与货币乘数(这里的货币指狭义货币 M1)。

(2)狭义货币供应量 M1。

应会考核

■ 观念应用

【背景资料】

供给的影响因素的应用

广州本田为汽车的供给者，假定存在以下三种情况：①加入贸易协定后，汽车行业的价格较加入贸易协定前整体下滑；②由于管理部门管理得当，使得企业的管理费用减少；③车间引进了用一条新的生产线，提高了劳动生产率。

【考核要求】

这三种情况会对其汽车的供给量造成什么影响？供给曲线又将怎样变化？

■ 技能应用

某一时期中央银行规定商业银行活期存款与定期存款准备金率分别为 16%与 3%。假定银行体系准备金为 20 000 亿元，公众持有现金 400 亿元。根据以往的经验，银行体系现金漏损率为 5%，超额准备金率为 15%，活期存款转化为定期存款的比例为 30%。

【技能要求】

(1)求基础货币。

(2)求商业银行存款创造的派生倍数。

(3)求货币乘数。

(4)求该时期全社会货币供给量。

■ 案例分析

【情景与背景】

丰收悖论：山东大白菜滞销问题

丰收，对农民来说本是一件高兴的事，但某年山东大白菜的丰收，却让菜农们哭笑不得。

山东是我国蔬菜第一大省，山东菜农种植的蔬菜销往全国各地。该年，山东大白菜丰收了，但是，在大白菜上市的季节，价格却一路跳水，遭遇了少见的“寒冬”。在济南，大白菜批发价每千克降到了 0.06 元，是 20 年来的最低价，而去年同期还是每千克 1.6 元。据了解，白菜籽、农资再加上劳动力，1 千克白菜的成本要接近 0.2 元，现在每千克 0.06 元的收购价让他们苦不堪言。虽然价格已经低到每千克 0.06 元，但仍然很少有人去农村收购大白菜，济南周边地区的很多菜农一棵菜也没卖出去，有的甚至烂在了地里。很多菜农表示只要有客商，赔本也卖。这对以种白菜为主要收入来源、本就不富裕的农民来说无疑是雪上加霜。很多菜农表示，来年不再种白菜了。

根据调查了解，今年大白菜价格走低有这样几个原因：一是去年大白菜价格特别高，菜农收入颇丰。很多菜农因此加入种植大白菜的行列，造成今年种植面积大量增加；二是今年大白菜生长期天气较好，病虫害极少，单产大幅度提高；三是入秋以来，几乎所有农产品的价格都在下滑。最重要的一点是，韩、日两国的国民冬季都有腌制大白菜的习惯，山东大白菜是他们腌制白菜的主要原料来源，由于去年世界经济不景气，两国的购买力和消费能力大幅下降，大白菜的出口受到了剧烈冲击。这些因素导致山东大白菜大量滞销，农民损失惨重，苦不堪言。

【分析要求】

结合所学过的内容，分析山东大白菜的供给和需求。

项目实训

【实训内容】

分析我国基础货币、货币乘数变化的原因

【实训目标】

通过本项目的实训，使学生能通过分析掌握影响基础货币、货币乘数的因素；培养学生分析问题能力、解决问题的能力；培养学生资料查询、整理的能力。

【实训组织】

以学习小组为单位，①将学生分组；②搜集最近几年中国的基础货币、货币乘数的相关数据；③分组讨论中国的基础货币、货币乘数发生变化的原因。

【实训成果】

1. 考核和评价采用报告资料展示和学生讨论相结合的方式；
2. 评分采用学生和教师共同评价的方式，并完成实训报告。

<table>
<tr><th colspan="3">《分析我国基础货币、货币乘数变化的原因》实训报告</th></tr>
<tr><td>项目实训班级：</td><td>项目小组：</td><td>项目组成员：</td></tr>
<tr><td>实训时间：　　年　　月　　日</td><td>实训地点：</td><td>实训成绩：</td></tr>
<tr><td colspan="3">实训目的：</td></tr>
<tr><td colspan="3">实训步骤：</td></tr>
<tr><td colspan="3">实训结果：</td></tr>
<tr><td colspan="3">实训感言：</td></tr>
</table>

项目九

通货膨胀和通货紧缩

○ **知识目标**

理解：通货膨胀的概念、特点和衡量指标，通货紧缩的概念、类型。

熟知：通货膨胀和通货紧缩的成因。

掌握：通货膨胀和通货紧缩的效应及治理对策。

○ **技能目标**

1. 具备对通货膨胀和通货紧缩现象提出解决对策的能力；

2. 能够对通货膨胀和通货紧缩效应作出分析。

○ **素质目标**

1. 具备收集资料、分析资料的能力，具备独立思考、团结协作的能力，注重团队的成绩与荣誉。

2. 培养与人沟通、言行举止得体等综合素质能力。

3. 理解不忘初心的核心要义和精神实质，塑造自己的品格、品行和品位，树立正确的世界观、人生观和价值观，把学与用有机结合，做到学思用贯通、知信行统一。

○ **项目引例**　　**中国将面临长期结构性通胀**

由于过剩劳动力的消失等7个结构性因素的存在，未来几年中国的通胀将一直维持高位运行。

预期2011—2015年期间的平均消费者物价指数(CPI)通胀率在5%上下，远高于2001—2010年的2%。

过去一年的总体通胀乍看与过去10年的通胀趋势似乎没有什么区别，然而对通胀的进一步研究揭示出中国的通胀已发生了一些根本性变化。

首先，在GDP增速低于历史平均水平的情况下非食品通胀却高位运行，这暗示通胀与经济增长之间的取舍关系可能正在发生改变。

其次，通胀范围变得更加广泛，因为非食品通胀迅速上扬，攀升至10年来的最高水平。

我们认为过剩劳动力的消失、决策者愿意容忍通胀上扬、农业产出面临下行风险、全球流动性宽松、环境税和更高的能源价格、城镇化和工业化挤出农业生产、潜在产出增长降低而需求增加7个结构性因素导致了中国的通胀将在未来几年一直居高不下。具体体现在过剩劳动力的消失、决策者愿意容忍通胀上扬、农业产出面临下行风险、全球流动性宽松。

资料来源：张智威、孙驰、陈家瑶：中国将面临长期结构性通胀，《首席财务官》，2011年第10期。

○ **引例导学**

什么是通货膨胀？发生通货膨胀如何治理？这些正是本项目所要讨论的问题。

○ **知识准备**

任务一 通货膨胀

一、通货膨胀的概念和特点

通货膨胀

通货膨胀是指在纸币流通条件下，货币流通量过多地超过货币必要量而引起的货币贬值、物价上涨的经济现象。它具有以下几方面特点：

（一）通货膨胀是纸币流通情况下特有的经济范畴

货币流通规律

在金属货币流通条件下，不可能出现通货过多的现象。因为金属货币本身具有价值，可以贮藏，过多的金属货币会自动退出流通界而成为贮藏货币，能自发调节货币流通量。在金属货币流通条件下，过多的银行券、信用币等能通过与金属货币的兑换来保持币值稳定，发行量也不会过多。在纸币流通条件下，纸币没有金属货币的优势，且能够在制度、技术上超发。当纸币流通量超过金属货币必要量时，过多的货币既无法像金属货币那样退出流通而形成储蓄，也不会与金属货币兑换而流回银行，只能继续在流通中，以纸币贬值和物价上涨方式强制地使货币供求达到平衡。

纸币发行并不必然导致通货膨胀，是否通货膨胀取决于纸币的数量、发行的渠道和管理水平的高低。

（二）通货膨胀表现为纸币贬值、物价全面持续上涨

货币的币值是商品的购买力，而不是指购买某种、某类具体的商品。通货膨胀与物价总水平相联系，广泛包括所有商品和劳务的价格在内。因国家物价政策、某类商品的供求关系和劳动生产率增长的差异等非货币因素引起的个别商品价格上涨，不是通货膨胀。

（三）通货膨胀既可以是开放性的，也可以是隐蔽性的

开放性通货膨胀直接表现为一般物价水平的上涨，主要发生在物价不受管制的完全市场经济中。隐蔽性通货膨胀，也称为抑制性通货膨胀，它不直接表现为物价的上涨，而表现为商品短缺、限量供应、票证货币化、储蓄快速下降、黑市买卖、投机倒把等现象。这些现象实质是变相的物价上涨，主要发生在物价受到管制的经济中。一旦政府撤销物价管制，物价上涨就会公开暴露。

（四）物价上涨的速度与货币增加的速度不一致

在通货膨胀初期，物价上涨速度慢于货币增长速度。在通货膨胀中期，物价上涨速度逐步加快，随着通货膨胀的加剧，物价上涨的速度就会超过货币增加的速度。

这种变化主要与通货膨胀预期及其引起的人们的经济选择行为有关。通货膨胀初期，人们对通胀的持续时间还未有估计，还可以接受纸币并储存。但随着通货膨胀的不断加剧，人们开始将手中的纸币尽快地转为实物，使货币流通速度加快，并且人们认为物价还会上涨，就会进一步不愿意持有纸币，这样造成物价上涨的速度越来越快。通货膨胀引起通货膨胀预期，通货膨胀预期则加剧通货膨胀。

（五）通货膨胀具有非均衡性

不同商品物价上涨的速度是不均衡的。一般来说，需求价格弹性小的商品，如生活必需品，价格上涨得较快。同一国家不同地区，物价上涨也是不均衡的，这是因为纸币在各地区投放的不均衡及商品的流转。纸币投放集中的地区，物价上涨较快。物价上涨加速的地区吸引其他地区的商品流入，又使该地区物价上涨速度减慢，其他地区却因为商品流出而减慢物价上涨进程。

二、通货膨胀的衡量指标

目前，世界上大多数国家将物价指数作为衡量通货膨胀的指标。通常采用的物价指数有以下三种：

(一)消费物价指数

消费物价指数(consumer price index，CPI)，是反映与居民生活有关的产品及劳务价格统计出来的物价变动指标，通常作为观察通货膨胀水平的重要指标。

CPI的计算公式是：

$$CPI=\frac{\text{一组固定商品按当期价格计算的价值}}{\text{一组固定商品按基期价格计算的价值}}\times 100$$

CPI告诉人们的是，对于普通家庭的支出来说，购买具有代表性的一组商品，在今天要比过去某一时间多花费多少。例如，若2013年某国普通家庭每个月购买一组商品的费用为800元，而2020年购买这一组商品的费用为1 000元，那么该国2020年的消费物价指数为(以2013年为基期)：

$CPI=1\ 000\div 800\times 100=125$

也就是说，物价水平上涨了25%。在日常生活中，我们更关心的是通货膨胀率，它被定义为从一个时期到另一个时期价格水平变动的百分比，公式为：

$$T=(P_1-P_0)\div P_0\times 100\%$$

式中：T代表1时期的通货膨胀率；P_1和P_0分别代表1时期和0时期的价格水平。

如果用上面介绍的消费物价指数来衡量价格水平，则通货膨胀率就是不同时期的消费物价指数变动的百分比。上例中的消费物价指数从2013年的100增加到2020年的125，那么这一时期的通货膨胀率就为：

$T=(125-100)\div 100\times 100\%=25\%$

就是说，通货膨胀率为25%，表现为物价上涨25%。

如果消费物价指数升幅过大，则表明通胀已经成为经济不稳定因素，会有央行紧缩货币政策和财政政策的风险，从而造成经济前景不明朗。因此，该指数过高的升幅往往不被市场欢迎。

由于CPI能够灵敏地反映居民日常生活成本的变化，而且资料容易搜集，所以在衡量通货膨胀时被多数国家所采用。但是，消费物价指数也有其缺点，CPI范围较窄，只包括社会最终产品中的居民消费品这一部分，不包括公共部门的消费、生产资料和资本产品以及进出口商品，从而不足以说明全面的情况。另外，没有考虑到一部分消费品价格的提高，可能是由于商品质量的改进、新产品对消费者福利的增进以及商品间的相互替代性等，因而存在夸大物价上涨幅度的可能。

(二)批发物价指数

批发物价指数(wholesale price index，WPI)，是根据包括制成品、原材料、中间品在内的各种商品的批发价格的变动状况编制的指数。

以 WPI 衡量通货膨胀，其优点是能在最终产品价格变动之前获得工业投入品及非零售消费品的价格变动信号，进而能够判断其对最终进入流通的零售商品价格变动可能带来的影响。因此，这一指数对商业周期反应敏感，可以用它来衡量物质生产部门生产成本的变化。其局限性在于它与居民生活没有直接联系，而且不包括劳务的价格，不能准确反映总体物价水平的变动情况。同时，它只计算了商品在生产环节和批发环节上的价格变动，没有包括商品最终销售时的价格变动，其波动幅度常常小于零售商品的价格波动幅度。因而，在用它判断总供给与总需求的对比关系时，可能会出现信息失真的现象。

(三)国民生产总值平减指数

国民生产总值平减指数(GNP deflator)，是按当年价格计算的国民生产总值与按不变价格计算的国民生产总值的比率。

GNP 平减指数的优点是范围广泛，除了居民消费品外，还包括公共部门的消费、生产资料和资本产品以及进出口商品，因此能较准确地反映一般物价水平的趋向。但它容易受价格结构因素的影响。例如，虽然与公众生活密切相关的消费品价格上涨幅度已经很高，但其他产品价格变动幅度不大，就会出现 GNP 平减指数虽然不高，但公众的日常消费支出已明显增加的状况。它的主要用途是对国民经济的综合指标进行名义值与实际值的换算。

以上三种物价指数衡量通货膨胀的前提是商品和劳务的价格可以自由波动。在严格实行价格管制的国家里，物价上升的趋势可能被人为压抑，表面上物价未上涨，但实际上却可能存在着商品的严重短缺。人们为获得一定量的商品必须支付较高的额外成本，经济学上称之为“隐蔽型”通货膨胀。

三、通货膨胀的分类

按照不同的划分标准，通货膨胀可以进行如下分类：

(一)按物价上涨速度快慢划分的通货膨胀类型

(1)温和的或爬行的通货膨胀

它是指通货膨胀率低，而且呈较为稳定、缓慢的上涨，物价较为稳定，货币不会有明显的贬值。经济学家认为，爬行的通货膨胀对经济的发展和国民收入的增加都有积极的刺激作用。

(2)疾驰的或奔腾的通货膨胀

它是指年通货膨胀率为 2 位数，甚至 3 位数的通货膨胀。通货膨胀在加速之中，人们的恐慌心理使通胀变得更厉害。通货膨胀已对经济产生不利影响，但还不至于引起金融崩溃和经济生活混乱。

(3)恶性通货膨胀

它是指通货膨胀率在 3 位数以上，物价连续狂涨，货币价值不断下降，人们不愿持有纸币，或抢购物资，或持有外币，已经对经济社会生活产生极其不利的影响，甚至引发政局动荡。

(二)按市场机制的运行状况划分的通货膨胀类型

(1)公开型通货膨胀

这种类型的通货膨胀的发生前提是市场功能完全发挥，价格对供求反应灵敏，过度需求通过物价总水平的明显、持续上涨而体现出来。

(2)隐蔽型通货膨胀

它是指在计划经济体制下，由于存在着严格的价格管制，价格上升趋势被隐藏的通货膨胀。表面上看物价变动不大，国家或政府管理当局对物价进行管制或冻结，对某些商品进行补贴，保持物价平稳，或者采取定量供应的办法，限制消费。但实际上，市场上商品供应紧张，黑市活跃。这类通货膨胀不能通过物价上涨表现出来，而只能以排队抢购、凭证购买、有价无货以及产品质量下降等形式表现出来。在我国实行计划经济体制时期，就存在这种隐蔽型通货膨胀，当时的物价指数并不反映真实的通货膨胀程度。改革开放初期国家放开价格，被压抑的通货膨胀被释放，物价水平随之大幅上升。

(三)按通货膨胀的成因划分的通货膨胀类型

(1)需求拉上型通货膨胀

它是指由于社会总需求的过度增长超过了按现行价格可得到的社会总供给的增长，使太多的货币追逐太少的商品和劳务而引起的一般物价水平上升的现象。

(2)成本推动型通货膨胀

它是指通货膨胀的根源在于总供给的变化，由于生产成本上升而使物价水平普遍上涨的现象。其中主要是工资推动和利润推动。

(3)结构型通货膨胀

它是指物价的上涨是由于对某些部门的产品需求过多，使得这些部门的物价和工资水平上升，之后其他部门的物价和工资水平也趋于上升，于是便出现全面的通货膨胀。

(四)按预期划分的通货膨胀类型

(1)预期性通货膨胀

它是指通货膨胀过程被经济主体预期到了，以及由于这种预期而采取各种补偿性行动引发的物价上升运动。

(2)非预期性通货膨胀

它是指没有被经济主体预见，在不知不觉中出现的物价上升。

三、通货膨胀的成因

(一)需求拉动

需求拉动的通货膨胀，即需求过旺，超过了供给很多，引起价格过快上涨，引发通货膨胀。

从政府角度来看，引起需求过旺的原因有以下几点：

1. 财政赤字过多

财政支出的规模超过了财政收入，形成了财政赤字，而财政赤字的弥补如果是通过货币超发和向银行透支的方式进行的，就会引发通货膨胀。

2. 信用膨胀

信用通胀是银行贷款的规模超过了国民经济发展的实际需要，从而导致贷款的货币投入没有相应的产出。这意味着在既定的供给条件下，货币的供应增加，从而导致需求过旺，物价上涨。

(二)成本推动

成本推动是从供给方来看的，商品价格受供给方成本影响而上涨引发的通货膨胀。

1. 工资的上涨

由于人口结构的变化，新的劳动力数量在减少，劳动者尤其体力劳动者越来越相对稀缺，议价能力在提高，工资不断上涨。另外，随着国民经济的发展和生活条件的改善，各行业的工资都在调整并有所上涨，工资的上涨带动了成本的上升和物价的上涨，引发通货膨胀。

2. 原材料上涨

由于资源是有限的，有的原材料越来越稀缺，所以价格不断上涨；有的原材料随着市场上其他商品价格的调整而上涨。原材料的涨价，又反过来带动商品价格的上涨，引发新一轮通货膨胀或加剧通货膨胀。

(三)结构性因素

结构性因素体现在以下几个方面：

1. 供求关系变化

供求关系变化导致部门结构失衡。短缺部门产品先涨价，过剩部门产品价格跟随，导致生产能力过剩和物价上涨。

2. 封闭部门的跟随

开放部门价格随着世界市场的涨价而涨价，工资上涨，非开放部门产品也随着涨价，引起总体物价上涨。

3. 劳动生产率慢的部门的跟随

劳动生产率快的部门由于效益好而涨工资，劳动生产率慢的部门员工也要求涨工资，引起总体的价格上涨过快。

4. 产业结构失衡

基础工业与加工工业、农业与工业发展失衡，产业结构不合理，引起结构性通货膨胀。

(四)综合因素

1. 体制性因素

体制性因素是从现在的经济体制上来分析通货膨胀的成因，包括银行信贷管理体制、企业制度、价格体系等因素。这也是中国通货膨胀的重要原因。

2. 政策性因素

政策性因素是指宏观经济政策运用不当对社会总供求带来的不利影响或政策的时滞带来的不利影响。这些因素包括财政预算规模的大小、赤字的高低、信贷规模的大小、银根松紧和一定时期的货币政策因素、国家产业政策等。

3. 一般性因素

一般性因素是指单纯由于经济成长或经济发展等过程中存在足以引发物价总水平持续上涨的中性原因。比如，中国农产品价格波动引起的消费品价格上涨就是由中国的国情决定的。

四、通货膨胀的效应

通货膨胀对经济的影响有正效应和负效应两方面，下面分别进行分析。

通货膨胀初期，在通胀还不严重的时候，适度温和的通货膨胀对经济有正效应。

(一)对经济的正效应

1. 有利于动员闲置资源

通货膨胀表现为流通中货币过多，商品价格普遍上涨，从供给需求的角度来看，短期有利于供给方，促进商品销售加快，企业利润增加。企业有动力扩大生产规模，增加就业，社会闲置资源得到利用，促进社会再生产的发展。

2. 有利于扩大投资

通货膨胀有利于刺激投资，表现在：第一，政府可以利用通货膨胀的新增货币额直接进行投资；第二，通过发行货币改变各阶层的收入分配结构。通货膨胀对高收入阶层有利，对低收入阶层不利，高收入阶层的投资率高，使边际投资率增加；第三，通过从发行货币到物价上涨的时间差来扩大企业利润，企业利润的扩大促使企业投资的增加。

3. 有利于优化产业结构

通货膨胀时期，畅销商品的价格上升幅度较大，滞销商品的上升幅度小或不变，社会资金流向改变，社会资源得以重新配置，产业结构和产品结构得到优化和调整。

随着通货膨胀的持续和加剧，其对经济的影响由正效应变成负效应，由促进转为破坏。

(二)对经济的负效应

1. 影响生产的正常进行

第一，通货膨胀对扩大就业和增加生产只能暂时产生刺激作用，但这种作用不可持续，也无法自发形成健康的经济运行机制。利用通货膨胀来扩大就业和增加生产，只能出现一种表面的、暂时的繁荣。从长期来看，暂时的需求过旺之后，虚假的购买力消失，导致生产萎缩、失业增加。

第二，通货膨胀引起生产结构失衡并造成生产下降。通货膨胀期间，各地区和部门价格涨跌幅度和时间不同，使一些涨价幅度大的部门过度发展，另一些部门则相对萎缩，社会再生产的比例关系受到破坏，生产结构进一步失调。

第三，生产资金日趋短缺。生产领域因生产周期长，随着物价上涨，风险大，不易获利；流通领域则资金周转快，易获利，致使资金逃到流通领域、投机和短期资金市场，生产部门资金不足，从而使生产进一步衰退。

第四，通货膨胀造成技术进步缓慢。通货膨胀表现为经济过热和需求过旺，在市场供求矛盾的卖方市场中，企业短期就可获得很大的利润，不需要技术创新和提高质量。另外也会加大技术创新的成本，不利于技术进步和社会发展及整体经济增长率的提高。

2. 对财富再分配的影响

通货膨胀引起了收入分配的变化，使社会阶层结构发生了变化。

(1)对于固定收入者

固定收入者是通货膨胀的受害者，通货膨胀使单位货币的购买力下降。如果各个社会成员的收入水平增长速度都一样，并且都与物价上涨幅度相等，那么通货膨胀不会改变收入分配结构。但现实情况是，社会成员之间收入增长速度和幅度都有差异，这就使社会成员的实际相对收入发生了变化，改变了原有的收入分配结构。如果物价的上涨先于工资的上涨，那些依靠固定工资生活的人实际收入减少而成为通货膨胀的受害者。

(2)对于低收入者

由于生活必需品需求价格弹性小，其价格上涨幅度要高于一般商品价格上涨。低收入家庭必需品支出占总支出比重大，是通货膨胀的直接受害者，高收入家庭的损失程度要相对轻些。

(3)通货膨胀影响财富分配

财产分为按固定金额计算的财产和按可变价格计算的财产，前者包括银行储蓄存款、公司债券、国债、现金以及以其他货币形式存在的资产；后者包括诸如房屋及其设备等物质资产及股票等。以货币形式存在并以固定金额计算的财产，由于货币购买力的下降，必然遭受损失；而以可变价格计算的财产，其价值则可随物价上涨而上涨或保存原来价值。

通货膨胀的财富再分配，不仅表现为家庭之间的分配，而且表现为家庭、企业和政府之间的分配。家庭持有的是按固定金额计算的净资产，因而容易遭受损失。企业和政府多数情况下是按固定金额计算的净负债部门，其债务实际价值随通货膨胀而下降，因而是通货膨胀的受益者。

3. 对流通的扰乱效应

首先，通货膨胀打乱了正常的流通渠道。正常的流通渠道应是从产地向市场运动，但在通货膨胀时期，由于地区间物价上涨的非均衡性，商品会改变原有的正常流向，从涨价幅度小、时间迟的地区流向涨价幅度高、时间早的地区，甚至流向产地。商品的这种盲目逐利流转，扰乱了正常的商路，加剧了通货膨胀。

其次，在通货膨胀持续时期，由于人们对通货膨胀的预期，普遍存在物价"看涨"心理。人们为了保值，会抢购惜售、重物轻币、囤积居奇、哄抬物价，从而促使商品供求关系扭曲变态，并进一步加剧商品流通混乱。

最后，如果一国通货膨胀高于国际通货膨胀率，就会使原出口产品转为内销，并增加进口，导致国际贸易出现逆差。

4. 对消费的负效应

首先，由于通货膨胀，削弱了消费者的实际购买力，导致生活水平普遍下降。

其次，消费者对通货膨胀的预期，往往促使其提前消费或加速消费行为，从而加剧社会供求矛盾。

5. 对财政金融的效应

通货膨胀初期，国家财政和金融部门可获暂时的利益。因为通过发行债券或吸收存款增加的负债，在将来偿还时可获得减轻实际债务的好处。但随着通货膨胀的发展，对财政金融最终会有不利影响。

首先，财政金融影响财政收支平衡。持续的通货膨胀，一方面使税源减少，举债困难，最终减少财政收入；另一方面，财政支出则因物价上涨必须相应增加，因而财政收支难以平衡。

其次，通货膨胀影响造成货币流通混乱。不断贬值的货币，极难执行价值尺度和流通手段的职能。当通货膨胀达到一定程度时，人们为避免损失，更愿意持有实物而不愿接受纸币，甚至出现排斥纸币、恢复物物交换的现象。纸币流通范围越来越窄，最终导致纸币流通制度的崩溃。

最后，通货膨胀破坏了正常的信用关系。因为通货膨胀对债权人不利，为了避免损失，商品交易中的现金交易增加，商品信誉衰落。同时，银行信用也因来源减少而日趋萎缩。

五、治理通货膨胀的对策

（一）控制需求

通过控制需求，可达到治理通货膨胀的目的，而控制需求，可利用以下几种政策和方案进行。

1. 紧缩性货币政策

为把过度的需求压下去，各国货币当局采取的手段主要有：①通过公开市场业务出售政府债券，相应减少货币存量。②提高法定准备金率，以缩小货币乘数。③提高利率。中央银行既可以通过减少货币供给而间接地使利率上升，也可以通过提高贴现贷款的利率而直接提高金融结构的各项存、贷款利率，利率的上升会促使人们减少消费需求而把更多的收入用于储蓄；同时，伴随着利率的提高，投资的成本也不断上升，这会对投资需求起到抑制作用。④控制政府向银行的借款额度，适当减少或控制国际收支净收入，以控制基础货币的投放等。以上手段可以保证货币供应量

法定准备金率

增长率与经济增长率相适应。

2. 紧缩性财政政策

紧缩性财政政策的基本内容是增加税收和减少政府支出。增加税收的通常做法是提高税率和增加税种，压缩企业和个人可支配的货币收入，增加财政收入，减少财政赤字或财政向中央银行的借款量。压缩财政支出的办法是削减财政投资的公共工程项目，减少政府转移支出，减少各种社会救济和补贴，使财政收支平衡。

3. 紧缩性收入政策

紧缩性收入政策是应对成本推进型通货膨胀的有效方法。既然成本推进型的通货膨胀是由于工资、物价的提高导致的总供给曲线的上移，那么采取工资—价格政策（收入政策）来干预、阻止工会和垄断企业这两大团体互相抬价所引起的工资、物价轮番上涨的趋势也是理所当然的。这样做的目的在于既控制通货膨胀而又不致引起失业增加。

4. 指数化方案

指数化方案是指将收入水平、利率水平同物价水平的变动直接挂钩，以抵消通货膨胀的影响。指数化的范围包括工资、政府债券和其他货币性收入。其实施办法是把各种收入同物价指数挂钩，使各种收入随物价指数而调整。这样会有两个功效：一是借此剥夺政府从通货膨胀中新获得的收入，打消其制造通货膨胀的动机；二是可以借此抵消或缓解物价波动对个人收入水平的影响，克服分配不公，避免出现抢购商品、贮物保值等加剧通货膨胀的行为。

（二）改善供给

发展生产，增加供给，稳定币值，是消除通货膨胀的根本出路。可以借鉴供给学派的观点，刺激生产以增加有效供给，从而遏制通货膨胀。

改善供给的一般措施有以下几点：

（1）实行有松有紧、区别对待的信贷政策。在压缩总需求的同时，货币当局实行产业倾斜政策，对国民经济中的“瓶颈”部门、事关国计民生的主要产业和产品，实行比较优惠的信贷政策；而对那些产品积压、投入多产出少的产业或产品，则紧缩信用。通过这些政策的实施，达到优化产业结构的目标，社会资源得到合理配置，货币流通状况才能根本好转。

（2）发展对外贸易，改善供给状况。通过对外贸易，不但可以调节供给总量，而且可以改善供给结构。当国内供求矛盾比较集中时，可动用黄金外汇储备进口商品、增加供给总量。当国内市场某种商品供给过多，而另一些商品供不应求时，通过进出口贸易，可以调节供给结构。

总之，面对复杂的通货膨胀成因，要相应地采取适合的治理办法。

拓展阅读 9－1　　巴西央行上调今明两年通胀预期

新华网圣保罗 3 月 27 日电（记者王正润）巴西央行 27 日将今明两年通胀预期分别提高至 6.1％和 5.5％，这表明困扰巴西 3 年多的通胀还将继续。

与此同时，巴西央行还将今年经济增长预期从原先的 2.5％下调至 2％，低于 2013 年的 2.3％。

巴西央行表示，几十年不遇的干旱导致食品价格高涨是其提高通胀预期的主要原因。央行经济政策研究中心主任阿劳若向媒体表示，目前看不到通胀向管理目标中值 4.5％靠近的任何迹象。

市场认为，此次央行提高通胀预期表明，尽管巴西经济增长已经趋缓，但央行将会继续加息。

巴西自去年 4 月份以来连续加息，目前基准利率已高达 10.75％。

由于经济增长放缓和通胀高企，标准普尔评级公司24日把巴西长期主权债务信用等级由BBB降为BBB－，同时把评级展望从负面调整为稳定。

资料来源：巴西央行上调今明两年通胀预期，新华网，2014年3月28日。

拓展阅读9－2　　金融危机中的欧洲人的消费习惯改变了

2008年爆发的金融危机中，不断上涨的油价导致其他商品价格上涨，在世界范围内引发新一轮通货膨胀。即使在较为发达的欧洲，普通民众也感到了物价上涨带来的压力，纷纷改变原有的消费习惯。在英国，许多人不再去超市购物，而是转向价格比较便宜的折扣连锁店。在2008年，一家名为阿尔迪的折扣连锁超市在英国的销售额增加了20%。欧洲其他国家的情况也与英国类似。在德国，2009年5月份商品批发价格上涨了8%，消费者普遍表示，现在花钱比以前谨慎多了。意大利2009年6月份的通货膨胀率接近4%，创几年来的新高。

资料来源：通货膨胀带来压力 消费者改变消费习惯，央视网，2008年7月3日。

思考与讨论：

通货膨胀是如何产生的？有哪些影响？

任务二　通货紧缩

一、通货紧缩的概念

关于通货紧缩的概念，经济学家有不同的观点。国内外目前对通货紧缩主要有以下观点：

第一种观点认为，通货紧缩是指物价普遍持续下降的现象。

第二种观点认为，通货紧缩是指物价总水平持续下跌、货币供给量持续下降，与此相伴随的是经济衰退的现象。

第三种观点认为，通货紧缩是经济衰退的货币表现，其有三个特征：一是物价持续下降，货币供给量持续下降；二是有效需求不足，失业率高；三是经济全面衰退。

大部分人倾向第一种观点，认为通货紧缩是与通货膨胀是相反的经济现象。通货膨胀是商品与劳务价格的普遍持续上升，而通货紧缩是商品和劳务价格的普遍持续下降。物价普遍持续的下跌才是通货紧缩，而由于某些商品或劳务供应大于需求或技术进步、市场开放、成本降低、生产效率提高等导致的暂时的物价下跌，不是通货紧缩；由于消费者偏好变化、季节性因素等某些货币因素影响而引起的商品和劳务价格的暂时或偶然下跌与货币本身没有必然联系，也不是通货紧缩。

在经济实践中，判断某个时期的物价下跌是否为通货紧缩，既要看通货膨胀率是否由正转负，也要看下跌的持续时间是否超过了一定时限。有的国家以一年为标准，有的国家以半年为标准。一般对于通货紧缩压力较大的国家来说，时间可以适当长一点，而对于紧缩膨胀压力小的国家来说，时间可以适当短一点。

通货紧缩

二、通货紧缩的成因

(一)财政与货币政策

从财政政策来看，政府为了预防通货膨胀或为了降低财政赤字，而采取紧缩性的财政政策，大量削减公共开支，减少转移支付，从而减少了社会总需求，加剧了商品和劳务市场的供求失衡,就可能促进通货紧缩的形成。从货币政策来看,长期以来,经济学界认为通货紧缩对经济的威胁小于通货膨胀,持此观点的如美国著名经济学家米尔顿·弗里德曼。但各国中央银行采取紧缩的货币政策,使大量商品流向货币,可能产生物价的持续下降,导致通货紧缩。

(二)技术进步

技术进步与创新提高了生产力、降低了企业成本,造成了产能过剩。在供给大于需求的情况下,物价下跌不可避免。

如果供给大于需求的情况不能及时调整而持续存在,那么物价下跌的趋势也会相应持续下去,这样就会出现通货紧缩。

(三)汇率制度

如果一国采取盯住强货币的汇率制度,货币币值高估,就会导致出口下降,加剧国内企业经营困难,促使消费需求趋减,出现物价的持续下跌。同时,其他国家货币的大幅贬值,也会造成货币贬值国家的商品大量流入本国,进一步加大国内物价的持续下跌态势。

(四)金融体系低效率

如果金融机构不能对贷款项目进行风险识别,那么就可能滥发贷款,造成不良贷款比重增加,可能不愿意贷款或片面提高贷款利率以作为承担风险的补偿,从而形成信贷萎缩,最终导致物价下跌,形成通货紧缩。

三、通货紧缩的类型

(一)按其严重程度分类,通货紧缩可分为相对通货紧缩和绝对通货紧缩

1. 相对通货紧缩

相对通货紧缩是指物价水平在零值以上,在适合一国经济发展和充分就业的物价区间以下。如果把物价水平年增长3%～9%看成是适应于一个国家发展的物价水平,那么0～3%的物价水平所对应的通货状态,就是相对通货紧缩的状态。在这种状态下,物价水平虽然还有一些正增长,但它已经低于适合一国经济发展和充分就业的物价水平,因而已经使一国经济失去正常发展所必需的动态平衡,通货处于相对不足的状态。这种情况对经济发展会构成一定的损害,但这种损害可能是轻微的。

2. 绝对通货紧缩

绝对通货紧缩是指物价水平在零值以下,即物价负增长。这种状态说明一国通货处于绝对不足的状态。在这种状态下,极易造成一国经济衰退乃至萧条,因而绝对通货紧缩又可细分为两个子状态,即衰退式通货紧缩和萧条式通货紧缩。

(1)衰退式通货紧缩

物价持续较长时间的负增长,但负增长的幅度不大,已经或足以对一国经济造成了一定的影响,使之处于衰退状态,或是与经济衰退相伴随,因为可能有其他经济的或非经济的因素致使经济衰退,这种绝对通货紧缩状态,就称为衰退式通货紧缩。

(2)萧条式通货紧缩

物价持续较长时间的负增长,负增长的幅度较大,已经或足以给一国经济造成了较大的损害,使之步入萧条,这种绝对通货紧缩的状态,就称为萧条式通货紧缩。

(二)按其产生机理分类,通货紧缩可分为需求不足型通货紧缩和供给过剩型通货紧缩

1. 需求不足型通货紧缩

总需求不足,供给相对过剩,从而引发通货紧缩。一国需求不足可能是多种原因引起的,包括消费和投资的抑制、国外需求的抑制等。

(1)消费抑制型

消费抑制型是指由于即期收入的减少或预期支出的增多,以及对未来的不确定性而采取的减少当期消费的预防行为。如失业增加、社会保障不健全等引发的需求不足而导致的消费抑制。这种消费抑制使供给相对过剩,产品卖不出去,企业利润减少、规模缩减、收入减少,物价下跌等连锁反应。

(2)投资抑制型

投资抑制型是指由于种种原因投资被抑制,新建项目减少,生产和生活资料的需求减少,劳动力就业困难,供给相对需求过剩。

(3)国外需求不足型

国外需求不足型是指国外需求不足,出口减少,减少了对国内商品的需求总量,导致企业产品积压。如果再加上国内需求不足,便会形成通货紧缩。

2. 供给过剩型通货紧缩

供给过剩型通货紧缩是指由于技术进步和生产效率提高,造成产品绝对过剩。这在某种程度上是社会进步的表现。各国都希望通过技术进步来生产相对价格更低的商品向他国销售来增加出口,同时引进廉价的商品。但如果供给过剩引发的通货紧缩过于严重和持续时间过长,反而会阻碍经济发展和社会进步。

四、通货紧缩的效应

(一)对经济的影响

通货紧缩状态下,由于物价下降,人们能购买的商品数量增加,货币购买力增加。同时,因预期物价还会进一步下降,人们倾向于储蓄和推迟购买,等待更低价格的出现。通货紧缩抑制了个人消费,进而企业商品卖不出去,失业增加,经济萧条。同时,投资成本增加,经济缺乏活力。

(二)对银行金融业的影响

通货紧缩可能会导致银行的危机。通货紧缩加重了贷款者的实际负担,收益率下降,贷款者偿还银行能力下降,银行贷款收不回来的风险增加;降低了资产抵押和担保价值,银行要求客户提前还款,会加速很多贷款者的资产流失或破产,银行收不回来的资产增多。

如果人们存在继续通货紧缩预期,就不愿意借款,银行也更加惜贷。信贷供求萎缩,金融市场萧条。

五、治理通货紧缩的对策

(一)实行积极的财政政策

实行积极的财政政策不仅意味着扩大财政支出,而且意味着要优化财政支出结构,以增大财政支出的乘数效应。扩大财政支出,可以发挥财政支出在社会总支出中的调节作用,弥补个人消费需求不足造成的需求减缓,起到“稳定器”的作用。优化财政支出结构,可以使财政支出最大化地带动企业或私人部门的投资,以增加社会总需求。例如,可以适当缩小国家财政对公共基础设施的直接投资规模,抽出部分财政投资资金,通过财政贴息、财政参股、财政担保等多种途径,吸纳、带动社会资金参与公共基础设施建设,可以放大财政政策的乘数效应。财政还可以通过调整投资方向,达到优化财政支出结构的目的。

(二)实行积极的货币政策

实行积极的货币政策就要求中央银行及时做好货币政策的微调,适时增加货币供应量,降低实际利率,密切关注金融机构的信贷行为,通过灵活的货币政策促使金融机构增加有效贷款投放量,以增加货币供给,如实行积极进取的相机抉择的货币政策。中央银行的作用和目标是稳定货币,包括两方面,既要防止高通货膨胀又要防止通货紧缩,使通货膨胀既不加速也不减速,维持在较低的水平上,最好在2%～3%,至少应控制在5%以下,前者是一个理想目标,后者是一个可控目标。此外,中央银行还可以放松利率管制,加快利率市场化改革,即根据银行贷款利率的风险大小自行确定贷款利率。

应知考核

一、单项选择题

1. 通货膨胀是指(　　)。

A. 物价的上升　　B. 物价的持续上升

C. 物价总水平的上升　　D. 物价总水平的持续上升

2. 通货紧缩表明社会总供求关系是(　　)。

A. 有效需求过剩　　B. 有效需求不足　　C. 货币供给过多　　D. 商品供给不足

3. 通货膨胀现象反映(　　)。

A. 社会总需求大于社会总供给　　B. 社会总供给大于社会总需求

C. 货币供给量不足　　D. 货币购买力上升

4. 食品、服装和其他日用消费品的零售价格以及水、电、住房、交通、医疗、文娱等费用支出编制而成的一种综合价格指数是(　　)。

A. 消费物价指数　　B. 批发物价指数

C. 国民生产总值物价平均指数　　D. 国内生产总值物价平均指数

5.(　　)可以反映大宗商品(包括原材料和中间产品及最终产品等)第一次进入流通时价格的变动。

A. 消费物价指数　　B. 批发物价指数

C. 国民生产总值物价平均指数　　D. 国内生产总值物价平均指数

二、多项选择题

1. 关于通货膨胀的特点说法正确的有(　　)。

A. 通货膨胀是纸币流通情况下特有的经济范畴

B. 通货膨胀表现为纸币贬值、物价全面持续上涨

C. 通货膨胀既可以是开放性的,也可以是隐蔽性的

D. 通货膨胀具有均衡性

2. 通货膨胀的成因有(　　)。

A. 需求拉动　　B. 成本推动　　C. 结构性因素　　D. 综合因素

3. 通货膨胀的发展对财政金融的影响体现在(　　)方面。

A. 财政金融影响财政收支平衡　　B. 通货膨胀造成货币流通混乱

C. 通货膨胀破坏了正常的信用关系　　D. 银行信用也因来源减少而日趋萎缩

4. 按其严重程度分类，通货紧缩可分为（　　）。

A. 相对通货紧缩　　B. 绝对通货紧缩

C. 需求不足型通货紧缩　　D. 供给过剩型通货紧缩

5. 治理通货膨胀的控制需求对策有（　　）。

A. 紧缩性货币政策　　B. 紧缩性财政政策

C. 紧缩性收入政策　　D. 积极性财政政策

三、判断题

1. 纸币发行并不必然导致通货膨胀，是否通货膨胀取决于纸币的数量、发行的渠道和管理水平的高低。（　　）

2. 通货膨胀必须是隐蔽性的。（　　）

3. 消费抑制型通货紧缩，使供给相对过剩，产品卖不出去，企业利润减少、规模缩减、收入减少，物价下跌等连锁反应。（　　）

4. 扩大财政支出，可以发挥财政支出在社会总支出中的调节作用，弥补个人消费需求不足造成的需求减缓，起到"稳定器"的作用。（　　）

5. 实行积极的货币政策就要求中央银行及时做好货币政策的微调，适时减少货币供应量。（　　）

四、简述题

1. 简述通货膨胀的概念和特点。

2. 简述通货膨胀的衡量指标。

3. 简述通货膨胀的成因和效应。

4. 简述治理通货膨胀和通货紧缩的对策。

5. 简述通货紧缩的内涵和成因。

应会考核

■ 观念应用

【背景资料】

高失业和通缩风险困扰欧洲经济

本周欧洲地区发布了一系列关键经济数据，显示复苏势头仍在延续、市场信心不断增强，但高失业率和持续低通胀率引发的通缩担忧令复苏前景面临较多不确定性。

本周欧盟委员会发布的冬季经济展望报告说，欧元区经济2014年预计增长1.2%，欧盟增长1.5%。随后，反映经济信心的欧元区经济景气指数升至2011年7月以来的最高点，显示市场对经济前景看好。欧盟委员会副主席兼经济与货币事务委员奥利·雷恩表示，欧洲债务危机最坏时期已过，欧洲经济目前正恢复增长，经济增长建立在持续的经济改革和健康的财政政策基础上。

对欧洲经济复苏的信心也直接反映在市场层面上。重债国意大利和希腊的国债收益率持续回调，本周希腊10年期国债收益率自2010年5月以来首次降到7%以下，意大利10年期国债收益率更是降至2006年1月以来的低点3.5%，显示重债国经济风险大幅下降。此外，欧元兑美元的汇率稳定在 1∶1.37 的水平线上，坚挺的走势进一步确认了市场对欧洲经济前景的信心。

虽然市场气氛渐好，但高失业率难以撼动和通胀率持续走低，表明欧洲经济复苏的动力依然不足，未传导到所有部门。

数据显示，今年 1 月份欧元区的失业率为 12.0%，与前 4 个月持平。25 岁以下的年轻人失业率依然远高于平均水平，欧元区为 24.0%，欧盟为 23.4%。希腊、西班牙和克罗地亚年轻人的失业率分别高达 59.0%、54.6%和 49.8%，德国最低为 7.6%。

2014 年 2 月，欧元区通货膨胀率为 0.8%，已连续 5 个月低于 1%，远低于欧洲央行设置的 2%的目标。长期的低通胀给欧元区带来了通缩风险，潜在的价格下降预期会抑制欧元区的投资和消费水平，进而影响经济复苏。

布鲁塞尔欧洲与全球经济研究所资深研究员绍尔特·达尔沃什对新华社记者说："不光是通缩风险，如果看到欧洲的政府高负债率和金融系统风险，欧洲经济复苏可谓风险重重。"目前，欧元区国家公共债务占国内生产总值的比重超过 90%，且仍处于上升趋势。欧盟经济与金融事务部门总干事马可·布提也表示，只要负债率在多个经济领域中过高、失业率徘徊在历史纪录水平及经济失衡问题不解决，增长动力就有陷在低位的重大风险。

达尔沃什建议尽快通过银行业改革，修复金融系统失衡和机制缺陷，为欧洲经济复苏创造坚实基础。他说："金融系统的平衡修复将是激发欧洲经济活力的关键，这一过程需要漫长时间，需要银行业联盟逐步建立，运作主体欧洲央行的权限还有待与成员国不断商讨，可以预见将耗费大量时间，产生的不确定性和困难将给未来市场带来风险。"

资料来源：高失业和通缩风险困扰欧洲经济，人民网，2014 年 3 月 1 日。

【考核要求】

通货膨胀能否引起失业？请简要说明。

■ 技能应用

通货膨胀率

假定某国上一年的物价水平为 102，今年的物价水平上升到 108。

【技能要求】

计算上述题干的通货膨胀率是多少。

■ 案例分析

【情景与背景】

欧洲央行考虑采取激进措施应对过低通胀

据华尔街日报网报道，欧洲央行官员 25 日向外界传递强烈信号：为防范通胀低到危险的地步，央行愿意考虑采取激进的应对举措，其中包括实施负利率以及资产购买措施。

来自欧元区不同国家的最高决策者发表的言论暗示，面对经济疲软、欧元区坚挺，欧洲央行打算不再采取谨慎姿态，而是像美国、英国和日本近年来所做的那样，实施更激进的政策措施。

芬兰央行行长利卡宁在赫尔辛基接受媒体采访时表示，欧洲央行仍有利率调整的空间。目前欧洲央行的主要贷款利率为 0.25%，处在历史低位。过去近两年，欧洲央行一直将其隔夜存款利率维持在零水平。

当被问及央行还有什么工具可以动用时，利卡宁提到了实施负利率、向商业银行提供更多贷款以及资产购买措施。利卡宁自 2004 年起担任芬兰央行行长，也为 24 人组成的欧洲央行管理委员会的成员之一。

25日，包括德国和斯洛伐克央行行长在内的其他一些官员也传递了类似信息。德国央行行长魏德曼在接受国际市场新闻社采访时表示，不排除实施大规模资产购买计划(即定量宽松)的可能性。

利卡宁还表示，这是欧洲央行的一个选择，不会与禁止央行为政府融资的规定发生冲突。此前美国联邦储备委员会(简称美联储)和日本央行已经积极利用货币政策阻止通胀降至过低水平，但欧洲央行一直抗拒这样做，并把政策重心放在银行贷款计划上。

斯洛伐克央行行长马库赫25日称，几位(欧洲央行)决策者已准备采取非常规措施，以阻止欧元区陷入通缩环境。他补充说，定量宽松是央行的一个选择。

欧洲央行行长德拉吉并没有具体说明欧洲央行可能采取哪些措施。但25日在巴黎发表演讲时，德拉吉试图强调央行抗击过低通胀的决心，欧元区过低的通胀率正抑制消费者支出，并削弱企业利润和投资。他说，欧洲央行将采取必要措施维持物价稳定，央行正密切关注欧元汇率。

这一表态让人想起德拉吉在2012年7月时的承诺，当时他承诺央行将竭尽所能维持欧元区完整。这番言论触发了南欧国债市场一轮持久的反弹。欧洲央行甚至不必购买任何国债，市场有了德拉吉的口头承诺就已经足够。

不过，虽然欧洲央行这一次加大了口头干预的力度，但欧元25日却几乎不为所动。一些分析师警告说，除非欧洲央行言行一致、尽快拿出真正的行动，否则，市场将质疑央行抗击超低通胀的决心。

资料来源：欧洲央行考虑采取激进措施应对过低通胀，人民网，2014年3月26日。

【分析要求】

1. 欧洲央行应对过低通胀的措施有哪些?

2. 低通胀和高通胀的区别在哪儿？措施有何区别？

项目实训

【实训内容】

通货膨胀

【实训目标】

通过本项目的实训，使学生要学会计算通货膨胀率；培养学生分析问题能力、解决问题的能力；培养学生资料查询、整理的能力。

【实训组织】

以学习小组为单位，根据下述内容进行计算：

1. 表9—1为1978—2014年间我国居民消费价格指数、城市居民消费价格指数、农村居民消费价格指数。

表9—1　　1978—2014年我国各类消费价格指数

年　份	居民消费价格指数(1978=100)	城市居民消费价格指数(1978=100)	农村居民消费价格指数(1985=100)
1978	100.0	100.0	—

续表

年　份	居民消费价格指数（1978=100）	城市居民消费价格指数（1978=100）	农村居民消费价格指数（1985=100）
1980	109.5	109.5	—
1985	131.1	134.2	100.0
1990	216.4	222.0	165.1
1995	396.9	429.6	291.4
2000	434.0	476.6	314.0
2005	464.0	503.1	343.0
2010	536.1	576.3	403.5
2011	565.0	606.8	426.9
2012	579.7	623.2	437.6
2013	594.8	639.4	449.9
2014	606.7	—	—

2. 根据公式计算：

(1)在此期间我国的通货膨胀率。

(2)在此期间我国城市的通货膨胀率。

(3)在此期间我国农村的通货膨胀率。

【实训成果】

1. 考核和评价采用报告资料展示和学生讨论相结合的方式；

2. 评分采用学生和教师共同评价的方式，并完成实训报告。

《通货膨胀》实训报告		
项目实训班级：	项目小组：	项目组成员：
实训时间：　　年　　月　　日	实训地点：	实训成绩：
实训目的：		
实训步骤：		
实训结果：		
实训感言：		

项目十

货币政策

○ **知识目标**

理解：货币政策的含义与最终目标，货币政策诸目标间的关系。

熟知：货币政策的特点，货币政策的类型及功能，货币政策与财政政策的配合。

掌握：货币政策的中介目标，各项货币政策工具的含义，货币政策的传导。

○ **技能目标**

1. 认知各项货币政策工具运用对经济运行的影响，货币政策的传导机制及货币政策效果的影响因素，货币政策与财政政策配合的必要性与方式。

2. 熟悉我国货币政策的最终目标以及中国人民银行常用的货币政策工具，能运用所学的理论知识分析我国近些年来实施的货币政策、财政政策及其效果，并能以此指导微观经济活动。

○ **素质目标**

1. 能够结合当今金融风险和金融监管的实际，提高分析和总结能力。

2. 具备金融创新的能力。

3. 理解不忘初心的核心要义和精神实质，塑造自己的品格、品行和品位，树立正确的世界观、人生观和价值观，把学与用有机结合，做到学思用贯通、知信行统一。

○ **项目引例**　　**货币政策与宏观调控应主动适应新常态**

2015年是“十三五”规划编制的关键之年。“十三五”时期，我国经济面临哪些挑战和变化？宏观调控和货币政策又该如何作为？

“未来5年，我国都将在新常态下。新常态下，我国宏观经济运行将越来越依赖改革红利，如何通过宏观调控将改革红利释放出来，主动适应和引领经济发展新常态，将是今后调控的重点。”中行国际金融研究所副所长宗良表示。

有关专家认为，从目前至2017年以“三期叠加”为核心特征，称之为“新常态第一阶段”。产能过剩、房地产泡沫、地方政府债务是这一阶段最为突出的影响因素。“三期叠加”后的2017年至2020年，继续全面深化改革，可以称之为“新常态第二阶段”。

那么，“十三五”时期，中国宏观调控如何适应经济新常态？“保持定力、稳定政策”“主动作为、预调微调”“预调微调要远近结合”“改革创新完善调控方式，使财政政策、货币政策更加有效地发挥作用”“更加注重市场化调控手段”……采访中，多位专家和学者纷纷表达了对未来5年宏观调控的预计。

宗良表示，为实现“十三五”时期经济社会的主要发展目标，首先要继续坚持稳增长，实现对新的发展驱动力的培育。要思考面对国际新一轮科技和产业革命的大趋势，如何抓住这一历史机遇，推动国家创新驱动战略实现；针对“十三五”时期可能面临的最重要制约因素，做好政策应对，着力化解产能过剩压力，加强逆周期宏观审慎监管，防范系统性金融风险，进一步释放改革动力，推进资金资源配置更优化，更好地发挥市场的作用。

接受采访的专家认为，“十三五”时期，宏观调控首先要继续坚持多目标制的货币政策。一方面，保持经济运行在合理区间内，政策上保持定力；另一方面，要主动作为、预调微调，适度、有序、有针对性地根据经济的变化采取适度措施。在保持政策连续性的同时，加强政策的前瞻性。

其次，宏观调控要不断改革创新，完善方式，寓改革于宏观调控之中。进入新的发展阶段以后，既有的政策可用空间在进一步缩小，要不断通过改革创新，配合经济发展新阶段的要求。具体看，要通过深化财税体制改革来增强财政政策的作用，释放市场活力。货币政策要继续推进利率市场化，放宽市场准入，建立存款保险制度并使其充分发挥作用。通过改革创新完善调控方式，使财政政策、货币政策更加有效地发挥作用。

最后，宏观调控要更好体现灵活性，做到远近结合，既要着眼于当下矛盾，实施定向调控；也要着力构建有利于长远发展的金融体系，从根基入手。

“尽管目前我们对‘十三五’规划中金融改革和货币政策方面将会有哪些具体表述尚不清楚，但建立健全中央银行的利率调控框架，加强对市场预期的引导，强化价格型调控和传导机制，进一步完善人民币汇率形成机制，加快发展外汇市场，支持人民币在跨境贸易和投资中的使用，加强对国内外风险的有效监控，继续深化金融改革等内容，都是可预期的，相信这些都会成为未来金融改革和发展的重要内容。”宗良称。

资料来源：牛娟娟：货币政策与宏观调控应主动适应新常态，金融时报，2015 年 3 月 16 日。

○ **引例导学**

什么是货币政策，中央银行通过货币政策的制定与实施究竟要达到什么目标以及如何达到，货币政策在我国的实践情况如何等，都是我们应当了解和掌握的。这些正是本项目所要讨论的问题。

○ **知识准备**

任务一　货币政策目标

一、货币政策的含义与最终目标

货币政策是中央银行为实现宏观经济目标而采取的各种调节货币供给量的方针和措施的总称。它的构成要素有五个，即货币政策的最终目标、政策工具、中介目标、传导机制和政策效果。这五个要素及其关系构成了货币政策体系的总体框架(如图 10－1 所示)。

货币政策的最终目标是中央银行通过实施各种调节货币供给量的手段所要达到的最终经济目标。目前，世界各国都把物价稳定、充分就业、经济增长和国际收支平衡作为货币政策的最终目标。

(1)物价稳定。它是指在经济运行中保持价格总水平的相对稳定。在现实经济生活中，价格总水平往往因为社会总需求的增减以及一些结构性经济因素的影响而波动。中央银行将稳定物价作为货币政策的最终目标，就是要通过吞吐基础货币调节货币供给量，实现社会总需求与社会总供给的平衡，防止价格总

货币政策

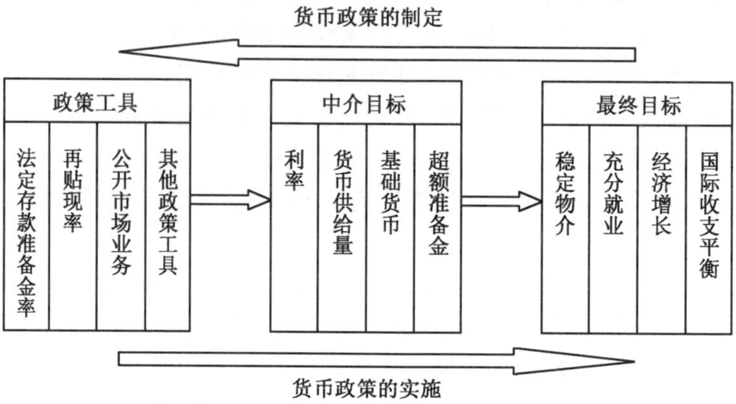

图 10—1 货币政策的构成要素及其关系

水平在短期内出现显著的或剧烈的波动。为此，既要控制通货膨胀，又要防止通货紧缩。

(2)充分就业。它是指有劳动能力并愿意参加工作的适龄人员能够找到适合的工作。充分就业是衡量一国各种资源是否充分利用、经济是否正常发展的标志。实现了充分就业，就意味着各种资源得到了最大限度的利用，经济发展是正常的。但充分就业并不是劳动力100%就业，货币政策目标所要求的充分就业是指将失业率控制在社会能够接受的水平，最理想的状态是，凡具备工作能力并且愿意工作的人都有合适的职业。判断中央银行充分就业目标是否实现，一般依据失业率指标。具体将失业率维持在什么水平以内，各国应根据不同的社会经济条件和发展状况来做出判断。经济理论认为，失业主要有三种存在形式：①摩擦性失业，即由于劳动力流动、劳动力供给结构与需求结构不对称所造成的失业；②周期性失业，即由于整个社会的总需求不足所造成的失业；③自愿性失业，即劳动者不愿意接受现有的工资水平而自愿放弃工作所造成的失业。一般认为，如果不存在周期性失业，则可认为实现了充分就业。中央银行要实现充分就业的目标，主要通过货币政策手段调节投资与消费以刺激经济增长，为劳动者创造更多的就业机会。当然，要实现充分就业，还需要社会各部门的共同努力和协调工作。

(3)经济增长。它是指一国在一定时期内所生产的商品和劳务总量的增长。各国通常将国内生产总值增长率、国民生产总值增长率、国民收入增长率等指标作为衡量经济增长的主要指标。作为货币政策目标的经济增长，是指在一个较长时期内经济呈现出持续稳定的增长状态，不出现大起大落。当然，经济增长目标在各国中央银行货币政策中的地位和重要程度存在差异，在同一国家的不同历史时期也存在差异。就目前来看，世界大多数国家和地区以人均国内生产总值或人均实际国民收入的增长率作为衡量经济幅度(速度)的指标。

(4)国际收支平衡。它是指一定时期内一国对他国的全部货币收入和货币支出相抵之后略有顺差或略有逆差的状态。在经济日益全球化的情况下，国际收支状况对国内货币供应量与价格总水平的影响也日益增大。如果出现大量顺差，就会增加国内的货币供应量，从而给该国造成通货膨胀的压力；反之，大量的逆差则会增加国内商品供应量，给该国造成通货紧缩的压力。可见，国际收支平衡是一国经济稳定增长的重要条件，因而成为各国货币政策的目标之一。

中央银行货币政策的上述四个最终目标，实际上也是政府所有宏观经济政策追求的目标。各目标之间的关系从根本上说是相互促进和统一的，但冲突也时常发生，四个目标难以同时实现。例如，充分就业与经济增长二者呈正相关关系，想保持充分就业和经济增长就有可能造成物价不稳定；如果要控制通货膨胀，保持物价稳定，就有可能牺牲充分就业和经济增长。因此，各国中央银行一般是根据一定时期社会经济发展的总体需要选择其中一两个目标作为最终目标的侧重点。《中国人民银行法》第三条规定："货币政策目标是保持货币币值的稳定，并以此促进经济增长。"

二、货币政策诸目标间的关系

（一）稳定物价和充分就业

稳定物价与充分就业两个目标之间经常发生冲突。英国经济学家菲利普斯的实证研究证明了这一点。1958 年，菲利普斯通过考察 1861 年至 1975 年间英国的失业率与工资物价变动率之间的关系后，得出基本结论说：失业率与物价上涨率之间存在着此消彼长的替代关系。

菲利普斯曲线如图 10—2 显示：失业率高，物价上涨率低；失业率低，物价上涨率高。其基本原理在于：货币政策要实现充分就业的目标（即 B 点左移至 A 点），只能通过扩张信用和增加货币供给量来刺激投资需求和消费需求，以此扩大生产规模，增加就业人数，但社会总需求的增加，必然在一定程度上引起一般物价水平的上涨。因此，中央银行只能以牺牲稳定物价的政策目标为代价来实现充分就业的目标；反之则反是。

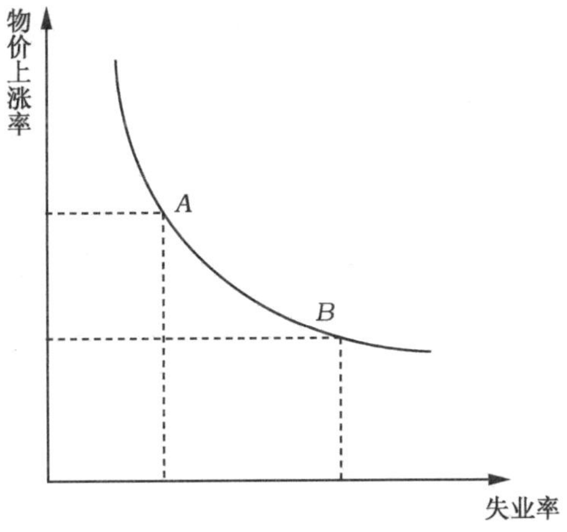

图 10—2　菲利普斯曲线

面对物价稳定与充分就业之间的矛盾，中央银行可有三种选择：一是失业率较高的物价稳定；二是通货膨胀率较高的充分就业；三是在失业率与物价上涨率之间相机抉择。在具体操作中，中央银行只能根据具体的社会经济条件相机抉择，寻求物价上涨率与失业率之间某一适当的组合点。

（二）经济增长与充分就业

经济增长与充分就业两个目标间具有一致性，奥肯定律论证了这种一致性。美国经济学家奥肯于 1962 年提出了关于经济增长率与失业率关系的"奥肯定律"：失业率与经济增长率具有反向的变动关系。那么，作为失业率的对立面，充分就业就与经济增长具有同向的变动关系。也就是说，经济增长有助于增加就业，降低失业率。其基本原理是：中央银行通过增加货币供给量使利率水平降低，刺激企业增加投资，扩张生产规模，生产规模的扩大伴随就业的增加，进而带来产出的增加和经济的增长。

(三)稳定物价和经济增长

稳定物价与经济增长两个目标间具有矛盾性。由菲利普斯曲线和“奥肯定律”推导可知，物价上涨率与经济增长率之间呈同向变动关系，则稳定物价与经济增长两个目标反向变动，存在矛盾性。现代市场经济条件下，各国的经济运行实践也显示，经济的增长一般都伴随着物价水平一定程度的上涨，这是因为经济的增长必然要求投资需求和消费需求的增长，进而要求增加货币供给量，而货币供给量的增加将导致物价水平一定程度的上涨。

对这两个目标的矛盾性，理论界也存在不同的看法，有人认为，物价稳定是经济增长的前提，经济增长则是物价稳定的物质基础，从这个角度看，二者存在统一性。还有人认为，适度的物价上涨能够刺激投资和产出的增加，从而促进经济增长；经济增长又取决于新生产要素的投入和劳动生产率的提高，当劳动生产率提高时，产出的增加会伴随着单位产品生产成本的降低，因此，内涵性的经济增长可使价格趋于下降或稳定。

(四)稳定物价和国际收支平衡

稳定物价有利于实现国际收支平衡。通常来说，在各国贸易结构不变的条件下，如果各国都保持本国的物价稳定，则物价稳定与国际收支平衡目标能够同时实现。但如果一国保持物价稳定，而其他国家出现了通货膨胀，则会使本国出口商品价格相对较低，出口增加，进口减少，国际收支发生顺差；反之则反是。同样的道理，如果本国国际收支出现逆差，为了平衡国际收支采取本币对外贬值的措施，则在促进出口增加的同时，可能会导致国内通货膨胀加剧，因为商品出口减少了对国内市场商品的供给，进口商品的价格因本币对外贬值而提高，两方面因素共同推高本国的物价水平。

(五)经济增长和国际收支平衡

一般来说，经济增长通常会增加对进口商品的需求，同时由于国民收入的增加带来货币支付能力的增强，会导致对一部分本来是用于出口的商品转向内销。两方面作用的结果是进口的增长高于出口的增长，导致贸易逆差。为了平衡国际收支，消除贸易逆差，中央银行需要紧缩信用，减少货币供给，以抑制国内的有效需求，但是生产规模也会相应缩减，从而导致经济增长速度放慢。因此，经济增长与国际收支平衡二者之间也存在矛盾，难以兼得。

正是由于货币政策诸目标之间存在矛盾，所以货币政策几乎不可能同时实现这些目标，于是就出现了货币政策目标的选择问题。在货币政策实践中，不同的国家在不同的时期，总是根据具体的经济情况来选择货币政策的最终目标或侧重于某一方面。如德国一直把稳定货币作为货币政策的唯一目标，奉行“单一目标论”；而美国则奉行“多目标论”，将稳定物价、充分就业、经济增长和国际收支平衡都作为货币政策的最终目标，只是在不同的经济背景下，货币政策的最终目标有所侧重。如在经济萧条时期，保持经济增长和充分就业是货币政策目标的相对重点；而在经济高涨时期，物价稳定则会成为货币政策的首要目标。

三、货币政策的特点

(一)货币政策是宏观经济政策

货币政策是通过调节和控制全社会的货币供给来影响宏观经济运行，进而达到某一特定的宏观经济目标的经济政策，因而，货币政策一般涉及的是整个国民经济运行中的经济增长、物价稳定、充分就业、国际收支平衡等宏观总量以及与此相关的货币供给量、信用量、利率、汇率等变量，而不是银行或企业金融行为中的资产、负债、销售收入、利润等微观个量问题。

(二)货币政策是调节社会总需求的政策

任何现实的社会总需求,都是指有货币支付能力的总需求。货币政策正是通过货币的供给来调节社会总需求中的投资需求、消费需求等,并间接地影响社会总供给的变动,从而促进社会总需求与总供给的平衡。

四、货币政策的类型及功能

货币政策按其对货币供应与流通乃至对社会总需求的影响,分为以下三种类型:

(1)扩张性货币政策。它也称松的货币政策,其主要内容是放松银根,扩张信贷,增加贷款投放,从而使货币供应量以较快的速度增长。扩张性货币政策的功能主要在于刺激投资和消费,增加社会有效需求。在社会有效需求不足、失业率上升、经济增长乏力甚至出现严重的通货紧缩时,中央银行应实行扩张性货币政策。

(2)紧缩性货币政策。它也称紧的货币政策,其主要内容是抽紧银根,收缩信贷,控制货币供应量的增长。紧缩性货币政策的功能在于抑制投资和消费,控制社会总需求增长过快的势头。当社会有效需求过旺、经济增长过热、出现通货膨胀或形成通货膨胀压力时,中央银行应实行紧的货币政策。

(3)均衡性货币政策。它也称中性货币政策,其着眼点是货币供应量与经济增长保持一致,对社会总供求的平衡状态不施加影响,是一种稳定的货币政策。当社会总供给与社会总需求处于平衡状态、经济增长态势稳定时,中央银行应实行中性货币政策。

五、货币政策的中介目标

货币政策的中介目标是指货币政策工具调整变动后,在短期内首先受到影响的金融变量。货币政策最终目标实现的过程中存在着许多不确定因素,中央银行为了保证货币政策的有效执行,避免偏差,防止出现来不及调整的被动局面,必须借助于一些短期的、具有确定数值的金融指标,作为实现最终目标的中介。这些金融指标就是货币政策的中介目标。

(一)货币政策中介目标的选择标准

货币政策的中介目标是货币政策作用过程中一个十分重要的中间环节,对它们的选择是否正确关系到货币政策最终目标的实现。一般观点认为,中介目标要符合下列标准:

(1)相关性,即中介目标与货币政策的最终目标之间要有密切、稳定的相关关系,中央银行通过对中介目标的调节,能够促使最终目标的实现。

(2)可测性,即中央银行能够迅速获取有关中介目标的准确数据,且中介目标有较明确的概念,并便于观察、分析和监测。

(3)可控性,即中央银行通过运用货币政策工具,能够对选择的中介目标进行有效的控制。

(二)货币政策中介目标的种类

根据选择标准所确定的中介目标一般有市场利率、货币供应量、超额准备金和基础货币。依照它们对货币政策工具反应的先后和作用于最终目标的过程,中介目标分为两类:一类是近期目标,中央银行对这类目标的控制力较强,但距离货币政策的最终目标较远,如超额准备金和基础货币;另一类是远期目标,中央银行对它们的控制力较弱,但距离最终目标较近,如市场利率和货币供应量。

(1)市场利率。其作为中介目标,可控性、可测性及相关性都较强,但准确性较差。由于市场利率受多种因素的影响,不利于中央银行观察其政策效果。比如,当经济过热出现通货膨胀时，中央银行决定提高利率，但过热的经济本身及投资者的心理预期、投机行为也会引起市场利率的提高，这样中央银行通过提高利率而使通货紧缩的意图难以实现。现实中，中央银行很难据此判明自己的政策操作是否已经达到了预期目的。

（2）货币供应量。它是较为适宜的中介目标，各层次的货币供应量都反映在中央银行、商业银行及其他金融机构的资产负债表内，资料易于取得，且中央银行能够加以控制。

（3）超额准备金。它是指商业银行存放在中央银行里的、超过中央银行规定缴存的法定存款准备金的部分，是商业银行扩大贷款规模的基础，也是判断银根松紧、市场利率高低、货币供应量大小的良好指示器，且资料易于取得。但超额准备金的增减和使用主要由商业银行根据自己的意愿和财务状况来决定，中央银行不易控制。

（4）基础货币。它是流通中的现金和商业银行的存款准备金之和，两者都是中央银行的负债，在中央银行的资产负债表中体现。基础货币是货币供应量倍数伸缩的基础，其可测性和可控性都较好，不少国家将其视为较理想的近期中介目标。

我国在 1994 年以前的较长时期将贷款规模与现金发行指标作为货币政策的中介目标，其理论依据是：货币都是贷款供应的，只要控制住贷款规模，就能控制住货币供应量。随着市场配置资源作用的增强，以及贷款在社会融资总量中比重的下降，我国货币政策中介目标已转而采用货币供应量指标。随着我国利率市场化改革的进一步推进，利率也逐渐成为货币政策的中介目标。

拓展阅读 10－1　　中国人民银行货币政策委员会

中国人民银行货币政策委员会是中国人民银行制定货币政策的咨询议事机构。根据《中国人民银行法》和国务院颁布的《中国人民银行货币政策委员会条例》，经国务院批准，中国人民银行货币政策委员会于 1997 年 7 月成立。其职责是：在综合分析宏观经济形势的基础上，依据国家宏观调控目标，讨论货币政策的制定和调整、一定时期内的货币政策控制目标、货币政策工具的运用、有关货币政策的重要措施、货币政策与其他宏观经济政策的协调等涉及货币政策的重大事项，并提出建议。

任务二　货币政策工具

货币政策工具是中央银行为谋求货币政策最终目标的实现而对货币供给量所使用的调控手段。它主要分为三类：一般性货币政策工具、选择性货币政策工具和其他货币政策工具。

一、一般性货币政策工具

一般性货币政策工具，是指那些旨在调控货币供给量和利率水平，能对整体经济运行产生影响的工具，包括法定存款准备金率、再贴现率和公开市场业务。

（一）法定存款准备金率

制定和调整法定存款准备金率，是现代存款准备金政策的核心内容。中央银行通过调整法定存款准备金率来增加或减少商业银行应缴存的存款准备金，可以控制商业银行的信用创造能力，从而间接控制货币供应量。至于法定存款准备金率的水平，各国不尽相同，主要根据自身经济形势和各阶段的经济运行情况来确定和调整。有的国家实行统一的法定存款准备金率，适用于所有的金融机构和各种不同的存款；有的国家实行差别法定存款准备金率，或因银行类别不同而异,或因商业银行的资本充足率不同而异,或因存款期限不同而异。由于法定存款准备金率的调整直接影响商业银行的可用资金量,且比较严厉,因而不宜经常特别是大幅度调整。

(二)再贴现率

再贴现率是指商业银行向中央银行办理再贴现时使用的利率。中央银行通过调整再贴现率,一是影响商业银行的资金成本,借以影响商业银行的融资意向。当中央银行提高再贴现率时,商业银行会缩小从中央银行再贷款的规模,从而直接紧缩信用,或者商业银行提高其贷款利率,抑制企业和个人贷款需求,从而间接地起到了紧缩货币的作用。二是产生"告示"作用,即影响商业银行及大众的预期。比如,当中央银行提高再贴现率时,就预示着经济要紧缩,这一"告示"作用会在很大程度上影响金融市场,商业银行一般会自觉与中央银行保持一致,按同样幅度提高对企业的贷款利率。

再贴现率作为一种调节手段,便于灵活运用,可以根据经济需要及时调整,从而成为日常调控工具。

(三)公开市场业务

公开市场业务是中央银行通过在金融市场上买进或卖出有价证券,以调节货币供应量的方式。其作用过程是:当金融市场上资金缺乏时,中央银行就通过公开市场业务买进有价证券,这相当于投放了一笔基础货币。这些基础货币如果流入社会大众手中,就直接增加了货币供应量;如果流入商业银行,就会使商业银行的可贷资金来源增加,促使贷款规模扩大。相反,当金融市场上货币过多时,中央银行可以卖出有价证券,以减少基础货币,从而减少货币供应量。

与前两项货币政策工具相比,公开市场业务的优点十分明显,表现在:①主动性强,即中央银行掌握买进、卖出的主动权,可以不计证券交易价格,从容实现操作目的。②灵活性强,即中央银行可根据金融市场的变化,进行经常性、连续性的买卖操作,买卖的数量可多可少,随时增减。③震动性小,即中央银行通过证券经纪人买卖证券,政策意图具有一定的隐蔽性,调控效果也较为和缓,可以减轻社会震荡。④影响面广,即中央银行的公开市场操作除了可以调控货币供应量外,还直接影响证券市场的供求和价格,进而影响社会投资和产业发展。正因为如此,公开市场业务成为许多国家中央银行经常使用的、最为灵活有效的货币政策工具。

二、选择性货币政策工具

选择性货币政策工具,是指那些旨在进行结构性调节,针对个别部门或行业或特殊对象而采取的货币政策工具。选择性货币政策工具主要包括优惠利率、消费者信用控制、不动产信用控制和证券市场信用控制等。

(一)优惠利率

它是指中央银行着眼于产业结构、产品结构的调整,针对国家重点发展的经济部门或产业所规定的较低利率。例如,中央银行对农业、出口工业等制定较低的利率,以鼓励这些部门发展。

(二)消费者信用控制

它是指中央银行根据经济运行状况对不动产以外的各种耐用消费品的销售融资予以控制。例如,在需求过旺、通货膨胀时期,中央银行要求提高分期付款首付的比例,缩短分期付款的期限等;而在需求不足、经济衰退时期,中央银行则放松对分期付款的管制,以刺激消费。

(三)不动产信用控制

它是指中央银行为抑制房地产市场的投机行为,对商业银行及其他金融机构房地产贷款的管制。例如,在房地产市场过热、房价上涨过快、投机行为过度的时期,中央银行可以对不动产贷款的最高限额、最长期限、首付比例等作出更高、更严格的规定。

(四)证券市场信用控制

它是指中央银行着眼于稳定证券市场而对证券交易的各种贷款所进行的控制,其主要内容是调节证券保证金率。中央银行降低证券保证金率,就可以扩大对证券市场的贷款规模;反之,中央银行提高证券保证金率,则可以缩小对证券市场的贷款规模。

三、其他货币政策工具

其他货币政策工具包括两类:一类是直接信用控制,另一类是间接信用控制。

(一)直接信用控制

它是指中央银行以行政命令的方式,直接对商业银行的信用业务进行干预,如规定各商业银行的贷款限额、存贷款利率的最高或最低浮动幅度和流动性比率等。

(二)间接信用控制

它是指中央银行利用各种间接措施对商业银行的业务活动和决策取向施加影响。其主要措施是道义劝告和金融宣传。道义劝告是指中央银行利用自己在金融体系中的地位和威望,通过对商业银行和其他金融机构经常发出通告或与各金融机构的负责人面谈的方式,劝告其按政府政策意图行事。金融宣传是指中央银行利用各种机会向全国特别是金融界说明其金融政策的内容和意义,以取得各方面的理解和支持,从而使金融活动朝着中央银行预期的方向发展。例如,中央银行定期公布有关金融信息;发表有关财政、贸易、物价和经济发展趋势的统计分析;利用记者招待会、学术演讲等机会,说明金融政策的内容、动向及制定的依据。

四、我国货币政策工具的选择和使用

中国人民银行自 1984 年开始执行中央银行职能后,所使用的货币政策工具主要有贷款计划、法定存款准备金、再贷款、利率等。特别是直接规定商业银行发放贷款数量的上限即贷款规模成为中国人民银行强有力的政策工具,这一工具已于 1998 年停止使用。其他直接调控工具的影响也日趋淡化,间接调控工具的作用逐步强化。目前,我国使用的主要货币政策工具有以下几种:

(一)法定存款准备金

我国从 1984 年开始实行存款准备金制度,针对商业银行不同的存款种类规定了较高的存款准备金率;从 1985 年开始转向不分存款类别实行统一的存款准备金率。经国务院批准,中国人民银行决定自 2004 年 4 月 25 日起实行差别存款准备金率制度。

(二)再贷款

它是指中国人民银行对商业银行等金融机构发放的信用贷款,包括年度性贷款、季度性贷款、日拆性贷款。从推出这一政策工具开始的很长一段时间,再贷款在中国人民银行的资产中占有最大比重,是我国吞吐基础货币的主要渠道和调节贷款流向的重要手段。如果扩大对商业银行的再贷款,就会增加商业银行的可用资金,提高其派生存款的能力,从而增加货币供应量;反之,减少对商业银行的再贷款,则会起到收缩货币供应量的作用。自 1994 年以来,伴随外汇占款在中国人民银行资产中的比重大幅度上升,再贷款的比重开始下降;同时,经济和金融体制改革的深化，要求更多地发挥其他政策工具的作用。

(三)再贴现

中国人民银行开展再贴现业务始于1986年，1988年首次公布了再贴现率。由于我国商业票据贴现业务开展的历史短，承兑贴现量小且规范性不够，再贴现业务量在中国人民银行资产中的比重一直较小，再贴现率对货币供应量及其投向的调节效果不明显。近年来，中国人民银行从颁布票据法到加快利率体制改革，从引导广泛开展票据承兑贴现到倡导和推行票据结算等，为再贴现规模的扩大创造了条件。

(四)公开市场业务

1994年以前，由于我国不具备开展公开市场业务的条件，中国人民银行无法运用这一工具调节货币供应量。随着1994年外汇体制改革、汇率并轨的实施，以及国债规模的不断扩大，中国人民银行公开市场业务于1996年4月正式启动。近年来，随着国债发行规模的进一步扩大、银行间债券市场的不断发展、中央银行票据的签发，我国主要以外汇、国债和中央银行票据为操作对象的公开市场业务，运作的空间和力度不断加大，逐渐成为中国人民银行的重要货币政策工具。

(五)基准利率

它是中国人民银行主要的货币政策工具。基准利率包括两个层次：一是中国人民银行对商业银行的存贷款利率，二是商业银行对企业和个人的存贷款利率及浮动幅度。利率的变动直接影响商业银行等金融机构的融资成本，中央银行通过调整基准利率可达到调节货币供应量的目的。当然，这一机制发挥作用需要一定的条件：利率的变动能真实反映资金供求状况，融资成本的变动能够在很大程度上影响资金供求。随着我国利率市场化步伐的加快和目标的最终实现，基准利率将成为中央银行调节货币供应量的重要政策工具。

除上述工具外，中国人民银行还采用优惠利率政策、专项贷款、利息补贴等选择性货币政策工具，扶持能源、交通、出口及国家重点建设工程的建设和发展；同时，中央银行与商业银行行长联席会议制度也是我国中央银行对商业银行进行窗口指导、贯彻货币政策的有效途径。

拓展阅读10－2　一种新的货币政策工具——常备借贷便利

2013年11月6日，中国人民银行官方网站在货币政策工具栏目新增一项“常备借贷便利”(SLF)，并且公布了2013年1—9月此项工具的操作情况。至此，央行货币政策工具增加了一个。所谓常备借贷便利，是中国人民银行正常的流动性供给渠道，主要功能是满足金融机构期限较长的大额流动性需求。对象主要是政策性银行和全国性商业银行，期限为1—3个月。利率水平根据货币政策调控、引导市场利率的需要等综合确定。常备借贷便利以抵押方式发放，合格抵押品包括高信用评级的债券类资产及优质信贷资产等。这是央行对近年来银行体系短期流动性波动加大的应对措施之一，以帮助央行对流动性总量进行适时调节，防范系统性风险。

全球大多数中央银行有常备借贷便利类的货币政策工具，但名称各异。如美联储的贴现窗口、欧洲央行的边际贷款便利、英格兰银行的操作性常备便利、日本银行的补充贷款便利、加拿大央行的常备流动性便利、新加坡金管局的常备贷款便利，以及新兴市场经济体中俄罗斯央行的担保贷款、印度储备银行的边际常备便利、韩国央行的流动性调整贷款、马来西亚央行的抵押贷款等。

资料来源：2013年央行公布新货币政策工具SLF，中国行业研究网，2013年11月7日。

任务三　货币政策的传导

货币政策发挥作用，是运用货币政策工具调节货币供应量来影响投资和消费支出，从而实现货币政策的最终目标。从运用货币政策工具到实现货币政策最终目标之间，要有一定的途径，经历一个过程，这就是货币政策传导的机制和过程。

一、货币政策传导的一般过程

在市场经济国家，货币政策传导的一般过程大体由两个层次组成（如图 10－3 所示）。

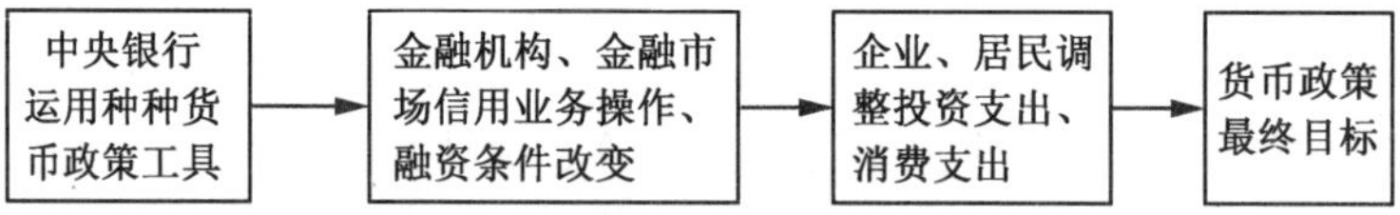

图 10－3　货币政策传导的一般过程

（一）第一个层次

它包括两个基本环节：①从中央银行至各金融机构和金融市场，即中央银行运用各种货币政策工具，调节金融机构的超额准备金量和金融市场融资条件，以调控商业银行的贷款能力和金融市场的资金融通；②从各金融机构和金融市场至企业和个人的投资与消费，即商业银行等金融机构对中央银行的行为作出反应，相应调整对企业和居民的贷款规模，继而影响货币供应量的变动。

（二）第二个层次

它是指企业和居民对商业银行等金融机构的行为及金融市场的变化作出反应，相应调整自己的投资和消费支出，从而使社会需求发生变化，进而促使经济增长、物价稳定、充分就业、国际收支平衡等目标的实现。

二、货币政策的效果及其影响因素

货币政策的效果是指货币政策实施后的有效性程度，是货币政策经过传导作用于经济运行之后的结果。影响货币政策效果的因素有很多，如货币政策时滞、货币流通速度、微观经济主体预期等。

（一）货币政策时滞

货币政策时滞，是指货币政策从制定、实施到产生全部效果的时间间隔。如何把时滞降到最低程度、更好地完成货币政策的预期目标是各国中央银行需要不断探索的课题。货币政策时滞由内部时滞和外部时滞构成。

1. 内部时滞

内部时滞是指从政策制定到中央银行采取行动所需要的时间。它分为两个阶段：一是经济金融情况的变化需要中央银行采取行动到中央银行认识到这种需要的时间间隔，即认识时滞；二是从中央银行认识到需要调整货币政策到采取实际行动的时间间隔，即行动时滞。内部时滞的长短取决于中央银行本身，如中央银行对经济形势的预测判断力、组织效率和行动的决心等。

2. 外部时滞

外部时滞是指从中央银行采取行动到货币政策对经济运行产生影响所经过的时间，所以它又称影响时滞。在正常情况下，外部时滞总要长于内部时滞。因为货币政策的实施要经过几个层次的传导，无论是货币供应量还是利率，它们都不会立即影响到政策目标。比如，企业是增加还是缩减投资，要决策，要制订计划，然后付诸实施，每个阶段都需要时间。外部时滞不像内部时滞可以由中央银行掌握，其长短主要由客观的经济和金融条件决定，它取决于经济主体对市场变化及信息的反应程度、货币政策力度、实施的时间、公众的心理预期等因素。

（二）货币流通速度

货币流通速度

货币流通速度的变动直接影响着一定时期货币流通量乃至社会总需求。对于货币流通速度任何微小的变动，如果中央银行未能预料到或在估算这个变动时出现误差，都可能使货币政策效果出现严重偏差，甚至有可能使本来正确的政策方向走向反面。然而，由于影响货币流通速度的因素较多，在估算时很难做到不发生误差，货币政策的有效性因此而受到影响。

（三）微观经济主体预期

对货币政策有效性构成挑战的另外一个因素是微观经济主体预期。当一项货币政策被提出时，各种微观经济主体会立即搜集各种信息并据以预测政策实施的后果，从而很快形成对策，其中有些预期及对策对货币政策的功效具有抵消作用。特别是当微观经济主体掌握的信息不全面、预期不准确时，货币政策的效果会有较大的折扣。因此，中央银行在实施货币政策时，应考虑经济生活中的这一不确定因素，使决策过程更为透明，让公众较为准确地领会决策者的行为准则和意向，树立公众对中央银行的信心，同时避免胡乱猜测造成的紊乱及其对经济运行的不良影响。

任务四　货币政策与财政政策的配合

如前所述，货币政策的最终目标是受多种因素制约的，如果孤立或片面地强调货币政策效应，反而会影响货币政策作用的发挥。根据国内外的实践经验，为了充分发挥货币政策的作用，取得宏观调控的最佳效果，货币政策必须与其他政策手段协调、配合，尤其应该与财政政策相互协调、配合。

一、货币政策与财政政策配合的必要性

中央银行的货币政策必须同政府其他部门出台的政策，特别是财政政策配合使用，才能发挥最大的作用。财政政策是政府为达到一定的目标而制定和实施的指导财政工作及处理财政关系的一系列经济政策，如税收政策、支出政策等。财政政策也需要运用一系列政策手段，如预算、税收、国债、投资、补贴等。财政政策分为三种类型，即扩张性财政政策、紧缩性财政政策和中性财政政策。财政政策与货币政策之间既存在共同点和统一性，也有差异和区别，二者必须协调、配合，方能取得好的宏观调控效果。

（一）货币政策与财政政策的共性

（1）二者的调控目标是一致的，都是为了实现物价稳定、充分就业、经济增长和国际收支平衡的最终目标。

（2）二者都是需求管理政策。货币政策着眼于货币供应量的调节，而货币供应量的变动直

接决定着社会总需求的大小；财政政策着眼于财政收支的调节与管理，其执行结果无论怎样，最终都会对社会总需求产生重大影响。

(3)二者内在的互补性。作为两大政策具体操作机构的财税部门和中央银行，其内在联系非常密切，任何一方的变动都会引起对方的变动，从而决定了两大政策的实施必须联合运作才能发挥整体效应。

(二)货币政策与财政政策的差异

(1)调控主体及范围的差异。财政政策的调控主体是政府，其调控范围不仅包括经济领域，而且包括行政、国防、文教科卫等领域；货币政策的调控主体是中央银行，其调控范围一般仅限于经济领域。

(2)调控手段的差异。货币政策调控手段即政策工具主要是存款准备金率、再贴现率、公开市场业务等；而财政政策主要通过税收、公债、投资、补贴等手段起调控作用。显然，不同的调控手段具有不同的特点和功效。

(3)可控性的差异。货币政策要通过政策工具的使用并经过一个传导过程来实现最终目标，传导过程中偏离最终目标的情况时有发生；而财政政策由政府通过直接控制和调节来实现最终目标，如通过国债投资等直接拉动社会总需求，可控性明显强于货币政策。

(4)时滞性的差异。从政策的内部时滞看，一般而言，货币政策的认识时滞长，行动时滞短。认识时滞长是因为货币供应是多了还是不足，很难一下子看得清楚；行动时滞短是由于货币政策由中央银行确定，只要认识清楚了，可以在较短的时间内作出调整。而财政政策刚好相反，认识时滞短，行动时滞长。认识时滞短是由于财政政策的透明度较高，问题容易被看出来；行动时滞长是因为财政收支的调整受国家预算的约束，如税收的调整、国债发行规模的变动等涉及各方面的利益，调整预算需要履行一定的审批程序。从政策的外部时滞看，货币政策由于传导环节较多，对经济的影响较慢；而财政政策的传导环节少，一旦付诸实施，能迅速发挥作用。

(5)政策调节侧重点的差异。一般而言，货币政策侧重于总量调节；财政政策则侧重于结构调节。在市场经济条件下，全社会的投资需求和消费需求都表现为有支付能力的货币购买力，而能直接创造货币供给、作为货币供给总闸门的，唯有制定和执行货币政策的中央银行，中央银行可以通过信贷规模的调整来直接扩张或收缩需求总量。货币政策对结构的调节主要是通过实施差别利率，在有限的范围内起作用。而财政政策的各种工具，是通过对结构的调节来发挥作用的，如财政支出结构的调整直接引起社会需求结构的变化等。

货币政策与财政政策的上述差异，要求二者在调节范围、手段和侧重点等方面必须相互协调、配合，做到优势互补，避免各行其是、彼此摩擦，造成力量内耗，这样才能在宏观调控中发挥更大作用。

二、货币政策与财政政策配合的方式

货币政策与财政政策均有松紧及中性之分，在配合上可以构成五种不同的政策组合，并由此产生不同的政策效应。

(一)扩张性货币政策与扩张性财政政策的配合

这种政策配合也称为“双松”政策，它可以刺激经济增长，适于在社会总需求严重不足、出现严重通货紧缩时采用。但“双松”政策实施的时间不能太长，否则会招致通货膨胀。

(二)紧缩性货币政策与紧缩性财政政策的配合

这种政策配合也称为“双紧”政策,它可以有效地抑制需求,适于在经济过热、出现严重通货膨胀时采用。“双紧”政策实施的时间也不能太长,否则会导致经济衰退、失业增加。

(三)扩张性货币政策与紧缩性财政政策的配合

这种政策配合也称为“松货币紧财政”的政策,它适于在财政赤字较大而经济增长仍不理想,特别是在减少政府干预、更多地运用市场机制促进经济发展的情况下采用。

(四)紧缩性货币政策与扩张性财政政策的配合

这种政策配合也称为“紧货币松财政”的政策。它适合在供求总量矛盾不大,而经济结构失调,市场机制又难以发挥调节作用的情况下采用。这样有利于在保持经济适度增长和避免通货膨胀的情况下合理调整产业结构。

(五)中性货币政策与中性财政政策的配合

这种政策配合方式适用的宏观经济环境是:社会总供求大体平衡,物价基本稳定,就业比较充分,经济结构也较为合理。在这种情况下,财政政策和货币政策的任务主要是对经济运行的某些方面进行微调,使宏观经济运行达到理想的状态。应当说,这也是财政、货币政策调控追求的最终目标。

货币政策与财政政策究竟采用何种配合方式,取决于不同国家以及一个国家不同时期的经济环境和状态,不是一成不变的。“双松”和“双紧”政策,是在经济总量严重失衡状态下采取的调控措施,其调控力度比较大,使用不当易引起经济的大起大落,影响经济的稳健运行。一般情况下,“一松一紧”的政策配合方式对宏观经济调节的适用范围比较广,对经济运行中出现的各种情况都能加以调控,是各国运用较多的政策配合方式。

三、我国货币政策及其与财政政策配合的实践

(一)1994 年以前的货币政策

从改革开放到建立社会主义市场经济体制,我国货币政策与财政政策呈现出明显的扩张与紧缩的周期性特点。

1984 年,中国人民银行开始行使中央银行职能,但货币政策和信贷政策的推行在很大程度上还依靠中央政府的力量。由于当年财政的投资性支出增长过猛,加上国家投资计划管理体制的放松以及信用膨胀和货币发行的失控,导致 1985 年经济过热,零售物价总水平上涨了 8.8%。对此,我国采用了“双紧”的财政、货币政策,在严格控制财政支出的同时,重点运用货币、信贷计划和贷款规模紧缩银根,如连续两次提高储蓄存款利率,对贷款规模实行指令性管理,加强了对现金、外汇和外债的管理等。这些调控措施立竿见影,到 1986 年,零售物价总水平有了较大程度的回落。

1985 年“双紧”政策的实施,在抑制了总需求的同时也导致了生产的下滑和财政状况的恶化,于是要求银行放松银根的呼声越来越高。对此,中国人民银行实行了“稳中求松”,继而修正为“紧中有活”的货币政策,国民经济出现了较好的发展势头。然而到了 1988 年,许多地区不顾客观条件相互攀比、争上项目,出现了大规模投资需求再次膨胀的情况,挤兑和抢购风潮涌起,通货膨胀十分明显,零售物价指数出现了空前的上涨,达到 18.5%。面对这种情况,我国再次动用“双紧”的调控措施,在紧缩性财政政策的配合下,中央银行的货币政策呈现出全面紧缩的特征。其采用的措施主要有:恢复对贷款规模的限额管理,再次提高法定存款准备金率,提高存贷款利率,开展保值储蓄,继续提高中央银行再贷款利率等。这些措施实行的结果

是宏观经济的“硬着陆”，即在控制住通货膨胀的同时，市场严重疲软、经济增长衰退；同时，企业之间的“三角债”及银行的不良资产大幅度增加。

面对疲软的市场、增长乏力的经济，我国又一次采用了“双松”的财政、货币政策。就货币政策而言，中国人民银行加大了贷款投放量，先后三次调低存贷款利率，甚至通过“点贷”方式对国有大中型企业直接注入货币，然而宏观经济却出现了“启而不动”的局面。直到 1991 年，经济才步入低谷后继而缓慢回升。1992 年我国又开始了新一轮的经济高速增长，尤其是在 1992 年邓小平南方谈话以后，在建立社会主义市场经济体制改革目标的引导下，全国再次出现了“大干快上”的局面，投资规模和消费规模急剧膨胀，从而引发了新一轮、更为严重的通货膨胀。1994 年，零售物价总水平上涨幅度超过 20%。

(二)1994 年后的货币政策与财政政策

1. 1994—1997 年“适度从紧”的货币政策和财政政策

1994 年以前我国运用财政、货币政策对宏观经济进行调控既有成功的经验，也有应吸取的教训：扭转了“过热”，却陷入了“过冷”，摆脱了“过冷”，又陷入了“过热”，张缩力度的把握不够准确。针对 1992 年以后的经济过热局面，1994 年年底，中央经济工作会议正式提出了“适度从紧”的货币政策和财政政策。这一政策有别于过去那种全面紧缩信贷的做法，在总量控制的前提下，选准切入点和着力点，实行“该保则保，该压则压”的政策措施，结果既抑制了过热，有效地降低了通货膨胀率，又使经济保持了较高的增长速度，1996 年成功地实现了国民经济的“软着陆”，并决定 1997 年继续执行这一政策。

2. 1997—1998 年的货币政策

在国民经济实现“软着陆”的同时，国内外经济环境又出现了一些新的变化：商品总量由过去供不应求转向供大于求，出现了“过剩经济”；国有企业战略性改组导致职工下岗、失业问题严重，就业压力加大；经济增长速度明显回落；物价水平持续负增长，通货紧缩迹象凸显；东南亚金融危机导致我国外贸出口大幅度下降、金融风险问题突出；等等。为了解决需求不足、下岗失业率高等日益严峻的经济问题，积极的货币政策适时启动，如下调存款准备金率和金融机构存贷款利率，增加再贷款和再贴现，通过公开市场操作投入基础货币，使广义货币快速增长等。然而，积极的货币政策没有取得预期的效果。

3. 1998—2004 年的货币政策与财政政策

1998—2004 年，为扩大内需、刺激经济，在积极的货币政策运用没有取得应有的效果，且可调控空间已经比较狭小的情况下，中央采取了更加积极的财政政策，同时伴以稳健的货币政策。这一整体上积极的宏观政策历时近 7 年之久。应当说积极的财政政策对经济的拉动作用非常明显，每年发行的长期建设国债投资于大量的项目，直接增加了固定资产投资，拉动了经济增长。1998—2004 年，我国累计发行 9 700 多亿元的长期建设国债，同时减免了某些税种，暂停了个别税种，提高了出口退税率。

随着积极财政政策的启动，宏观调控还伴以稳健的货币政策。所谓稳健的货币政策，是指既能防止通货膨胀又能防止通货紧缩的货币政策，即中性货币政策。但从事后来看，我国的货币政策事实上是偏松的。这表现在近些年来，我国的广义货币供应量 M2 占 GDP 的比重越来越大，尤其是 1998 年以后迅速增加，粗略估计当前 M2 为 GDP 的 2 倍左右，这在世界上都是罕见的。而且，我国 1996 年以来连续 8 次下调利率，其中 1998 年后就有 5 次下调利率。因此，从这个意义上讲，我国这些年的货币政策也是“积极”的。

拓展阅读 10－3　　1998—2004 年的货币政策的传导机制

1998～2004 年，我国实行的货币政策事实上是“积极”的。从理论上说，其作用无外乎表现在两个方面，即随着货币供应量的扩大，利率降低，居民消费随之增加，企业投资也随之增加。但从我国的实践情况来看，这两方面的刺激作用都不明显。

我国这一阶段货币政策的效果之所以不明显，原因是货币传导机制出现了问题，这主要表现在两个方面：一方面，货币的预防需求及投机需求较大，当时我国正处于转轨时期，居民面临的不确定性大大提高，如失业、养老、子女教育等需要大量的支出，因而居民大量储蓄，边际消费倾向不断降低，降息能促进的消费增加非常有限。另外，民间的大量货币资金涌入股市，参与虚拟经济活动，新增的货币在证券交易保证金账户和企业、居民的活期存款账户之间来回运动，这种较高的货币投机需求对实质性的生产所起的作用也是有限的。另一方面，亚洲金融危机的警示作用，使得我国对商业银行的信贷监管更加严格，实施了贷款责任制，大量中小民营企业贷款十分困难，而降息对原本资金就比较充足的大中型国企没有太大的刺激作用。以上两个方面的原因最终使我国这一阶段的货币政策效果大打折扣。

4. 2005 年以来的货币政策与财政政策

2005 年我国继续实行稳健的货币政策，同时淡出积极的财政政策，实行稳健的财政政策，即 2005 年我国的财政政策和货币政策是“双稳健”的。

2005 年以后，我国经济运行出现了通货膨胀的隐忧，以及信贷和投资增长过快、外资流入偏多等问题。对此，在继续实行稳健的财政政策的同时，货币政策不断向“紧”的趋势过渡。2007 年，我国实行了“适度从紧”的货币政策。

2007 年下半年以后，我国 CPI 不断创出新高，通货膨胀压力显著增加，为防止经济增长由偏快转为过热，防止价格由结构性上涨演变为明显的通货膨胀，中央经济工作会议决定，2008 年我国实行从紧的货币政策，即财政政策与货币政策的组合安排转变为“一稳一紧”。

2008 年，美国的次贷危机愈演愈烈，导致全球金融危机的爆发。为了应对由此造成的国际、国内经济形势的恶化，2008 年年底，我国开始实施积极的财政政策和适度宽松的货币政策，这基本上是“双松”组合。

2010 年，在国际金融危机基本平息、经济增长开始复苏，并出现通货膨胀苗头的情况下，中央及时调整了财政、货币政策。2010 年 12 月 3 日召开的中共中央政治局会议对 2011 年经济工作作出部署，指出“要实施积极的财政政策和稳健的货币政策”，即继续实行积极的财政政策，货币政策由适度宽松转向稳健。

2011 年以来，我国连续实施稳健的货币政策和积极的财政政策。稳健的货币政策主要是把握好促进经济增长、稳定物价和防范金融风险之间的平衡；积极的财政政策是基于财政实力加强刺激政策，更好地发挥财政政策在稳增长、调结构、促改革、惠民生中的作用。

应知考核

一、单项选择题

1. 货币政策的调节对象主要是（　　）。

A. 社会总需求　　B. 社会总供给　　C. 货币供给量　　D. 货币需求量

2. 商业银行应按规定的比例将吸收的存款一部分缴存中央银行，应缴存的比例称为（　　）。

A. 再贴现率　B. 法定存款准备金率　C. 再贷款利率　D. 基准利率

3. 公开市场业务是指中央银行在金融市场上买卖(　　)。

A. 股票　B. 债券　C. 商业票据　D. 有价证券

4. 西方国家中央银行经常使用的、最灵活有效的货币政策手段是(　　)。

A. 法定存款准备金　B. 道义劝告和窗口指导

C. 公开市场业务　D. 再贴现率

5. 紧缩性货币政策的功能在于(　　)。

A. 刺激投资和消费　B. 抑制投资和消费

C. 刺激投资、抑制消费　D. 刺激消费、抑制投资

二、多项选择题

1. 货币政策的最终目标一般表述为(　　)。

A. 经济增长　B. 充分就业　C. 稳定物价　D. 国际收支平衡

2. 扩张性货币政策的主要内容包括(　　)。

A. 放松银根　B. 增加贷款投放

C. 扩张信用　D. 加速货币供应量的增长

3. 选择货币政策中介目标应符合(　　)标准。

A. 可控性　B. 可测性　C. 安全性　D. 相关性

4. 公开市场业务的优点表现在(　　)。

A. 中央银行掌握主动权

B. 中央银行操作的灵活性强

C. 具有一定的隐蔽性,可以减轻社会震荡

D. 直接调控货币供应量

5. 属于选择性货币政策工具的有(　　)。

A. 优惠利率　B. 再贴现率

C. 消费者信用控制　D. 不动产信用控制

三、判断题

1. 判断中央银行充分就业目标是否实现,一般依据失业率指标。(　　)

2. 如果出现大量顺差,就会减少国内的货币供应量,从而给该国造成通货膨胀的压力。(　　)

3. 扩张性货币政策其主要内容是抽紧银根,收缩信贷,控制货币供应量的增长。(　　)

4. 基础货币是流通中的现金和商业银行的存款准备金之和。(　　)

5. 货币政策与财政政策的共性:二者的调控目标是一致的。(　　)

四、简述题

1. 简述货币政策的目标及其相互关系。

2. 法定存款准备金率的调整对商业银行的业务有何影响?

3. 中国人民银行常用的货币政策工具有哪些?

4. 简述货币政策与财政政策调控侧重点的差异。

5. 解释货币政策的传导机制与调控原理。

应会考核

■ 观念应用

【背景资料】

中国人民银行的公开市场业务

在多数发达国家，公开市场操作是中央银行吞吐基础货币、调节市场流动性的主要货币政策工具，通过中央银行与市场交易对手进行有价证券和外汇交易，实现货币政策调控目标。中国公开市场操作包括人民币操作和外汇操作两部分。外汇公开市场操作 1994 年 3 月启动，人民币公开市场操作 1998 年 5 月 26 日恢复交易，规模逐步扩大。1999 年以来，公开市场操作发展较快，目前已成为中国人民银行货币政策日常操作的主要工具之一，对于调节银行体系流动性水平、引导货币市场利率走势、促进货币供应量合理增长发挥了积极的作用。

中国人民银行从 1998 年开始建立公开市场业务一级交易商制度，选择了一批能够承担大额债券交易的商业银行作为公开市场业务的交易对象。近年来，公开市场业务一级交易商制度不断完善，先后建立了一级交易商考评调整机制、信息报告制度等相关管理制度，一级交易商的机构类别也从商业银行扩展至证券公司等其他金融机构。

公开市场操作

从交易品种看，中国人民银行公开市场业务债券交易主要包括回购交易、现券交易和发行中央银行票据。其中，回购交易分为正回购和逆回购两种，正回购为中国人民银行向一级交易商卖出有价证券，并约定在未来特定日期买回有价证券的交易行为，正回购为央行从市场收回流动性的操作，正回购到期则为央行向市场投放流动性的操作；逆回购为中国人民银行向一级交易商购买有价证券，并约定在未来特定日期将有价证券卖给一级交易商的交易行为，逆回购为央行向市场上投放流动性的操作，逆回购到期则为央行从市场收回流动性的操作。现券交易分为现券买断和现券卖断两种，前者为央行直接从二级市场买入债券，一次性地投放基础货币；后者为央行直接卖出持有债券，一次性地回笼基础货币。中央银行票据即中国人民银行发行的短期债券，央行通过发行央行票据可以回笼基础货币，央行票据到期则体现为投放基础货币。

根据货币调控需要，近年来中国人民银行不断开展公开市场业务工具创新。2013 年 1 月，立足现有货币政策操作框架并借鉴国际经验，中国人民银行创设了“短期流动性调节工具”(Short-term Liquidity Operations，SLO)，作为公开市场常规操作的必要补充，在银行体系流动性出现临时性波动时相机使用。这一工具的及时创设，既有利于央行有效调节市场短期资金供给，熨平突发性、临时性因素导致的市场资金供求大幅波动，促进金融市场平稳运行，也有助于稳定市场预期和有效防范金融风险。

资料来源：央行首次提前宣布公开市场操作计划，上海证券报，2020 年 2 月 2 日。

【考核要求】

根据上述资料，分析什么是公开市场业务，公开市场业务有哪些优点。

■ 技能应用

稳健的货币政策与财政、货币、就业等政策协同机制

中国人民银行货币政策委员会 2020 年第一季度(总第 88 次)例会于 3 月 26 日在北京召开。

会议分析了国内外经济金融形势。会议认为,新冠肺炎疫情对我国经济的冲击总体可控,我国经济增长保持韧性,长期向好的基本面没有改变。稳健的货币政策体现了前瞻性、针对性和逆周期调节的要求,大力支持疫情防控、复工复产和实体经济发展,宏观杠杆率基本稳定,金融风险有效防控,金融服务实体经济的质量和效率逐步提升。贷款市场报价利率改革效果显现,贷款实际利率明显下降,人民币汇率总体稳定,双向浮动弹性提升,应对外部冲击的能力增强。当前国内疫情防控形势持续向好,生产生活秩序加快恢复,但经济下行压力加大,境外疫情扩散蔓延及其对世界经济产生不利影响,也给我国疫情防控和经济发展带来新的挑战。

会议指出,要跟踪世界经济金融形势变化,加强对国际经济形势的研判分析,加强国际宏观经济政策协调,集中精力办好自己的事。创新和完善宏观调控,稳健的货币政策要更加注重灵活适度,把支持实体经济恢复发展放到更加突出的位置。运用多种货币政策工具,保持流动性合理充裕,保持物价水平总体稳定。有效发挥结构性货币政策工具的精准滴灌作用,用好 3 000 亿元专项再贷款、5 000 亿元再贷款再贴现专用额度和 3 500 亿元政策性银行专项信贷额度,引导金融机构加大对抗疫保供、复工复产、脱贫攻坚、春耕备耕、畜禽养殖、外贸行业等的信贷支持。深化金融供给侧结构性改革,引导大银行服务重心下沉,推动中小银行聚焦主责主业,健全具有高度适应性、竞争力、普惠性的现代金融体系。下大力气疏通货币政策传导,继续释放改革促进降低贷款实际利率的潜力,引导金融机构加大对实体经济特别是小微、民营企业的支持力度,努力做到金融对民营企业的支持与民营企业对经济社会发展的贡献相适应,推动供给体系、需求体系和金融体系形成相互支持的三角框架,促进国民经济整体良性循环。进一步扩大金融高水平双向开放,提高开放条件下经济金融管理能力和防控风险能力。

会议强调,要以习近平新时代中国特色社会主义思想为指导,认真贯彻落实党的十九届四中全会和中央经济工作会议精神,继续按照党中央、国务院的决策部署,坚持稳中求进工作总基调,统筹推进疫情防控和经济社会发展。加大宏观政策逆周期调节力度,着力激发微观主体活力,全面做好"六稳"工作。健全财政、货币、就业等政策协同和传导落实机制,对冲疫情对经济增长的影响。深化利率市场化改革,有序推进存量浮动利率贷款定价基准转换,保持人民币汇率在合理均衡水平上的基本稳定。打好防范化解金融风险攻坚战,平衡好稳增长、防风险、控通胀的关系,注重在改革发展中化解风险,守住不发生系统性金融风险的底线。

资料来源:中国人民银行货币政策委员会召开 2020 年第一季度例会,中国人民银行网,2020 年 3 月 28 日。

【技能要求】

结合所学的内容,分析什么是稳健的货币政策,如何健全财政、货币、就业等政策协同和传导机制。

■ 案例分析

【情景与背景】

央行决定定向下调存款准备金率

为支持实体经济发展,促进加大对中小微企业的支持力度,降低社会融资实际成本,中国人民银行 2020 年 4 月 3 日决定对农村信用社、农村商业银行、农村合作银行、村镇银行和仅在省级行政区域内经营的城市商业银行定向下调存款准备金率 1 个百分点,于 4 月 15 日和 5 月 15 日分两次实施到位,每次下调 0.5 个百分点。

人民银行有关负责人表示,此次定向降准可释放长期资金约 4 000 亿元,平均每家中小银行可获得长期资金约 1 亿元,有效增加中小银行支持实体经济的稳定资金来源,还可降低银行资金成本每年约60亿元，通过银行传导有利于促进降低小微、民营企业贷款实际利率，直接支持实体经济。

该负责人表示，此次定向降准分两次实施到位，防止一次性释放过多导致流动性淤积，确保降准中小银行将获得的全部资金以较低利率投向中小微企业。此次降准后，超过4 000家的中小存款类金融机构的存款准备金率已降至6%，从我国历史上以及发展中国家情况看，6%的存款准备金率是比较低的水平。

资料来源：定向下调存款准备金率1个百分点 分两次实施到位，中国网地产，2020年4月3日。

【分析要求】

根据上述资料，分析什么是存款准备金率，说明为什么要下调存款准备金率。

项目实训

【实训内容】

我国的货币政策

【实训目标】

通过本项目的实训，理解现行的货币政策，预测未来货币政策的走向；培养学生分析问题能力、解决问题的能力；培养学生资料查询、整理的能力。

【实训组织】

以学习小组为单位，进行分组，查找资料；各组讨论，分析现行货币政策宏观调控的过程和结果；各组分别写出对货币政策的实施和预测报告。

【实训成果】

1. 考核和评价采用报告资料展示和学生讨论相结合的方式；
2. 评分采用学生和教师共同评价的方式，并完成实训报告。

<table>
<tr><th colspan="3">《我国的货币政策》实训报告</th></tr>
<tr><td>项目实训班级：</td><td>项目小组：</td><td>项目组成员：</td></tr>
<tr><td>实训时间：　　年　　月　　日</td><td>实训地点：</td><td>实训成绩：</td></tr>
<tr><td colspan="3">实训目的：</td></tr>
<tr><td colspan="3">实训步骤：</td></tr>
<tr><td colspan="3">实训结果：</td></tr>
<tr><td colspan="3">实训感言：</td></tr>
</table>

项目十一

国际金融与国际货币体系

○ **知识目标**

理解：货币的兑换性管理，一国国际储备的作用和构成内容。

熟知：外汇的概念及其构成，国际收支的概念。

掌握：国际收支的内容，国际货币体系的演变和内容。

○ **技能目标**

1. 能够识读外汇牌价，了解影响汇率变动的因素和汇率变动对经济的影响。

2. 具备分析国际收支平衡表的能力。

3. 能够解读人民币汇率变动情况和中国国际收支平衡表，具备分析我国涉外金融关系发展趋势的能力。

○ **素质目标**

1. 具备收集资料、分析资料的能力。

2. 具备独立思考、团结协作的能力，注重团队的成绩与荣誉。

3. 培养与人沟通、言行举止得体等综合素质能力。

○ **项目引例** **2019年一季度我国国际收支状况**

从国际收支平衡表来看，2019年一季度，我国经常账户和非储备性质的金融账户均呈现顺差，外汇储备有所增加，国际收支保持基本平衡。

一是经常账户保持在合理的顺差区间，货物贸易顺差增加，服务贸易逆差收窄。2019年一季度，经常账户顺差490亿美元，与当期国内生产总值之比为1.5%。国际收支口径的货物贸易顺差947亿美元，同比增长83%；服务贸易逆差634亿美元，同比下降14%，其中，旅行逆差576亿美元，下降9%。

二是非储备性质的金融账户呈现顺差，跨境资本持续净流入。一季度，非储备性质的金融账户顺差488亿美元。主要净流入项目为直接投资和证券投资。直接投资净流入265亿美元。其中，外国来华直接投资净流入476亿美元，我国对外直接投资净流出210亿美元。证券投资净流入195亿美元。其中，外国对华证券投资净增加357亿美元，我国对外证券投资净增加162亿美元。

三是储备资产增加。一季度，我国储备资产因国际收支交易（不含汇率、价格等非交易因素影响）增加100亿美元，其中，外汇储备增加100亿美元。

2019年，我国继续推动经济高质量发展和全方位对外开放，有助于夯实国际收支平稳运行的基础。预计我国国际收支将延续经常账户基本平衡、跨境资本流动总体稳定的发展格局。

资料来源：刘开雄：一季度我国经常账户和非储备性质的金融账户双顺差，新华网，2019

年 6 月 27 日。

○ **引例导学**

上述引例中，什么是国际收支？什么是经常账户和非储备性质金融账户？国际储备有什么作用？一国的外汇储备是否越多越好？这些正是本项目所要讨论的问题。

○ **知识准备**

任务一　外汇和汇率

一、外汇

（一）外汇的概念

外汇的概念可以从动态和静态的角度来理解，静态的外汇又有广义与狭义之分。动态的外汇源于“国际汇兑”，即将一国货币兑换成另一国货币以清偿国际间债权债务关系的一种专门性的经营活动。

国际经济活动的日益频繁使得人们更习惯于将外汇理解为静态的概念，即外汇是一种以外币表示的用于国际结算的支付手段，包括各种外币支付凭证，如银行存款凭证、汇票、支票、本票和电汇凭证等。

货币兑换

随着国际交往的扩大和信用工具的发展，外汇的内涵也日益丰富，所以静态的外汇还有广义和狭义之分。上述静态的外汇最多只能算作狭义的外汇。目前，世界各国更多地采用广义的静态外汇概念，将以外币标示的有价证券（如外国政府债券、外国公司债券和股票）也包括在外汇的范畴内。所以，广义的静态外汇泛指一切以外国货币表示的、能用于国际结算以及在国际收支逆差时可以动用的一系列金融资产。

国际货币基金组织概念的外汇就属于广义的范畴，即“外汇是货币行政当局（中央银行、货币管理机构、外汇平准基金组织及财政部）以银行存款、国库券、长短期政府债券等形式所持有的在国际收支逆差时可以使用的债权”。它强调外汇是一国货币当局所持有的具有专门用途的债权，实际上仅指一个国家所拥有的外汇储备，而不包括一国普通居民所持有的外国债权。各国涉及外汇管理的法令条例中也多采用这一概念。我国《外汇管理条例》（2008 年 8 月 6 日修订公布）指出：“外汇是指下列以外币表示的可以用作国际清偿的支付手段和资产：①外币现钞，包括纸币、铸币；②外币支付凭证或者支付工具，包括票据、银行存款凭证、银行卡等；③外币有价证券，包括债券、股票等；④特别提款权；⑤其他外汇资产。”

纸币

拓展阅读 11－1

在广义外汇中被称为外汇的，在狭义外汇中不一定属于外汇的范畴。现实生活中，人们说到外汇，首先想到的是某种外币现钞，如美元钞票、英镑钞票、欧元钞票、日元钞票等，当然还有伴随相应钞票流通的小额金属硬币。事实上，外汇存在的形态多种多样，就如同在国内用现钞和硬币进行货币收付只占一小部分一样，在对外收付中，用外国钞票和硬币进行交易的也同样是一小部分，更多的是用银行外币存款和各类票据进行结算。而且，严格来说，所有“外国的货币”，即存放在持有国境内的外币现钞不是外汇。因为外国钞票禁止在非发行国流通，只有把外钞运回发行国，并贷记在银行账户上后，才能称为外汇。此外，以外币表示的有价证券由于不能直接用于国际间的支付，同样不属于狭义的外汇范畴。

（二）外汇的特征

一种货币能够充当外汇是有一定的前提条件的。这些条件表明外汇具有一定的特征：

（1）国际性或普遍接受性，即外汇必须是以外国货币表示的国际上能普遍接受和使用的金融资产。本币即使可以换成外币或者以外币表示的资产，也不能称为外汇。

（2）可自由兑换性，即外汇必须是可以为任何目的、在任何情况下、不受任何限制地兑换成其他支付手段的外币资产。不能自由兑换的就不是外汇。

（3）可偿还性，即外汇必须是在国外能得到偿付的货币债权。只有拥有支付能力才能算作外汇，空头支票或被拒付的汇票等，即使以可兑换货币标值，因不能得到国际偿付，也不能视为外汇。

但从更宽泛的概念上说，由于国际货币收付极其复杂，外汇存在的形态并不限于外币资产。根据国际协议，限定用于国际支付的本国货币或以本国货币标示的债券也被视为外汇。我国曾存在过"外汇人民币"，专门用以办理涉外收支。此外，欧洲货币市场上的"欧洲美元""欧洲美元债券"对于美国来说是外汇。以此类推，其他"欧洲货币"和"欧洲债券"对货币发行国来说也是外汇。

（三）外汇的种类

（1）按照兑换时所受限制的程度，外汇可分为自由外汇、记账外汇。自由外汇是指不需要货币发行国当局批准就可以自由兑换成其他货币，或是可以向第三国办理支付的外国货币及其支付手段。自由外汇可以成为国际结算货币，但并不是所有可自由兑换货币都是国际结算货币，世界上虽有不少国家宣布其货币可自由兑换，但鉴于其经济活动总量及其在世界上的地位，真正能在国际上广泛使用和接受的有美元、欧元、英镑、日元、瑞士法郎等。因而可自由兑换货币在币种上远远超过国际结算货币。一国可以实行本币的自由兑换，但如果该货币没有被世界上其他国家所接受用于国际贸易和投资的计价与支付，则其不能成为国际结算货币。

记账外汇也称双边外汇，即不经货币发行国批准，不能自由兑换成其他货币也不能对第三国进行支付的外汇。例如，我国曾在对某些发展中国家的进出口贸易中，为了节省双方的自由外汇，签订双边支付协定，采用记账外汇进行清算。记账外汇有如下特点：①只在双方国家指定银行开立专门账户记载，并由双方协商决定其汇率、记账方法和使用范围；②协定项下的收支定期轧差，差额由双方协商，可结转到下一年度或折算成双方同意的第三国货币；③不能转给第三国使用，也不能自由兑换。记账外汇带有封闭性，与世界经济全球化潮流不相吻合。

（2）按照来源和用途，外汇可分为贸易外汇与非贸易外汇。贸易外汇是指由商品的进出口引起收付的外汇。商品输出可赚取外汇，商品输入则需支付外汇。贸易外汇收入是一个国家最主要的外汇来源，贸易外汇支出则是外汇的主要用途。非贸易外汇是指由非贸易往来而引起收付的外汇，如劳务外汇、旅游外汇和侨汇等。

（3）按照买卖交割期限，外汇可分为即期外汇和远期外汇。外汇交割是指一方付出一种货币，另一方付出另一种货币的授受两清的行为。即期外汇又称现汇，是指外汇买卖成交后即日收付或在两个营业日内办理交割的外汇；远期外汇又称期汇，是指买卖双方先按商定的汇价签订合同，并预约未来某一天办理实际交割的外汇。远期外汇的交割期限一般为 1 年以内，在多数情况下是 1—6 个月，3 个月期的最多。

（4）按照持有者的身份，外汇可分为官方外汇与私人外汇。前者是指政府或国际组织持有的外汇；后者是指企事业单位或个人持有的外汇。

(四)外汇的作用

外汇的作用包括以下几点:①是国际购买手段,可以使国与国间的货币流通成为可能;②是国际支付手段,可以避免在国际结算中使用黄金,节约非生产费用;③是国际储备手段,可以弥补国际收支逆差;④是国际信用手段,可以调剂国际间的资金余缺,促进货币信用的国际化。

(五)外汇管制与货币的可兑换

外汇管制的主要内容包括:对贸易外汇的管制,对非贸易外汇的管制,对资本输出入的管制,汇率管制,黄金、现钞输出输入管制及货币兑换管理。其中,外汇管制最基本、最主要的内容是对货币兑换的管理。

外汇管制的宽严程度可以通过货币可兑换性来体现。一般来说,发达的市场经济国家外汇管制宽松,实行货币完全可兑换,即其货币为自由兑换货币;大多数发展中国家实施外汇管制,其货币或是完全不可兑换的,或是不完全可兑换的。

货币按其可兑换性与国际化程度,可分为不同的层次或种类。对此,存在着两种不同的见解:其一,认为货币分为五个层次包括不可兑换货币、可兑换货币、自由兑换货币、国际货币、世界货币;其二,认为货币分为三个层次包括不可兑换货币、可兑换货币、自由兑换货币,即将自由兑换货币等同于国际货币,将国际货币等同于世界货币。但无论哪种观点,货币的各个层次之间都是一种递进的关系,很难同时过渡或跨越,货币的兑换性变化一般都要经历从限制兑换,到有条件可兑换,再到完全可兑换等过程。

(1)货币不可兑换。凡是保留对“国际性经常往来的付款和资金转移”限制的货币均被称为不可兑换货币。这是根据《国际货币基金组织协定》第十四条款的规定作出的界定,这类货币的发行国一般都保留严格的外汇管制,被称为第十四条款国。

货币不可兑换有两大基本原因:①这类货币发行国经济相对落后,存在着资金缺口和外汇缺口。外汇需求远远大于外汇供给,政府不得不加强外汇管制来提高外汇资金使用效益,如采取外汇统收统支政策,将外汇收入全部结售给政府,而外汇支出由政府配给。②货币可兑换意味着经济开放,如果该国经济实力差,国内企业的国际竞争力弱,则经济开放后该国经济就会受到全方位的冲击而难以发展。

但是,实践证明,严格的外汇管制会阻碍一国经济乃至世界经济的发展,因此,随着各国经济的逐步开放,货币不可兑换的国家越来越少,这已成为一个世界性的趋势。

(2)货币可兑换。凡是实现了国际收支经常账户下可兑换的货币均被称为可兑换货币。这是根据《国际货币基金组织协定》第八条第二、三、四款的要求作出的界定,这类国家被称为第八条款国。当一国大幅度放松外汇管制,基本上满足了其货币在经常项目范围内的可兑换后,就可以通知IMF,得到IMF的认可后就可以宣布已完成向“第八条款国”的过渡。

《国际货币基金组织协定》第八条款的内容为:①避免对经常性支付或转移的限制。各会员国未经国际货币基金组织的同意,不得对国际经常往来的付款和资金转移实施汇兑限制(第二款)。②避免施行歧视性货币措施或多重汇率措施(第三款)。③保证兑付外国持有的本国货币。任何一个成员国均有义务购回其他成员国所持有的本国货币结存,只需兑换的国家能证明这种结存是由最近的经常性交易所获得的,或者这种兑换是为了支付经常性交易所需要的(第四款)。

一种货币从不可兑换过渡到可兑换,通常是在货币发行国从封闭走向开放、从非常落后走向快速发展的过程中实现的。实行货币可兑换,意味着放弃经常项目收支的外汇管制,在世界范围内建立多边支付体系，其目的是促进国际贸易和各国经济的发展。

(3)货币自由兑换。它是指在外汇市场上能自由地用本国货币兑换(购买)某种外国货币，或用某种外国货币兑换(购买)本国货币。一般来说，如果一国在经常项目和资本项目下都实现了货币可兑换，其货币就是自由兑换货币。所以，货币自由兑换意味着资本自由流动。经济合作与发展组织(OECD)规定其成员有义务实现资本项目的货币可兑换，因而其成员基本上放弃了对资本流动的管制。一些经济发展较快或者外汇收入充裕的国家也相继实现了资本自由流动。

要实现货币自由兑换需要满足一定的条件，包括：①宏观经济稳定；②汇率制度与汇率水平合适；③外汇储备充足；④市场机制完善；⑤金融市场与金融制度发达与完善等。

外汇市场

(4)货币国际化。它是指特定国内货币实现国际化的表现。《国际货币基金组织协定》第三十条款将国际货币(international currency)定义为：在国际往来的支付中被广泛使用以及在主要外汇市场上被广泛交易的货币。这一定义中的“广泛使用”和“广泛交易”其实是很难界定的，实践中有两个参考标准：一是各国外汇储备中该种货币的占比为1%以上；二是主要外汇市场上该种货币交易占比达到4%以上。目前，符合这两个条件的主要是美元、欧元、日元三种货币。

(5)世界货币。严格来说，金本位制时期黄金是世界货币，但实际生活中，人们普遍认为具有世界货币职能的某一国家的货币也是世界货币。由此，第一次世界大战前，英镑是世界货币；第二次世界大战后至今，美元是世界货币。世界货币与国际货币的区别是：在一个特定的历史时期，国际货币可以有多种，而世界货币只能是一种(仅在世界货币交替之际可能有两种)；前者是部分地、在一定程度上执行国际货币的职能，而后者是全面地、在很大限度上执行着国际货币的职能。某国货币成为世界货币的必要条件是，该国经济实力、金融市场规模与效率为世界第一。

我国过去长期实行严格的外汇管理，1994年外汇管理体制实行改革，1996年12月1日，我国正式宣布接受“第八条款”，实现人民币经常项目下完全可兑换。但在资本项目下仍限制人民币的自由兑换。

二、汇率

(一)汇率的概念和表示方式

1. 汇率的概念

汇率也称汇价、外汇牌价或外汇行市，是指不同货币之间的兑换比率，或者说是用一种货币表示的另一种货币的相对价格。

外汇作为一种资产，可以和其他商品一样进行买卖。但是，商品买卖是在用货币购买商品，而外汇买卖却是以货币购买货币。在进行外汇买卖时，必须有一个兑换比率作为标准，这就是汇率。它解决了一单位的甲货币能兑换多少单位的乙货币的问题。可以说，外汇是对兑换行为质的表述，汇率则是对兑换行为的量的度量。

一般商品的价格都是用货币表示的，但不能反过来用商品表示货币的价格。在国际汇兑中，不同货币之间却可以相互表示对方的价格，汇率就是这种特殊商品的特殊价格。如美元与日元的汇率可以表述为：1美元＝100日元(日本用语)；1日元＝0.01美元(美国用语)。

价值符号

2. 汇率的表示方式与外汇牌价

汇率的表示方式有三种：①用文字描述，如 1 美元兑换人民币 6.189 8 元；②用两种货币的代码符号表述，如 USD/CNY＝6.189 8，其中的斜线表示兑换的意思；③用两种货币的货币符号表述，如 6.189 8￥/＄，其中的斜线概念是“每一”。汇率的三种表示方式形式虽然不同，但概念是一样的，都是 1 美元等于 6.189 8 元人民币。每一种货币都有货币代码符号与货币符号。货币代码符号是由国际标准组织（ISO）在 1978 年 7 月 3 日统一制定的。在 ISO 货币代码的三个字符中，前两个字符代表该货币所属的国家或地区，第三个字符代表货币单位，如美元为 USD、人民币为 CNY。表 11－1 是一些国家或地区的货币名称、货币符号和货币代码符号表。

表 11－1　　一些国家或地区的货币名称、货币符号及货币代码符号

国家或地区	货币名称	货币符号	货币代码符号
中国	人民币	￥	CNY
美国	美元	US＄	USD
英国	英镑	£	GBP
日本	日元	J￥	JPY
欧元区	欧元	€	EUR
瑞士	瑞士法郎	SF	CHF
加拿大	加拿大元	C＄	CAD
澳大利亚	澳大利亚元	A＄	AUD
新加坡	新加坡元	S＄	SGD
丹麦	丹麦克朗	DKr	DKK
挪威	挪威克朗	NKr	NOK
瑞典	瑞典克朗	SKr	SEK
中国香港	港元	HK＄	HKD
俄罗斯	俄罗斯卢布	Rub	RUB
韩国	韩元	Won	KRW
新西兰	新西兰元	NZ＄	NZD

按惯例，银行报出的货币汇率有 5 位有效数字。从右向左数，第一位称为“几点”，第二位称为“几十个点”，第三位称为“几百个点”，以此类推。如某日 USD/CNY 的汇率为 6.189 8，第二天 USD/CNY 的汇率为 6.188 8，这说明 USD/CNY 的汇率下降了 10 个点。

对于那些经常与国外打交道的企业、单位和个人来说，了解外汇价格是十分重要的。在银行、空港、车站、码头、宾馆、商场等地，到处可以看到外汇牌价表，在金融报道和网站上也可以查询到当日的外汇牌价。由于汇率是变动的，所以外汇牌价表均明确标明日期和时间点。

(二)汇率的标价方法

任何两种货币之间的汇率均可以其中一种货币作为单位进行表示。以哪一国货币作为标准表示另一国货币的价格，涉及汇率的标价方法问题。目前，在国际上有以下三种标价方法：

1. 直接标价法

它又称应付标价法(giving quotation),是指以一定单位(1 或 100 等)的外国货币为标准,折算为若干单位本国货币的表示方法,或者说是用本国货币表示的外国货币的价格。

人民币对外币汇率主要采用这种标价法。目前,除美元、英镑、爱尔兰镑、澳大利亚元、新西兰元、南非兰特和欧元以外,其他货币的汇率均采用直接标价法。如交通银行挂牌的 100 美元＝616.36 元人民币,东京外汇市场上的英镑/日元为 210.45 等。

2. 间接标价法

它又称应收标价法(receiving quotation),是指以一定单位的本国货币为标准,折算为若干单位的外国货币的表示方法,或者说是用外国货币表示的本国货币的价格。

世界上只有少数国家采用间接标价法。从历史上看,英镑一直采用这种标价法。例如,2018 年 3 月 28 日,伦敦外汇市场公布的汇率为 1 英镑＝1.402 3/1.403 3 美元。除英国以外,一些英联邦国家的货币也采用间接标价法,如澳大利亚元、新西兰元和南非兰特等。美国的纽约外汇市场原先采用直接标价法,后来由于美元逐步取代了英镑而成为国际经济交易的主要计价结算手段,因此,从 1978 年 9 月 1 日开始,纽约外汇市场也改用间接标价法,但美元对英镑仍沿用直接标价法。不过,美国报刊的金融资讯版通常同时刊印两种价格,即外币的美元价格(US$ equivalent)和美元的外币价格(currency per US$),以便利各种外汇交易的结算,这实际上是同时采用了直接与间接两种标价方法。此外,1999 年 1 月 1 日诞生的欧元也采用间接标价法,即以每 1 欧元值若干外币的方式报价。人民币对马来西亚林吉特和俄罗斯卢布的汇率也采用间接标价法。

间接标价法的特点是:本币的数量固定不变,折合成的外币数额随着本币和外币币值的变动而变动。如果一定单位的本币折成外币的数量比原来多,则说明本币汇率上升,外汇汇率下跌;相反,如果一定单位的本币折成外币的数量比原来少,则说明本币汇率下跌,外汇汇率上升。在这种标价法下,外汇汇率的涨落与外币数额的多少成反比,不能直接看出外汇的价格。

直接标价法与间接标价法之间存在着一种倒数关系。例如,中国银行用直接标价法挂牌的汇率 100 美元＝629.26 元人民币,可推算得出间接标价的 1 元人民币＝100÷629.26＝0.158 9 美元。

3. 美元标价法

它是指以一定单位的美元为标准,折合成若干数额的其他国家货币,即用其他国家的货币表示的美元的价格。例如,从加拿大蒙特利尔向日本银行询问日元汇率,东京外汇银行不是直接报加拿大元对日元的汇率,而是报美元对日元的汇率。

目前,世界各主要外汇市场银行之间的报价通常采用这种方法。非美元货币之间的汇率则通过各自对美元的汇率套算。这种标价法的特点是:美元的单位始终不变,美元与其他货币的比值是通过其他货币数量的变化体现出来的。

在国际金融市场上,还有少数货币采用非美元标价法,如英镑、爱尔兰镑、澳元、新西兰元、欧元等。它们采用每 1 英镑、每 1 爱尔兰镑、每 1 澳元、每 1 新西兰元、每 1 欧元等于若干数额美元的标价法。

在上述各种标价法下,数量固定不变的货币为基础货币或基准货币,也称被报价货币,其价格用其他货币的数量来表示;数量发生变化的货币称为标价货币或非基准货币,也称报价货币,其数量用以说明基础货币价格的高低。在直接标价法下,基础货币是外国货币,标价货币是本国货币;间接标价法下则与之相反,基础货币是本国货币,标价货币是外国货币;在美元标价法下，美元是基础货币，其他各国货币是标价货币。总之，无论采取何种标价法，都是以标价货币来表示基础货币的价格。

(三)汇率的种类

从不同角度出发，汇率可进行不同的分类。

1. 从银行买卖外汇的角度划分，可分为买入汇率、卖出汇率、中间汇率与现钞价

买入汇率(buying rate)也称买入价(bid price)，指银行向同业或客户买入外汇时所使用的汇率，即银行出价。因它多用于出口商与银行间的交易，故也称为出口汇率。采用直接标价法时，外币折合成本币数量较少的那个汇率就是买入价；采用间接标价法时，本币折合外币较多的那个汇率就是买入价。

卖出汇率(selling rate)也称卖出价(offer/ask price)，指银行向同业或客户卖出外汇时所使用的汇率，即银行要价。因它多用于进口商与银行间的交易，故也称为进口汇率。采用直接标价法时，外币折合本币数较多的那个汇率就是卖出价；采用间接标价法时，本币折合外币数较少的那个汇率就是卖出价。

买入汇率与卖出汇率之间有一个差价，称买卖差价，这个差价是外汇银行经办外汇业务的收入来源，通常为1‰～5‰。一般来说，外汇市场越发达，买卖差价越小。

中间汇率(medial rate)也称中间价，是买入价与卖出价的平均数。中间价一般用于报刊和电信行情对汇率走势的分析。在我国，各外汇银行的买入汇率和卖出汇率通常是以中国外汇交易中心公布的中间汇率为基础、在中国人民银行允许的幅度范围内上下浮动形成的。

现钞价(bank notes rate)是银行向客户直接买卖外币现钞时所使用的价格。现钞价不等于外汇汇率，上述所说的汇率是银行采用电汇方式买卖外汇(外币支付凭证)时的价格。银行在购入外币支付凭证后，通过航邮划账，可很快地存入国外银行，开始生息、调拨动用；外国现钞不能在本国流通，存放在本国银行没有意义，银行买入外币钞票后需要积累到一定数额，将其运送到发行国并存入银行才能充当流通或支付手段。在此之前，银行要承受一定的利息损失，而运送现钞必须花费一定的运费、保险费等，承担一定的风险，因此，银行在收兑外币现钞时的汇价要低于现汇买入价。不过，一般情况下，银行卖出外币现钞时，则使用一般的外汇支付凭证的卖出价，现钞卖出价不再单列。这是因为银行卖出外币现钞不承担相应的费用。

2. 从制定汇率的不同方法的角度划分，可分为基本汇率与套算汇率

基本汇率(base rate)也称基准汇率，是指本国货币与国际上某一关键货币之间的比率；套算汇率(cross rate)也称交叉汇率，是指两种货币通过基本汇率换算(折算)出来的汇率。

所谓关键货币(key currency)，是指该国在国际收支中使用最多、外汇储备中占比最大、在国际上被普遍接受、可以自由兑换的货币。大多数国家把美元作为关键货币，从而采用美元标价法来制定基本汇率；但也有少数国家如非洲的某些国家由于历史的原因，把英镑等作为关键货币，从而采用非美元标价法制定基本汇率。于是，在国际金融市场上进行不同货币的兑换和各种外汇交易时，就存在着用基本汇率来计算套算汇率的问题。

3. 从银行汇兑方式的角度划分，可分为电汇汇率、信汇汇率与票汇汇率

电汇汇率(telegraphic transfer rate，T/T rate)，是银行以电信方式买卖外汇时所使用的汇率。例如，银行在售出外汇后，以电传等方式委托其国外分支行或代理行将款项付给收款人时所使用的汇率就是电汇汇率。由于电汇付款时间快，一般可以当天到达，银行在电汇时不能利用客户资金，并且国际电传费用也比较高，因此电汇汇率较一般汇率高，且是计算其他汇率的基础，各国公布的外汇牌价，如无特别说明，均指电汇汇率。

信汇汇率(mail transfer rate,M/T rate),是银行以信函方式通知收付款时采用的汇率。邮寄信函需要较长时间,银行可以利用客户的资金,且信汇的成本比电汇低,因此信汇汇率低于电汇汇率。在外汇交易中,信汇量较少,主要在我国港澳地区及东南亚一带使用。

票汇汇率(demand draft rate,D/D rate),是银行买卖外汇汇票时使用的汇率。银行卖出外汇时,开立一张由其国外分支机构或代理行付款的汇票交给汇款人,由汇款人带到国外亲自去取款或邮寄给国外收款人,这时使用的汇率就是票汇汇率。银行可以利用客户资金大约一个航空邮程的时间,收款人从汇入行提取汇款之前,汇出行都可以利用汇款人的资金获取利息收益,因此票汇汇率低于电汇汇率,相当于一个航空邮程的利息。因汇票有即期和远期之分,所以票汇汇率可分为即期票汇汇率和远期票汇汇率。即期票汇汇率一般等于信汇汇率。就远期汇票而言,票汇支付期限越长,票汇汇率越低。

4. 从外汇买卖交割期限的角度划分,可分为即期汇率与远期汇率

即期汇率(spot rate)又称现汇汇率,是指买卖外汇的双方成交后在当日或两个营业日内进行交割时的汇率。

远期汇率(forward rate)又称期汇汇率,是指外汇买卖成交后,在约定的到期日进行交割所使用的汇率。买卖远期外汇的期限一般为1、3、6、9、12个月等。

远期汇率与即期汇率之间的差额称为远期差价(forward margin),也称掉期率(swap rate),用升水、贴水和平价表示。升水(at premium)表示远期汇率高于即期汇率,或者说远期外汇比即期外汇贵;贴水(at discount)表示远期汇率低于即期汇率,或者说期汇比现汇便宜;平价(at par)表示远期汇率等于即期汇率。在不同的汇率标价方法下,远期汇率的计算方法不同。可归纳为:

在直接标价法下:远期汇率=即期汇率+升水
远期汇率=即期汇率-贴水

在间接标价法下:远期汇率=即期汇率-升水
远期汇率=即期汇率+贴水

5. 从外汇买卖的营业时间的角度划分,可分为开盘汇率与收盘汇率

开盘汇率(opening rate)又称开盘价,是指外汇银行在每个营业日开始时买卖外汇所使用的汇率。

收盘汇率(closing rate)又称收盘价,是指外汇市场上外汇银行在每个营业日结束时买卖外汇所使用的汇率,通常是外汇市场交易结束前30秒钟或60秒钟的汇率。

一个外汇市场的营业从开始到结束虽然只有几个小时,但在汇率急剧波动的情况下,开盘价和收盘价也会相差甚大。另外,世界上各个外汇市场的营业时间虽然因时差关系而不一致,但由于各外汇市场之间存在着发达的电信网络和密切的行情联系,一个外汇市场的收盘汇率往往影响着另一个外汇市场的开盘汇率。

6. 从外汇买卖的对象的角度划分,可分为同业汇率与商人汇率

同业汇率(inter-bank rate)是指银行与银行之间买卖外汇的汇率。同业汇率的银行买入价和卖出价的差别较小。

商人汇率(merchant rate)是指银行向客户买卖外汇的汇率。商人汇率是根据同业汇率卖出价增、买入价减一定的差额确定的,所以商人汇率的银行买入价与卖出价的价差较大。

7. 从汇率制度角度划分,可分为固定汇率和浮动汇率

固定汇率(fixed rate)是指一国货币对另一国货币的汇率基本固定,且将其波动幅度限制

在一个特定的范围内的汇率。在金本位制下和第二次世界大战后的布雷顿森林体系下，世界各国都采用这种汇率。

浮动汇率(floating rate)是指一国货币的对外汇汇率不予固定，也不规定上下限的波动幅度，而是根据外汇市场的供求状况任其自由涨落的汇率。1973年布雷顿森林体系崩溃后，主要工业国家都采用这种汇率。

8. 从外汇管制的宽严程度角度划分，可分为官方汇率和市场汇率

官方汇率(official exchange rate)是货币当局规定的，是要求一切外汇交易都采用的汇率。

市场汇率(market exchange rate)是在外汇市场上自由买卖外汇的实际汇率。但各国货币当局经常运用各种手段干预外汇市场，使市场汇率保持基本稳定或向预定目标变动。

在外汇管制较松的国家，官方汇率往往只起中心汇率的作用，实际外汇买卖都是按市场汇率进行的。在实行严格外汇管制的国家，不允许存在外汇自由买卖市场，官方汇率就是实际汇率，规定一切外汇交易都按这一汇率执行。我国在1994年以前实行的就是官方汇率，人民币汇率由国家外汇管理局统一制定公布，并按此汇率进行外汇买卖，没有市场汇率。

9. 从汇率使用范围的角度划分，可分为单一汇率与复汇率

单一汇率(single rate)是指一个国家只有一种汇率，通用于该国所有的经济交往。

复汇率(multiple rate)是指一种货币(或一个国家)有两种或两种以上的汇率，不同的汇率用于不同的国际经贸活动。复汇率是外汇管制的一种产物，目前只有一些发展中国家仍实施复汇率，但根据国际货币基金组织的要求，只能依据需要使用简单的复汇率，严格限制实行复杂的复汇率。

10. 从外汇资金的性质或来源角度划分，可分为贸易汇率与金融汇率

贸易汇率(trade rate)又称商业汇率，是适用于进出口贸易货价及其从属费用结算的汇率。其服务于一国“奖出限入”的贸易政策，以改善该国的国际收支为目的。

金融汇率(financial rate)是适用于资金流动、旅游事业等非贸易外汇收支的汇率。其以限制资金流出、鼓励资金流入为目的。

11. 从衡量货币价值的角度划分，可分为名义汇率与实际汇率

名义汇率(nominal exchange rate)是用一种货币所能兑换的其他货币的数量来表示该货币的汇率，是货币兑换和外汇交易时使用的汇率。由于其不一定体现不同国家的价格水平变动，不一定体现货币购买力的变化情况，不一定真正反映货币的实际价值，所以称为名义汇率。

实际汇率(real exchange rate)也称真实汇率，是把名义汇率和那些与名义汇率类似、对外汇买卖有影响作用的因素结合在一起的理论汇率。因此，在分析影响国际经济活动的价格因素时，实际汇率的作用常常比名义汇率更重要。

(四)影响汇率变动的因素及汇率变动对经济的影响

1. 汇率的决定基础

(1)金币本位制下汇率的决定基础。在金币本位制度下，两国金铸币含金量之比称为铸币平价。铸币平价是决定汇率的基础。例如，在金本位时期，每1英镑铸币的重量为123.274 47格令，成色为22K金，则每英镑含有的纯金为113.001 6(123.274 47×22÷24)格令。而当时每1美元金铸币重量为25.8格令，成色为9成(9÷10)，则美元的含金量为23.22格令。因此，英镑与美元的铸币平价为1英镑＝113.001 6÷23.22＝4.866 6美元。

在金币本位制下，汇率的下跌或上涨是以铸币平价为中心、在一定幅度内上下波动的，波

动幅度的界限是黄金输送点，也称黄金点。黄金输送点是指金币本位制下，由于外汇汇率涨落引起黄金输出、输入国境的界限。它等于铸币平价加(减)运送黄金的费用。在直接标价法下：

黄金输出点＝铸币平价＋黄金运杂费

黄金输入点＝铸币平价－黄金运杂费

例如，在第一次世界大战前，1英镑黄金由英国运往美国的运杂费为0.03美元，对于美国来说：

黄金输出点为：1英镑＝4.866 5＋0.03＝4.896 5美元

黄金输入点为：1英镑＝4.866 5－0.03＝4.836 5美元

即美国黄金输出点为4.896 5，黄金输入点为4.836 5，英镑与美元汇率的波动界限在4.836 5～4.896 5。

在金块本位和金汇兑本位下，由于实际经济生活中已没有金币流通，黄金的输出入也受到了限制，因而在这两种货币制度下，两种货币之间的汇率由纸币所代表的含金量之比来决定，称为法定平价。法定平价也是金平价的一种表现形式。实际汇率因供求关系而围绕法定平价上下波动，但是波动的幅度不再受黄金输入点和黄金输出点的限制，而是由政府来规定和维护一个允许的波动幅度。

(2)纸币流通时期的汇率决定基础。在纸币规定有法定含金量时期，即第二次世界大战以后的布雷顿森林货币制度下，各国政府规定了本国货币所代表的(而不是具有的)含金量。两种货币的法定含金量之比称为黄金平价，黄金平价是汇率的决定基础。汇率以黄金平价为中心在人为规定的幅度内变动，各国政府有义务将汇率稳定在这一波动幅度之内。

在纸币不规定含金量时期，即现行的货币制度下，纸币所具有的购买一定数量商品的能力体现了纸币在流通中所代表的实际价值。纸币所代表的价值量之比或两种货币购买力之比称为购买力平价，购买力平价是汇率的决定基础。汇率的涨跌没有波动幅度的限制，而是随外汇市场供求的变化自由浮动。

2. 影响汇率变动的因素

(1)国际收支差额。一国的国际收支状况直接决定着该国的外汇供求状况，从而引起汇率的变动。当国际收支出现顺差时，外汇收入大于外汇支出，国际储备增加，使外汇的供给大于需求，会引起外汇汇率下降和本币汇率上升；当国际收支出现逆差时，外汇支出大于外汇收入，外汇储备减少，使外汇的需求大于外汇供给，会引起外汇汇率上升和本币汇率下降。

一般而言，暂时的、小规模的国际收支差额可以被国际资本流动、相对利率和通货膨胀率的变动、政府在外汇市场上的干预等因素抵消，从而只对汇率产生较小的影响；只有巨额的、长期的国际收支差额才会影响汇率，并且由于国际收支差额对汇率的影响需通过外汇市场上供求状况的变化才能逐步体现出来，这需要一个时间过程，因此国际收支是影响汇率变动的中长期因素。

(2)通货膨胀的差异。在其他经济条件不变的情况下，若一国发生通货膨胀，该国单位货币所代表的价值量减少，对内贬值，则其对外价值也下降，外汇汇率上升，本币汇率下跌。

另外，由于通货膨胀使国内物价上涨、出口商品成本增加，对出口不利，同时使进口商品的盈利空间增大或处于有利的价格态势，刺激进口，这样会使贸易收支恶化、外汇需求增加，导致本币汇率下浮、外币汇率上浮。

考察通货膨胀程度对汇率的影响，不能仅从一国来观察，还应观察其他国家通货膨胀率的变化并进行比较。一般来说，相对通货膨胀率较高的国家，其货币对内价值下降的速度更快，于是其货币汇率也会随之下降；如果两国通货膨胀率大体相等，则汇率的变化数值不会太大。此外，通货膨胀对汇率的影响有一个过程，这一过程需要半年或更长时间，但这种影响一旦起作用，其延续时间就会比较长。因此可以说，通货膨胀对汇率具有长期的影响，往往成为影响汇率变动趋势的因素。

(3)实际利率的差异。利率是资金的交易价格，是使用资金的代价或放弃使用资金的收益。利率的高低代表了一国金融资产的对外吸引力，会直接引起国际间套利资本的流动，并导致汇率波动。一般认为，在考察利率变动的影响时，不仅要比较内外利率，而且要比较内外通货膨胀率，即要比较内外实际利率。当不同国家实际利率存在差异时，投资者为了追求较高的收益，必然把低利率货币兑换成高利率货币，这样就会影响到不同货币的需求与供给，从而影响汇率的变动。

利率高的国家资金收益较高，会吸引外资流入，使市场上外汇供给增加，同时本币资金的成本上升，这使得市场对外汇的需求增加，从而导致外汇汇率下跌、本国货币汇率上升；反之，利率低的国家货币汇率下跌。另外，一国提高利率，是为了紧缩国内银根，控制投资膨胀和经济过热，于是单位货币价值量增加，该国货币汇率在短期内上升；反之，一国降低利率，是为了放松银根，刺激投资增加和经济增长，于是单位货币价值量减少，该国货币汇率在短期内下降。所以，在其他因素不变的情况下，利率在一定条件下对汇率的短期影响很大，高利率货币汇率上浮，低利率货币汇率下浮。

利率对汇率的另一个重要作用是导致远期汇率的变化，外汇市场远期汇率升水、贴水的主要原因在于货币之间的利率差异。高利率货币会引起市场上对该货币现汇的需求，以期获得一定期限的高利息收入。但为了防止将来投资到期时该种货币汇率下跌带来损失，人们在购进这种货币现汇时往往会采取掉期交易，即卖出这种货币的远期，从而使该货币远期贴水；同样的道理，低利率的货币则有远期升水。

(4)经济增长率的国际差异。一国经济发展状况可以用其经济增长率来表示，国内外经济增长率的差异对汇率会产生多方面的影响。一国的经济增长率上升，说明该国经济景气，出口旺盛，因此该国币值稳定，外国对该国货币有信心，在国际交易中愿意使用该种货币，该种货币的汇率一般会上升；反之，该种货币的汇率会下降。但是，发展中国家的情况有所不同，如果经济发展较快，国民收入有较大的增长，进口需求增加，但本国货币不是自由兑换货币，对外汇的需求量增大，在供求的影响下，外汇汇率会上升，而本币汇率会下降。总的来说，高经济增长率短期内由于贸易收支问题可能会不利于本币的汇率，但长期中却是支持本币成为国际货币市场硬通货的有利因素。

(5)中央银行的外汇干预。这是指一国中央银行或多国中央银行联合在外汇市场上参与外汇买卖业务，用以影响一国货币汇率或几种主要自由兑换货币汇率变动的措施。

不论是在固定汇率制度下，还是在浮动汇率制度下，一国货币当局都会被动地或主动地干预外汇市场，稳定汇率，以避免汇率波动对经济造成不利影响，实现自己的政策目标。浮动汇率制下的外汇干预体现着汇率是一种管理浮动。

中央银行(货币当局)干预外汇市场主要有两种方式：冲销干预(sterilized intervention)和非冲销干预(non-sterilized intervention)。冲销干预是指中央银行在进行外汇买卖的同时，又通过公开市场业务对国内市场进行反向操作，达到本币供应量不变的目的。非冲销干预是中央银行在外汇市场买卖外汇，从而改变国内市场上的货币供应量，达到调整汇率目的的一种手段。

(6)一国的宏观经济政策。一国为增加就业、稳定物价、促进经济增长和改善国际收支，往往采取宏观经济政策对国内经济加以调控。这些政策对经济增长率、物价上涨率、利息率和国际收支状况等都会产生一定的影响，这样必然会影响到汇率的变动。

一般来说，扩张性的财政、货币政策造成的巨额财政收支逆差和通货膨胀，会使本国货币对外贬值；紧缩性的财政、货币政策会减少财政支出，稳定通货，而使本国货币对外升值。但相对来说，这种影响是短期的，财政、货币政策对汇率的长期影响要视这些政策对经济实力和长期国际收支状况的影响如何，如果扩张政策最终能增强本国经济实力，促使国际收支顺差，那么本币对外价值的长期走势必然会提高，即本币升值；如果紧缩政策导致本国经济停滞不前，国际收支逆差扩大，那么本币对外价值必然逐渐削弱，即本币贬值。

(7)市场预期心理。在国际外汇市场上，市场参与者对汇率走势的预期将决定其交易行为，进而决定汇率。它是影响汇率变动的各因素中最难把握的，包括对国际收支状况的预期、对相对通货膨胀率的预期、对相对利率或相对资产收益率的预期，以及对汇率本身的预期等。如果人们预期某国的通货膨胀率比较高，实际利率水平较低，经常项目收支将产生逆差，或者该国经济将遇到不利因素，那么人们就会预期该国货币将会贬值，进而将被在外汇市场上抛售，从而使该国货币真正贬值；反之，该国货币则会升值。例如，交易者认为欧元汇率将上升、美元汇率将下降，便立即买进欧元抛出美元，使欧元需求大于供给、美元供给大于需求，引起欧元汇率上升、美元汇率下降；反之则反是。

市场预期中重要的因素之一是外汇投机者的预期，它在短期内会引起资金的大规模流动，改变货币的供求状况，引起汇率大起大落。当外汇市场处于上涨行情时，一些微不足道的利多消息就会刺激看好心理，引起该种货币汇率上升；当外汇市场处于下降行情时，一些大的利好消息也无力挽回该种货币汇率疲软的趋势，而一些微小的利空消息却会使汇率急剧下降。

(8)政局动荡和突发事件。这对汇率变动也有重要影响。政治形势的变化会引起外汇市场的波动，如果一个国家政局稳定，各项政策相对稳定且可持续，其经济平稳增长，国内物价平稳，各国就对该国有信心，这有利于维持该国货币汇率的稳定；反之，如果一国政局不稳，外汇交易者为免遭损失，会大量抛售该国货币，导致其货币汇率下降。

一些突发事件的出现，如战争、恐怖袭击及重大自然灾害等，也会引起主要货币汇率的急剧波动。

3. 汇率变动对经济的影响

(1)汇率变动对一国国际收支的影响

第一，对贸易收支的影响。汇率变化最为直接也是最为重要的影响就是对贸易收支的影响。这种影响有微观和宏观两个层面：从微观上讲，汇率变动会改变进出口企业的成本、利润核算；从宏观上讲，汇率变动因对商品进出口总值产生影响而使贸易收支差额以至于国际收支差额发生变化。如果一国货币的汇率下跌，即本币对外贬值、外币升值，则有利于该国增加出口，抑制进口，因而会减少贸易逆差，增加贸易顺差；反之，如果一国货币汇率上浮，即本币升值、外币贬值，则有利于进口，不利于出口，因而会减少贸易顺差或扩大贸易逆差。

以一国货币汇率下跌即本币贬值为例，其对该国出口的影响是增加出口。这是因为：国外对该国商品的需求增加，出口扩大。等值本币的出口商品在国际市场上会折合比以前更少的外币，以外币表示的出口商品价格就会下降，竞争力增强，而当出口商品具有较大的价格需求弹性时，会诱使国外居民增加对该国出口商品的需求，使该国出口大幅度增加，出口企业的积极性提高，从而出口扩大。如果出口商品在国际市场上的外币价格保持不变，则本币贬值会使等值的外币兑换比以前更多的本币，出口同样数量的商品，换回本国货币的数量更多，出口企业的利润增加，从而刺激其出口的积极性，增加出口数量。

本币贬值对该国进口的影响是使进口受到抑制。这是因为：本币贬值后，以外币计价的进口商品在国内销售时折合的本币价格比贬值前提高，使该国商品与进口商品的性能价格比发生变化，购买进口商品变得不经济，从而该国居民对进口商品的需求减少；而进口企业的成本增加，利润减少，进口商品数量相应减少。如果维持原有的国内销售价，则需要压低进口商品的外币价格，这又会招致外国商人的反对。因此，本币贬值会自动地抑制外国商品的进口。

相反，如果一国的货币汇率上浮，即本币升值，则会鼓励进口而使出口受阻。

如果本币贬值有效地促进了出口、限制了进口，则会改善一国的贸易收支，但是本币贬值起到促进出口、限制进口的作用需要满足一定的条件。

第二，对非贸易收支的影响。一国货币汇率下跌或上浮，对该国国际收支经常项目中的旅游和其他劳务收支的状况也会产生一些影响。如果一国货币汇率下跌即本币贬值，则外国货币的购买力相对提高，该国的劳务、商品价格相对降低，这对外国游客或客户来说无疑增加了吸引力，会扩大无形贸易收入。反之，如果一国货币汇率上浮即本币升值，则外国货币的购买力相对下降，该国的旅游等劳务的相对价格上升，会减少非贸易收入来源；同时，由于本国货币购买力的相对提高，使外国劳务、商品价格相对降低，还会刺激非贸易支出的增加。

第三，对国际资本流动的影响。如果一国货币汇率有下跌趋势而尚未下跌时，资本就会从国内流向国外；如果一国货币汇率有上浮趋势而尚未上浮时，会形成资本内流。

汇率变动对一国资本流动的影响，取决于人们对汇率未来变动趋势作何预期。当一国货币对外贬值时，如果人们普遍产生该国货币汇率将进一步贬值的预期，资本所有者由于担心汇率下跌造成损失，就会将资本调向国外，以避免遭受更大的损失；但如果市场普遍认为贬值已使该国货币处于均衡水平，或认为贬值过度，该国货币汇率将出现反弹，则人们会将资金从他国转移至该国以获利。相反，该国货币汇率具有上浮趋势时，资本所有者为了取得货币汇率上浮带来的收益，就会将资本调入该国，而一旦该国货币汇率上浮终止，资本流入就会停止。

第四，对外汇储备的影响。汇率变动对外汇储备的影响表现在两个方面：一是汇率变动会引起外汇储备实际价值的变动。如果储备货币汇率上升，会增加外汇储备的折算价值；如果储备货币汇率下跌，则会减少外汇储备的折算价值。二是汇率变动会引起一国国际收支的变动，从而引起外汇储备变动。如果一国货币汇率下跌，则有利于出口而抑制进口，引致贸易顺差，会增加该国外汇储备；由于该国存在贸易顺差，其货币有升值的趋势，就会吸引外资流入，又将引致资本项目的顺差，也会增加该国外汇储备。相反，若一国货币汇率上浮，则会形成贸易项目和资本项目的双逆差，会减少该国外汇储备。

在现行的储备货币多元化的条件下，汇率变化对外汇储备的影响也是多样化的。有时外汇市场汇率波动较大，但因储备货币中升、贬值货币的力量均等，外汇储备就不会受到影响；有时虽然多种货币汇率保持稳定，但占比重较大的储备货币汇率下跌，外汇储备总价值也会大幅度下降。

(2)汇率变动对一国国内经济的影响

第一，对一国国内物价的影响。在货币发行量一定的情况下，本币汇率上升会引起国内物价水平下降。因为本币汇率上升、外汇汇率下降，就会使以本币表示的进口商品在国内的售价相对便宜，刺激进口增加，并带动用进口原料生产的本国产品价格下降。另外，由于本币汇率上升，以外币表示的出口商品在国外市场价格升高，降低了出口商品的竞争力，促使一部分出口商品转内销，增加了国内市场的供给量，也会引起国内物价水平的下降。

在货币发行量一定的情况下，本币汇率下跌会引起国内物价水平上升。因为本币汇率下跌，一方面，有利于本国商品出口，出口商品数量增加会使国内市场供应发生缺口，促使商品价格上涨。另一方面，进口商品用本币表示的价格因本币汇率下跌而上升，促使进口的生产资料价格提高，导致以此为原料的国产商品价格上涨；同时，进口的消费资料的价格也因本币汇率的下跌而上涨，进口商品数量减少，国内市场商品供应相对减少，从而引起国内物价总水平上涨。

此外，本币贬值如果使得国际收支出现顺差，则会造成外汇储备增加，这又意味着中央银行本币投放的增加。由于这些本币都是基础货币，在货币乘数的作用下会成倍地放大，所以会导致货币供应量急剧增加。因此，汇率与本国物价之间的关系是十分密切的，而且互为因果。现实中，一国发生通货膨胀会导致本币对外贬值，本币贬值又会产生物价上涨的压力。如果政府当局不能有效地加以控制，则会陷入本币贬值—出口增加、进口减少—价格上升、通货膨胀—出口减少、进口增加—本币进一步贬值的恶性循环中。

由于本币贬值一般会促进出口、刺激需求、增加货币供给，因此对宏观经济具有一定的扩张效果；反之，本币升值则会对宏观经济产生紧缩作用。

第二，对国内利率水平的影响。在货币发行量一定的条件下，本国货币汇率上升，会使国内利率总水平上升。因为本币汇率上升会对商品出口和资本流入产生不利的影响，而对商品进口和资本流出产生有利的影响，引起本国外汇收入减少、外汇支出增加，从而使国内资金总供给减少，引起国内利率总水平上升；相反，本国货币汇率下降，则有利于增加本国外汇收入，使国内资金供应增加，从而使国内利率总水平下降。因此，凡是货币汇率被高估而有逆差的国家，其国内利率水平必偏高；凡是货币汇率被低估而有顺差的国家，其国内利率水平必偏低。

第三，对国内就业和国民收入的影响。在其他条件不变时，本币汇率下跌，有利于出口而不利于进口，从而有利于本国第一产业、第二产业和第三产业的发展，促进国内就业岗位和国民收入增加；反之，如果本币汇率上升，则不利于出口而有利于进口，会限制本国经济的发展，必然减少国内就业量和国民收入。在经济相对过剩、国内就业压力日益加大的情况下，许多国家会采用各种措施降低本国货币汇率，以达到增加国民收入和充分就业的目的。

(五)汇率制度

汇率制度又称汇率安排，是指各国或国际社会对汇率的确定、变动及维持所作的一系列安排或规定。按照汇率的稳定程度，一般把汇率制度分为两大类型：固定汇率制度和浮动汇率制度。

1. 固定汇率制度

固定汇率制度是汇率受铸币平价和黄金平价的制约，只能围绕两个平价在很小的范围内上下波动的汇率制度。从历史的发展进程来看，自 19 世纪中末期金本位制在西方各国确定以来，一直到 1973 年，世界各国的汇率制度基本上属于固定汇率制度。它经历了两个阶段：一是从 1816 年到第二次世界大战前国际金本位制度下的固定汇率制；二是 1944—1973 年布雷顿森林货币体系下的固定汇率制。

2. 浮动汇率制度

浮动汇率制度是汇率没有上下波动的界限，各国政府不再有义务使汇率维持在一定的水平上，汇率变动取决于外汇市场的供求状况的汇率制度。现行的汇率制度就是浮动汇率制度，它是从 1973 年布雷顿森林货币体系崩溃以后开始实行的。

从 1999 年 1 月起，国际货币基金组织引入了由八种汇率制度构成的新的汇率制度分类体系：①无独立的法定货币的汇率安排；②货币局制度；③传统的固定盯住制度；④水平带内盯住制度；⑤爬行盯住制度；⑥爬行带状浮动制度；⑦管理浮动；⑧单独浮动。

拓展阅读 11－2　　港元联系汇率制

19 世纪末，英国为其殖民地提出并设立了联系汇率制。香港作为英国殖民地，采用了这种制度。最初港元与英镑联系，但于 1972 年取消。1983 年再度启用时，港元与美元联系，以 1 美元兑 7.80 港元的比价实行联系汇率制。香港没有中央银行，是世界上由商业银行发行钞票的少数地区之一，而港元则是以外汇基金为发行机制的。外汇基金是港元发行的准备金，由政府设立。汇丰、渣打和中银三家发钞银行增发港元时，需按＄1＝HK＄7.80 的固定汇率以 100％的美元外汇储备向外汇基金换取无息的发钞“负债证明书”，作为发行港元的依据；而回笼港元时，发钞银行要将港元的“负债证明书”交回外汇基金换取等值的美元。其他持牌银行从发钞银行取得港元时，也要按＄1＝HK＄7.80 的固定汇率以 100％的美元向发钞银行进行兑换，反过来也可按此汇率向发钞银行换取美元。这样，港元与美元的汇率就联系起来了。但是，在香港的公开外汇市场上，港元汇率是由市场供求状况决定并自由浮动的。联系汇率与市场汇率并存、固定汇率与浮动汇率并存，是香港联系汇率制度中最重要的机制。

3. 现行的人民币汇率制度

人民币是我国的法定货币，人民币汇率是指人民币对外币的比价，又称人民币汇价。人民币实行以市场供求为基础、参考一篮子货币进行调节、有管理的浮动汇率制度。

任务二　国际收支与国际储备

一、国际收支与国际收支平衡表

(一)国际收支的概念

目前，世界各国广泛采用广义的国际收支(balance of payments，BOP)概念，即国际收支是指一个国家在一定时期内其居民与国外非居民之间全部经济交易的系统记录。它反映了一国对外经济往来的全部货币价值总和，包括货物、服务和收入，以及对世界其他地方的金融债权和债务的交易与无偿转移项目。

国际货币基金组织在《国际收支手册》(1993 年，第五版)中对国际收支作出了如下解释：“国际收支是指一个经济体在一定时期内(通常为 1 年)全部对外经济往来的系统的货币记录。它包括：一个经济体与世界其他经济体之间商品、劳务和收益的交易；该经济体持有的货币黄金、特别提款权的所有权变动与其他变动，以及这个经济体对世界其他经济体的债权、债务的变化；无偿转移以及从会计意义上讲，需要对上述不能相互抵消的交易和变化加以平衡的对应记录。”

要正确理解广义的国际收支概念及国际货币基金组织对国际收支的概念，必须把握其基本特征：

(1)国际收支是以经济交易而不是以外汇支付为基础的。国际收支中的经济交易涉及所有的从一个经济实体向另一个经济实体转移的经济价值，既包括用外汇收付的经济交易，也包括以实物、技术形式进行的经济交易。这些交易不涉及货币收支或根本无须货币支付，如易货贸易、补偿贸易、以实物形式提供的无偿援助等，但需将其折算成货币记录在国际收支中。因而，国际收支记录的是全部的国际经济交易，包括：①物物交换：商品、服务与商品、服务之间的交换，如易货贸易、补偿贸易等。②物币交换：金融资产与商品、服务之间的交换，如商品进出口、劳务输出入等。③金融资产之间的交换，如货币资金借贷、货币或商品的直接投资、有价证券投资以及无形资产（如专利权、版权）的转让等。④无偿的商品、服务转移，如无偿的物资捐赠、服务和技术援助等。⑤无偿的金融资产转移，如债权国对债务国给予债务注销、富有国家对低收入国家的投资捐赠等。⑥根据推论存在的交易，如以直接投资的投资收益对当地进行再投资，并没有发生实际资源（资金或商品）在两国间的流动，但根据推论，它属于居民与非居民之间的交易，因而也需要在国际收支中予以记录。

（2）国际收支是一个流量的概念。国际收支记录的是在一段时期（通常是指一年）内，一国与他国发生的各项经济往来情况。这与国际借贷不同，国际借贷是指一个国家或地区在一定日期内对外资产和对外负债的汇总记录，它反映的是某一时点上一国居民对外债权、债务的综合情况。因此，国际借贷关系用国际投资头寸（IIP）账户反映；国际收支关系用国际收支平衡表反映。国际投资头寸表是显示某一时点上的价值的报表，包括一经济体居民对非居民的债权或作为储备资产持有的金块等金融资产，以及一经济体居民对非居民的负债。而完整的国际投资头寸表反映了不同时点的状况，即有一个期初值（在期间开始时的值）和一个期末值（在期间结束时的值）。国际收支平衡表是特定时期内居民与非居民之间的经济交易汇总表。

（3）国际收支统计的主体是“经济体”而不是“国家”。国际货币基金组织强调，国际收支统计的是一个经济体与世界上其他经济体之间的各种经济交易。一个经济体由特定经济领土和居民的所有机构单位组成。我国大陆与香港、澳门、台湾地区之间的各种经济往来应纳入国际收支范畴。

（4）国际收支记录的是居民与非居民间的交易。判断一项经济交易是否应包括在国际收支范围内，所依据的不是交易双方的国籍，而是交易双方是否分属居民与非居民的范畴。所谓居民（resident），是指在一个国家的经济领土内居住达一年或一年以上的具有一个经济利益中心的机构单位；否则为非居民（non-resident）。

国际货币基金组织在《国际收支和国际投资头寸手册》中指出：“一个机构单位，如果在一经济领土内有某种场所、住所、生产地或者其他建筑物，并且在这些地方或者从这些地方，无限期地或者有限期但却长期地，从事或者打算继续从事大规模经济活动和交易，那么该单位是该经济领土内的居民。机构单位的地点无须固定，而只需在同一经济领土内。在实际操作时，将机构单位在一个实际或预计地点的时间定义为一年或一年以上。尽管将一年作为具体的期间有些武断，但可避免不确定性，并促进国际上的统一。”

因此，理解居民的概念应准确把握一个国家的“经济领土”“经济利益中心”“机构单位”这三个关键词。

（1）经济领土。最常用的经济领土概念是指由一个政府有效实施经济管理的地区。一个国家的经济领土包括：①一国政府所管辖的陆地区域；②该国领空；③领海和邻近水域下的大陆架，包括对捕鱼权、燃料或矿物权行使管辖的所在区域；④在海上领土中，属于该领土的岛屿；⑤该国在世界其他地方的领土飞地。飞地是明确划分的经所在国政府同意由本国政府拥有或租用，用于外交、军事、科学或其他目的的地区，如大使馆、领事馆、军事基地、科学站、移民办事处、援助机构、具有外交身份的中央银行代表处等。货币联盟与经济联盟被视为经济领土。

(2)经济利益中心。它是指一个经济单位在一个国家的经济领土内是否已经有一年或一年以上的时间大规模地从事经济活动或交易,或计划如此行事。

(3)机构单位,即居民单位,包括家庭和组成家庭的个人、政府、企业和非营利机构等。

居民与居民之间的经济交易属于国内交易,不属于国际收支范畴。只有居民与非居民之间的经济交易才属于国际收支范畴。居民与公民在概念上有交叉,但二者并不等同。公民是一个法律上的概念,仅指个人,是基于国籍标准来划分的;而居民是一个经济上的概念,是以居住地为标准划分的,包括个人、政府、法人和社会团体等经济体。

按照上述原则,移民属于其工作所在国的居民。一个企业的国外子公司是其所在国的居民,是其母公司所在国的非居民。官方外交使节、驻外军事人员永远是派出国的居民、所在国的非居民。国际性机构,如联合国、国际货币基金组织、世界银行等是任何国家的非居民。出国进行全日制学习的人员一般属于其出国学习前常住领土的居民,即使其学习课程的时间超过了一年;但如果他们打算在完成学业后继续留在其学习的领土内,那么则转为其学习所在领土内的居民。如果认为学生迁移到另一个不同领土的动机是暂时的,即他们的主要经济利益中心仍然在本国领土,那么其居民地位所在的领土将不发生改变。学生在其东道国经济体内的学费和其他支出纳入旅行类别。对于到国外求医的人员,同留学生一样,其主要利益中心仍然在其求医前具有居民身份的领土内。

(二)国际收支平衡表及其内容

国际收支平衡表(balance of payments statement,BPS),也称国际收支账户,是系统地记录一国一定时期内(年度、半年或季度)各种国际经济交易项目及其金额的一种统计报表。它集中反映了一国国际收支的总貌和具体构成。通常,国际收支平衡表的货币单位是国际收支平衡表编制国的货币。在作为国际收支基础的复式记账会计制度下,每笔交易的记录由两个分录组成,贷方分录合计金额与借方分录合计金额相等。

国际收支平衡表在编制时需要按照会计学的复式簿记原理(每个项目都有相等金额的借方记录和贷方记录),以某一特定的货币为计量单位,采用简明的表格形式,将一个国家在某一特定时期内与世界上其他国家间发生的经济交易反映出来。它所包含的内容十分繁杂,其账户或项目一般应根据国际经济交易的内容与范围,按照经济分析的需要来设置。但由于各国对外交易的内容与范围不尽相同,经济分析的需要也不完全一样,因而编制的国际收支平衡表也有所不同。

国际收支平衡表

为规范成员国国际收支平衡表的编制,国际货币基金组织用专门的《国际收支手册》提出建议各国在编制国际收支平衡表时使用的概念和规则;国际货币基金组织定期发表有关各成员国国际收支情况的《国际收支统计年报》。2008 年 12 月更名出版的《国际收支和国际投资头寸手册》(第六版)为最新版本,对国际收支账户的标准构成作出了最新规定,不同于原有的账户设置;同时,强调国际投资头寸账户统计的重要性。其中,国际收支内的不同账户根据提供和获得经济资源的性质加以区分,包括经常账户(货物和服务账户、初次收入账户、二次收入账户)、资本账户、金融账户、净误差与遗漏四大类。

但 1993 年出版的《国际收支手册》(第五版)中确立的国际收支平衡表的项目构成及内涵仍具有一定的现实意义,新旧版本之间内容存在着一定的联系。《国际收支手册》(第五版)的国际收支平衡表主要包括经常账户(货物和服务、投资收益、经常转移)、资本和金融账户、误差与遗漏账户三大类。

1.《国际收支手册》(第五版)中 BPS 的账户设置和内容

(1)经常账户(current account)。它也译为“经常项目”或“往来账户”,是指对实际资源在国际间的流动行为进行记录的账户。经常账户包括以下项目:货物、服务、收益和经常转移。这是本国与外国进行经济交易而经常发生的会计项目,是国际收支平衡表中最基本、最重要的项目。

第一,货物(goods)和服务(services)。货物是经常项目乃至整个国际收支平衡表中最重要的项目,记录一国商品的进口和出口。其中,借方记录进口总额,贷方记录出口总额,商品进出口的差额称为贸易差额,即有形贸易收支(balance of visible trade)。在国际进出口业务惯例中,出口国以离岸价格(free on board,FOB)来核算其金额,而进口国则以包括成本、保险费和运费在内的价格即到岸价格(cost,insurance and freight,CIF)来核算。如果进出口的核算价格不统一,就会带来一些问题,如使得世界总的进口规模大于出口规模。事实上,两者应该是相等的。为了统一进口与出口的计价,IMF 建议进出口均采用离岸价格来计价,保险费和运费另列入服务收支。在“货物”项目下,包括一般商品、用于加工的货物、货物修理、各种运输工具在港口购买的货物,以及非货币性黄金。服务是经常项目中的第二大项目。相对于商品的有形贸易来说,服务贸易是无形贸易(invisible trade),主要记录劳务的输出和输入。贷方记录劳务的输出,即本国为外国提供的各种劳务数额;借方记录劳务的输入,即本国利用外国的各种劳务数额。服务贸易的内容非常广泛,主要包括运输、旅游、通信、建筑、保险、金融、电子计算机和信息服务、专有权使用费和特许费、个人服务、文化和娱乐服务以及其他商业服务等。

第二,收益(income,或译为“收入”)。其记录因生产要素在国际间的流动而引起的要素报酬收支。国际间的生产要素流动包括劳工的输出入和资本的输出入,因而该项目相应下设“职工报酬”和“投资收益”两个细目,分别记录劳动力要素和资本跨国服务的对等报酬。

需要注意的是,这里只记录跨国投资的收入,而不记录跨国投资值。跨国投资值的变化应记录在资本与金融账户的金融项目中的各个对应项下。

第三,经常转移(current transfers)。它是指商品、劳务或金融资产在居民与非居民之间转移后,并未得到补偿与回报的转移,因而也被称为无偿转移(unrequited transfers)或单方面转移(unilateral transfers)。经常转移包括所有非资本转移项目的转移,具体包括政府间的无偿转移(如战争赔款、政府援助、政府向国际组织定期交纳的费用以及国际组织作为一项政策向各国政府定期提供的转移)和私人的无偿转移(如侨汇、捐赠、继承、资助性汇款、退休金等)。从本国向外国的无偿转移记入借方,从外国向本国的无偿转移则记入贷方。

(2)资本和金融账户(项目)(capital and financial account)。它是指对资产所有权在国际间流动的行为进行记录的账户,包括资本账户和金融账户两大部分。

第一,资本账户。其反映资产在居民与非居民之间的转移。资产从居民向非居民转移会增加居民的对外债权,减少居民的对外债务;而资产从非居民向居民转移则恰恰相反。因此,此账户表明本国在一定时期内资产与负债的增减变化。

与经常账户以借方总额和贷方总额记录的方法不同,资本账户是按净额(即借贷差额)来记入借方和贷方的。债权或资产的净减少以及债务或负债的净增加,记为贷方项目;债权或资产的净增加以及债务或负债的净减少,记为借方项目。资本账户包括资本转移和非生产、非金融资产的收买或放弃。

a. 资本转移(capital transfer),是指固定资产所有权的无偿转移、同固定资产收买或放弃相联系的或以其为条件的资金转移、债权人不索取任何回报而取消的债务等,因而主要记录投资捐赠和债务注销。投资捐赠既可以是实物形式,也可以是现金形式。债务注销是指债权国放弃债权，而不要求债务国给予回报。

b. 非生产、非金融资产的收买或放弃，记录不是由生产创造出来的有形资产（土地和地下资产）和无形资产（专利、版权、商标、经销权等）的收购或出售。

第二，金融账户。其反映居民与非居民之间投资与借贷的增减变化。同资本账户一样，金融账户也是按净额记录的。居民对非居民的投资和提供的信贷的净增加记入借方，非居民对居民的投资和提供的信贷的净增加则记入贷方。金融项目按照投资类型或功能可分为：直接投资、证券投资、其他投资和储备资产。

a. 直接投资（direct investment），反映跨国投资者的永久性权益，即拥有控股权或经营管理权的投资。直接投资者对在外国投资的企业拥有10%或10%以上的普通股或投票权，从而对该企业的管理拥有有效发言权。直接投资项下包括股本资本、利润收益的再投资和其他资产投资等。

b. 证券投资（portfolio investment）也称间接投资，是跨越国界的股本证券和债务证券的投资。股本证券包括股票、参股或其他类似文件（如美国的存股证）等。债务证券包括：一是中长期债券、无抵押品的公司债券等；二是货币市场工具，或称可转让的债务工具，如短期国库券、商业票据、银行承兑汇票、可转让的大额存单等；三是衍生金融工具，如各种金融期权、期货等。

直接投资与证券投资不同。直接投资是对外国企业的生产经营有直接影响力的投资，能够控制企业的经营管理；而证券投资是对外国金融资产的投资，是一种纯粹的金融行为，不能控制企业的经营管理。影响直接投资与证券投资的因素也有很大差异。直接投资着眼于长期利益，因此区位优势（如低工资、劳动力密集、市场潜力大）等长期因素是其重要影响因素；而证券投资着眼于短期利益，因此利率等短期因素是其重要影响因素。

c. 其他投资（other investment），是指直接投资和证券投资之外的金融交易，包括贷款、预付款、金融租赁项目下的货物、货币和存款（指居民持有外币和非居民持有本币）等。

d. 储备资产（reserve assets），是指一国金融当局持有的储备资产（也称官方储备、国际储备）及对外债权，包括黄金储备、外汇储备、在基金组织的储备头寸、特别提款权以及官方对外持有的债权债务等。该项目有时单独列项，起到最终使国际收支平衡表平衡的作用。一国的国际收支中由经常账户的差额和资本与金融账户（不包括储备资产）的差额而形成的总差额经常会出现不平衡，需要用储备资产来调节。如果总差额为顺差，则官方储备增加，其中主要是外汇储备增加；或者，将顺差余额贷放给外国，从而使官方对外短期债权增加；或者以此顺差余额偿还官方的对外债务，从而使官方短期负债减少。资产增加、负债减少记入借方。如果总差额为逆差，则官方储备减少，其中主要是外汇储备减少；或者索回原来中央银行贷放给外国官方的贷款加以弥补，从而使官方短期债权减少；或者向外国中央银行借入外汇资金加以弥补，从而使官方短期债务增加。资产减少、负债增加记入贷方。

需要注意的是，国际收支平衡表中的各项都是流量概念，揭示的是在某个既定时间内各个指标的变化。因此，无法在某一时期的国际收支平衡表中找到截至该时期该国外汇储备的存量，只能找到当年的储备资产的变化。

(3)误差与遗漏（errors and omissions）账户。这是一种人为设置的抵销账户，用来抵销编表时出现的净的借方或贷方余额。原则上，国际收支平衡表按复式记账法编制，借方与贷方总额应当是相等的，差额为零。但实际上，一国的国际收支平衡表不可避免地会出现净的借方余额或净的贷方余额，很难达到平衡。这个余额是统计资料有误差和遗漏而造成的。造成统计资料有误差的主要原因包括:①技术原因。表现为统计资料不完整、统计数字重复计算和漏算、资料本身缺乏真实性和准确性。比如,统计资料有的来自海关,有的来自银行,有的来自官方主管机构,难免造成错算和漏算;有的数据是估算出来的。②投机或安全原因。比如,当事人故意瞒报或虚报统计数据;商品走私、以隐蔽形式进行的资本外逃等。

为此,需要人为地在平衡表中设置一个单独的"误差与遗漏"项目,使差额为零。误差与遗漏账户的数字是总差额(经常账户和不包括储备资产的资本与金融账户所形成的差额)与官方储备实际收付额的数字之差。若总差额是顺差,则会引起官方储备增加(以负号记)。当两者余额为正时,在"误差与遗漏"项目下的借方列入此余额;当两者余额为负时,在"误差与遗漏"项目下的贷方列入此余额。若总差额是逆差,则会引起官方储备减少(以正号记)。同样,当两者余额为正时,在"误差与遗漏"项目下的借方列入此余额;当两者余额为负时,在"误差与遗漏"项目下的贷方列入此余额。总之,当官方统计结果是贷方数字大于借方数字,即外汇收入大于外汇支出时,就在净误差与遗漏项下的借方列出与余额相等的数字;反之,当官方统计结果存在借方余额时,则在净误差与遗漏的贷方列出与余额相等的数字。

一国国际收支中的误差与遗漏必须是有限度的。国际公认的合理范围是不超过一国进出口贸易总额的5%。

2.《国际收支和国际投资头寸手册》第六版中BPS的账户设置和内容

(1)经常账户。其显示居民与非居民之间货物、服务、初次收入和二次收入的流量。

第一,货物和服务。其中,货物包括一般商品、转口贸易商品、非货币黄金。服务包括加工贸易服务,维护和维修服务,运输,旅行,建设,保险与养老金服务,金融服务,知识产权使用费,通信、计算机和信息服务,其他商业服务,个人文化、娱乐服务和政府服务。将"加工贸易"和"维修服务"从商品项目下转移到服务项目下是一处明显的修订。此外,承运人在港口购买的货物列入一般商品,而不是货物项下的一个单独项目,也是一个新的变化。

第二,初次收入。该账户显示的是居民与非居民机构之间的初次收入流量,包括雇员报酬、投资收益、其他初次收入,以及作为允许另一实体暂时使用劳动力、金融资源或非生产非金融资产的回报而应付和应收的金额。

第三,二次收入。该账户表示居民与非居民之间的经常转移,即一方提供用于当前目的的资源,但该方没有得到任何直接的经济价值回报,包括政府、金融公司、非金融公司、家庭及服务家庭的非营利组织、养老金权益变化的调整。各种不同类型的经常转移记入本账户,表明其在经济体间收入分配过程中的作用,显示收入的再分配。转移可以为现金或实物。资本转移列示于资本账户中。初次收入影响国民收入,二次收入与初次收入共同影响国民可支配总收入。资本转移不影响可支配收入,因此,记入资本账户。

上述账户的差额称为经常账户差额,显示的是出口和应收收入之和与进口和应付收入之和之间的差额(出口和进口指货物和服务,收入指初次收入和二次收入)。

(2)资本账户。其显示的是居民与非居民之间非生产非金融资产和资本转移的贷方分录和借方分录。它记录非生产非金融资产的取得和处置。例如,向使馆出售的土地,租赁和许可的出售,以及资本转移。也就是说,一方提供用于资本目的的资源,但该方没有得到任何直接经济价值回报。

(3)金融账户。其显示金融资产和负债的获得及处置净额,即特定时期金融资产的净获得和负债的净发生。其包括:①直接投资;②证券投资;③金融衍生品(除官方储备外)和员工股票期权;④其他投资;⑤储备资产。

经常账户差额和资本账户差额之和为该经济体与世界其他经济体之间的净贷款(顺差)和净借款(逆差)。换言之,金融账户反映的是对非居民的净贷款和净借款是如何获得资金的;金融账户加上其他变化账户,说明了期初与期末之间国际投资头寸的变化。

经常账户与资本账户按全值列示交易,金融账户则按净额分别列示金融资产和负债交易(即资产的获得减去资产的减少,而不是资产减负债)。

(4)净误差与遗漏。这是作为残差项推算的,可按从金融账户中推算的净贷款/净借款,减去从经常和资本账户中推算的净贷款/净借款来推算。

(三)国际收支平衡表的编制

1. 国际收支平衡表的编制原理

国际收支平衡表是按照“有借必有贷、借贷必相等”的复式记账原理来编制的,而分别在借方和贷方记录单个交易构成了会计体系的基础。国际收支中每笔交易的记录均由两个金额相等但方向相反的分录组成,反映了每笔交易的流入和流出,即对于每笔交易,各方都记录一个与之相应的贷方分录和借方分录。这是因为,绝大多数交易是商品、劳务或金融资产的双向转移,即以提供或取得一种经济价值的资产换取另一种经济价值的资产的交易。不过,也有一些国际经济往来不是用于交换,而是基于特殊原因而发生的单方面转移,如甲国向乙国捐赠救灾物资,这一行为形成了甲国的商品出口,应记录在其国际收支平衡表“货物”项下“出口”的贷方。但这种官方捐赠是一种无偿转移交易,不能自动成双,不像真正的出口那样能带来对等的收入,为此需要设置一个抵销性账户(如经常转移)来达到平衡,因此甲国还要记录在“经常转移”项下“官方转移”的借方。对于乙国而言,与甲国相反,视同进口,获得了经济价值资产,但没有放弃或丧失相应的经济价值资产,因此记录在其国际收支平衡表“货物”项下“进口”的借方和“经常转移”项下“官方转移”的贷方。这样,每一笔国际经济交易都会产生金额相同的一项借方记录和一项贷方记录。因此,从理论上说,国际收支平衡表的借方总额和贷方总额是相等的,国际收支平衡表也由此而得名。

2. 国际收支平衡表的记账规则

按照复式簿记的惯例,凡是收入项目以及资产(本国对外金融资产)的减少或负债(外国在本国的金融资产)的增加都记录在贷方,称为正号项目,记为“+”;凡是支出项目以及资产的增加或负债的减少都记录在借方,称为负号项目,记为“－”。换言之,一笔交易的结果如果是收到外国货币,就在贷方记录;相反,如果是向外国支出货币就在借方记录。贷方是一个“加”的概念,它表示外汇的流入;借方是一个“减”的概念,它表示外汇的流出。上述规则可以用下面的等式来反映:

贷方项目(CR.)＝外国居民向本国居民支付的交易＝引起本国外汇供给的项目(货物和服务出口,应收收入,资产减少或负债增加)

借方项目(DR.)＝本国居民向外国居民支付的交易＝引起本国外汇需求的项目(货物和服务进口,应付收入,资产增加或负债减少)

3. 国际收支平衡表的计价原则

国际收支平衡表采用统一的计价原则,即以市场价格为依据。

4. 国际收支平衡表的记录时间

按照国际货币基金组织的规定,在登记国际收支平衡表时,应以商品、劳务和金融资产的所有权变更日期为准。

(四)国际收支平衡表的分析

如前所述,国际收支平衡表是根据复式簿记原理来编制的,一笔国际经济交易总是会产生金额相同、方向相反的借方记录和贷方记录。因此,一国的国际收支平衡表在账面上总是平衡的,即使由于统计误差造成借贷方失衡,也会通过"误差与遗漏"项目加以平衡。但这种平衡只是会计意义上的平衡。在实际中,国际收支经常存在不平衡,即国际收支总会出现不同程度的顺差或逆差,我们称之为国际收支失衡。而各国政府和国际经济组织都将国际收支平衡作为金融运行良好的指标,而将国际收支失衡作为政策调整的重要对象。这就需要对国际收支平衡表中的各项目进行定量分析,依据国际收支不平衡的口径进行政策分析,其基本做法就是对国际收支平衡表进行差额分析。

(1)贸易收支差额。这是传统上用得比较多的一个统计口径。实际上,贸易账户仅仅是国际收支的一个组成部分,绝不能代表国际收支的整体。但对于多数国家来说,贸易收支在全部国际收支中所占的比重相当大,贸易收支差额在很大程度上决定了国际收支的总差额。同时,贸易收支的数字尤其是商品贸易收支的数字易于通过海关的途径收集,能较快地反映出一国对外经济交往情况。此外,贸易收支在国际收支中还有它的特殊重要性,商品的进出口情况综合反映了一国的产业结构、产品质量和劳动生产率状况,反映了该国产业在国际上的竞争力。因此,对贸易收支的差额进行分析是十分重要的,甚至可将贸易收支作为国际收支的近似代表。通过分析,可以看出一国商品进出口的结构和地区分布是否合理,进而了解该国产业结构、生产技术水平是否与世界经济发展相适应,其贸易条件在世界贸易中所占的地位和比重如何,从而找出贸易出超或入超的原因。如果贸易差额出现逆差,必须有某种资金来源与之相抵,或是靠经常项目中服务和经常转移项目的顺差来抵补,或是靠金融项目中的外资流入,也可能是用国家的储备资产来解决。贸易差额如果是顺差,也必然会引起国际收支其他项目作相应的变化。

(2)经常项目收支差额。经常项目收支包括贸易收支、无形贸易(即服务和收益)收支和经常转移收支。虽然经常项目收支也不能代表全部国际收支,但它综合反映了一个国家对外经济交易的一般态势,各国和国际货币基金组织都特别重视经常项目差额情况。如果经常项目有逆差,表示从国外净动用了一些商品、服务供国内使用,相应地减少了本国在外国的资产或增加了对外的负债;如果经常项目有顺差,表示向国外净供应了一些商品和服务,相应地会增加本国的对外资产或减少对外的负债。

(3)资本和金融账户(剔除官方储备)差额。其具有两方面的分析作用:一方面,通过资本和金融账户余额,可以看出一个国家金融市场的开放和发达程度,为一国货币政策和汇率政策的调整提供有益的借鉴。一般而言,金融市场开放的国家资本和金融账户的流量总额较大。另一方面,资本和金融账户与经常账户之间具有融资关系,所以资本和金融账户的余额可以折射出一国经常账户的状况和融资能力。根据复式记账原则,在国际收支中,一笔贸易流量通常对应一笔金融流量,在不考虑误差与遗漏因素时,经常账户中的余额必然对应着资本和金融账户在相反方向上的数量相等的余额。也就是说,经常账户余额与资本和金融账户余额之和等于零。当经常账户出现赤字时,必然对应着资本和金融账户的相应盈余。这意味着一国利用金融资产的净流入为经常账户赤字融资。但是,值得注意的是,该项目中直接投资和证券投资对经常项目逆差的弥补效果是不同的,直接投资不构成一国的对外债务,而其他方面的投资则是要偿还的。因此,若一国际收支平衡是通过金融账户中证券投资和其他投资的顺差来弥补经常项目的逆差而获得的,则此平衡是不健康的;反之,若平衡是由经常项目盈余或直接投资引起的，则此平衡是良性的。

(4)综合账户差额或总差额。综合账户差额是指经常账户与资本和金融账户中的资本账户、直接投资、证券投资、其他投资账户等构成的余额，也就是将国际收支账户中的官方储备账户剔除后的总体余额(包括“误差与遗漏”项)。由于综合账户差额必然导致官方储备的反方向变动，所以可以用它来衡量国际收支对一国储备造成的压力。综合账户差额为正，则储备资产记负号，表示该国储备资产增加，国际收支顺差；反之，综合账户差额为负，则储备资产记正号，表示该国储备资产减少，国际收支逆差。通常，人们讲的国际收支盈余或赤字就是指综合收支差额盈余或赤字。

(四)如何测量国际收支不平衡

如上所述，国际收支平衡表是按复式记账的原理编制的。其基本原理为：有借必有贷，有贷必有借，借贷必相等。平衡表上的借贷项目总额总是平衡的，而这种平衡只是形式上的、人为的平衡。至于一国的国际收支实况究竟是逆差、顺差，抑或是绝对平衡，这要从平衡表上各项目的交易性质来分析。

除了误差与遗漏项目外，国际收支平衡表上所列的其余所有项目都涉及外汇的收支，代表实际的交易。所有这些交易活动，根据交易主体和交易目的的不同，可以分为自主性交易和调节性交易。

自主性交易，是指出于经贸关系、信贷关系及其他关系的需要而发生的交易，体现了各经济主体和居民个人的意志，因而具有自发性和分散性的特点。通常，经常项目、长期资本项目以及部分短期资本项目所代表的交易活动属于自主性交易。

调节性交易，是指中央银行或货币当局出于调节国际收支差额、维护国际收支平衡、维持货币汇率稳定等目的而进行的交易，所以又称弥补性交易。它是在自主性交易出现差额时，为弥补或调节这种差额，由政府出面进行的交易活动，体现了一国政府的意志，具有集中性和被动性的特点。一般来说，平衡项目以及部分短期资本项目所代表的交易活动属于调节性交易。

由于调节性交易是货币当局为了弥补自主性交易的缺口，被动进行的一种事后弥补性的对等交易，因此，衡量一国国际收支平衡与否的标准，是看其自主性交易是否达到了平衡。

(五)国际收支失衡及其调节

1. 国际收支不平衡的原因及类型

一国的国际收支不平衡可能由多种原因引起，按照这些原因，国际收支不平衡可以分为以下五种：

(1)结构性不平衡。它是指国内经济、产业结构不能适应世界市场的变化而发生的国际收支失衡。结构性失衡通常反映在贸易账户或经常账户上。它有两层概念：第一层概念是指因经济和产业结构变动的滞后和困难所引起的国际收支失衡。比如，一国的国际贸易在一定的生产条件和消费需求下处于均衡状态，当国际市场发生变化、新产品不断淘汰老产品、新款式高质量产品不断淘汰旧款式低质量产品、新的替代品不断出现的时候，如果该国的生产结构不能及时根据形势加以调整，那么其原有的贸易平衡就会遭到破坏，贸易逆差就会出现。像这种概念的结构性不平衡，在发达国家和发展中国家都有发生。第二层概念是指一国的产业结构比较单一，或其产品出口需求的价格弹性低，或虽然产品出口需求的价格弹性高，但进口需求的价格弹性低所引起的国际收支失衡。这层概念的结构性不平衡在发展中国家表现得尤为突出。结构性不平衡具有长期性，扭转起来相当困难。

(2)货币性不平衡。它是指在一定的汇率水平下，一国货币成本与一般物价水平同他国相比发生变化而引起的国际收支失衡。一国如发生通货膨胀,物价会普遍上涨,从而导致国际收支逆差;反之,如果通货紧缩,则国际收支顺差。货币性失衡可以是短期的,也可以是中期的或长期的。

(3)周期性不平衡。它是指一国经济周期波动所引起的国际收支失衡。当一国经济处于衰退期时,社会总需求下降,进口需求也相应下降,国际收支发生盈余;反之,如果一国经济处于扩张和繁荣期,国内投资与消费需求旺盛,对进口的需求也相应增加(尤其是发展中国家,其经济增长常常依赖于进口附加值较大、价格较高的先进技术和机器设备),国际收支便会出现逆差。周期性不平衡还有另一种概念,即受世界经济周期影响而造成的国际收支失衡,主要是指西方发达国家的经济周期变动对世界其他国家国际收支所产生的影响。当发达国家的经济萧条或不景气时,其往往采取缩减进口的措施,从而减少世界其他国家或发展中国家的出口,而导致后者国际收支出现逆差。

(4)收入性不平衡。它是因一国国民收入发生变化而引发的国际收支不平衡。国民收入变动的原因既可能是经济周期的变化,也可能是经济增长率的高低不同。前者引发的收入性失衡,属周期变动性质;后者引发的收入性失衡,则属持久性失衡。当国际收入快速增长,导致进口的增长超过出口的增长或其他方面的国际支付增加时,国际收支容易发生逆差;相反,国民收入减少,居民消费和投资的需求都会下降,进口也会减少,国际收支容易发生顺差。

(5)临时性不平衡。它是短期的、由非确定或偶然因素引起的。这种性质的国际收支失衡程度一般较轻、持续时间不长、带有可逆性,可以认为是一种正常现象。在浮动汇率制度下,这种性质的国际收支失衡有时根本不需要政策调节,市场汇率的波动有时就能将其纠正;在固定汇率制度下,一般也不需要采用政策措施,只需动用官方储备便能加以克服。

2. 国际收支失衡对经济的影响

在现实经济生活中,一国的国际收支不平衡不仅是不可避免的,而且在某种意义上,一定限度内的国际收支顺差或者逆差对该国甚至是有益无害的。例如,一定的顺差会使一国的国际储备得到适度增长,增强对外支付和应付国际游资冲击的能力;一定的逆差可使一国适度地利用外国资源,加快国内经济发展。但是,一国的国际收支如果出现了持续、大量的不平衡而又得不到改善,即发生了国际收支严重失衡或国际收支危机,那么,无论是顺差国还是逆差国,其经济发展都会受到不利影响。

持续的、大量的国际收支逆差通常会带来以下不利影响:

(1)导致外汇储备大量流失。一国发生国际收支持续性逆差时,一般会采取三种方式来弥补:一是动用外汇储备;二是对外举债;三是调整经济结构。如果主要以动用外汇储备来弥补,必然会消耗该国的储备资产,削弱其对外支付能力。

(2)使经济增长受阻。这表现在三个方面:①一国由于存在着长期的巨额逆差,外汇储备减少,国际清偿能力降低,必然会影响发展经济所必需的生产资料的进口,使经济增长受到抑制,导致失业增加和国民收入增长率的相对与绝对下降。②逆差会使该国货币汇率承受下跌的压力,货币当局如果要维护本币的地位,就要对外汇市场进行干预,抛售外汇而买进本币,使国内货币紧缩,促使利率上升,使投资受到抑制,进而影响经济增长。③由于本币贬值或汇率下浮,引起进口商品价格和国内物价上涨,加重通货膨胀。严重的通货膨胀还会引起资本大量外逃,国内资金短缺,影响国内投资和金融市场稳定,阻碍经济增长。

(3)不利于对外经济交往,损害国际信誉。在浮动汇率制下,存在持续逆差的国家会增加对外汇的需求,促使外汇汇率不断上升、本币不断贬值且国际地位日益下降,对本国的对外经济交往产生消极的影响。与此同时，长期的国际收支逆差，使一国的偿债率降低，如果陷入债务困境不能自拔，又会影响到本国的经济和金融实力，损害该国的国际信誉。

持续的、大量的国际收支顺差会产生以下影响：

(1)本币持续坚挺，出口受到影响。长期的巨额顺差会使外汇供过于求，迫使本国货币汇率上升。本币过于坚挺，会引发大规模的套汇、套利和外汇投机活动，破坏国内和国际金融市场的稳定；同时，使出口处于不利的竞争地位，影响出口贸易的发展，从而加重国内的失业问题。

(2)导致通货膨胀。持续顺差使得外汇储备急剧上升，外汇占款(外汇储备与M1之比)大幅度提高；同时，会增加外汇的供给和对本币的需求，货币当局不得不在外汇市场上购入大量外汇进行干预。两种情况都会迫使国内货币投放量扩大，物价上涨，从而引发通货膨胀。

(3)持有储备的机会成本上升。国际收支盈余会导致外汇储备增加，巨额外汇储备的囤积使得持有储备的机会成本增加，外汇资金的使用缺乏效率。由于持有储备的机会成本常以实物投资的收益率来衡量，而外汇储备的持有形式通常是外国的政府债券，风险小、变现能力强但收益率低，该收益远远小于实物投资的收益，所以一定程度上，过多的外汇储备持有是一种资源的浪费。

(4)不利于发展国际经济关系。一国的国际收支出现大量的顺差，意味着有关国家国际收支发生逆差，常常表现为出口和进口的失衡，因而容易引起贸易摩擦，影响国际经济关系。20世纪80年代美国和日本的贸易摩擦，21世纪初我国和美国、欧盟国家的贸易争端，都是典型的例子。

尽管国际收支顺差和逆差都会产生种种不利影响，但相对而言，逆差所产生的影响更为显著，各国都注重对逆差采取调节措施。但也不能一概而论，无论是持续时间还是产生原因，顺差都应引起重视。比如，如果国际收支顺差主要是由资本流入带来的，而不是经常项目的顺差，则说明该国的国际竞争力较差，一旦外资大量流出就会造成逆差，经济实力显现出脆弱性。通常，国际收支偏离平衡程度越大，持续时间越长，带来的不利影响也越大。

3. 国际收支失衡的调节

(1)财政政策。它是指一个国家通过扩大或缩小政府财政开支、提高或降低税率的办法来平衡国际收支。当一国国际收支出现逆差时，政府可以实行紧缩的财政政策，削减财政开支或提高税率，抑制投资和消费，降低社会总需求，迫使物价下跌，从而促进出口、抑制进口，逐步消除国际收支逆差；反之，一国国际收支出现顺差时，政府可采用扩张性的财政政策，从而减少国际收支盈余。但是，一国最终会实行什么样的财政政策，主要取决于国内经济的需要。

(2)货币政策。它是指一国货币当局通过调整再贴现率、法定存款准备金率等手段影响银根的松紧和利率的高低，引起国内货币供应量和总需求以及物价水平的变化，以实现对国际收支的调节。当一国出现国际收支逆差时，该国中央银行就调高再贴现率或法定存款准备金率，从而使市场利率提高，银行缩减信贷规模，吸引国外资本流入，减少总需求，进而改善国际收支。当一国出现国际收支顺差时，央行可调低再贴现率和法定存款准备金率，起到相反的效果，减少国际收支盈余。在实施货币政策调节国际收支时，要注意货币政策同时对国内经济发生作用。

(3)汇率政策。它是一个国家通过调整汇率改变外汇的供求关系，影响进出口商品的价格和资本流出入的实际收益，进而达到调节国际收支失衡的一种政策。一国国际收支出现逆差，可以采用本币贬值的做法，或者干预外汇市场，买进外汇以提高外汇汇率，降低本币汇率，刺激出口，抑制进口，改善国际收支逆差；反之，当一国国际收支出现顺差时，可以采用本币升值的做法，或者在外汇市场上卖出外汇以降低外汇汇率，提高本币汇率，改善国际收支顺差状况。

汇率政策能否奏效，主要取决于以下几种情况：一是进出口商品的需求弹性。马歇尔—勒纳条件，即出口商品的国外需求弹性与进口商品的国内需求弹性之和大于1，是本币贬值改善贸易收支的前提。二是受“时滞”因素的影响，即存在一个“J曲线效应”。三是预期心理往往会抵消汇率调整的效应。四是本国现有生产能力是否已得到充分利用。五是可能会引发货币战，因而只有在各国没有贸易限制和不采取报复措施的条件下，货币贬值才能扩大出口。

(4)直接管制。它是政府通过发布行政命令对国际经济交易进行直接的行政干预，以求实现国际收支平衡的政策措施。直接管制主要包括外汇管制和贸易管制。外汇管制是指国家颁布外汇管理法令、法规和条例，对一切涉及外汇的对外经济活动和汇率进行严格管制，目的是鼓励或限制商品和资本的流出流入，以调节国际收支；贸易管制是指一国政府以行政干预方式，对商品输出输入实行管制，旨在增加外汇收入、限制外汇支出。

货币升值与贬值

直接管制政策较灵活、见效快，不会牵动整个经济。但它也有很多局限性。例如，它并不能真正解决国际收支失衡问题，只是将显性国际收支赤字变为隐性国际收支赤字，一旦取消管制，除非经济结构得到改善，否则国际收支赤字仍会重新出现。另外，它还容易引起他国的报复，导致贸易伙伴国之间的“贸易战”，不能取得预期效果。

(5)资金融通政策。它是指利用自有储备或借入储备来调节国际收支，包括外汇缓冲政策和信用手段。

①外汇缓冲政策，是指一国政府将持有的黄金、外汇储备作为缓冲体，由中央银行拨出一定数量的外汇储备，建立外汇平准基金，当国际收支发生短期不平衡时，通过中央银行在外汇市场上买卖外汇来调节外汇供求关系，以影响汇率，把汇率稳定在一定的水平上，使之起到推动出口、增加外汇收入和改善国际收支的作用，从而使国际收支不平衡所产生的影响仅限于外汇储备的增减。

②信用手段，是指一国政府利用国际信贷来调节国际收支。逆差国可以向国际金融市场借款，也可以利用国际金融机构贷款和政府贷款；顺差国可以利用国际信贷将其国际收支盈余投向国际金融市场，或贷款给国际金融机构和其他国家政府。

资金融通政策是一种简便易行、收效迅速的调节方法，当一国发生临时性国际收支逆差时，可运用外汇储备或通过对外举债的方式，来抵消市场的超额外汇需求，稳定汇率，进而平衡国际收支。但是这种方法也有其局限性，由于一国外汇储备的数量是有限的，因而外汇缓冲政策不适用于调节长期、巨额的国际收支逆差，如果完全依靠动用外汇储备，将可能造成外汇储备枯竭；而借款最终是要偿还的，利用信用手段来填补外汇储备的不足，会加重外债负担，不能从根本上解决国际收支失衡问题。

(6)国际经济合作政策。各国政府调节国际收支都以本国利益为出发点，可能会对他国经济产生不利影响。因为一国的国际收支顺差往往是另一国的国际收支逆差。这样很容易导致其他国家采取相应的报复措施，引发贸易战、汇率战等，最终会使国际经济秩序遭到破坏，并且会使各国利益受到损害。因此，要在世界范围内解决国际收支不平衡问题，必须加强国际经济和金融合作，如成立国际金融机构、协调各国金融政策、开展贸易谈判等。国际货币基金组织(IMF)、世界银行(WB)、世界贸易组织(WTO)就是国际经济合作较为成功的典范。例如，国际货币基金组织在调节各国国际收支短期不平衡、协调各国金融关系、维持国际金融秩序等方面发挥了重要作用；世界银行帮助各国调节国际收支长期不平衡、提供国际信贷支持等；世界贸易组织协调各国贸易收支不平衡、组织国际贸易谈判等。它们对世界各国国际收支失衡的调节都起着不同程度的帮助作用。

总之，调节国际收支失衡的政策是多样化的，每一种政策都有其特色与调节功效，因此，一国可根据具体情况予以取舍。其基本原则是：第一，应根据国际收支失衡的具体原因选择调节政策；第二，应多通过政策搭配方式来调节国际收支失衡；第三，选择调节手段时，应尽量不与国内经济发生冲突，达到国内平衡与对外平衡的协调；第四，尽量减少来自他国的压力，以免影响各国间正常的经济秩序。

拓展阅读 11－3　　　　我国国际收支平衡表的编制

我国在相当长的历史时期内没有编制国际收支平衡表，只是通过编制外汇收支平衡表来反映一定时期内已经发生的对外贸易和非贸易外汇收支情况。外汇收支平衡表是建立在狭义的国际收支概念基础上的，它不能反映对外经济交往的全部内容。

1980 年 4 月我国恢复了在国际货币基金组织的合法席位后，于 1981 年制定了国际收支统计制度。1985 年，国家外汇管理局按照国际货币基金组织的要求，以第四版《国际收支手册》为依据，首次公布了 1982—1984 年我国国际收支概览表。从 1987 年起，我国每年定期公布上一年的国际收支状况。

1994 年，我国开始实行国际收支统计申报制度，并于 1996 年 1 月 1 日正式颁布《国际收支统计申报办法》，建立了一套较为完整、系统的国际收支数据收集体系。自 1997 年起，我国开始以第五版《国际收支手册》为标准逐年编制并对外公布国际收支平衡表。自 2001 年起改为每年两次公布国际收支平衡表。2005 年 11 月 26 日，国家外汇管理局首次发布《国际收支报告》，以后每半年发布一次。2010 年 7 月，我国公布当年第一季度国际收支平衡表，从此我国国际收支平衡表的公布时间改为一年四次。我国国际收支统计制度在不断健全完善。

从 2015 年开始，我国按照《国际收支和国际投资头寸手册》(第六版)的标准编制和公布国际收支平衡表和国际投资头寸表。与第五版相比，第六版加强了对经济体脆弱性和可持续性的分析和监测，更加关注国际投资头寸和资产负债表情况。

二、国际储备

(一)国际储备的概念与特征

国际储备是指一国货币当局所持有的、能随时用于弥补国际收支逆差、维持本币汇率稳定以及用于应对紧急支付、作为对外偿债的信用保证并为世界各国普遍接受的各种形式的资产。

国际储备的概念有广义和狭义之分。广义的国际储备实际上是一国的国际清偿能力，包括自有储备和借入储备；狭义的国际储备仅指自有储备。通常所说的国际储备是指狭义的国际储备。国际储备仅仅是一国具有的现实的对外清偿能力；而国际清偿能力则是该国具有的现实的对外清偿能力和可能的对外清偿能力的总和。

国际储备具有以下特征：①官方持有性，即作为国际储备的资产必须是一国中央当局直接掌握的，并且是可以自由地无条件支配使用的官方资产；②普遍接受性，即国际储备资产必须是在外汇市场上或在政府间清算国际收支差额时，能被世界各国在事实上所普遍承认和接受的资产；③充分流动性，即国际储备资产必须能随时动用或变为现金，能在其各种形式之间自由兑换。

(二)国际储备的构成

1. 黄金储备

它是指一国货币当局持有的货币性黄金。在国际金本位制度下,黄金是最主要的储备资产,充当世界货币和平衡国际收支的最后手段。在布雷顿森林体系时期,黄金与美元共同作为国际货币体系的基础,黄金仍是重要的国际储备资产。布雷顿森林体系崩溃后,IMF 于 1976 年实行黄金非货币化政策,黄金储备的地位显著下降。目前,黄金储备在 IMF 成员国际储备总额中不足 5%,已降到二线储备的地位。但是,由于黄金的贵金属特性及良好的保值功能,没有一个国家愿意完全放弃和废除黄金储备,黄金储备在各国的国际储备中仍占有一席之地。

2. 外汇储备

它是指一国货币当局持有的可兑换外国货币及外币金融资产。其主要形式为国外银行存款与外国政府债券。外汇储备是当今各国国际储备的主体。在第一次世界大战前,英镑是最主要的储备货币。20 世纪 30 年代,美元崛起,与英镑共享主要储备货币的地位。第二次世界大战后,美元是唯一在一定条件下可兑换成黄金的货币,处于"等同"黄金的地位,成为各国外汇储备中最主要的储备货币。从 20 世纪 60 年代开始,美元频频发生危机,其储备货币地位逐渐下降,当时的德国马克、日元的储备货币地位不断上升,形成储备货币多元化的局面。20 世纪 90 年代以后,世界外汇储备结构发生了明显变化,欧元已成为第二大储备货币。目前,我国和世界其他国家在对外贸易与国际结算中经常使用的外汇储备主要有美元、欧元、日元、英镑等。

3. 在国际货币基金组织的储备头寸

它是指成员在 IMF 的储备部分提款权余额,再加上向 IMF 提供的可兑换货币贷款余额。储备头寸是一国(地区)在 IMF 的自动提款权,其数额的大小主要取决于该成员在 IMF 认缴的份额,成员可使用的最高限额为份额的 125%。

外汇储备

IMF 的成员可以无条件地提取其储备头寸用于弥补国际收支逆差。一国(地区)若要使用其在 IMF 的储备头寸,只需向 IMF 提出要求,IMF 便会通过提供另一国的货币予以满足。

4. 特别提款权(special drawing right,SDR)

它是 IMF 为补充国际储备不足于 1969 年 8 月创设并于 1970 年 1 月开始向参加国发行的一种国际储备资产,也称纸黄金(paper gold)。特别提款权是 IMF 分配给成员的一种使用资金的权利。成员在发生国际收支逆差时,可用它向 IMF 指定的其他成员换取外汇,以偿付国际收支逆差或偿还 IMF 的贷款,还可与黄金、自由兑换货币一样充当国际储备。但由于它只是一种记账单位,不是真正的货币,使用时必须先换成其他货币,不能直接用于贸易或非贸易的支付。特别提款权是 IMF 原有的普通提款权以外的一种补充。

目前,特别提款权是以包含美元、欧元、人民币、日元和英镑 5 种货币组成的货币篮子定值的。2017 年 10 月 1 日,IMF 总裁拉加德宣布人民币正式加入特别提款权(SDR)货币篮子,权重为 10.92%。人民币成为继美元、欧元、日元和英镑之后第五种"入篮"货币,并且是新 SDR 篮子中唯一的新兴经济体货币。

特别提款权

(三)国际储备的作用

(1)清算国际收支差额,维持对外支付能力。

(2)干预外汇市场,保持本国货币汇率稳定。

(3)提供举债和偿债的信用保证,增强国际清偿能力。

(四)我国的国际储备

我国的国际储备也是由黄金储备、外汇储备、在 IMF 的储备头寸和特别提款权组成的。其中,外汇储备是我国国际储备的绝对主体。自 1993 年至今,除了 1993 年出现经常账户逆差和 1998 年、2012 年、2014 年、2015 年、2016 年出现非储备性质的金融账户逆差外,其余年份我国国际收支经常账户和非储备性质金融账户均为顺差,储备资产大幅增加。截至 2019 年末,我国外汇储备余额 31 079 亿美元,较 2018 年 11 月末增加 123 亿美元,较 2018 年年初增加 352 亿美元。

任务三　国际货币体系

一、国际货币体系概述

(一)国际货币体系的概念

国际货币体系是指各国对货币的兑换、国际收支的调节、国际储备资产的构成等问题共同作出的安排所确定的规则、采取的措施及相应的组织机构形式的总和。有效且稳定的国际货币体系是国际经济极其重要的环节,是调节各国货币在国际支付、结算、汇兑与转移等方面所确定的规则、惯例、政策、机制和组织机构安排的总称。

国际货币体系是随着国际经济交往的不断扩大而产生与发展的。由于各国之间商品劳务往来、资本转移日趋频繁,速度也日益加快,这些活动最终都要通过货币在国际上进行结算、支付,因此,就产生了在国际范围内协调各国货币关系的要求。国际金融体系正是在协调众多国家货币制度、法律制度及经济制度的基础上形成的。

(二)国际货币体系的主要内容

货币体系

1. 国际收支及其调节机制

国际收支及其调节机制致力于有效地帮助与促进国际收支出现严重失衡的国家通过各种措施进行调节,使其在国际范围能公平地承担国际收支调节的责任和义务。

2. 汇率制度的安排

由于汇率变动可直接地影响各国之间经济利益的再分配,因此,形成一种较为稳定的、为各国共同遵守的国际汇率安排,成为国际金融体系所要解决的核心问题。一国货币与其他货币之间的汇率如何决定与维持,一国货币能否成为自由兑换货币,是采取固定汇率制度,还是采取浮动汇率制度,或是采取其他汇率制度,等等,都是国际金融体系的重要内容。

3. 国际储备资产的选择与确定

国际储备资产的选择与确定,即采用什么货币作为国际支付货币;在一个特定时期中心储备货币如何确定,以维护整个储备体系的运行;世界各国的储备资产又如何选择,以满足各种经济交易的要求。

4. 国际金融事务的协调与管理

各国实行的金融货币政策会对相互交往的国家乃至整个世界经济产生影响,因此如何协调各国与国际金融活动有关的金融货币政策,通过国际金融机构制定若干为各成员国所认同与遵守的规则、惯例和制度,也构成了国际金融体系的重要内容。

(三)国际货币体系的发展与作用

从历史的发展过程来看,现代国际货币体系大致经历了三个发展阶段,每个阶段均有主体金融体系。

第一阶段是国际金本位制时期,从 1816 年英国实行金本位制开始,到第一次世界大战爆发而结束。

第二阶段是布雷顿森林体系时期,起始于第二次世界大战结束后的 1945 年,终止于 1973 年。

第三阶段是牙买加体系时期,始于 1976 年 1 月 IMF 临时委员会的《牙买加协议》的正式签订。

国际货币体系的目标是:保障国际贸易和世界经济稳定、有序地发展,使各国的资源得到有效的开发与利用。

不同历史时期的国际货币体系,有其产生的背景,也有其重要的作用:

(1)确定了国际收支调节机制与各国可遵守的调节政策,为各国纠正国际收支失衡状况提供了基础;

(2)建立了相对稳定的汇率机制,很大程度上防止了不公平的货币竞争性贬值;

(3)创造了多元化的储备资产,为国际经济的发展提供了足够的清偿力,同时借此抵御区域性或全球性金融危机;

(4)促进各国经济政策的协调,在统一的国际金融体系框架内,各国都要遵守一定的共同准则,任何损人利己的行为都会遭到国际上的指责,因而各国经济政策在一定程度上可得到协调与相互谅解。

当然,任何一个国际金融体系都有它的缺陷,因此,国际金融体系仍然需要改革,在此基础上寻求发展。

二、国际金本位制

(一)国际金本位制概念

所谓国际金本位制,是指以一定量的黄金作为本位货币的一种货币制度。英国政府于 1816 年率先颁布了黄金本位法案,发行金币,规定 1 盎司黄金等于 3 英镑 17 先令,银币作为辅币。随后,德国、法国、美国纷纷效仿。这使金本位制度有了国际性,发展成为国际金本位制。

辅币

(二)国际金本位制类型

依据黄金与货币的联系标准,国际金本位制可划分为:金币本位制、金块本位制和金汇兑本位制。

1. 金币本位制

这是金本位货币制度的最早形式,也称为古典的或纯粹的金本位制,盛行于 1880—1914 年间。

自由铸造、自由兑换及黄金自由输出入是该货币制度的特点。①由黄金来规定货币所代表的价值,每一货币单位都有它法定的含金量,各国货币因其所含黄金重量而有一定的比价。②金币可以自由铸造,任何人都可按本币的含金量将金块交给国家造币厂铸成金币。③金币具有无限的支付能力。④各国的货币储备是黄金,国际结算也使用黄金,黄金可以自由输入与输出。

在该制度下，各国政府以法律形式规定货币的含金量，两国货币含金量的对比即为决定汇率基础的铸币平价。黄金可以自由输出或输入国境，并在输出入过程形成铸币—物价流动机制，对汇率起到自动调节作用。这种制度下的汇率，因铸币平价的作用和受黄金输送点的限制，波动幅度不大。金币本位制是一种相对比较稳定的汇率制度，不会发生货币贬值现象，在一定程度上，限制了汇率的变动，有利于调节国际收支，缺陷是受黄金供给变化的影响较大。

2. 金块本位制

金块本位制是以金块办理国际结算的变相金本位制，也称金条本位制。在该制度下，由国家储存金块，作为储备；流通中各种货币与黄金的兑换关系受到限制，不再实行自由兑换，但在需要时，可按规定的限制数量以银行券（纸币）向本国中央银行无限制兑换金块。可见，这种货币制度实际上是一种附有限制条件的金本位制。

金块本位制的特点是：①单位货币仍有法定的含金量，但国家禁止自由铸造金币。②人们仍可自由买卖和贮藏黄金。③银行券代替金币且是主要的流通工具，并具有无限清偿权。④限制黄金的输出入。

金块本位制实行的条件是保持国际收支平衡和拥有大量的平衡国际收支的黄金储备。一旦国际收支失衡，大量的黄金外流或黄金储备不敷支付时，这种金本位制就难以维持。1929年，全球性经济危机爆发，英国、法国、比利时、荷兰、瑞士等国先后被迫放弃该制度。

3. 金汇兑本位制

金汇兑本位制是在金块本位制或金币本位制国家保持外汇，准许本国货币无限制地兑换外汇的金本位制。在该制度下，国内只流通银行券，银行券不能兑换黄金，只能兑换实行金块或金本位制国家的货币，国际储备除黄金外，还有一定比重的外汇，外汇在国外才可兑换黄金，黄金是最后的支付手段。实行金汇兑本位制的国家，要使其货币与另一实行金块或金币本位制国家的货币保持固定比率，须通过无限制地买卖外汇来维持本国货币币值的稳定。

金汇兑本位制的特点是：①国家仍规定单位货币的含金量，但禁止金币自由铸造。②金币不流通，纸币具有无限的法偿权。③纸币不能兑换黄金，只能兑换外汇，用外汇可在国外兑换黄金。④禁止黄金输出。

这种货币制度的特点集中表现为本国货币“盯住”别国货币，因此实际上是一种附庸的货币制度。实行这种货币制度的国家多为殖民地或附属国。例如，第一次世界大战前的印度、马来西亚以及拉美一些国家，伴随着1929年国际金本位制的瓦解，金汇兑本位制也随之消失。

（三）国际金本位制的主要特点

（1）黄金充当了国际货币。黄金充当国际货币是国际货币制度的基础，当时各主要工业国家的货币都规定了含金量。

（2）黄金成为各国间最后清偿手段。金币自由铸造，黄金成为各国间最后的清偿手段。

（3）外汇汇率由各国货币含金量确定。在金本位制度下，各国货币都规定了含金量，其货币间的含金量之比就构成了决定汇率的铸币平价，外汇市场上的实际汇率以铸币平价为基础围绕着黄金输送点上下波动。

（4）各国国际收支自动调节。在国际金本位制度下，国际收支的自动调节机制，由大卫·休谟在1752年提出，在国际上普遍实行金本位制的条件下，一个国家的国际收支可通过物价的涨落和现金的输出入自动恢复平衡。

（四）国际金本位制的崩溃

1914年第一次世界大战爆发后，各国为了筹集庞大的军费，纷纷发行不兑现的纸币，禁止黄金自由输出，金本位制随之告终。接着建立起来的是没有金币流通的金块和金汇兑本位制，这两个制度由于不具备金币本位制的一系列特点，因此，也称为不完全或残缺不全的金本位制。该制度在1929—1933年的世界性经济大危机的冲击下，也逐渐被各国放弃。第二次世界大战后，建立了以美元为中心的国际货币体系，这实际上是一种金汇兑本位制，美国国内不流通金币，但允许其他国家政府以美元向其兑换黄金，美元是其他国家的主要储备资产。但其后受美元危机的影响，该制度也逐渐开始动摇，至1971年8月美国政府停止美元兑换黄金，并先后两次将美元贬值后，这个残缺不全的金汇兑本位制也崩溃了。

(五)国际金本位制的评价

金本位制度的崩溃，对国际金融乃至世界经济产生了巨大的影响，为各国普遍货币贬值、推行通货膨胀政策打开了方便之门。这是因为，废除金本位制后，各国为了弥补财政赤字或扩军备战，会滥发不兑换的纸币，加速经常性的通货膨胀，不仅使各国货币流通和信用制度遭到破坏，而且加剧了各国出口贸易的萎缩及国际收支的恶化。这导致汇价的剧烈波动，冲击了世界汇率制度。在金本位制度下，各国货币的对内价值和对外价值大体上是一致的，货币之间的比价比较稳定，汇率制度也有较为坚实的基础。但各国流通纸币后，汇率的决定过程变得复杂了，国际收支状况和通货膨胀引起的供求变化，对汇率起着决定性的作用，从而影响了汇率制度，影响了国际货币金融关系。

1. 国际金本位制的作用

(1)在国际金本位制度下，各国货币之间的汇率非常稳定。

(2)国际金本位制对供求失衡的调节主要依靠市场的力量，从而使政府的干预减少到最低程度，避免了人为的政策失误。

(3)由于国际金本位制具有内在的自动调节机制，各国政府就没有必要在为国际收支失衡而实行贸易管制和外汇管制，这无疑有利于商品和资本的国际自由流动，使世界范围内的生产要素配置组合更具有效率。

(4)在国际金本位制下，“物价与现金流动机制”对国际收支不平衡的调节是渐进的。

(5)国际金本位制通过国家收支不平衡所产生的压力，对那些偏好于膨胀国内经济的政府施加了外部约束。

2. 国际金本位制的缺陷

(1)黄金的增长速度远远落后于各国经济贸易增长的速度，由此造成的清偿手段不足，严重制约了各国经济的发展。

(2)国际金本位体系的规则难以为各国接受，各国不可能忽视本国经济发展对货币的需求而保持充分的黄金准备，或听任国际金本位体系的自动调节，它们通常利用国际信贷、利率及公开市场业务等手段解决国际收支困难，而不愿意黄金频繁流动，所以，国际金本位体系的自动调节机制是有限的。

(3)为了实现投放货币的目的，需要花费大量的人力和资源，将黄金挖掘出来，窖藏在严密看守的国库中，这是不必要的资源浪费。

三、布雷顿森林体系

布雷顿森林货币体系

(一)布雷顿森林体系的创建

国际金本位制彻底瓦解后，整个货币市场陷入一片混乱，各国国际收支深陷危机中，汇率极其不稳定，国际金融市场更是动荡不安。此时，第二次世界大战刚刚结束，战败国德国、意大利、日本的国民经济陷入崩溃境地，虽然英国和法国等国家取得了战争的胜利，但是付出了惨痛的代价，经济实力大大削弱。两次世界大战期间，尤其金本位制崩溃后的异端时期，国际货币制度极其混乱和动荡，严重破坏了国际上正常的贸易和货币金融关系，尤其是一些国家为了各自的政治和经济利益，竞相实行以邻为壑的货币贬值、外汇管制等政策，对世界经济和金融关系产生了极其不利的影响。这一切都使人们增强了对以往金本位制和固定汇率制的向往，希望重建统一的国际货币体系，实现有效的国际经济合作及改变受战争影响的动荡不安的国际货币金融关系。为了重建国际金融市场新秩序，抚平各国的战争创伤，世界经济迫切需要新的国际货币制度出现。

在第二次世界大战中，美国靠大量提供军火给盟军，大发战争横财，经济实力大大提升，对外贸易额占当期世界贸易额的1/3以上，跃居英国之上，成为最大的债权国。此时，英国虽然身受战争重创，但经济实力仍不容小觑，于是英、美两国都希望在新的国际金融体系中占主导地位，以谋求更多的经济利益。在1943年4月7日英、美两国各自在伦敦和华盛顿同时公布了英国财政部顾问凯恩斯提出的“国际清算同盟计划”（后称为“凯恩斯计划”）和美国财政部长助理怀特拟定的“联合国平准基金计划”（后称为“怀特计划”）。尽管两国对外都宣称新的货币计划的主要目的是战后各国的经济重建和复兴、为了促进国际经济合作奠定良好的基础，但究其本质都是为了在新的国际金融领域占统治地位。

“凯恩斯计划”和“怀特计划”提出后，在经济学界引起了激烈讨论，英、美两国也就此展开了旷日持久的争辩。最终美国以强大的经济与军事实力为后盾，迫使英国同意了“怀特计划”。1944年7月1日至22日，44个国家的300多位代表出席在美国新罕布什尔州布雷顿森林镇的“联合国和联盟国家国际货币金融会议”，史称布雷顿森林会议。在这个会议上，通过了以“怀特计划”为基础的《国际复兴开发银行协定》，总称布雷顿森林协定，所形成的国际货币制度体系，即为布雷顿森林体系。根据协定成立的国际货币基金组织（IMF）是布雷顿森林体系赖以维持的基本运行机构。由于美国的“怀特计划”对布雷顿森林体系行程发挥了主导作用，形成了美国居主导统治地位的、具有浓厚的金融垄断色彩的新的国际货币体系。

（二）布雷顿森林体系的主要内容

布雷顿森林体系的内容是以《国际货币基金协定》这一国际协定的形式规定下来的，主要有以下几个方面：

1. 建立了一个永久性的国际金融机构，以促进国际货币合作

根据布雷顿森林协定，设立“国际货币基金组织”和“国际复兴开发银行”。前者的宗旨在于稳定汇率，协助成员国改善国际收支，并成为战后国际货币体系的核心，是该体系赖以维持的基本运行机构，并在一定程度上起到了维持国际金融秩序稳定的作用。后者的宗旨在于以低利长期贷款协助推动成员国的经济发展。时至今日，国际货币基金组织作为调节国际货币、贸易和投资的三大国际经济机构之一，其协作功能不断增强，在全球范围协调和治理国际金融危机、经济危机等方面发挥了重要的作用。

2. 规定以美元为主要的国际储备货币的双挂钩为基础的、可调整的固定汇率制

在该体系下，美元取代了黄金成为国际储备货币，美元直接与黄金挂钩，其他各国货币与美元挂钩。协定规定，每盎司黄金等于35美元，各国政府或中央银行可随时用美元向美国政府按这一比价兑换黄金。在汇率机制上，布雷顿森林体系采取了固定汇率制。IMF规定，成员国的货币含金量一经确定，就不得随意变动。成员国在进行即期外汇交易及黄金买卖时，汇率和金价的波动幅度不得超过法定汇率和金价的上下各1%（超过该界限，有关政府有义务进

行干预),使汇率始终保持在一个较为稳定的水平上。只有当国际收支发生根本性不平衡时,才允许贬值或升值,经IMF同意后才能加以改变。这种体系下的固定汇率制度,也称可调整的盯住汇率制度。

3. 国际收支调节的安排

《国际货币基金协定》规定,每个成员国向国际货币基金组织缴纳的份额的25%为黄金,后改为以可兑换货币或特别提款权缴纳,其余部分则以本币缴纳。当成员国国际收支发生困难时,IMF通过三种方式帮助成员国渡过难关:一是敦促成员国广泛协商,促进国际货币合作。二是为成员国提供融通资金的便利,发生国际收支逆差的国家需要储备时,可用回购方式取得短期信贷,来弥补逆差,即逆差国以本币向基金组织购买一定数额的外汇,并在规定的期限内用所借的外汇购回本币,以此方式来偿还所借的款项。三是规定各成员国实行多边支付与清算,不得限制经常项目的支付,也不许采取歧视性的货币措施,由此创造平衡国际收支的外在条件。

4. 取消对经常账户的外汇管制

《国际货币基金协定》规定,成员国不得限制经常项目的支付,不得采取歧视性货币政策,在可兑换的基础上实行多边支付。

总之,美元与黄金挂钩,其他国家货币与美元挂钩,保证了第二次世界大战以后的较长时间里国际货币制度有一个较为有效和稳定的基础,同时促进了国际贸易、国际投资和国际经济的迅速发展。

(三)布雷顿森林体系的解体

布雷顿森林体系的建立对世界经济的恢复与发展起到了至关重要的作用,但由于其自身存在着无法克服的缺陷,最终布雷顿森林体系还是走上了解体的道路。其主要缺陷表现为:

首先,该体系是以美元为中心的国际货币制度,其存在的先决条件是美国经济占绝对优势和美元地位的稳固,把国际货币体系建立在美国经济地位的基础上,一旦美国经济发生变化,国际货币体系必然会动荡不安。因此,当美国国际收支不断恶化和短期对外债务不断增加时,国际上对美元作为主要国际储备货币的信心也就会不断降低。

其次,由于固定汇率制的限制,汇率缺乏弹性。成员国政府大多不愿以改变汇率的方法来应对"基本失衡",待到非改不可时,投机者早已闻风而动,在外汇市场及黄金市场上掀起投机的浪潮,加剧金融危机。

再次,虽然IMF规定赤字国家和盈余国家都有调整国际收支失衡的责任,但事实上,采取纠正措施的多是赤字国家,盈余国家往往不愿以及时升值的举措来减少盈余,这就加大了调节国际收支的困难。

最后,在该体系下,大多数货币与美元保持固定汇率,而美元又与黄金挂钩,因此,其他国家可用本币对美元贬值来调节赤字,但美国却无法体面地使其货币贬值。从美国立场上看,这是美元作为国际储备所付出的代价,也就是难解的"特里芬悖论"。所谓"特里芬悖论",即美国耶鲁大学教授罗伯特·特里芬在20世纪50年代末所指出的,基准通货国家美国的国际收支无论是出现顺差或者逆差都会给这一国际货币体系带来困难。而其他国家的看法是:美国尽可用美元直接支付其对外债务而不受外汇的约束,运用发行本币的方法,获取铸币利差(seigniorage)。美国和其他主要工业国家对美元问题和国际金融问题,既然各怀成见,在财经政策执行方面也就无法真诚合作。

到了20世纪60年代初,这一以美元为中心的固定汇率制度便开始呈现不稳迹象。美国国际收支开始出现逆差，短期对外债务增加，“美元匮乏”逐渐被“美元过剩”所取代。另一储备货币——英镑，也因英国国力的衰落而摇摇欲坠。这些酝酿已久的内在不稳定性，终于触发了1967年的英镑危机和1968年的黄金危机。1968年3月，美国黄金储备损失了14亿美元，1961年成立的“黄金总库”被迫解体，七国中央银行宣布实行“黄金双价制”，即官方黄金交易仍以每盎司35美元进行，私人黄金交易则由市场供求关系决定。然而，美国国际收支逆差不断扩大，国际社会对美元信心也大幅降低，成员国中央银行继续以剩余美元兑换黄金，使美国穷于应付。1971年8月尼克松政府宣布实行“新经济政策”，停止美元兑换黄金，同年12月在华盛顿史密森博物馆举行国际金融会议，决定美元对黄金贬值7.9%，即将黄金官价从每盎司35美元提至38美元，其他国家货币纷纷改变对美元和黄金的平价，这就是“史密森协议”下的美元第一次正式贬值。1973年2月，美元实行了第二次贬值，黄金官价提高到每盎司42美元。同年3月，欧共体、日本、加拿大等宣布本区或本国货币对美元实行浮动。布雷顿森林体系就这样在一系列美元危机与1971年至1973年的国际金融危机中解体了。

(四)布雷顿森林体系的评价

布雷顿森林体系对战后的20世纪五六十年代世界经济的恢复和发展发挥了极其重要的作用。在它解体之前，世界经济发展处于人类历史上少有的黄金时代，国民生产总值增长很快，物价相对稳定，国际贸易和国际投资的发展速度都超过了世界生产速度，国际经济一体化程度显著提高。

1. 布雷顿森林体系对世界经济的积极作用

布雷顿森林体系对世界经济的积极作用主要表现为：

(1)战后的世界黄金产量停滞，以美元为世界货币，客观上起到了弥补黄金不足的作用，扩大了国际清偿的手段和世界购买力，大大促进了世界经济的发展。

(2)布雷顿森林体系建立了新的统一的国际货币秩序，把几乎所有的资本主义国家都囊括于这个新的国际货币制度之下，给世界经济发展创造了稳定的外部环境。

(3)布雷顿森林体系运行期间，各国汇率相对稳定，便利了国际贸易的发展和国际资本流动。

(4)国际货币基金组织在促进国际货币合作和建立多边支付体系等方面做出了积极贡献，在一定程度上促进了国际货币合作与世界经济的发展。

2. 布雷顿森林体系对世界经济的消极作用

布雷顿森林体系发展过程中的很多实际情况与设计者的初衷大相径庭。

(1)布雷顿森林体系难以调整世界经济失衡的局面。

该体系的建立是由于美国战后取得了资本主义世界经济的支配地位，当时美国为了维护其利益，长期对外进行大量的援助和投资，一方面延缓了美国国内的资本投资和设备更新，另一方面对资本输入国的经济发展注入了有生力量，使美国经济和技术优势逐渐丧失，劳动生产率的增长落后于德国、日本、荷兰等国家。这种不平衡在国际金融领域表现为美元的霸权地位不断衰落，以美国国际收支赤字为主要矛盾的国际收支大面积失衡。各个资本主义国家出于各自的利益，不可能真正进行全面的政策协调。

(2)各国经济政策自主性受到削弱。

布雷顿森林体系削弱了各国国内财政政策，导致通货膨胀的发生，各国通过国内财政政策和货币政策调整国际收支、稳定汇率。各国经济政策自主性受到削弱的表现：逆差国的货币趋于贬值，为了维持与美元的固定汇率，中央银行必须在外汇市场抛出美元购进本国货币，等同于公开市场业务缩减了国内货币供给，导致衰退和失业；盈余国的货币趋于升值，为了维持与美元的比价，必须在外汇市场上抛售本币大量购买美元，这实际上是采取了扩张性的货币政策，往往导致通货膨胀。

(3)成员国货币通过美元与黄金间接挂钩。

布雷顿森林体系中，每个成员国都按本币与美元的平价汇率，再通过美元与黄金间的固定比价间接地与黄金挂钩，进而决定各国货币之间的比价关系。国际货币基金组织有关条款规定，各成员国货币与美元的汇率如果发生波动，波动不得超过平价的1%，否则各成员国有义务在外汇市场上买卖美元或本国货币，来维持本币与美元间的汇率稳定。而且，当一国国际收支发生根本性失衡时，可以向国际货币基金组织申请调整其货币与美元的平价，而不必紧缩或者膨胀国内经济。然而，在汇率机制的运行中，难以按照实际情况进行调整，美元是基准货币，即使美元汇率偏高或偏低，也不便调整。而其他国家往往也是盈余国不愿意升值，赤字国不愿意贬值，所谓的可调整的汇率制度形同虚设。

四、牙买加体系

(一)牙买加体系的建立

牙买加体系

布雷顿森林体系崩溃以后，国际金融秩序又复动荡，国际社会及各方人士也纷纷探析能否建立一种新的国际金融体系，并提出了许多改革主张，如恢复金本位、恢复美元本位制、实行综合货币本位制及设立最适货币区等，但均未能取得实质性进展。直至1976年1月，经过激烈争论，IMF理事会“国际货币制度临时委员会”在牙买加首都金斯敦达成了《牙买加协议》，同年4月，IMF理事会通过了《IMF协定第二修正案》，从而形成了新的国际货币体系，即牙买加体系。

(二)牙买加体系的主要内容

牙买加体系是一个以美元为中心、国际储备多元化的浮动汇率体系。

1. 实行浮动汇率制度的改革，承认浮动汇率制度合法化

牙买加协议正式确认了浮动汇率制的合法化，承认固定汇率制与浮动汇率制并存的局面，成员国可自由选择汇率制度。同时，IMF继续对各国货币汇率政策实行严格监督，并协调成员国的经济政策，促进金融稳定，缩小汇率波动范围。在牙买加体系下，浮动汇率制与固定汇率制并存。一般而言，发达工业国家多数采取单独浮动或联合浮动，但有的也采取盯住自选的货币篮子浮动。对发展中国家而言，多数是盯住某种国际货币或货币篮子，单独浮动的很少。不同汇率制度各有优劣，浮动汇率制度可以为国内经济政策提供更大的活动空间与独立性，而固定汇率制则降低了本国企业可能面临的汇率风险，方便生产与核算。各国可根据自身的经济实力、开放程度、经济结构等一系列相关因素权衡得失利弊去选择。

2. 推行黄金非货币化

协议作出了逐步使黄金退出国际货币的决定，并规定：废除黄金条款，取消黄金官价，成员国中央银行可按市价自由进行黄金交易；取消成员国相互之间以及成员国与IMF之间须用黄金清算债权债务的规定，IMF逐步处理其持有的黄金。

3. 增强特别提款权的作用

牙买加体系一个重要的内容就是提高特别提款权的国际储备地位，国际货币基金组织在计算成员国份额和贷款上，使用特别提款权计值，扩大其在IMF一般业务中的使用范围，并适时修订特别提款权的有关条款。

4. 增加成员国基金份额，扩大信贷额度，以增加对发展中国家的融资

成员国的基金份额从原来的 292 亿特别提款权增加至 390 亿特别提款权，增幅达 33.6%。IMF 以出售黄金所得收益扩充“信托基金”，用优惠条件向不发达国家提供贷款，帮助它们解决国际收支困难。同时扩大信用贷款部分的总额，由占成员方份额的 100%增加到 145%，并放宽出口波动补偿贷款，由 50%提高到 75%。

5. 多种渠道调节国际收支

(1)运用国内经济政策。

国际收支作为一国宏观经济的有机组成部分，必然受到其他因素的影响。一国往往运用国内经济政策，改变国内的需求与供给，从而消除国际收支不平衡。比如在资本项目逆差的情况下，可提高利率，减少货币发行，以此吸引外资流入，弥补缺口。需要注意的是，运用财政或货币政策调节外部均衡时，往往会受到一些限制，在实现国际收支平衡的同时，牺牲其他的政策目标，如经济增长、财政平衡等，因而内部政策应与汇率政策相协调，才不至于顾此失彼。

(2)运用汇率政策。

在浮动汇率制或可调整的盯住汇率制下，汇率是调节国际收支的一个重要工具，其原理是：经常项目赤字→本币趋于下跌→本币下跌、外贸竞争力增加→出口增加、进口减少→经济项目赤字减少或消失。相反，在经常项目顺差时，本币币值上升会削弱进出口商品的竞争力，从而减少经常项目的顺差。实际经济运行中，汇率的调节作用受到“马歇尔、勒纳条件”以及“J 曲线效应”的制约，其功能往往令人失望。

(3)国际融资。

在布雷顿森林体系下，这一功能主要由 IMF 完成。在牙买加体系下，IMF 的贷款能力有所提高，更重要的是，伴随石油危机的爆发和欧洲货币市场的迅猛发展，各国逐渐转向欧洲货币市场，利用该市场比较优惠的贷款条件融通资金，调节国际收支中的顺逆差。

(4)加强国际协调。

这主要体现在：①以 IMF 为“桥梁”，各国政府通过磋商，就国际金融问题达成共识与谅解，共同维护国际金融形势的稳定与繁荣。②七国首脑会议的作用。西方七国通过多次会议，在多个方面达成共识，多次合力干预国际金融市场，虽然主观上是为了各自的利益，但客观上也促进了国际金融与经济的稳定与发展。

(三)对牙买加体系的评价

自从 1976 年 1 月牙买加体系开始形成至今已近 50 年了。在评价这一国际货币体系时，首先应该肯定其对维持国际经济运转、推动世界经济继续发展的积极作用。

1. 牙买加体系的积极作用

(1)摆脱了布雷顿森林体系的一些弊端。

牙买加体系基本上摆脱了布雷顿森林体系时期基准通货国家与依附国家相互牵连的弊端，并在一定程度上解决了“特里芬悖论”。布雷顿森林体系是一种国际金汇兑本位货币制度，这种制度的一种弊端是各国货币与美元挂钩，从而使基准通货国家与依附国家相互牵连。而在形成牙买加体系后，实现了国际储备多元化和浮动汇率制，即使发生美元贬值，也不一定会影响各国货币的稳定性。由于美元早已与黄金脱钩，即使发生美元可能贬值的预兆，各国也不可能用自己的美元储备向美国联邦银行挤兑黄金，所以可以说已经基本上摆脱了基准通货国家与依附国家相互牵连的弊端。这对于世界经济的发展是比较有利的。布雷顿森林体系的致命弊端是“特里芬悖论”，而在牙买加体系形成之后，实现了国际储备多元化，美元已经不是唯

一的国际储备货币和国际清算及国际支付手段，即使美国的国际收支不断出现顺差、即使美国不向外投放美元，仍旧会有其他国际储备货币和国际清算及支付手段来缓解国际清偿力的不足。由于美元早已与黄金脱钩，即使美国的国际收支不断发生逆差、各国的美元储备超过美国的黄金储备，各国也不可能用美元储备向美国挤兑黄金，从而不会加重美国的经济困难。

(2)有利于国际经济运行和世界经济的发展。

牙买加体系比较灵活的复合汇率体制能够灵敏地反映不断变化的客观经济状况，有利于国际经济运行和世界经济的发展。具体表现为：①各个主要国家货币的汇率可以根据市场供求状况自发调整，可以灵敏地反映瞬息万变的客观经济状况，这便使各国货币的币值得到充分体现和保证，有利于国际贸易与金融及其他经济交往的进行。②灵活的复合汇率体制可以使一国的宏观经济政策更具有独立性和有效性。一方面，与过去的固定汇率制不同，当国际收支出现严重逆差时，不一定必须采取紧缩的宏观经济政策来维持本国货币的汇率，因而不会引起国内严重失业的问题。另一方面，在这种汇率体制下，一国的宏观经济政策往往易于取得较好的效果。例如，由于汇率比较灵活，一国往往可以实行宽松的货币政策，通过降低利率促使资本外流，引致本国货币的对外汇率向下浮动，进而起到促进出口、改善国际收支的效应，并通过乘数作用增加国民收入。③在以浮动汇率为主导的混合汇率体制下，各国可以减少为了维持汇率稳定所必须保留的应急性外汇储备，可以减少由于这部分资产脱离生产而造成的损失。

(3)缓和了布雷顿森林体系调节机制失灵的困难。

牙买加体系采取多种调节机制相互补充的办法来调节国际收支，因而在一定程度上缓和了布雷顿森林体系调节机制失灵的困难。布雷顿森林体系调节成员国国际收支失衡的机制主要包括以下两条渠道：①当成员国发生暂时性国际收支失衡时通过基金组织来调节；②当成员国的国际收支出现根本性失衡时通过改变货币平价、变更汇率来调节。事实证明，由于调节渠道有限、调节机制失灵，曾长期出现全球性国际收支失衡现象。而在牙买加体系形成之后，除了依靠基金组织和汇率变动外，还能通过利率机制及国际金融市场的媒介作用、国际商业银行的活动、有关国际外汇储备的变动以及债权债务、投资等因素来调节国际收支。这样，多种调节机制结合起来相互补充，便在一定程度上缓和了布雷顿森林体系调节机制失灵的困难，从而对世界经济运转和发展起到一定的积极作用。

2. 牙买加体系的弊端

然而，也必须看到，这种被人们称作"无体制的体制"的牙买加体系弊端很多，随着复杂多变的国际经济关系的发展与变化，这一国际货币体系的弊端便日益明显地暴露出来。

(1)浮动汇率体系日益复杂、混乱和不稳定。

随着美元地位的不断下降，这一以美元为中心的国际储备多元化和浮动汇率体系日益复杂、混乱和不稳定。近年来，由于美国的经济实力相对削弱，财政赤字和贸易逆差得不到缓解，甚至增大，美元汇率不断下浮，已经不能很好地执行国际货币的各种职能。因此，国际货币多元化趋势日益增强；而多元化国际货币缺乏统一的稳定的货币标准，这本身便是一种不稳定因素。这种国际货币格局的错综复杂往往造成外汇市场的动荡混乱，无论是对于国际贸易与信用的正常运行，还是对于世界经济的健康发展，都会带来非常不利的影响。目前，国际金融剧烈变动，国际贸易障碍重重，债务纠纷不断发生，世界经济动乱加剧，绝不是偶然的。

(2)产生了新的问题，影响国际贸易和世界经济的发展。

汇率变动不定，在国际借贷关系上不是债权方蒙受损失，便是债务方负担加重，甚至引发债务危机，因而势必影响国际信用的发展，而国际信用关系的缩小会影响期货贸易，从而影响国际贸易和世界经济的发展。一般来说，汇率下浮经过一定时期后，商品出口将会增加，商品进口将会减少，国内物价将会上涨；牙买加体系的汇率体制以浮动汇率为主，汇率可以比较自由地向下浮动，因而比较容易导致通货膨胀，事实上确实加剧了世界性通货膨胀。在汇率频繁剧烈波动的情况下外汇投机商才有机可乘，有机会通过倒卖外汇谋取暴利，因而这一汇率体制助长了外汇投机活动，加剧了国际金融市场的动荡和混乱。

(3)国际收支调节机制不健全。

正如前面分析，在牙买加体系的调节机制中，汇率机制运转失灵，利率机制有副作用，国际货币基金组织又无力指导并监督顺差国与逆差国双方对称地调节国际收支等，以致使逆差国储备锐减、债台高筑，有的成为重要资本输出国，甚至是最大债权国，全球性国际收支失衡现象日益严重。国际收支调节机制并不健全，各种现有的渠道都有各自的局限，牙买加体系并没有消除全球性的国际收支失衡问题。国际货币基金组织并未对国际收支调节机制作出明确的规定，没有相应的制裁措施。各国都采取一些不利于国际收支平衡的经济政策，从而使整个国际货币体系无法形成一个有效的国际收支调节机制。发达国家为了实现本国经济目标，使本币汇率偏离均衡汇率而剧烈波动，严重影响了国际货币体系，发展中国家不得不采取各种贸易保护手段强制实现国际收支的平衡。

近年来，由于牙买加体系的弊端明显暴露，给世界经济带来不利的影响，在国际首脑会议上、在基金组织历届年会及其他会议上都曾讨论过国际货币制度改革问题。显然，进一步改革国际货币制度，建立合理而稳定的国际货币新秩序，已被提到议事日程上来。

五、欧洲货币体系

(一)欧洲货币一体化的概念

欧洲货币一体化，是布雷顿森林体系崩溃后国际金融一体化的突出表现与勇敢尝试。1999年1月1日，欧洲货币一体化结出硕果，推出了统一的货币——欧元，这是20世纪70年代以来国际金融领域最为重要的事件之一，其作用与意义十分重大而深远。

所谓欧洲货币一体化，是指欧洲经济共同体各成员国在货币金融领域进行合作，协调货币金融关系，最终建立一个统一的货币体系，其实质是这些国家为了货币金融领域的多方面合作而组成的货币联盟。这种货币一体化有三个典型象征：

(1)汇率的统一，即货币联盟成员国之间实行固定汇率制，对外则实行统一的浮动汇率；

(2)货币的统一，即货币联盟发行单一的共同货币；

(3)机构的统一，即建立统一的中央货币机关，发行共同的货币，规定有关货币联盟的国家以及保管各成员国的国际储备。

欧洲货币一体化对本区域的国际收支、汇率制度、国际货币管理乃至经济贸易的发展都产生了重大影响。

(二)欧洲货币一体化的进程

欧洲货币一体化大致经历了以下几个演变阶段：

1. 魏尔纳计划

1970年10月，以卢森堡首相兼财政大臣魏尔纳为首的一个委员会，向欧共体理事会提交了专门报告，即魏尔纳计划。该计划建议从1971年到1980年分三个阶段实现欧洲货币一体化。然而，70年代动荡的金融形势以及欧共体国家发展程度的巨大差异，使得魏尔纳计划几乎完全落空。70年代一体化取得的唯一的重大成果是创设了欧洲计算单位(European Unit of Account,EUA)

2. 欧洲货币体系(European Monetary System,EMS)

为了制止汇率剧烈波动,促进共同体国家经济的发展,在法、德两国推动下,1978 年 12 月欧共体各国首脑在布鲁塞尔达成协议,决定建立欧洲货币体系。1979 年 3 月,欧洲货币体系正式启动。其主要内容有:

(1)继续实行过去的联合浮动汇率机制。除了维持原有的±2.25%波动幅度以外,还规定了汇率波动的警戒线,一旦货币波动超出此线,有关国家就要进行联合干预。

(2)创设欧洲货币单位(European Currency Unit,ECU),即埃居。ECU 实际上是 EUA 演变而来的,是欧洲货币体系的中心。在欧共体内部,ECU 具有计价单位和支付手段的职能。

(3)成立了欧洲货币基金(European Monetary Fund,EMF),以增强欧洲货币体系干预市场的力量,为共同货币 ECU 提供物质准备以及给予国际收支困难的成员国更多的信贷支持。

3. 德洛尔计划与《马斯特里赫特条约》

1989 年 6 月,以欧共体委员会主席雅克·德洛尔(J. Delors)为首的委员会向马德里峰会提交了德洛尔计划。该计划与魏尔纳计划相似,规定从 1990 年起,用 20 年时间,分三阶段实现货币一体化,完成欧洲经济货币同盟的组建。1991 年 12 月,欧共体在荷兰马斯特里赫特峰会上签署了《关于欧洲经济货币联盟的马斯特里赫特条约》,简称《马斯特里赫特条约》或《马约》。

《马约》的目标是:最迟在 1999 年 1 月 1 日前建立"经济货币同盟"(Economic and Monetary Union,EMU);届时将在同盟内实现统一货币、统一的中央银行(European Central Bank)以及统一的货币汇率政策;EMU 的形成分为三个阶段。

经过不懈努力,欧共体各成员国议会于 1993 年 10 月底通过了《马约》,1993 年 11 月 1 日,欧共体更名为欧盟。1995 年芬兰、奥地利、瑞典加入欧盟,欧盟成员国增至 15 个。同年的《马德里决议》将单一货币的名称正式定为欧元(EURO)。欧洲货币一体化自此开始进入了稳定的发展阶段。

4.《马约》签订后的一体化进程与欧元的产生

《马约》规定,EMU 应分三阶段实现:

第一阶段,从 1996 年到 1998 年底。该阶段为准备阶段,其主要任务是确定首批有资格参加货币联盟的国家,决定发行欧元的合法机构,筹建欧洲中央银行。

第二阶段,从 1999 年 1 月 1 日起到 2002 年 1 月 1 日。该阶段为过渡阶段。"欧元"一经启动,便锁定各参加国货币之间的汇率。各国货币仅在本国境内是合法支付手段。在此阶段,没有有形的欧元流通,但新的政府公债可以用欧元发行。另外,将由欧洲中央银行制定统一的货币政策。

第三阶段,从 2002 年 1 月 1 日起,欧元开始正式流通。欧洲中央银行将发行统一货币的硬币和纸钞,有形的欧元问世,《马约》规定,并且各参加国原有的货币退出流通,欧元成为欧洲货币联盟内唯一的法定货币。

1996 年底,欧洲货币联盟的发展取得了重大的突破。12 月 13—14 日,欧盟首脑会议在爱尔兰首都都柏林举行。经过各国财长的反复磋商,终于打破僵局,欧元国与非欧元国之间就建立新汇率机制、欧元使用的法律框架、货币稳定与经济增长的原则及主要内容等达成妥协,并原则同意了欧洲货币局提供的欧元纸币的"样币"。至此,都柏林首脑会议获得成功,欧洲单一货币机制框架基本形成。

欧盟首脑会议第1103号条例正式对过渡期结束后的欧元的法律地位作了规定，明确指出，1999年1月1日作为成员国范围内一种具有独立性法定货币地位的超国家性质的货币，开始启用。2002年7月1日，创始国货币全部退出流通领域；欧元正式成为唯一的法定货币。在这三年半的过渡期内，欧元以记账单位、银行贷款、债券、旅行支票、信用卡和股票等形式使用，同时，发票、工资、单据、商品目录将实行欧元和本国货币的双重标准。

1997年10月2日，欧盟15国代表在荷兰首都正式签订了6月达成的《阿姆斯特丹条约》，这是一个在《马约》基础上修改而成的新欧盟条约。新条约及先前已获批准的《稳定与增长公约》《欧元的法律地位》《新的货币汇率机制》等文件，为欧元与欧洲经济货币联盟于1999年1月1日的如期启动，奠定了坚实的基础。

1998年5月2日，欧盟15国在布鲁塞尔召开特别首脑会议，决定接受欧盟委员会和欧洲货币局的推荐，确认比利时、德国、西班牙、法国、爱尔兰、意大利、卢森堡、荷兰、奥地利、葡萄牙和芬兰符合《马约》条件的11个国家为欧元创始国，首批加入欧洲单一货币体系。欧盟的其余4个国家，即英国、丹麦、瑞典和希腊，因暂时不愿加入欧元体系或未能达标，没有成为首批欧元国家。同时决定在原有的欧洲货币局基础上成立欧洲中央银行。1998年12月3日，首批加入欧元体系的11个国家宣布联合降息，除意大利(利率3厘半)外，其余10国均把利率降至3厘，此举显示了这些国家准时启动欧元的决心和强烈的政治意愿。

1999年1月1日，欧元准时启动。欧洲货币单位以1∶1的比率转换为欧元，欧元与成员国货币的兑换率锁定，欧洲中央银行投入运作并实施统一的货币政策，欧元可以支票、信用卡等非现金交易的方式流通，各成员国货币也可同时流通，人们有权选择是否使用或接受欧元。2002年1月1日起，欧元纸币和硬币开始全境流通，欧洲中央银行和成员国将逐步回收各国的纸币和硬币，届时人们必须接受欧元。2002年7月1日，各成员国货币完全退出流通，欧盟货币一体化计划完成，欧元国际化启动，欧洲货币一体化的完成与欧元的产生，是世界经济史上一个具有里程碑意义的事件，它不仅对欧盟内部成员国的经济活动，而且对世界其他国家的经济往来以及国际金融市场、国际货币体系的运作与发展等方面，均产生重大而深远的影响。

(三)欧元的特点及对现行国际货币体系的挑战

1. 欧元的特点

1999年1月1日起正式启动，并于2002年6月30日之后成为欧洲货币联盟范围内唯一合法通货的欧元，其特点可以概括为以下两点：

(1)跨主权国家创造的信用本位货币。

其信用将来自人们对欧洲货币联盟内高效率的协调能力、经济实力和经济增长潜力所赋予的信心。

(2)货币政策与财政政策的分离造成欧元的缺陷。

一国范围内的货币政策与财政政策是有矛盾情形的，该矛盾对于具有上述第一个特点的欧元来讲显得更加突出，因为其统一的欧洲中央银行与分离的各国主权政府之间，并不能保证在必要时能够完全协调一致。因此，分离的财政政策和货币政策也可能从内部动摇欧元的生命所在，即币值稳定。

2. 欧元对现行国际货币体系的挑战

欧元对现行国际货币体系的挑战具体表现在三个方面：

(1)对国际货币基金组织协调能力的挑战。

从历史上看，IMF在协助其成员国缓解1973年与1979年两次石油危机对世界经济的危害、救援1982年拉美债务危机、帮助发展中国家进行结构性改革并促进其经济稳定增长方面，表现出较强的协调能力。但在特别提款权问题、南北货币关系问题以及IMF的贷款条件等问题上，其协调能力却引人质疑。可以肯定的是，欧洲货币联盟作为同样的跨主权国家的国际货币机构，尽管它也将面临许多困难，但在保证欧元稳定方面将发挥出更完善的协调能力。另外，在货币问题上以一个声音说话的欧洲，代替原发达国家内部美、日、德三极上德国的位置，并大大增强这一极的力量，从而使IMF在协调西方发达国家内部立场的问题上难度更大。

(2)对国际储备体系的挑战。

欧元诞生前的多元化国际储备体系可以概括为美元主导下的美元、日元、德国马克、SDR及其他硬货币并存的体系。欧元的产生与运作，对美元在国际储备体系中的主导地位及SDR作为国际储备货币的地位，无疑带来严峻的挑战。从经济实力来看，统一货币后的欧盟国家GDP在1996年占经合组织的38.3%，而美国只占32.5%，日本则占20.5%，因此，以这种经济实力为基础的欧元，在一定时期内有望在国际储备体系中挤占美元所占的一部分份额，并可能在中长期内动摇美元作为国际储备货币的主导地位，从而形成未来国际储备体系中非对称三极(美、欧两极强，日本一极弱)的局面。

(3)挑战所谓的"非体系"，为世界货币的发展起到示范作用。

汇率制度安排多样化、黄金非货币化以及国际政策协调艰难，是牙买加体系之所以被称为"非体系"的重要原因。欧元将以其汇率稳定、跨国界的协调及统一的中央银行对这一"非体系"直接提出挑战。并且，统一的欧元将是人类历史上第一次可用于非官方结算的跨国界信用本位货币的一种创造，它的诞生及发展将为未来统一世界货币的创造提供宝贵的经验，也将为其他区域性经济合作组织货币一体化起到示范作用。

应知考核

一、单项选择题

1. 按照国际收支平衡表的编制原理，凡引起资产增加的项目应记入(　　)。

A. 借方　　B. 贷方　　C. 借贷双方　　D. 附录

2. 通常，判断一国国际收支是否平衡，主要看其(　　)是否平衡。

A. 经常项目　　B. 资本和金融项目　　C. 自主性交易　　D. 调节性交易

3. 历史上第一个国际货币体系是(　　)。

A. 国际金汇兑本位制　　B. 国际金本位制

C. 布雷顿森林体系　　D. 牙买加体系

4. 布雷顿森林体系实际上是以(　　)为中心的国际货币体系。

A. 美元　　B. 黄金

C. 特别提款权　　D. 多种储备资产

5. 特别提款权的创立是(　　)。

A. 第一次美元危机的结果　　B. 第二次美元危机的结果

C. 第三次美元危机的结果　　D. 以上都不是

二、多项选择题

1. 若其他条件不变，一国货币贬值的影响有(　　)。

A. 有利于增加进口　　B. 有利于增加出口

C. 有利于抑制进口　　D. 有利于抑制出口

2. 下列项目应记入贷方的有(　　)。

A. 反映进口实际资源的经常项目　　B. 反映出口实际资源的经常项目

C. 反映资产增加或负债减少的金融项目　　D. 反映资产减少或负债增加的金融项目

3. 下列说法错误的有(　　)。

A. 国际收支平衡表中的无偿转移不属于经常项目

B. 国际收支平衡表一般都采用复式簿记法记录经济交易

C. 从国际收支平衡表中可以看出,国际储备的增减等于国际收支的顺差或逆差

D. 国际收支不平衡是绝对的,平衡是相对的

4. 国际货币制度的基本内容有(　　)。

A. 国际本位货币的确立　　B. 汇率制度及各国的汇率安排

C. 国际储备资产的确定　　D. 国际收支的调节方式

5. 国际金本位制经历的发展阶段有(　　)。

A. 金铸币本位制　　B. 金银复本位制　　C. 金块本位制　　D. 金汇兑本位制

三、判断题

1. 直接标价法下,银行买入汇率大于卖出汇率;间接标价法下,银行卖出汇率大于买入汇率。(　　)

2. 关于投资的收支都应该记入国际收支平衡表的资本和金融项目中。(　　)

3. 一些国家实行贸易汇率和金融汇率,实际上是外汇管制的一种方法。(　　)

4. 牙买加体系是一个以英镑为中心、国际储备多元化的浮动汇率体系。(　　)

5. 外汇储备是当今各国国际储备的主体。(　　)

四、简述题

1. 汇率变动对一国经济会产生什么样的影响?

2. 国际收支不平衡的调节措施有哪些?

3. 布雷顿森林体系主要内容、特点和缺陷是什么?

4. 牙买加体系主要内容、特点和缺陷是什么?

5. 欧洲货币体系主要内容、特点和缺陷是什么?

应会考核

■ 观念应用

【背景资料】

人民币加入SDR

2015年11月30日,国际货币基金组织(IMF)执行董事会讨论并全票通过了特别提款权(SDR)审查报告,认定人民币已经满足了出口和"可自由使用"标准,决定将人民币纳入SDR货币篮子,SDR货币篮子相应扩大至美元、欧元、人民币、日元、英镑5种货币。新的SDR篮子于2016年10月1日生效。人民币入篮之后,在SDR篮子中的比重为10.92%。其他4种

货币的权重则相应减少：美元比重从41.9%降至41.73%，欧元从37.4%降至30.93%，日元从9.4%降至8.33%，英镑从11.3%降至8.09%。人民币的权重超越日元和英镑，成为SDR货币篮子中的第三大货币。

2016年10月1日，纳入人民币的国际货币基金组织特别提款权新货币篮子正式生效。人民币从此跻身国际权威机构认可的国际储备货币和“可自由使用货币”俱乐部，这是中国与世界的双赢。

IMF总裁拉加德说，这反映了人民币在国际货币体系中不断上升的地位，有利于建立一个更强劲的国际货币体系。

【考核要求】

根据上述资料，分析什么是特别提款权，人民币加入SDR的利弊。

■ 技能应用

假设某日美国纽约外汇市场GBP1＝USD1.342 5—1.352 5，一个月远期汇率贴水0.05—0.04美元，某客户向银行卖出一个月的外汇10万英镑，到期可收到多少美元？

【技能要求】

结合所学的内容，试分析上述问题。

■ 案例分析

【情景与背景】

国际收支继续呈现“一顺一逆”格局

2020年2月14日，国家外汇管理局公布了2019年四季度及全年国际收支平衡表初步数据。数据显示，2019年，我国国际收支保持基本平衡，经常账户呈现顺差，跨境资金流动平稳。

2019年，经常账户顺差1 775亿美元，与国内生产总值(GDP)之比为1.2%。其中，国际收支口径的货物贸易顺差4 628亿美元，服务贸易逆差2 614亿美元。

总体来看，中国经济拥有足够的韧性和巨大的发展潜力，长期向好发展、高质量增长的趋势不会改变，全方位对外开放将持续推进，预计未来我国国际收支仍将继续呈现总体稳定、基本平衡的格局。

【分析要求】

根据上述资料，什么是国际收支？国际收支平衡表包括哪些内容？如果国际收支失衡应当如何进行调节？

项目实训

【实训内容】

分析中国的国际收支平衡表

【实训目标】

通过对国际收支平衡表的分析，了解我国国际收支的状况，分析我国国际收支双顺差对我国经济产生的影响。

【实训组织】

以学习小组为单位，进行分组，查找资料；各组讨论，查找最近几年的中国国际收支平衡表；分组进行数据整理，分析国际收支双顺差的原因。

【实训成果】

1. 考核和评价采用报告资料展示和学生讨论相结合的方式；
2. 评分采用学生和教师共同评价的方式，并完成实训报告。

《分析中国的国际收支平衡表》实训报告		
项目实训班级：	项目小组：	项目组成员：
实训时间：　　年　　月　　日	实训地点：	实训成绩：
实训目的：		
实训步骤：		
实训结果：		
实训感言：		

项目十二

金融风险、危机、监管和创新

○ **知识目标**

理解：金融风险的含义，金融风险的分类，金融危机的含义，金融监管的产生与发展，金融创新的概念。

熟知：金融风险产生的原因，金融监管的依据与特征，金融创新的背景与动因，金融创新与金融工程的兴起。

掌握：金融风险与金融危机的联系与区别，金融危机理论，金融监管的目标与原则，金融监管的方法与内容，金融创新的理论，金融创新的主要内容。

○ **技能目标**

1. 能够正确认知金融风险、金融危机和金融监管在现今金融市场中的重要性。

2. 提高金融风险和监管的应用能力、职业判断能力和相关知识的更新能力。

○ **素质目标**

1. 能够结合当今金融风险和金融监管的实际，提高分析和总结能力。

2. 具备金融创新的能力。

3. 理解不忘初心的核心要义和精神实质，塑造自己的品格、品行和品位，树立正确的世界观、人生观和价值观，把学与用有机结合，做到学思用贯通、知信行统一。

○ **项目引例**　　　　**全球股市波动较大，中国股市为何相对稳定？**

全球股市波动较大，中国股市为何能保持相对稳定？对此，中国证券监督管理委员会的负责人在国新办某日举行的新闻发布会上表示，中国在金融供给侧结构性改革方面提前做了一些工作，缓解了资本市场以前存在的风险隐患。另外，A股市场估值还较低，市场流动性相对较充裕，风险较低。目前中国疫情防控与境外处于不同阶段，疫情对A股市场影响已逐步消化。

该负责人表示，在当今全球经济化的情况下，国际金融市场波动对我国金融市场的影响有其必然性，同时也是正常的。国际市场对A股的直接影响在于对投资者心理层面和资金流动层面，从目前情况看，A股投资者情绪经历过短期波动，但目前来看相对平稳，也比较理性。从资金流动情况看，应该说对A股市场整体影响不是很大，总量也不大。

在这种影响下，为什么中国市场相对较稳定，抗风险能力较强，波动较小？该负责人指出，中国在金融供给侧结构性改革，提前做了一些工作，下了一些先手棋，因此，我们的金融体系，特别是资本市场以前存在的一些风险隐患已经得到了部分缓释和缓解。

资料来源：李楠桦：A股市场展现出较强韧性和抗风险能力，人民网，2020年3月22日。

○ **引例导学**

总的来说，中国经济有一个恢复，甚至是快速恢复的基础，境外市场的剧烈波动对我们是有影响的，但这个影响是可控的、有限的、阶段性的。那么什么是金融风险？什么是金融危机？它们之间又有哪些区别和联系？这些正是本项目所要讨论的问题。

○ **知识准备**

任务一　金融风险

一、金融风险的含义

经济行为主体在金融活动中常常要受到很多不确定性因素的影响。例如，在宏观经济层面上，由于金融体系和金融制度的问题、金融政策的失误以及经济主体在从事金融活动时因决策失误、客观条件变化或其他情况而可能使资金、财产和信誉遭受损失，客观上会影响宏观经济的稳定协调发展，导致一国国民经济停滞甚至倒退。在微观层面上，在货币经营和信用活动中，由于受各种因素随机变化的影响，金融机构或投资者的实际收益与预期收益发生背离，从而导致其资产受到损失是比较常见的事情。

因此，我们认为，金融风险一般是指经济行为主体在金融活动中所面临的不确定性或可能性。

一般而言，金融风险具有如下特征：

(1)金融风险具有客观性。只要金融机构进行经营，金融风险总是不以人的意志为转移而客观存在的，这是因为由于信息不对称性和市场经济主体的有限理性，客观上可能导致金融风险的产生。经济主体的机会主义倾向，可能导致道德风险贷款者利用自己的信息优势取得银行贷款后进行高风险投资，也可能导致金融风险。此外，金融信用的中介性和复杂性也使金融风险难以避免。

(2)金融风险具有不确定性。在市场经济中，人们所面对的市场变化是无限的，而人们的认识能力却是有限的(有限理性、不完全信息)，由此产生的不确定性是市场风险的本质体现。由于资金融通具有偿还性的特点，融出方要在将来的某一时间收回其资金，并获得报酬；融入方要同时偿还本金，并付出利息。但是，由于将来存在着许多不确定因素，因而融出方可能无法按时、按预期的报酬收回本金和利息；融入方也可能无法按时、按预定期限的成本偿付资金。这种可能性在资金融通过程中是普遍存在的。金融风险就是由不确定性引起的、产生金融损失的可能性。金融风险的不确定性要求我们，特别是金融机构必须树立风险的动态观，并时刻根据经济环境、经济主体行为变化的特点，把握风险的变化与发展，以采取相应措施予以防范。

(3)金融风险具有可控性。尽管金融风险是客观存在的，但是金融风险是可控的。所谓金融风险可控性，是指金融市场主体可以对风险进行事前预测、事中防范和事后化解。在风险发生之前，可以根据金融机构风险的性质和产生条件，辨别银行经营管理过程中存在可能导致风险的各种因素，为控制金融风险提供条件。也可以依据概率统计以及现代化技术手段建立各项金融风险的技术性参数，为防范金融风险创造技术性条件。此外，通过不断完善金融制度和监管手段也可以将金融风险控制在一定的范围内。

(4)金融风险具有扩散性。金融风险不同于其他经济风险的一个最显著的特性是，金融风险不仅影响金融业自身，而且导致众多的储蓄者和投资者乃至整个经济体系产生风险，甚至会造成社会风险。金融业作为储蓄和投资的信用中介，是连接众多储蓄者和众多投资者的“桥梁”,金融业产生风险将会产生连锁反应,使众多的储蓄者和投资者蒙受损失;金融业除提供信用中介服务外,还具有信用创造功能,金融机构通过贷款可以创造派生存款,这使金融风险具有倍数扩散效应,一旦某一金融机构的金融资产价格发生贬损,使其正常的流动性头寸难以保持,则会由单一或局部的金融风险演变为系统性和全局性金融危机。金融风险的扩散性基于两方面的原因:一方面,金融服务的社会性和金融机构联系的紧密性,使金融体系内部形成了以信用链互相依存的关系。一家金融机构出现问题或破产会迅速影响与其有信用联系的其他金融机构。另外,由于信息的不对称性,债权人不能根据公开信息来判断某个金融机构的清偿能力,某一金融机构的困难或破产可能被视为其他所有机构同时存在问题,从而使金融机构产生挤兑风险。另一方面,经济全球化和金融全球化使金融风险的扩散更为迅速,一国的金融风险可以迅速波及全球范围。

(5)金融风险具有隐蔽性和累积性。所谓隐蔽性,是指金融风险因信用中介特征被掩盖。金融风险的隐蔽性可以在短期内为金融业提供一些缓冲和弥补风险的机会,但是它终究不是控制和防范金融风险的有效机制,金融风险的隐蔽性加大了金融风险防范的难度。金融风险的隐蔽性使得风险在金融机构中不断累积。

(6)金融风险具有加速性。金融风险一旦爆发,存款者的提款行为将会产生一种加速效应。当一家或几家金融机构出现风险时,存款者会将存款从出现问题的金融机构提出存入经营比较稳健的金融机构,当经营比较稳健的金融机构也出现支付风险时,存款者将大规模从金融机构提取存款,从而形成挤兑现象。金融风险一旦爆发,一般都伴有突发性和加速性,金融风险的这种特征要求在防范和化解金融风险时,要特别注意防止局部风险演化成系统性风险。

(7)金融风险具有周期性。周期性是指金融风险受经济循环周期和货币政策变化的影响,呈现规律性、周期性的特点。一般来说,在货币政策宽松期,社会资金流动规模大,货币供需矛盾容易被掩盖,金融风险就小;反之,在货币政策紧缩期,社会各个环节的矛盾激化,货币的供需出现较大的缺口,影响金融机构稳定性的因素逐渐加强,社会经济运行的链条常常容易发生断裂,金融风险增加。

(8)金融风险具有双重性。尽管我们在研究金融风险时,更多地强调它损失的可能,但在金融活动中,在风险存在的条件下,获取额外收益的机会也是客观存在的。这种正效应是人们所渴求的,属于风险收益的范畴,它激励人们勇于承担风险、勇于竞争和创新,以促进金融的深化。金融风险的双重性特征,势必给经济主体产生一种约束机制和激励机制,更好地配置资源。

二、金融风险的分类

金融风险种类的划分方法和标准很多,根据不同的分类方法,金融风险可以划分为不同的种类。

(一)按从事金融活动的主体划分

按从事金融活动的主体划分,金融风险可以分为国家金融风险、金融机构风险、企业金融风险、个人金融风险和国际金融风险。其中,国家金融风险是指国家作为经济主体,在金融活动中面临的风险,如冰岛的外债风险。2008 年,冰岛外债高达 1 380 亿美元,而该国三大银行的资产规模不到 1 280 亿美元。金融危机袭来,该国本币冰岛克朗一周内贬值 35%,资金链旋即断裂,让冰岛难以面对,冰岛面临全国破产风险。金融机构风险又可分为银行业风险、信托业风险、证券业风险、基金风险和保险业风险。

(二)按金融风险的地域划分

按金融风险的地域划分,金融风险可以分为全球性金融风险、国际地区性金融风险、全国金融风险、省市金融风险等。很显然,地域越大,风险的影响面越大。2007—2008 年的国际金融危机就属于由国家金融风险演变为全球性金融风险。全球性金融风险、国际地区性金融风险主要由巴塞尔银行监管委员会、国际货币基金组织、世界银行等金融组织来监管,各国的金融风险主要由其本国的金融监管当局来监管。

(三)按金融风险的影响范围划分

按金融风险的影响范围划分,金融风险可以分为系统性金融风险、非系统性金融风险。系统性金融风险是指由于全社会信用环境恶化、法制不健全等原因而出现的普遍性债权债务纠纷,或由于企业普遍不景气、周期性经济波动、通货膨胀等原因引起的金融资产价格下降导致的损失,其特点是影响面大、时间长。系统性金融风险中,受损的既可以是企业、政府,也可以是金融机构、个人。系统性金融风险靠单个或少数企业、金融机构或个人的努力是难以抵御和控制的。例如,金融行业内部由于单个金融机构的破产倒闭而引起连锁反应,致使其债权人资产及其收益发生损失,从而使该行业陷入不景气状态;或者是由于金融业风险、政府风险或国际风险而导致的严重经济、社会乃至政治危机,都属于系统性金融风险。政府和金融监管当局要特别注意对系统性金融风险的防范和化解。非系统性金融风险是指由于个别金融机构、企业或个人违约或单项资产的市场价格变化等产生的金融风险。这种可能性一旦转化为现实,就会使金融机构、企业或个人发生亏损,资本金被侵蚀,甚至因资不抵债,失去清偿能力而倒闭破产。非系统性金融风险属于个别经济主体的单个事件,对其他经济主体不产生影响或影响不大,没有引起连锁反应。非系统性金融风险可以通过分散化投资策略来规避。当然,非系统性金融风险积累到一定程度,也可以转化为系统性金融风险。

(四)按金融风险产生的原因划分

按金融风险产生的原因划分,金融风险可以分为自然风险、社会风险和经营风险。自然风险是指由于自然因素引起的风险。雷电、火灾、地震等自然灾害都可以使金融活动主体蒙受经济损失。尽管这些损失量不一定很大,但这些损失常常是无法预计的。社会风险包括宏观和微观两个方面。宏观上主要是指政治动乱、社会资金供求发生重大变化等,微观上主要是指盗窃、诈骗、冒领、抢劫或其他事故。宏观和微观风险都可能使金融活动主体在经济上受到不同程度的影响,这些影响也是不确定的。经营风险则是指金融活动主体,主要是指金融机构在货币经营和信用活动中,由于主观的努力程度和客观的条件变化而引起的风险。这种风险的后果是双重的,既可能使金融企业遭到意外的经济损失,也可能得到额外的收益。经营风险是金融机构最主要的风险。

(五)按金融风险的层次划分

按金融风险的层次划分,金融风险可以分为微观金融风险和宏观金融风险。微观金融风险是指金融活动的参与者,如居民、企业、金融机构面临的风险,主要产生于微观经济因素,如股价波动、汇率波动、利率波动等因素。利率风险、汇率风险、操作风险、信用风险、流动性风险等都属于微观金融风险。宏观金融风险是指国家、整个国民经济和整个金融体系面临的风险,如外债的累积、实行不合适的货币政策等。金融体系风险、外债风险、国家风险等都属于宏观金融风险。

(六)按金融风险的形态划分

按金融风险的形态划分,金融风险可以分为信用风险、流动性风险、法律风险、通货膨胀风险、环境风险、政策风险、国家风险、利率风险、汇率风险和操作风险等。

金融风险还有许多分类方法，如从金融风险本身的性质来分，有静态风险和动态风险；从金融风险的表现形态来分，有有形风险和无形风险；从金融风险的作用强度来分，有高度风险、中度风险和低度风险；等等。

三、金融风险产生的原因

（一）金融体系主体的缺陷

1. 金融主体的有限理性

这是与西方经济学的经济人假说相对应的，指人们既具有自利性又缺乏理性的行为。在这点上，金融主体尤为突出，主要是过度投机和盲目恐慌。其表现为：一是人们竞相追求财富的利益冲动，对虚幻增长的财富的臆想；二是大众的盲从推动了过度投机，并使其愈演愈烈；三是对卷入投机狂潮的人进行忠告是无济于事的；四是对金融投机历史的“健忘”和对金融与智力关系的曲解。而在金融体系出现波动时，人类因缺乏理性会盲目恐慌。如一家有问题的银行出现支付困难，存款人可能挤兑所有的银行，造成恐慌性挤兑，甚至导致金融体系的崩溃。金融投机是为了追逐较高的利润，金融恐慌是为了防止损失。

2. 内部人控制

它是指在财产所有权和经营权分离的情况下，经营者利用在信息和管理上的优势，偏离所有者的利益目标，为获得自身的最大利益而损害所有者利益的行为。在金融体系中，内部人控制会出现逆向选择和道德风险。逆向选择是在选择代理人的过程中，委托人在考虑了代理人可能存在的问题后，不选择符合要求的代理人，反而选择不符合要求的代理人。道德风险是经营者在行使资金使用权时，以自身利益目标最大化为依据，选择对出资人来说是次优的方案。金融欺诈是逆向选择的极端例子，利用职权的金融违法犯罪行为是道德风险的极端例子。在内部人控制下，任何形式的风险都转嫁给出资人，且出资人未能从加大的风险中获得额外的收益。这样，就破坏了风险与报酬成正比的风险配置机制，必然会影响金融体系的正常运作，这是金融体系风险的一个根源。

（二）金融体系客体的缺陷

1. 金融产品具有不确定性

金融产品要经过一段时间交易活动才能够真正完成，由此带来了违约风险或信用风险。这反映了金融活动的信用本质，是金融交易中最基本的风险。

2. 金融产品是一项高度复杂的合同

以贷款合同为例，其主要内容就包括贷款数量、贷款利率、贷款期限、有关抵押和担保的条款、贷款违约条款等，导致合同的履行不确定。

3. 合同的复杂性与不确定性的结合，使金融产品的定价十分困难

在现代经济环境中，一些经济变量是很难预测的，金融产品难以定价，金融活动常出现不规范的内幕交易，给金融体系的正常运作留下隐患。

4. 金融产品具有不完全性

在法制不健全、不规范的社会中，金融产品的交易困难。

5. 金融产品具有虚拟性

金融产品一产生，就脱离实物经济运动，遵循其自身的规律。马克思早就深刻地揭示了金融产品的虚拟性：金融产品的运动脱离实物经济的运动；其价格只是资本化的收益，受收益、投

机、预期、利率等影响，对生产资本没有直接影响，具有独特的价格决定机制；金融产品具有派生功能，其数量大大超过实物产品的数量。

(三)金融体系运作方式和组织结构上的缺陷

1. 风险补偿机制不健全

风险得到一定的补偿，才能同资源一起得到最优配置。在现代社会中，金融体系的资金配置主要有两种方式：价格配置、非价格配置。这两种方式都缺乏风险完全补偿的机制。受金融体系主体和客体缺陷的影响，价格配置存在着逆向选择和道德风险的问题，风险得不到完全的补偿。非价格配置有两种：一是在政府干预下的资金配置，政府出于宏观经济调控目的，控制信用规模，在不允许金融机构提高金融产品的价格基础上，进行行政干预使资金供给和需求达到均衡；二是金融机构为了保护市场份额，不及时调整利率而形成的非价格配置。

2. 过度竞争

金融机构之间存在着过度竞争的问题。其成因包括：一是金融机构为了自身经营目标，扩大市场份额，无度地扩张经营能力，加大竞争力度；二是金融机构为了逃避较强的金融监管而过度竞争；三是在市场准入条件降低的情况下，由于金融机构的增多而过度竞争。过度竞争既能使金融业快速地发展，又能使金融机构陷入困境，使整个金融体系处于一种快速变动和不稳定的状态。

3. 金融体系的脆弱性

它取决于：①金融活动主体对经济活动变化的敏感程度。由于经济变化在金融体系中的传递速度很快，经济主体的经营和财务风险增大，投资者的短期行为和大量的游资，会导致金融体系过于敏感和脆弱。②金融体系结构的问题。金融体系过于单一，金融机构、金融市场和金融产品的种类和数量有限，金融体系的应变能力就差，传递不利变化的速度就加快，容易受外界因素的影响。③金融体系中各个组成部分的相对强弱。在金融体系中，各个金融机构的业务是相互交叉的，为了争夺市场，较弱机构将降低条件参与竞争，给金融市场带来了巨大的风险。④传染性。按照传染病的机理，一个金融机构的问题可能传染到其他的金融机构，乃至整个金融体系。

(四)金融体系风险的外部因素

1. 宏观经济因素

金融体系与宏观经济紧密相连：一方面，金融混乱会导致经济混乱，进而引致政治混乱；另一方面，每次金融危机或金融动荡都有深刻的经济根源，金融体系的状况是经济活动的集中体现。金融体系与宏观经济有着千丝万缕的联系，又具有相对独立性。对金融体系造成冲击的宏观经济因素包括经济增长率、通货膨胀率、整体经济效益水平、经济结构、国际收支状况、财政收支状况。宏观经济的恶化一方面通过影响各个经济主体对金融体系造成冲击，另一方面通过影响人们对整个经济的信心来影响金融体系，此外政府的宏观经济政策也会对金融体系构成冲击。

2. 非经济因素

政局的变化、战争、自然灾害等非经济因素都能对金融体系的稳定构成威胁。从人类社会的发展规律看，政治、法律制度必须与经济发展相协调，否则就会影响和阻碍经济的发展。现代市场经济客观上要求廉洁、公正和透明的政治、法律制度；反之，金融体系的风险就会加大，造成政局不稳，人们对政府失去信心，影响经济金融的稳定运行。战争和自然灾害使得市场发生紊乱，影响金融体系的安全和稳定。

3. 非正式金融体系对金融体系的影响

正式金融体系是经过政府批准、接受政府监管、有固定的经营场所和规范的业务流程、提供主要的金融服务的金融机构所组成的金融体系。不符合上述条件的金融体系就是非正式金融体系，如民间借贷、钱庄等。在一定条件下，非正式金融活动是对正式金融活动的有益补充，但是如果超出一定的限度，非正式金融体系就会对正式金融体系造成冲击，导致正式金融体系的资金外流，宏观调控信息失真，非法金融活动猖獗，扰乱整个社会的经济秩序。

任务二 金融危机

一、金融危机的含义

金融危机是一个很笼统的概念，比较难确定，并且种类繁多。《新帕尔格雷夫经济学大辞典》的概念具有一定的权威性："金融危机是指全部或大部分金融指标——短期利率、资产(证券、房产、土地)的价格、商业破产数和金融机构倒闭数急剧、短暂和超周期的恶化。"该概念对应的是封闭经济，随着国际资本流动的加快，各国经济的开放性特征更加明显，金融危机的表现形式呈现出多样性的特点。金融危机爆发的多样性、复杂性大大拓展了金融危机概念的外延。金融危机按照性质和内容划分，有货币市场危机、金融机构危机、资本市场危机、债务危机和系统性金融危机等。

货币市场危机简称货币危机，是指实行固定汇率机制或带有固定汇率机制色彩的盯住汇率安排的经济体，由于外在因素对一国货币汇率价值的投机性攻击所导致的该国货币的贬值或急剧下跌，迫使当局要么动用大量的国际储备，要么急剧提高利率来保卫本国货币。

金融机构危机主要是指银行业危机，是商业银行或非银行金融机构由于内外部原因导致巨额亏损或破产倒闭，致使银行纷纷中止国内债务的清偿，迫使政府通过大规模提供援助以阻击这种事态的发展。银行业危机很容易通过社会公众信心的传递引发全社会对各类金融机构的挤兑风潮，从而危及整个金融体系。

资本市场危机主要是指股票市场出现价格短期内大幅度下降，代表一国财富水平的有价证券和对世界财富要求权的相对比例的下降。资本市场危机和货币市场危机都是通过一国的资产价格进行传递的，从而具有联动效应，往往二者的共同作用会给一国的金融体系造成毁灭性打击。

债务危机是指一国不能支付其对外私人或政府间外债的情形。债务危机通常在中心—边缘框架内进行分析研究，国际借贷资金多由经济发达的中心国家流向落后国家，债务危机主要表现为落后国家无法偿还发达国家的债务。

系统性金融危机是指金融市场出现严重的混乱，表现为以上几种危机的混合。系统性金融危机往往表现为，金融体系出现严重困难，绝大部分金融指标急剧恶化，各类金融资产价格暴跌，人们对宏观经济和金融体系未来走势预期悲观，对货币或资产价格丧失信心而竞相采取减损措施所造成的金融系统严重混乱。系统性金融危机可以包括货币危机，但货币危机不一定导致国内支付体系的严重混乱，并且不一定表现为系统性金融危机。

二、金融风险与金融危机的联系与区别

金融活动处于现代经济活动的中枢地位，金融体系的正常运行是市场经济发展的重要保

证。从金融业自身的特征来看，金融业是以货币和信用为基础的行业，金融可以超越实体经济而发展，越来越虚拟化。信用本身具有脆弱性，这就决定了信用链条的断裂可能会导致金融危机。信用同时具有连锁性，一家金融机构的破产倒闭往往会影响其他金融机构，甚至影响整个金融体系。同时，金融业与整个社会经济的方方面面有着千丝万缕的联系，当金融体系出现系统性风险时，常常会波及整个经济活动。此外，由于经济金融全球化，导致一国的金融体系与他国的金融体系存在着密切的联系，一国金融体系出现问题，也会导致其他国家出现问题。

金融风险与金融危机是相互联系的。在市场经济条件下，金融风险具有普遍特征，有金融活动就有金融风险，但有金融风险不一定存在金融危机。金融风险是隐蔽的、潜在的和不确定的，而金融危机则是金融风险爆发并扩散的结果。金融风险具有引发、积累为金融危机的可能性，而不具有必然性。金融危机是金融风险累积到一定程度的产物，是金融风险的集中体现和“极限效应”。金融风险作为一种经济现象，如果不加以防范和化解，就会酿成金融危机。当金融风险累积到一定程度，在外部因素的冲击和干扰下，其本身原有的信用链中断，人们对当前经济和金融状况失去信心，特别是产生强烈的货币贬值预期时，就会导致经济和金融恐慌。金融危机使金融风险的可能损失变为现实损失。

金融危机和金融风险又有所区别。金融危机指的是金融体系出现严重困难乃至崩溃，表现为所有的或绝大部分金融指标的急剧恶化、各种金融资产价格暴跌、金融机构陷入严重困难并大量破产，从而对实体经济的运行产生极其不利的影响。金融风险指的是引发金融危机的可能性，金融风险是金融体系内生的，它不能够被消灭，只能加以防范和分散。在市场经济环境下，金融风险是普遍存在的，有些是由于金融市场交易者的不正当及违法违规行为引起金融动荡，但更多的是由于金融市场机制本身的问题而引起的金融体系的内在不稳定，即现代金融体系具有内在的脆弱性或不稳定性。

拓展阅读 12—1 比特币飙升后监管风暴将至？各国政府或将出手

监管问题始终是悬在加密货币头顶的一把利剑，全球第四大数字货币交易所克拉肯(Kraken)首席执行官周一警告称，各国政府可能会限制使用比特币和其他加密货币。

克拉肯首席执行官杰西·鲍威尔(Jesse Powell)周一在接受媒体采访时表示，可能会有一些打击行动，围绕加密货币的监管不确定性不会很快消失。鲍威尔认为美国比其他国家更“短视”，对银行等传统企业的压力很敏感。

就交易量而言，克拉肯是全球第四大数字货币交易所，拥有超过 600 万客户，克拉肯目前正在与投资者就新一轮融资进行谈判，估值或高达 200 亿美元。在一季度交易量达到创纪录的 1 600 亿美元后，克拉肯正考虑明年上市。对比来看，克拉肯竞争对手考恩贝斯(Coinbase)已计划本周三上市，市值或高达 1 000 亿美元，有望超越纽约交易所、纳斯达克交易所市值之和。

在机构投资者入局和散户热情推动下，今年加密货币价格飙升，比特币上个月创下逾 61 000 美元的历史新高。周一比特币一度再次突破 61 000 美元，随后有所回落。

虚拟货币

需要注意的是，此前美国财长耶伦、欧洲央行行长拉加德等官员都对比特币洗钱等非法活动发出警告。美国政府最近提出了一项反洗钱规则，要求在数字钱包中持有加密货币的个人进行 3 000 美元及以上的交易时，必须进行身份检查。此外，印度政府也在考虑一项加密货币禁令，任何持有或交易加密货币的人可能都将被处罚。

不过也有迹象表明，出于恶意目的使用加密货币的比例正在下降。据链式分析公司(Chainalysis)的数据，去年非法活动仅占所有加密货币交易量的0.34%，与上年同期约2%相比有所下降。

资料来源：比特币飙升后监管风暴将至？交易所警告各国政府或将出手，财联社，2021年4月13日。

三、金融危机理论

(一)第一代金融危机模型

第一代金融危机模型又称克鲁格曼模型，是美国经济学家保罗·克鲁格曼于1979年提出的，它是西方关于货币危机的第一个比较成熟的模型。这一模型以小国开放经济为分析框架，以盯住汇率制度或其他形式的固定汇率制度为分析对象，分析了以放弃固定汇率为特定特征的货币危机是如何发生的。克鲁格曼认为，在一国货币需求处于稳定状态的条件下，国内信贷扩张会带来外汇储备的流失，从而导致对固定汇率的冲击而产生危机。但是，他在分析中采取的非线性形式导致了固定汇率崩溃的时间是难以确定的，后来弗拉德和戈博于1986年完成了这一工作，因此，这一模型又被称为“克鲁格曼－弗拉德－戈博模型”。

第一代金融危机模型认为：扩张性的宏观经济政策导致了巨额财政赤字，为了弥补财政赤字，政府只好增加货币供给量，同时为了维持汇率稳定而不断抛出外汇储备，一旦外汇储备减少到某一临界点时，投机者会对该国货币发起冲击，在短期内将该国外汇储备消耗殆尽，政府要么让汇率浮动，要么让本币贬值，最后，固定汇率制度崩溃，货币危机发生。该理论从一国经济的基本面解释了货币危机的根源在于经济内部均衡和外部均衡的冲突，如果一国外汇储备不够充足，财政赤字的持续货币化会导致固定汇率制度的崩溃并最终引发货币危机。当宏观经济状况不断恶化时，危机的发生是自然的而且是不可避免的。它比较成功地解释了20世纪70、80年代的拉美货币危机。

但是，货币危机是如何发生的？或者说，信用扩张政策与外汇储备和货币危机之间究竟是如何相互联系的？实际的机制过程通常是这样的：当一国最初采取信用扩张政策时一般能够达到刺激经济增长的目的，这种政策效应通常会持续一段时间。在这一时期，该国经济增长的加快会吸引外资不断流入，它们中一部分被用于扩大进口，一部分增加了该国的外汇储备。这也意味着加快了信用膨胀的进程，因为央行以收购外汇形式投放的货币是基础货币，它在流通中将发挥乘数效应。当缘于国内信贷扩张和外资流入这双重原因的信用膨胀持续一段时间后，会使该国经济走向畸形发展，泡沫经济和虚假繁荣纷纷登场，并且愈演愈烈。这不仅会使该国的基本经济面不断恶化，而且会使该国的经常项目收支从实质上开始发生逆转。即使在这个时候，只要泡沫的空气尚未逸出，信用膨胀就会继续下去，有问题的投资看起来也是好的。但是，泡沫就是泡沫，当这种状态持续一段时间后，经济开始呈现疲惫之态，问题浮出水面，一些企业开始倒闭或面临倒闭，一些金融机构也因此陷入困境。这会引起外资的警觉，外资流入减慢，甚至开始出现外流。与此同时，该国基本经济恶化和泡沫经济造成的经常项目逆差已开始加速消耗该国的外汇储备。就是在这个时候，如果该国政府认为经济的疲软和经济过程的银根短缺是由于货币供应不足，因而继续采用信用扩张政策，其结果只能是加速外汇储备的流失。最后，当泡沫经济开始全面崩溃的时候，经常项目逆差和外资的流出会加快该国外汇储备的流失，这在客观上会对该国经济形成紧缩效应，从而迫使该国央行把卖出外汇而回笼的货币再次投入流通，如果它不想让信用紧缩导致经济衰退而保持货币供给量不变的话。但是，在这里，外汇储备的流失是原因，而不是结果。也就是说，不是通过信贷形式提供的货币供应量的增长导致外汇储备的流失，而是外汇储备的流失迫使信贷补足相应的货币供应量。长期推行或纵容信用膨胀所造成的种种恶果，会使经济的崩溃和衰退不可避免，它或迟或早都会使该国外汇储备消耗殆尽。当有迹象表明政府已无法控制局面，本币贬值即将变成现实时，投机者就会加入冲击外汇储备的队伍中。他们不只是把自己手中已有的本币兑换成外币，并且开始借入本币，购进外币，以便在本币贬值后获利。这种投机倾向甚至会演化成公众行为，投机性国际游资更是会趁火打劫。到了这个时候，外汇储备完全丧失，政府不得不宣布实施浮动汇率制度，听任本币随市场贬值，已是必然结果。

根据以上分析，第一代金融危机理论具有以下特点：

第一，它认为货币危机的发生是由于宏观经济政策与固定汇率制度的不一致引起的，并认为持续的信用扩张政策所导致的基本经济的恶化是货币危机发生的基本原因。

第二，在危机发生机制上，它一方面强调信用扩张导致外汇储备流失；另一方面又把投机攻击导致的储备下降至最低限看成是货币危机发生的一般过程。但是，在信用扩张、外汇储备流失和货币危机之间的相互关系上，有些过分公式化和简单化了。

第三，把政府的行为过于简单化，实际上，货币危机的发生过程通常是政府与其他经济主体之间的博弈过程，第一代金融危机理论对此重视不足。

(二)第二代金融危机模型

第一代模型难以解释 1992—1993 年的欧洲货币危机。1992 年，英镑危机发生，当时英国不仅拥有大量的外汇储备，而且其财政赤字也未出现与其稳定汇率不和谐的情况。第一代金融危机理论已无法对其作出合理解释，经济学家开始从其他方面寻找危机发生的原因，他们更加注重强调行为主体的主观心理因素，认为人们会预期政府是否会坚决地捍卫固定汇率制从而作出理性的选择，描述了金融危机在政府政策合理和经济状况良好背景下的起源和传导机制，最终开创了第二代金融危机理论。第二代金融危机理论较好地解释了 1992 年英镑危机，当时英国政府面临着提高就业与维持稳定汇率的两难选择，结果放弃了有浮动的固定汇率制。

第二代模型基于两个基本假定：一是假定政府往往面临多个且相互矛盾的优化目标(如减少失业和降低通胀率)；二是假定经济中存在多维平衡点，存在导致多维平衡点的循环过程，不同的预期会导致不同的经济平衡点，危机具有自我促成性质，当许多投资者持有悲观经济预期时，资本流出导致汇率体制崩溃，而这正验证了先前的预期。第二代模型强调了市场参与者在决定经济平衡点实现时的作用。

第二代金融危机模型最具代表性的是由茅瑞斯·奥伯斯法尔德于 1994 年提出的。他在寻找危机发生的原因时强调了危机的“自我促成”的性质，引入了博弈论，关注政府与市场交易主体之间的行为博弈，说明了动态博弈下自我实现危机模型的特点，并呈现出“多重均衡”性质。该模型认为，一国政府在制定经济政策时存在多重目标，经济政策的多重目标导致了多重均衡，因而政府既有捍卫汇率稳定的动机，也有放弃汇率稳定的动机。在外汇市场上有中央银行和广大的市场投资者，双方根据对方的行为和掌握的对方的信息，不断修正自己的行为选择，这种修正又影响着对方的下一次修正，形成了一种自我促成，当公众的预期和信心的偏差不断累积使得维持稳定汇率的成本大于放弃稳定汇率的成本时，中央银行就会选择放弃，从而导致货币危机的发生。

第二代金融危机理论开辟了货币危机的自我实现机制研究，拓宽了货币危机研究的思路。第二代金融危机理论认为，危机发生的原因与作为经济人的政府的行为有关，取决于政府对捍卫固定汇率制或放弃固定汇率制的成本与收益的权衡。市场对货币贬值的预期会导致政府放弃固定汇率制,预期贬值是货币危机的直接因素。当人们预期货币将贬值时,政府发现维持固定汇率制的成本将上升,并有可能超过维持固定汇率制的收益,政府会放弃固定汇率制,货币危机因此会在政府不作为的信息传导和市场环境下完成自我实现的过程。

第二代金融危机理论更注重行为主体的主观心理,强调经济主体的预期和心理对危机发生的关键作用。这些危机模型的共同之处在于强调了危机的"自我促成"性质,不同之处在于如何看待宏观经济基础变量的作用。以奥伯斯法尔德为代表的学者在强调危机的自我促成时,仍然重视经济基本面的情况,如果一国经济基本面的情况比较好,公众的预期不会发生大的偏差,就可以避免危机的发生。"自我促成"危机表面上看是市场的预期导致货币冲击,而本质上的原因仍然在于不断恶化的经济基础或政府的宏观经济政策与稳定汇率政策间的不协调,市场的预期贬值是建立在一国宏观经济基础有问题的基础上的(如外汇储备和政府赤字状态、政府对固定汇率的承诺态度等)。因此,危机的根源仍在于薄弱的宏观经济基础或政策间的不协调,市场只不过加速将其通过预期反映出来。危机不会等到宏观经济基础恶化到本应发生危机时才发生,而提前到投机者认为其冲击会获得成功时就会发生。这种观点强调了经济基础变量在决定何时发生危机的重要作用,存在不会发生危机的基础经济变量范围,也存在必然发生危机的范围。在这两者之间,可能发生危机也可能避免,这取决于市场预期因素。"自我促成"危机发生的可能性是由基础经济变量的状况决定的,好的经济基础变量不会发生危机。

同时,有一些第二代模型强调危机与经济基础变量的状况无关,危机可能纯粹是由投机者的攻击所致。投机者的攻击使市场上的广大投资者的情绪、预期发生了变化,产生"传染效应"和"羊群效应",推动危机的爆发,货币危机之所以发生的原因恰恰是因为它们正要发生。假定一个国家的宏观经济基础并没有表现出恶化的趋势,或者即使有一些恶化的趋势,但政府的政策可以有效地改变这种趋势。如果市场预期不发生变化,即如果投资者认为汇率机制不会崩溃,就不会撤出资金;但是如果他认为汇率可能崩溃,就会撤出资金,如果许多投资者都同时撤出资金,则危机爆发。其结果是对经济的乐观或悲观都是自我实现的。其结论认为原因有二:一是投资者的盲从效应,信息成本导致外国投资者的决策是基于有限信息,因此对市场传闻极为敏感;二是危机的传染作用,一种由贸易联系引起的竞争性贬值效果,导致本币容易受到投机者的货币冲击。

第二代模型克服了第一代模型的缺点,较好地解释了"欧洲型"货币危机(如1992—1993年欧洲货币危机和1994—1995年墨西哥比索危机)。第二代模型指出经济中的多维平衡点现象,并分析了政府政策和市场预期在产生多维平衡点、导致货币危机中的关键作用。第二代模型揭示了市场预期在判断货币冲击的时点和成功可能性中的作用。其政策启示是,政府捍卫固定汇率的"强硬"态度有利于政府防止货币冲击和维持固定汇率。

需要指出的是,政府即便采取"强硬"态度也不可能完全阻止货币冲击,因为政府在一次货币冲击中"强硬"而捍卫了固定汇率,投机者也会认为经济存在非攻击均衡的可能性,即投机者看到了但并没有去追求的可能的盈利机会。在这种情况下,任何适应预期的投机行为都能突然导致攻击,因为政府捍卫固定汇率的成本实在是太高了。瑞典1992年出现的情况似乎验证了这一情形的客观存在。

(三)第三代金融危机模型

第三代金融危机模型是在第一代、第二代模型的基础上,重点研究资本流动和货币危机,资本市场发生危机的微观机制，危机爆发的时间、强度，危机的预警体系和防范等方面的许多模型的统称。这些模型解释了资本内流与金融危机的序列关系，揭示因管理不善的银行和公司债务人的担保而导致的道德风险的存在而使得银行风险和货币风险的同时并存和相互作用关系，从而危机呈现为“孪生危机”的特点。由于这些模型重点研究的是资本市场的危机发生机理，而且都采用了道德风险模型的分析方法，故第三代金融危机模型也被称为资本项目危机模型，也称道德风险模型。

由前述可知，第一、第二代金融危机模型都是以固定汇率制为基本前提的。由于固定汇率制的内在脆弱性，当内、外部经济条件发生变化时引起的名义汇率和实际汇率的背离就必然会以货币危机的形式出现。故就本质而论，固定汇率制这一制度安排更易诱惑外汇投机，遭受国际投机性资金的冲击，诱发货币危机，乃至金融危机。

正是理论界充分认识到了这一点，从 20 世纪 80 年代开始，很多国家纷纷放弃固定汇率制而实行形式各异的浮动汇率制。然而，随着金融一体化进程的快速发展，金融越来越脱离实体经济运行，致使爆发金融危机的因素更显复杂性。对 1997 年的亚洲金融危机，原有的金融危机、货币危机的有关理论无法提供具有足够说服力的解释。一些学者认识到金融全球化条件下金融中介的关键地位和作用，于是从金融中介角度分析金融危机产生的根源。其中典型的代表是美国经济学家克鲁格曼。他认为，由于政府对银行和金融机构的隐性担保或显性担保以及监管的不力，使得金融机构存在严重的道德风险问题，金融机构往往倾向于投资高风险领域，导致资产泡沫化，资产泡沫化破灭时诱发货币危机，如此银行业危机与货币危机的伴生以及相互加强、交织，加剧危机演化进程并恶化演化的性质。

克鲁格曼认为，货币危机对远在千里之外、彼此联系很少的经济都造成影响，因此多重均衡是存在的，某些经济对于公众的信心的敏感度很高，这些经济的货币危机可能由外部的与自己关联并不大的经济中发生的货币危机所带来的公众信心问题而诱发。东南亚经济经常账户逆转的原因主要在于危机中货币大幅度贬值和严重的经济衰退所带来的进口大量减少，因此，存在一个转移问题，这是为以往的货币危机理论所忽略的。在以往的货币危机理论中，模型的构造者将注意力放在投资行为而非实际经济上，单商品的假定中忽视了贸易和实际汇率变动的影响。因此，货币理论模型的中心应该讨论由于实际贬值或者是经济衰退所带来的经常账户逆转以及与之相对应的资本流动逆转的需求问题。他认为，亚洲货币危机的关键问题并不是银行，而在于企业，本币贬值、高利率以及销售的下降恶化了企业的资产负债表，削弱了企业财务状况，这一问题并非银行本身的问题。即使银行重组对金融状况大大恶化了的公司来说也是于事无补的。克鲁格曼在单商品的假定之下，建立了一个开放的小国经济模型，在这一模型中，克鲁格曼增加了商品对进口商品的不完全替代性，分析了贸易及实际汇率变动的影响与效应。总的来说，克鲁格曼在他的第三代金融危机理论中强调了以下几个方面：

(1)提出了金融过度的概念，这一概念主要是针对金融中介机构而言的。在金融机构无法进入国际市场时，过度的投资需求并不会导致大规模的过度投资，而会导致市场利率的升高。当金融机构可以自由进出国际金融市场时，金融中介机构的道德冒险会转化成为证券金融资产和房地产的过度积累，这就是金融过度。金融过度加剧了一国金融体系的脆弱性，当外部条件合适时，将导致泡沫破裂，发生危机。

(2)亲缘政治的存在增加了金融过度的程度。这些国家表面上健康的财政状况实际上有大量的隐含赤字存在：政府对与政客们有裙带关系的银行、企业提供各种隐性担保，增加了金融中介机构和企业道德冒险的可能性，它们的不良资产就反映政府的隐性财政赤字。东南亚国家持续了几十年的亲缘政治使国家经济在20世纪90年代大规模的对外借款中处于一种金融崩溃的风险之中，这种风险来自它们采用的准固定汇率贬值的可能性。

(3)东南亚金融危机的关键在于企业。由于销售疲软、利息升高和本币贬值，企业的资产负债表出现财务困难，这种困难限制了企业的投资行为。企业的资产负债表出现的财务困难还包括了由前期资本流入所带来的实际汇率变化的影响。这一分析表面看是论述货币贬值对企业乃至整个实体经济的影响，实际上，在危机爆发前投资者的行为函数里可能已经包含了对这种变化的预期，这就加强了他们抛售本币的决心，这也是一种自我实现的现象。

(4)克鲁格曼理论模型表明存在三个均衡。中间均衡是不稳定的，可以不用考虑，另外两个均衡是本国回报率等于外国回报率的高水平均衡及低水平均衡。在低水平均衡上，贷款者不相信本国企业有任何担保，对它们不提供贷款，这一行为意味着实际汇率将可能贬值，实际汇率的不利影响意味着企业的破产，而这又从实际中对先前的悲观态度作出了佐证，形成一种恶性循环。因此，克鲁格曼认为，金融体系在货币危机中发生崩溃并非是由于先前投资行为失误，而是由于金融体系的脆弱性。导致金融体系可能发生崩溃的因素有：高债务因素、低边际进口倾向、相对出口而言大规模的外币债务。

(5)保持汇率的稳定实际上是一个两难选择，因为保持汇率的稳定是在关闭一条潜在的引发金融崩溃的渠道的同时打开了另外一条。如果债务较高，杠杆效应较明显，维持实际汇率的成本就是产出的下降，而且这种下降是自我加强的。这对于企业而言，仍然会带来相同的不良后果。

因此，第三代金融危机理论的主要内容可以归结为以下几个方面：

(1)信息的不对称性和“羊群”效应。

信息的不对称性是指由于筹资者往往不向投资者提供全部信息和现实中信息披露及信息传播等方面的困难，投资者掌握的信息通常是不完全、不充分的，在有关资金的使用和其他投资信息方面投资者与筹资者处于不对称状态。这会使投资者对自己掌握的信息缺乏信心，使其行为具有盲目随从的性质，迫使他们去效仿另外一些可能掌握更多信息的投资者的做法，于是便形成“羊群”效应。例如，当泰铢发生危机后，人们便担心韩元可能也会出问题；当日本银行开始停止对韩国提供贷款并收回贷款时，欧美银行便纷纷效仿，因为后者认为日本可能更了解韩国的实际情况；同样，既然银行已开始行动，其他金融机构也纷纷效仿，于是“羊群”效应形成了。

(2)警示效应。

当一国发生货币危机后，人们便对其他相类似的国家产生警惕，形成警示效应。以这种方式进行的危机蔓延通常是基于在其他国家观察到的新问题，而这些问题又与危机发生国所存在的问题相类似。当泰国爆发金融危机后，人们注意到印度尼西亚和韩国的经济也不健康，它们存在着银行系统薄弱、信用膨胀，国内资本形成质量下降、出口增长变慢，外汇储备相对较少等问题，而泰国也存在着相类似的问题；尽管这些问题未必能够引发货币危机，或者尚未达到足以引发货币危机的程度，但警示效应的发挥促使人们纷纷收回投资，最后终于导致这些国家也爆发了货币危机。

(3)流动性危机导致清偿危机。

在货币危机的蔓延中，流动性危机蔓延到其他国家导致其也陷入严重的外币债务危机，是推动货币危机向其他国家蔓延的又一个重要因素。一个借款人缺乏清偿力，是指他目前及未来的全部收益不足以偿付所欠债务；一个借款人缺乏支付能力即流动性，是指他当前没有足够的现款支付到期债务。一个借款人也许具有清偿力，但他很可能因无法从金融市场上筹借到足够的资金用于偿付到期债务，而陷入流动性危机中。这是一种债务危机，是因支付能力不足而引发的债务危机。在这种状态下，债务人很可能会被迫低价转让资产以偿付到期债务，而如果其价格低到使其资产总额小于债务总额的水平，那么，债务人就会因缺乏流动性而失去清偿能力，使其陷入真正的债务危机。

金融市场上常常会出现这样一种情况：具有清偿力但缺少流动性的借款人难以筹借到新的资金，这是债权人集体博弈的结果。当市场上有可能出现较多的缺少流动性的借款人时，单个债权人因能够提供的资金太少，无法满足其要求，只有各债权人同时提供资金，才有可能帮助借款人克服流动性危机；否则，如果只有一个债权人提供了资金，不仅不能解决问题，而且债权人也会遭受厄运。于是，如果预期其他债权人不会提供新的资金，每一个债权人都不会提供新的资金，流动性危机便在金融市场上蔓延起来，甚至会导致全面的债务危机。当泰国金融危机爆发后，由于泰铢大幅度贬值，使泰国金融机构和一般企业的外币债务大幅度升值，使它们承受了巨额的外汇风险损失，这很快使一些金融机构和企业陷入流动性危机或债务危机。这时国际金融市场的债权人意识到他们的利益很可能会受到流动性危机的冲击，便立即紧缩对印度尼西亚、马来西亚、韩国等国的贷款，不仅已到期的贷款不再延期，而且原来承诺将要延期的贷款也不再延期，这使这些国家很快陷入流动性危机和债务危机。流动性危机和债务危机的形成，又会大大增加对外汇的需求，形成一股推动本币贬值的力量，于是，在其他因素的共同作用下，这些国家也爆发了货币危机。

(四)美国次贷危机与新一代金融危机理论的发展

美国次贷危机又称次级房贷危机，是指一场发生在美国，因次级抵押贷款机构破产、投资基金被迫关闭、股市剧烈震荡引起的金融风暴。它致使全球主要金融市场出现流动性不足危机。美国次贷危机是从 2006 年春季开始逐步显现的。2007 年 8 月开始席卷美国、欧盟和日本等世界主要金融市场。这场震惊世界的金融风暴席卷而来，全球遭遇了自 20 世纪 30 年代“大萧条”以来最严重的金融危机。这场金融危机的成因，涉及美国的消费模式、金融监管政策、金融机构的运作方式，以及美国和世界的经济结构等多方面因素。随着金融动荡的加剧，全球金融市场和实体经济面临严峻考验。2008 年 12 月 1 日，美国全国经济研究局宣布，美国经济自 2007 年 12 月即开始陷入衰退，日本和欧元区经济也都陷入衰退，这将是第二次世界大战后发达经济体首次出现全年经济负增长。2009 年 1 月 15 日，联合国发布的《2009 年世界经济形势与展望》报告认为，世界经济正进入衰退，国际贸易前景暗淡，发展中国家将受到深远影响。2009 年 7 月 8 日，八国集团领导人发表一份声明，表示全球经济正经历几十年来“最严重的经济和金融动荡”，目前“经济和金融稳定性仍存在严重风险”。

这场金融危机呈现出一些与以往的历次金融危机所不同的新特征。危机中表现出的这些新的经济特征对以往的金融危机理论提出了挑战，主要表现在：

(1)金融创新将金融领域中的小风险通过杠杆效应放大成破坏性的全球金融危机。这次危机中表现出的一些较小的金融领域的风险能迅速放大成破坏性的大危机，这在以往的危机中很少发生。这主要是源于在这次危机中，一些金融机构通过用负债融资和保证金交易的双重杠杆方式投资包括次贷信用衍生品在内的金融衍生产品。这种高杠杆的投资能够放大金融风险，这在以往的金融危机理论中较少提及。

(2)滞后的金融监管机制而非银行导致金融系统内在的不稳定。从危机源头次级贷款的发放看，一些金融机构由于缺乏监管，有意放松对贷款人贷款资质的审查而发放了大量的次级贷款；在次级贷款通过证券化转为次级债券的过程中，由于监管失控导致了金融机构存在着大量的担保过度问题。另外，在围绕次级贷款和次级债券进行的一系列衍生过程中，每个环节的信用评估是相互脱节的。这些直接造成了金融系统的不稳定性，而不是以往理论模型中认为的银行导致了金融系统的内在不稳定。

(3)危机在全球的传导主要是通过金融衍生品的销售而不是投资(机)资金的冲击。这次金融危机的发生地在美国，危机的发生和传导不是由于受到了美国以外的投资(机)资金的冲击，危机在全球的传导和扩散主要是由于美国国内名目繁多的金融衍生品在全球的大规模销售造成的。

(4)政府反危机中的大规模国有化政策。面对这次金融危机，美国及西欧国家最后都采取了大规模国有化的反危机措施，这种发达经济体大规模国有化的反危机举措在以往的危机中没有出现，西方金融危机理论也较少论及通过大规模的国有化来防范和化解危机。今天看来，这种大规模的国有化是各国政府为了避免金融市场动荡而采取的应急措施，还是表明政府要接管自由市场，需要更多的关注。

引起美国次级抵押贷款市场风暴的直接原因是美国的利率上升和住房市场持续降温。利息上升，导致还款压力增大，很多本来信用不好的用户感觉还款压力大，出现违约的可能，对银行贷款的收回造成恶劣影响，对很多国家包括中国也造成严重影响。从次贷业务本身来看，金融机构放弃审慎原则，降低贷款标准，使该行业风险不断累积；次贷产品只是将风险押后，高成本地提前透支无风险收益；金融产品创新使原本不具备贷款条件的借款人暂时具备还款能力，也使贷款机构能够迅速转移风险，为次贷大规模发展推波助澜；金融产品创新在促进次贷业务迅猛发展的同时，也使次贷业务发展过程中道德风险日益突出。从金融功能角度来看，次贷危机之所以发生以及产生如此巨大的影响，其基础条件是金融虚拟化所导致的金融资产价值急剧膨胀、信用关系高度复杂化、金融体系日益成为一个牵一发而动全身的整体，以及在金融虚拟化过程中使金融功能迷失。正如一些学者所分析的，这次金融危机的本质包括：一是美国的国家信用危机以及全球性信用和信心危机；二是美国极端的消费主义文化危机；三是市场原教旨主义经济理论与政策危机；四是过度虚拟、过度衍生的金融资源不可持续发展危机；五是全球性实体经济与虚拟经济及国际金融严重结构性失衡危机；六是经济学、金融学的人文价值观认同危机；七是人类现存思维方式、生产方式与生活方式的不可持续发展危机。

四、金融危机预警

金融危机预警系统是指能够对金融安全状态的变化提供有效的预测信息，及时警示政策当局采取相应的防范措施对金融安全状态进行控制的系统。

金融危机预警系统是一个以金融系统的全面信息为基础，运用各种先进的统计与计量分析工具，及时地识别和捕捉金融安全状态的不良变化，并且能够对变化的原因和趋势进行预警的系统。它主要由指标体系、预警模型、法律框架和组织机构等制度安排、信息管理系统等部分构成。

金融危机预警系统的主要目标是：

(1)对金融系统安全状态的变化进行全面的动态描述，及时准确地捕捉到不安全的表现症状，并对可能出现的金融不安全进行预警。

(2)判别金融安全状态变化的主要原因，分析各种因素对金融安全的作用机制。

(3)为控制相应的金融风险提供可靠的依据和指导。

金融危机预警系统的功能是在金融安全性风险管理中所形成的预警机制，发挥警报、矫正和免疫功能。

(1)警报功能。警报功能是对金融系统运行态势的早期征兆及其成因进行监测、识别、诊断与报警的一种功能。

(2)矫正功能。矫正功能是对金融运行活动中风险的早期征兆及其不良发展趋势进行预控和纠错的功能。

(3)免疫功能。免疫功能是对金融运行活动中具有同质性的风险或诱因进行预测或迅速识别并提出有效对策的一种功能。

总的来说，金融危机预警系统的功能是以警报为导向、以矫正为手段、以免疫为目的的预防纠错机制。

金融危机预警系统是由多个基本要素组成的一个有机联系与统计的系统体系。它的基本结构包括组织机构体系、预警信息系统、预警指标体系、预警防范技术体系和预控对策体系。

(1)组织机构体系。组织机构体系是指预警系统的人员组成及预警组织机构。它在预警功能的发挥中起着不可或缺的作用。

(2)预警信息系统。预警信息系统包括信息采集、指标体系、信号输出和对策库等模块。信息采集是系统的基础，指标体系是系统的核心，信号输出反映当前的安全状况和发展趋势，对策库是结合信号输出建立不同的对策。

(3)预警指标体系。预警指标体系在预警管理中占据极为重要的地位。它是预警系统探测系统变化趋势、寻求对策的依据。

(4)预警防范技术体系。通过设计指标风险适度区间和因素预警，当指标值处于不同区间或某些因素出现时，发出不同的警报。

(5)预控对策体系。预控对策体系是结合信号输出信息建立不同的对策，为实施预控对策提供参考。

任务三　金融监管

一、金融监管的产生与发展

金融监管是指金融主管当局依据国家法律法规的授权对金融业(包括金融机构以及金融机构在金融市场上所有的业务活动)实施监督、约束、管制，使它们依法稳健运行的行为总称。

金融监管的产生与发展，大致经历了三个阶段。

第一阶段，20 世纪 30 年代之前。世界首次对银行业的公共管理和监督出现在 15 世纪的西欧。而现代意义上的金融管理则始于 19 世纪中央银行制度的建立。中央银行制度建立初期，金融监管的重点主要是货币发行与流通。中央银行致力于集中货币发行、建立银行准备金制度，并解决商业银行过度发行而导致的货币混乱、兑付困难和破产倒闭的问题。19 世纪末以后，各国逐步加强了对银行业的监管，规定开业条件、管理货币发行与流通，还通过制定法律和条例，将银行的最低资本额、现金储备、资产种类等也纳入监管范围。总之，20 世纪 30 年代前，在以新古典学派为代表的经济自由主义占主导地位的时期，各国金融监管是粗线条和宽松式的；监管主体、职能、作用均有限；监管目标不明确、内容不全、措施不力、方法原始、手段单一；监管的有效性不高。

第二阶段,20 世纪 30 年代初至 20 世纪 70 年代初。第一次世界性经济大危机之后,以凯恩斯为代表的管理经济、国家干预主义登上经济学宝座,各国政府也开始注重监督、管理、干预经济,并把稳定金融业作为发展经济、稳定社会的必要条件,对金融业全面而严格管制与监督,很快形成了较为完善的监管体系。这一阶段金融监管的主要特征是加强立法、增加限制性政策,主要表现在对利率的限制、对金融机构业务活动的限制。

第三阶段,20 世纪 70 年代初至现在。20 世纪 70 年代,在金融创新的高潮中,世界金融业的发展有鲜明的自由化和国际化倾向,客观上要求金融监管的内容与措施必须调整。20 世纪 80 年代,欧美大多数国家重新修订银行法和监管条例,在放宽那些与新情况不相符的限制的同时,强化和扩充了对金融安全化管理的措施。例如,放宽利率限制和业务限制,加强对金融机构经营的预防措施,优化资产负债比例,加强对经营管理质量监督员的考察,加强存款保险制度。与此同时,各国监管逐步向统一化和国际化方向发展,各国开始联手进行金融监管,主要表现在一方面统一并规范现有的监管目标、内容与手段,另一方面设立国际监管机构,共同制定新的国际管理规则,例如《巴塞尔协议》等。总之,这一阶段金融监管的主要特点是加强与放松相结合,注重防范风险,措施趋于统一。

近些年来,在世界范围内,金融业风波迭起,危机四伏,如巴林银行倾覆、日本大和银行事件、墨西哥金融危机、多家大银行严重亏损和经营困难等,金融监管任重道远。可以预见,今后的金融监管将朝着力度更强、适应性更高、约束性更为严格与更为有效的方向发展。

二、金融监管的依据与特征

(一)金融监管的依据

1. 金融监管是市场经济的内在要求

金融监管源于一般管制理论。该理论认为,在现实经济运作中,由于存在垄断、市场信息不对称和外部负效应等情况,竞争有效发挥作用的各项条件不能得到满足,从而导致市场失效,使“自由市场万能论”失去假设前提,因此,完全的自由放任并不能使市场运行实现规范合理和效率最优,需要借助政府,从市场外部通过法令、政策和各种措施对市场主体行为进行必要的管制,以弥补市场缺陷。

2. 金融监管是金融业特殊性的要求

金融业是货币流通中心、资金融通中心、社会支付结算中心,是国民经济的血液循环系统。在当代纯粹的信用货币制度下,金融不再是简单的中介,其对经济的作用由原来的适应、促进,到现在的主动、推动和先导。金融在现代国民经济中的地位越来越重要与突出。

3. 金融监管是金融业风险性的要求

金融业是高风险行业,具有很高的负债比例,经营具有不稳定性,完全依赖公众信任。金融机构所面临的营运风险,如流动性风险、信用风险、汇率风险等;以及系统性风险,如信息系统风险、国际化风险、电子化风险等;还有管理人员与业务人员自身的风险等,都高于其他行业。

4. 金融监管是金融业公共性的要求

金融机构一方面是债务人向公众负债,另一方面是债权人向公众贷款和投资,还是公众经济活动的结算人,对社会的影响广泛,服务手段特殊,不可替代。因此,金融业容易产生相对垄断,形成歧视性服务。

5. 金融监管是金融业市场退出的社会成本问题

市场经济通过退出机制即破产机制，将那些在竞争中经营不善的低效机构淘汰出局，实现资源高效与最优配置。由于金融业的特殊性、风险性与公共性，决定了金融业是一个外部效应外溢性很强的行业。例如，金融机构负债很高，可达90%；负债面很宽，涉及政府、企业与老百姓，涉及整个经济运行与核算。因此，金融业市场退出的社会成本很高，远远高于其他行业。这就决定了金融业不可能完全依赖市场机制的自动调节，来达到均衡和效率的理想状态。

(二)金融监管的特征

1. 法制性

法制性是指金融监管属于国家法定制度。市场经济国家的金融监管制度都是通过立法程序决定的，是金融体制的有机组成部分。被监管者必须在法律许可的范围内从事金融活动，依法接受监管。监管者也只能在法定权限职责范围内依法行使，绝不允许越权管理和横加干涉。执法行为和管理行为具有权威性、严肃性和相对确定性。

2. 系统性

系统性是指金融监管是一个庞大的系统工程，是由监管的依据即金融法律法规体系、监管主体及基本运作机制、监管客体银行和各类金融机构、监管目标、监管内容和手段组成。

3. 社会性

社会性是指由于金融业具有强烈的公共性，活动范围遍及社会。因此，金融监管也必须是社会性监管，需要社会各界协调配合，全方位监管。全方位监管即上下纵向监管、同业横向监管、内部自律、社会公众舆论监管等同时进行，形成相互联系、相互补充、相互制约的大监管体系。

三、金融监管的目标与原则

(一)金融监管的目标

金融监管的目标主要是实现安全性、平等性、一致性和稳定性。

(1)安全性，即保证金融业经营的安全性。具体来说，就是保证整个银行体系存、贷款的安全可靠，从而维护广大存款人及社会公众的合法权益，保障金融业的稳定。

(2)平等性，即保证金融业竞争的平等性。具体来说，就是通过对金融活动的监督管理，创造一个平等竞争的环境，防止垄断，鼓励商业银行在合理竞争的基础上提供高效率、多样化的金融服务，为经济的稳定发展创造一个良好的金融环境。

(3)一致性，即保证货币金融政策的一致性。具体来说，就是通过监管机构的外部监督管理，使商业银行的经营活动与货币政策目标和社会规范保持一致性。

(4)稳定性，即保持金融市场的稳定性。金融市场是沟通社会资金供需的场所，是把社会闲置资金引导到生产建设中去的媒介体。同时，健全的金融市场也是货币政策有效发挥作用的基础，中央银行参与金融市场的重要任务就是稳定金融市场，为社会经济的发展创造一个相对稳定的融通资金的场所和良好的货币金融环境。因此，中央银行和金融监管机构必须通过金融监督管理活动，保持金融市场的稳定性，进而实现国民经济长期、持续、健康、协调发展。

(二)金融监管的原则

1. 依法监督原则

世界各国金融监管体制和风格虽各有不同，但在依法监管这一点上是共同的。依法监管有两方面的概念：一是所有金融机构都必须接受国家金融监管当局的监管，不能有例外；二是金融监管必须依法进行，以确保金融监管的权威性、严肃性、强制性和贯彻性，从而确保金融监管的有效性。因此,金融法规的完善和依法监管是有效监管的基本前提。

2. 适度竞争原则

在市场经济体制下,竞争是必然规律,但竞争必须适度,才能提高效率,才能克服市场经济的负面效应。适度竞争原则要求中央银行金融监督管理的重心应放在创造适度竞争的环境上;放在形成和保持适度竞争的格局和程度的监测上;放在避免造成金融高度垄断,失去竞争从而失去活力和生机上;放在防止出现过度竞争、破坏性竞争,从而危及金融业的安全和稳定上;要求中央银行金融监管做到"管而不死,活而不乱,限制过度竞争,而又不消灭竞争"。

3. 不干涉金融业内部管理原则

各国中央银行对金融业进行监督管理时,普遍奉行不干涉金融业内部管理的原则。按照这一原则要求,只要金融业的经营活动符合金融法律、法规规定的范围、种类和可承担的风险程度,并依法经营,中央银行就不应做过多的干涉。

4. 综合管理原则、社会经济效益原则和机构一元化原则

它着眼于管理的系统化、最优化,将行政的、经济的、法律的管理手段综合配套使用;将直接的、间接的,外部的、内部的,自愿的、强制的,正式的、非正式的,报表的、现场的,事先的、事后的,国内的、国外的,经常性的、集中突出性的,专业的、非专业的,资产的、负债的等,各种不同管理方式和管理技术手段结合起来,综合配套使用。

四、金融监管的方法与内容

(一)金融监管的方法

1. 事先检查筛选

事先检查筛选主要是指对金融机构建立前的严格审查和注册登记。在各类金融机构建立前,金融管理当局一般都要对拟建机构的地址、规模、股东人数、最低资产额、资本结构情况、经营管理机构的组成和管理水平、是否妨碍竞争、是否有利于公众及银行的未来收益等问题,进行严格的审查。

2. 定期报告分析

定期报告分析主要是规定金融机构定期报告制度,对其呈报的定期报告进行认真的分析,从而决策是否深入检查或采取其他制裁措施,这是监督检查的关键方法。对报告的分析,通常采用趋势分析和对比分析两种方法。

3. 现场检查分析

现场检查分析主要是由中央银行或其他金融监管当局派员到银行和金融机构进行实地检查,以了解银行和金融机构资本充足状况、资产质量、管理质量、收入和盈利状况、清偿能力等,在此基础上作出全面的综合估价。使用现场检查方法最早和最为充分的国家是美国,现场检查方法是金融监督管理制度的核心。这一方法已被日本和众多的发展中国家所广泛采用。

4. 自我监督管理

自我监督管理主要是指中央银行要求银行和金融机构根据法律规范自我约束、自我管理,强调银行和金融机构在自觉自愿的基础上进行自我纪律约束。

5. 内、外部稽核相结合

稽核是一种监督检查的系统方法。世界上很多国家的公司法要求公司企业定期接受国家注册审计师对其账目报表进行的审查。内部稽核是企业或银行自己进行的审查与核对,向股东大会负责,审查重点是银行的盈利,而不是银行监督当局关注的风险与安全。目前,各国一

般采用内部稽核和外部稽核相结合，以及国家金融监管当局稽核部门，对各类金融机构施行的强制性稽核和社会独立的稽核机构实行的非强制性稽核相结合的办法。

发现问题及时处理，当银行或其他金融机构的业务经营活动违反或不符合金融法规规定，经营或财务状况不良，或有危害公众利益的行为时，中央银行通过采取相应的措施，督促金融机构纠正偏差，改变现状。

(二)金融监管的内容

1. 对新设金融机构的审批，即"市场准入"

设立一家金融机构，金融监管部门要对该机构的股东资格、资本金、法人代表和高级管理人员的任职资格等进行审查。在很多国家，这项工作以注册登记管理方式进行。严把市场准入关，防止不合格成员进入金融体系，从而保证金融业的安全与稳定。

2. 审定金融机构的业务范围及业务管理

许多国家在金融机构设立之初，由监管部门审定并核准其业务范围。在金融机构正式运营之后，监管部门还要对其日常经营进行常规业务监管，主要包括以下几个方面：

(1)资本充足性的管制。资本充足性又称资本充足条件，即保持银行正常营运和健康发展所必需的资本比率条件。

(2)清偿能力管制。主要是资产流动性管制，有的国家称清偿能力管制为资产流动性测定，管制的侧重点为资产与负债结构在时间上的配合。

(3)业务与经营的管制。金融机构业务经营活动的管制是各国金融制度结构中一个重要的业务分工模式选择问题，这受到各国经济和金融发展历史传统的影响，某种格局一旦形成，就有相对的稳定性。管制的内容包括：长期金融业务和短期金融业务的选择限制；直接金融与间接金融的选择限制；银行业务和非银行金融业务的选择限制；金融机构与工商企业持股和人事结合的限制；商业性金融业务与政策性金融业务分离或结合。

(4)贷款集中程度管制。这是金融监督管理的重点之一。对个别客户的贷款过分集中是大多数银行产生危机的经常性原因。限制贷款集中的办法是正式或非正式地要求每家银行竭力避免此种风险，同时规定银行对个别借款者的贷款不得超过贷款银行资本的一定百分比。

(5)外汇业务风险管制。通常情况下，各国金融机构从事本币业务和外汇业务所面临的困难和风险不同，后者的复杂程度和风险比前者要高得多。外汇风险也是一种国家风险，它会对一国的国际收支、外汇储备和对外负债产生直接的影响。因此，大多数国家监视银行的外汇业务活动，只是在管制程序方面有所不同。

(6)报表分析。根据商业银行的报表，中央银行依照商业银行经营资产必须同时具备安全性、盈利性、流动性原则，主要考察：第一，自有资本是否充足。主要看银行自有资本与资本总额、负债总额、存款总额以及风险投资的比例。一般来说，比例越高，银行经营越安全，比例越低，风险越高，当该比例低于规定比例时，中央银行就必须采取干预措施。第二，资产质量的高低。主要看商业银行各项资产中被拖欠利息的贷款、逾期贷款、呆账和资产损失占有的比重。第三，收益的数量和质量水平。一方面看资产收益率，即收益总额与银行全部资产之比，以此衡量盈利数量；另一方面看收入来源多少来自正常经营、多少来自偶然，以此衡量盈利质量。第四，资产的流动性大小。主要看银行库存现金、流动性资产与资产总额的比例，流动性资产与活期存款的比例，检查其流动性是否达到规定程度。

3. 对金融机构经常实施市场检查

这种检查带有抽查性质，主要是针对金融机构的日常经营活动进行金融稽核与检查监督。

有时也是有针对性的。

4. 对有问题金融机构的最后挽救

金融监管部门在监管过程中，一般会尽量避免单个金融机构因经营不善而给社会带来的震动。出现这种情况，监管部门会尽力采取挽救和保护措施，主要包括以下几种方式：

(1)存款保险制度。为了维护存款者的利益、维护金融体系的安全和稳定，监管当局往往规定，金融机构必须按其存款金额到存款保险公司投保，以便在非常情况下，由存款保险公司对金融机构支付必要的保险金。此即为存款保险制度，于20世纪60—80年代在西方建立。存款保险制度为金融体系设立了一道安全防线，提高了金融体系的信誉和稳定性，具有事先检查和事后监督双重稳定的特征。目前，大多数国家法律规定，存款在最高限额内，损失100%赔偿，超出限额部分赔偿，存款者承担一部分损失。存款保险制度组织形式多种多样，有官办的、银行办的以及民办的等；有的强制，有的自愿。存款保险费的缴纳一般是按存款总额的一定百分比。

(2)最后援助手段。中央银行或当局对发生清偿能力困难的银行，往往提供紧急援助，视为金融体系的最后一道防线。最后援助措施有：一是直接贷款；二是组织大银行救助小银行或者安排大银行兼并小银行；三是由存款保险机构出面提供资金，解决困难；四是购买银行资产；五是银行收归政府经营，全部债务由政府清偿。

(3)最后制裁手段。对商业银行违背政策等问题，中央银行往往采取最后制裁手段。一是经济惩罚，如实行惩罚性利率、罚款等；二是停止对其贷款和贴现；三是建议撤换高级管理人员；四是撤销该行在存款保险公司的保险权，降低其社会信誉；五是提出诉讼，迫使其倒闭。

任务四　金融创新

金融创新是世界金融业迅速发展的一种趋势。金融创新是在货币经济走向金融经济、货币外延扩大以及金融功能扩张的背景下，金融业的现实反应。创新为金融发展提供了深厚而广泛的微观基础，是推动金融发展的最为直接的动力；金融创新浪潮的兴起和迅猛发展，给整个金融体制、金融宏观调控乃至整个经济都带来了深远的影响。

一、金融创新的概念

金融创新(financial innovation)就是在金融领域内各种要素实行新的组合。具体来讲，就是指金融机构和金融管理当局出于对微观和宏观利益的考虑而对金融机构、金融制度、金融业务、金融工具以及金融市场等方面所进行的创新性的变革和开发活动。

金融创新可以分为狭义的金融创新和广义的金融创新。

(一)狭义的金融创新

狭义的金融创新是指微观金融主体的金融创新，以1961年美国花旗银行首次推出的大额可转让定期存单(CD)为典型标志，特别是20世纪70年代西方发达国家在放松金融管制之后而引发的一系列金融业务的创新。放松金融管制的措施包括放宽设立银行的条件、放松或取消利率管制、放松对商业银行的资产负债管理、允许银行和非银行机构实行业务交叉等。这种制度上和观念上的创新直接导致了国际金融市场不断向深度和广度发展，也使高收益的流动性金融资产得以产生。同时，放松金融管制还增强了金融中介机构之间的竞争，使其负债对利率的弹性大大提高，负债管理的创新理论也由此而产生。

(二)广义的金融创新

广义的金融创新不仅包括微观意义上的金融创新,而且包括宏观意义上的金融创新;不仅包括近年来的金融创新,而且包括金融发展史上曾经发生的所有的金融创新。可以说,金融创新是一个历史范畴,自从现代银行业诞生那天起,无论是银行传统的三大业务、银行的支付和清算系统、银行的资产负债管理,还是金融机构、金融市场乃至整个金融体系、国际货币制度,都经历了一轮又一轮的金融创新。整个金融业的发展史就是一部不断创新的历史,这种金融创新是生产力发展后,反过来又对生产关系组成部分的金融结构进行调整而产生的。因此,从某种意义上讲,金融创新也是金融体系基本功能的建设,是一个不断创新的金融体系的成长过程。

本任务所讨论和研究的金融创新主要是指狭义的金融创新。

二、金融创新的理论

西方经济学家对金融创新现象进行了大量的理论研究,提出了不少理论和观点,主要内容集中在对金融创新产生的动因上,目前还显得零碎、不系统。但从金融创新形成的原因上分析,金融创新大多是源于政府严格管制的逆反效应、高通胀压力,以及高新技术提供的条件等。下面就从繁多的金融创新理论中择其要者予以介绍。

(一)西尔伯的约束诱致假说

该假说由美国的经济学家 W. 西尔伯于 1983 年提出。该假说认为,金融创新是微观金融组织为了寻求利润的最大化,减轻外部对其造成的金融压制而采取的自卫行为,是在努力消除和减轻施加给微观金融企业的经营约束中,实现金融工具和金融交易的创新。对于金融机构的金融压制来自两个方面:一是来自政府的金融管制和市场竞争的外部压力。这种因外部条件变化而导致的金融创新要付出很大的代价。二是来自金融机构内部强加的压制。为了保障金融资产具有流动性的同时,还有一定的收益率,以避免经营风险,金融机构必须制定一系列的规章管理制度。这些规章制度保障了金融机构运营的稳定,但也形成了内部的金融压制。

当上述因素制约金融机构获取利润的最大化时,金融机构就会创新、发明新的金融工具,增加新的服务品种、完善管理办法,以增强其竞争力。

(二)凯恩的“自由—管制”的博弈

美国的经济学家 E. 凯恩把市场创新和制度创新看作是相互独立的经济力量与政治力量不断斗争的过程和结果。他认为,金融机构对政府管制所造成的利润下降和经营不利等局面作出的反应就是不断创新,以此来规避管制,从而把约束以及由此造成的潜在损失减少到最低限度。然而,当微观金融机构的创新可能又危及宏观的金融、货币政策和金融秩序的稳定时,金融监管当局对市场创新的反应就是再次修改管制的手段和规则,又会加强监管,以便重新在宏观上取得对金融活动的控制权。但是,这又会使金融创新朝着加强管制的方向运行,从而使新的管制诱发新的创新,就是说,金融的管制和因此而产生的规避行为,是以“创新—管制—再创新—再管制”的方式,二者不断交替、循环往复地不断出现、上升、发展的。所以,凯恩认为,对金融的控制和因此而产生的规避行为,是以政府与微观金融主体之间的博弈方式来进行的。

(三)制度学派的金融创新理论

该理论学派的主要学者有 D. 诺斯、L. E. 戴维斯,以及 R. 塞拉等。他们主张从经济发展史的角度来研究金融创新,认为金融创新并非 20 世纪电子时代的产物,而是与社会制度密切相关的。金融创新是一种与经济制度相互影响、相互因果的制度变革,如 1933 年美国政府为了稳定金融体系而建立的存款保险制度。

该理论认为，在两种极端的经济体制下很难存在金融创新的空间。一种是管制严格的计划经济体制，会极大地压制金融创新；另一种是纯粹的自由市场经济体制也没有必要不断创新，因为有着自由发展的空间。金融创新只能在受管制的市场经济中存在和发展，因为政府的管制和干预行为本身就暗含着金融制度领域的创新。所以，当政府为了金融稳定和防止收入分配不均而采取金融变革，并为此建立一些新的规章制度时，从制度学派的观点看，它已经不是以往的金融压制的概念，而是一种金融创新行为了。

(四)金融创新的交易成本理论

J. R. 希克斯和 J. 尼汉斯于 1976 年提出了金融创新的交易成本理论。它的基本命题是：金融创新的支配因素是降低交易成本。该命题包含两层概念：一是降低交易成本是金融创新的首要动机，交易成本决定了金融业务和金融工具是否具有存在的实际价值；二是金融创新实际上是对科技进步导致交易成本下降的直接反应。

金融交易成本是个复杂的概念，有广义与狭义之分：广义的交易成本是指除了直接费用之外，还包括投资风险、资产预期收益率、投资者收入和财产及货币替代的供给等；狭义的交易成本则是指买卖金融资产的直接费用，包括各方转移金融资产所有权的成本、经纪人佣金、借入和支出的非利率成本等。

该理论认为，交易成本是作用于货币需求的一个重要因素，不同的需求会产生对不同类型金融工具的要求，交易成本高低使微观主体对需求的预期发生变化。而交易成本逐渐降低的趋势，又使货币向更为高级的形式演变和发展，从而产生新的交易媒介、新的金融工具、新的服务方式等。所以说，金融创新的过程就是不断降低交易成本的过程。

由此可以看出，交易成本理论把金融创新的动因归结为交易成本的降低，并侧重从微观经济结构的变化来研究金融创新，这也是从另一个角度说明了金融创新的根本动力在于金融机构的逐利动机。

以上便是几种主要的金融创新理论的基本观点。西方国家的金融创新活动，在相关理论的指导之下，于 20 世纪的 60 年代开始出现，70 年代全面展开，80 年代活跃异常，并形成一股又一股的浪潮，成为当今世界国际金融领域的一个显著特征。

三、金融创新的背景与动因

(一)金融创新的背景

从当代经济发展史看，对近三四十年来的金融创新有较大影响的经济事件主要有：欧洲货币市场的兴起、国际货币体系的转变、石油危机与石油美元的回流、国际债务危机等。

1. 欧洲货币市场的兴起

第二次世界大战后的二三十年中，世界经济发生了深刻变化，其中的生产国际化带来了市场国际化和资金国际化，欧洲货币市场就此形成。该货币市场的发展与三个因素有关：一是由于“冷战”使苏联和东欧国家持有的货币存入欧洲国家银行；二是由于 1957 年英国政府加强外汇管制，促使英国银行转向美元进行融资，美元在欧洲可以自由兑换；三是自 1958 年起，美国的国际收支逆差增大，致使许多国家将获得的剩余美元投向欧洲货币市场。

在这种情况下，美国政府为了限制资本外流，遂采取了一系列措施，如课税、利率调整或贷款限制等。而这些措施的出台又迫使美国商业银行在国内的信贷业务受阻，只得向国外市场寻求发展，形成了美国资金的大量外流，促使了欧洲货币市场业务的兴盛。欧洲货币市场的出现，作为一个离岸金融市场，其本身就是一个在逃避管制中创造出来的产物。可以说，欧洲货币市场的建立，开创了当代金融创新的先河，其灵活多样的经营手段，为以后的金融创新树立了典范。

2. 国际货币体系的转变

1944 年，美、英等 44 个国家确立了战后的国际货币体系——布雷顿森林体系。该体系实际上是以黄金为基础，以美元为最主要的国际储备货币，实行黄金—美元本位制。该货币体系实行的是“双挂钩”制度，即美元与黄金挂钩，其他国家的货币又与美元挂钩。这种以美元为中心的货币体系对战后的国际贸易和世界经济的发展起到了一定的积极作用。但是，从 1950 年起，美国的国际收支出现逆差，美元大量外流。60 年代中期以后，美元又多次爆发危机，国际货币体系进入了动荡时期；1971 年 8 月，尼克松政府宣布实行“新经济政策”，停止了美元与黄金的兑换；1973 年 2 月，美元再度贬值，各国主要货币汇率开始浮动，随后不久便逐步发展成为浮动汇率制。浮动汇率制的诞生，标志着布雷顿森林体系的终结。

而国际货币体系由相对稳定的“双挂钩”制，转变到不太稳定的、极易引发贬值、投机甚至传播通货膨胀的“浮动汇率制”，给各国和世界经济带来较大的风险，这当然也会使金融机构的经营面临的市场风险加大，所以，国际货币体系的转变是促进金融创新的一个不容忽视的环境因素。

3. 石油危机与石油美元的回流

1973 年 10 月，中东战争爆发，石油输出国组织（OPEC）以石油为武器，与西方发达国家抗衡，在加快石油国产化的同时，大幅度提高了油价，从 1973 年 10 月的每桶 3.10 美元，涨到了 1981 年 10 月的每桶 34 美元，油价上涨了 11 倍，给世界经济带来巨大影响，形成了石油危机。

随着石油价格的大幅提高，石油输出国的贸易收支出现巨额顺差。由于石油贸易是以美元计价并结算的，而且美元在石油盈余资金中所占的比重最大，故称石油美元。石油危机造成了全球性的国际收支的严重失衡，从 1973 年至 1983 年，工业化国家累计有 224 亿美元的经常项目逆差，非产油的发展中国家经常项目的逆差竟高达 5 682 亿美元，为了弥补国际收支的失衡，逆差国纷纷进入欧洲货币市场和国际资本市场寻求资金。与此同时，石油输出国为了寻求有利的投资场所，也将巨额的石油美元投向了欧美金融市场。这样一来，石油美元从石油输出国返回到了石油进口国，形成了石油美元的回流。

石油美元的回流在一定程度上促进了国际金融市场的发展，十年间，吸引了累计高达 4 000 多亿美元的资金。但是，由于涌入国际金融市场的资金大部分是短期金融资金，流动性大，在浮动汇率的条件下，石油美元大量、快速地流动，在一定程度上助长了投机活动，加剧了金融市场的动荡，由此导致了利率、汇率的剧烈、频繁的波动，使融资双方要求有新的金融交易工具来规避日益增大的市场风险。金融机构一方面要满足客户的这种对新金融工具的市场要求，另一方面是出于自身业务经营的需要，通过各种金融创新来降低市场风险。

4. 国际债务危机

20 世纪 70 年代以来，许多发展中国家为了加速本国经济的发展，对国际金融市场上的资金需求极为旺盛。但是由于一些发展中国家缺乏对债务结构、债务规模的宏观管理与控制的经验，不顾自身偿债能力而盲目借入超过自身承受能力的外债，其结果必然是产生严重的债务问题。至 1983 年底，发展中国家的债务总额已高达 8 000 亿美元。此外，还由于石油涨价、利率提高，以及国际贸易中的保护主义盛行、发展中国家出口下降等原因，致使这些债务国的偿债能力大打折扣。终于爆发了 20 世纪 80 年代初期的以南美发展中国家为主要债务国的债务危机，加剧了国际金融的不稳定性，对国际金融业影响深远。

国际商业银行面对这场严重的债务危机，纷纷缩小融资规模、改革融资方式，从而导致了一大批新的融资工具和融资方式的诞生，同时想出了许多解决债务问题的新办法、好办法，如债权转股权、购回旧债发行有抵押的新债、债务转债券、阶段性持股等，使债务危机得到了很大程度的缓解。所以，从某种意义上讲，20 世纪 80 年代的这场债务危机，虽然造成了国际金融业的剧烈震荡，但成就了融资工具和融资方式的改革与创新。

（二）金融创新的动因

通过以上国际经济条件变化的背景分析，可以看出，经济生活对金融创新有着巨大的需求。但是，金融业作为一个特殊的行业，其各种创新的出现和广泛传播，还有一些复杂的原因和条件，正是这些因素构成了金融创新的直接动因。

1. 金融管制的放松

20 世纪 30 年代，随着西方国家经济大危机的爆发，各国为了维护金融体系的稳定，相继通过了一系列管制性的金融法令。严格的管制虽然促进了金融体系的稳定，但也造成了严重的“脱媒”现象。于是，政府的严格管制的逆效应产生了——金融机构通过创新来规避管制，寻求管制以外的获利空间。

此时，政府发现，如果政府对金融机构的创新行为严加管制，则会使金融机构创新的空间依然狭窄，不利于经济的发展；但如果采取默认的态度，任其打政策、法律的“擦边球”，又有纵容其违法、违规之嫌。所以，从 20 世纪 80 年代起，各国政府为了适应宏观市场的经济发展，以及微观金融主体的创新之需，逐步放宽了对金融机构的管制，才使得金融创新掀起了一股浪潮，成为推动国际金融业快速发展的内在动力。由此可见，金融创新是需要一定程度的宽松的制度环境的，否则，金融创新就会失去实践上的意义。

2. 市场竞争的日益尖锐化

竞争是市场经济的重要规律之一，没有竞争就不是市场经济。随着现代经济一体化、市场的国际化，金融领域的发展极为迅速，金融机构的种类、数量急剧增加，金融资本高度集中，同时向国外市场发展。由此伴随而来的金融机构之间的竞争也日趋尖锐，而且面临的风险更大，特别是当经济遇到危机时，市场经济优胜劣汰的本能机制，在金融领域里演绎得更加充分，金融机构倒闭、合并、重组的事件屡见不鲜。为了在竞争中求生存、谋发展，在市场上立于不败之地，金融机构就需要不断地改革与创新。可以说，金融业的发展史，就是一部创新史。

3. 追求利润的最大化

利润水平的高低，是衡量金融企业实力的重要标志之一，也是进一步开辟市场、发展业务的重要物质条件。发展金融业务，扩大资产负债规模的最终目的就在于追求利润的最大化。影响金融企业利润的因素有很多，其中既有内部的条件，也有外部的因素。例如，国家的宏观经济政策（包括货币、财政、产业等），还有金融管制力度方面的变化、法律环境的改善、公众诚信度的提高、金融企业的经营管理水平、员工素质等。但是，在市场经济的大环境下，如何在法律许可的范围内进行改革、创新，以获取更大收益，就在于金融企业内在的强大动力。不少融资工具、融资方式以及管理制度的创新就是在金融管制放松的市场环境下产生出来的。例如，20 世纪 60 年代离岸银行业务的创新，便是在不受国内金融外汇法规约束，还可享受一定的税收优惠的条件下发展起来的。

4. 科学技术的进步

20 世纪 70 年代以来，一场以计算机等为根本特征的新技术革命席卷世界。90 年代以后，以互联网为核心的信息技术飞速发展，信息产业成为新兴的产业。这些高新技术也被广泛应用到金融机构的业务处理过程中，为金融创新提供了技术上的支持，成为技术型金融创新的原动力，促进了金融业的电子化发展。

金融电子化给金融业的运作带来的变革主要体现在两方面：一是以自动化处理方式代替了人工纸处理方式，从而降低了信息管理的费用，如信息的收集、存储、处理和传递等一系列过程；二是以自动渠道（如远程、网络银行、手机银行等），来改变客户享受金融服务和金融产品的方式。新技术革命提供的技术支持，为金融业务和金融工具的创新创造了必要的条件。

四、金融创新的主要内容

（一）金融制度的创新

所谓金融制度的创新，是指金融体系与结构的大量新变化，主要表现在以下三个方面。

1. 分业管理制度的改变

长期以来，在世界各国的银行体系中，历来有两种不同的银行制度，即以德国为代表的“全能银行制”和以美国为代表的“分业银行制”。二者主要是在商业银行业务与投资银行业务的合并与分离问题上的区别。但自20世纪80年代以来，随着金融自由化浪潮的不断升级，这一相互之间不越雷池一步的管理制度已经发生改变，美国于1999年底废除了对银行业经营严格限制60多年的《斯蒂格尔法案》，允许商业银行合业经营。从目前来看，世界上大多数国家的商业银行的上述两个传统特征和分业界限已逐渐消失，商业银行的经营范围正不断扩大，世界上的著名大银行实际上已经成为“百货公司”式的全能银行，从其发展动向看，商业银行经营全能化、综合化已经成为一种必然的趋势。

2. 对商业银行与非银行金融机构实施不同管理制度的改变

由于商业银行具有信用创造的特殊功能，因此，世界上的大多数国家对商业银行实行了比非银行金融机构更为严格的管理制度。如对其市场准入的限制、存款最高利率的限制、不同存款准备金率的差别限制、活期存款不得支付利息的限制等。但是，在不断发展、扩大的金融创新中，非银行金融机构正是看准了这一制度上的薄弱之处，进行了大胆创新与发展，使非银行金融机构的种类、规模、数量、业务范围与形式等都得到了迅速发展，使商业银行在新的市场竞争中处于明显的弱势。鉴于经济环境、市场条件所发生的巨大变化，各国政府都先后缩小了对两类金融机构在管理上的差别，使商业银行与非银行金融机构在市场竞争中的地位趋于平等。

3. 金融市场准入制度趋向国民待遇，促使国际金融市场和跨国银行大发展

在20世纪80年代以前，许多国家采取了对非国民进入本国金融市场以及本国国民进入外国金融市场以种种限制的各种措施，尤以日本为最，在金融自由化浪潮的冲击下，这些限制正逐渐取消。

经济一体化和金融全球化的发展，为跨国银行的出现以及国际金融中心的建立创造了条件。各国大银行争相在国际金融中心设立分支机构，同时在业务经营上加快电子化、专业化和全能化的步伐。由于金融创新，使各国之间的经济、金融联系更加紧密，经营的风险也在加大。从而使全球金融监管出现自由化、国际化倾向，各国政府在对国际金融中心、跨国银行的监管问题上更加注重国际合作。

（二）金融业务的创新

金融业务的创新是把创新的概念进一步引申到金融机构的业务经营管理领域。它是金融机构利用新思维、新组织方式和新技术，构造新型的融资模式，通过其经营过程，取得并实现其

经营成果的活动。在金融业务的创新中，因为商业银行业务在整个金融业务中占据举足轻重的地位，所以，商业银行的业务创新构成了金融业务创新的核心内容。此处，重点分析商业银行的业务创新。

1. 负债业务的创新

商业银行负债业务的创新主要发生在20世纪的60年代以后，主要表现在商业银行的存款业务上。

(1)商业银行存款业务的创新是对传统业务的改造、新型存款方式的创设与拓展上，其发展趋势表现在以下方面：①存款工具功能的多样化，即存款工具由单一功能向多功能方向发展；②存款证券化，即改变存款过去那种固定的债权债务形式，取而代之的是可以在二级市场上流通转让的有价证券形式，如大额可转让存单等；③存款业务操作电算化，如开户、存取款、计息、转账等业务均由计算机操作；④存款结构发生变化，即活期存款比重下降，定期及储蓄存款比重上升。

(2)商业银行的新型存款账户可谓是五花八门，各有妙处，个性化、人性化突出，迎合了市场不同客户的不同需求。主要有：可转让支付指令账户、超级可转让支付指令账户、电话转账服务和自动转账服务、股金汇票账户、货币市场互助基金、协议账户、个人退休金账户、定活两便存款账户、远距离遥控业务等。

(3)商业银行借入款的范围、用途扩大化。过去，商业银行的借入款项一般是用于临时、短期的资金调剂，而现在却日益成为弥补商业银行资产流动性、提高收益、降低风险的重要工具，筹资范围也从国内市场扩大到全球市场。

2. 资产业务的创新

商业银行的资产业务的创新主要表现在贷款业务上，具体表现在以下方面：

(1)贷款结构的变化。长期贷款业务，尤其是消费贷款业务，一直被商业银行认为是不宜开展的业务。但是，在20世纪80年代以后，商业银行不断扩展长期贷款业务，在期限上、投向上都有了极大的改变。以美国商业银行为例，以不动产贷款为主的长期贷款已经占到商业银行资产总额的30%以上；在消费贷款领域，各个阶层的消费者在购买住宅、汽车、大型家电、留学、修缮房屋等方面，都可以向商业银行申请一次性偿还或分期偿还的消费贷款。消费信贷方式已经成为不少商业银行的主要资产项目。

(2)贷款证券化。贷款证券化作为商业银行贷款业务与国债、证券市场紧密结合的产物，是商业银行贷款业务创新的一个重要表现。它极大地增强了商业银行资产的流动性和变现能力。

(3)与市场利率联系密切的贷款形式不断出现。在实际业务操作过程中，商业银行贷款利率与市场利率紧密联系并随之变动的贷款形式，有助于商业银行转移其资产因市场利率大幅度波动所引起的价格风险，是商业银行贷款业务的一项重要创新。具体形式有：浮动利率贷款、可变利率抵押贷款、可调整抵押贷款等。这些贷款种类的出现，使贷款形式更加灵活，利率更能适应市场变化。

(4)商业银行贷款业务“表外化”。为了规避风险，或为了逃避管制，还可能是为了迎合市场客户之需，商业银行的贷款业务有逐渐“表外化”的倾向。具体业务有：回购协议、贷款额度、周转性贷款承诺、循环贷款协议、票据发行便利等。

另外，证券投资业务上的创新主要有股指期权、股票期权等形式。

3. 中间业务的创新

商业银行中间业务的创新，彻底改变了商业银行传统的业务结构，极大地增强了商业银行的竞争力，为商业银行的发展找到了巨大的、新的利润增长点，对商业银行的发展产生了极大的影响。具体表现在：首先是中间业务领域极度扩张，使商业银行日益成为能够为客户提供一切金融服务的“金融超市”；其次是中间业务的收入占银行业务总收入的比重不断增大，使商业银行的竞争从价格的竞争转向服务质量的竞争；再次是现代企业需要商业银行提供信托、租赁、代理融通、现金管理、信息咨询等多种中间业务，从而使银企关系加强，商业银行“万能”的地位得以巩固；最后是中间业务创新的主题是电子计算机的广泛应用，随着商业银行中间业务的自动化、服务综合化的发展，商业银行业务电子化的进程不断加快。

商业银行中间业务创新的内容主要有：

（1）结算业务日益向电子转账发展，即资金划转或结算不再使用现金、支票、汇票、报单等票据或凭证，而是通过电子计算机及其网络办理转账。如“天地对接、一分钟到账”等。

（2）信托业务的创新与私人银行的兴起。随着金融监管的放松和金融自由化的发展，商业银行信托业务与传统的存、贷、投资业务等逐步融为一体，并大力拓展市场潜力巨大的私人银行业务。如生前信托、共同信托基金等，通过向客户提供特别设计的、全方位的、多品种的金融服务，极大地改善了商业银行的盈利结构，拓展了业务范围，争夺了“黄金客户”，使商业银行的竞争力大大提高。

（3）现金管理业务的创新是由于商业银行通过电子计算机的应用，为客户处理现金管理业务，其内容不仅限于协助客户减少闲置资金余额并进行短期投资；还包括为企业（客户）提供电子转账服务、有关账户信息服务、决策支援服务等多项内容。该业务既可以增加商业银行的手续费收入，还可以密切银企关系，有利于吸引更多的客户。

（4）商业银行之所以可以在信息咨询方面进行创新是因为现代社会已经成为信息社会，而金融业也成为依靠信息及其技术从事业务经营的部门。同时，社会各经济部门对金融信息的依赖程度正日益加深，金融信息的生产日益现代化、市场化，这一切均极大地推动了商业银行信息咨询业的创新与发展。例如，客户咨询数据库，以及由权威专家组成的信息资源分析系统等，为社会、客户提供各种准确、及时、权威且有偿的信息服务。

（5）商业银行自动化服务的创新，也是由于电子计算机的广泛应用引起的。电子化、自动化的全方位、全天候的金融服务，使商业银行业务发生了巨大的变革，主要包括银行卡业务、自助银行、网络银行、手机银行、自动柜员机、售货点终端机、居家银行服务等，得到了广泛的应用，其发展势头方兴未艾。

（6）与中间业务联系密切的表外业务，是商业银行业务创新的重要内容，它们中有很多可以在一定的条件下转化为表内业务。商业银行发展、创新表外业务的直接动机是规避金融监管当局对资本金的特殊要求，通过保持资产负债表的良好外观来维持自身稳健经营的形象。当然，表外业务也是商业银行顺应外部金融环境的改变、由传统银行业务向现代银行业务转化的必然产物。表外业务虽然没有利息收入，但却有可观的手续费收入。从世界各国银行业的发展情况看，表外业务发展迅猛，花样品种不断翻新，有些商业银行的表外业务收益已经超过传统的表内业务收益，成为商业银行的支柱业务。目前，商业银行的表外业务主要有：贸易融通业务（如商业信用证、银行承兑汇票）、金融保证业务（如担保、备用信用证、贷款承诺、贷款销售与资产证券化）、衍生产品业务（如各种互换交易、期货和远期交易、期权交易）等。

（三）金融工具的创新

金融工具的创新是金融创新的最主要的内容。在近二三十年来出现的金融创新中，最显著、最重要的特征之一就是大量的新型的金融工具以令人目不暇接的速度被创造出来。这些新型金融工具的出现，使人们对于“货币”“资金”“资本”“金融商品”“金融资产”等原有概念的认识产生了困惑。因为这些事物的出现，是当今特定历史时期的新生事物，要求人们重新审视和界定上述概念的内容及范畴。其中，特别是 20 世纪 70 年代出现的衍生金融工具，更是向人们展示了金融资产保值和风险规避的全新概念。

1. 基本存款工具的创新

众所周知，基本的存款工具有活期存款、定期存款、储蓄存款等，但是，在金融工具的创新过程中，这些基本存款工具的界限早已被打破，形成了一些新的存款工具，主要包括可转让支付指令、自动转账服务账户、超级可转让支付指令、货币市场存款账户、个人退休金账户等。这些账户的特点是既能灵活方便地支取，又能给客户计付利息。这些新型存款账户的出现，为客户提供了更多的选择，充分满足了存款人对安全、流动和盈利的多重需求，从而吸引了更多的客户，扩大了商业银行的资金来源。

2. 大额可转让定期存单(CD)

商业银行的定期存款以其较高的利率而吸引资金，但其最大的弱点在于其流动性差。1961 年由美国花旗银行发行的第一张大额可转让定期存单，则既可以使客户获得高于储蓄账户的利息，又可以在二级市场上流通、转让而变现，使客户原本闲置在账上的资金找到了短期高利投资的对象，所以一经面世就大受欢迎。

3. 衍生金融工具的创新

衍生金融工具是伴随着近二十年来新一轮金融创新而兴起和发展起来的。它的出现，可以说给当代金融市场带来了划时代的贡献。除了让人们重新认识金融资产保值和规避风险的方式手段之外，它还具有很强的杠杆作用，让人们充分体会到了“四两拨千斤”的快感。同时，人们还把衍生金融工具称为“双刃剑”，如果运用得当，可给金融业带来许多好处，能起到传统避险工具无法起到的保值、创收作用；但如果运用失当，也会使市场参与者遭受严重损失，甚至危及整个金融市场的稳定与安全。

衍生金融工具的内容主要包括以下方面：

(1)远期合约。远期合约是一种最简单的衍生金融工具。它是交易双方在合约中规定在未来某一确定时间以约定价格购买或出售一定数量的某种资产。它常发生在两个金融机构或金融机构与客户之间，是一种场外交易产品，以其中的远期利率协议发展最快。

远期合约的最大功能在于转嫁风险。例如远期利率合约，买方可以将未来的利率成本或收益提前锁定，且交易方式简单，交易对象、期限方便灵活，限制少，费用低，是一种应用广泛的、避险增值的衍生金融工具。

(2)金融期货。1972 年 5 月 16 日，美国芝加哥商品交易所的国际货币市场率先推出了包括英镑、加拿大元、德国马克、日元、法国法郎等货币在内的外汇期货交易，标志着外汇期货的正式产生。期货合约是一种标准化的合约，是买卖双方分别向对方承诺在合约规定的未来某时间按约定价格买进或卖出一定数量的某种金融资产的书面协议，是一种由交易所发行的、用独特的结算制度进行结算的标准化合约，可以说，是远期合约的标准化。其主要有利率期货、货币期货和股指期货。金融期货的最主要的功能就在于风险转移和价格发现。

风险转移功能是指套期保值者通过金融期货交易将价格风险转移给愿意承担风险的投机者。金融期货之所以能够转移价格风险，就在于金融资产的期货价格和现货价格受相同经济因素的影响和制约，它们的变动趋势是一致的，且现货价格与期货价格具有市场走势的收敛性，即当期货合约临近到期时，两种价格逐渐趋合，价格差接近于“0”。它是通过套期保值实现风险转移的。

价格发现功能是指在一个公开、公平、高效、竞争的期货市场中，通过集中竞价形成期货价格的功能。金融期货之所以具有价格发现的功能，是因为期货市场将众多的、影响供求关系的因素集中于交易场内，通过买卖双方公开竞价，集中转化为一个统一的交易价格。该价格一旦形成，即刻向世界各地传播并影响供求关系，从而形成新的价格，如此循环往复，价格趋于合理。

由于期货交易的特殊而有效的功能，一经推出，立即得到迅猛发展。

(3)互换(Swaps)。互换也称为掉期，是交易双方依据预先约定的规则，在未来的一段时期内，互相交换一系列现金流量(本金、利息、价差等)的交易。交易双方通过签订互换协议来体现双方的权利、约束双方的义务。据此，互换其实可以看作是一系列远期合约的组合，对于互换的研究也是对远期合约和期货合约研究的延伸。自 1981 年世界上第一份互换协议在世界银行的安排下签订以来，得到了迅速发展，已经成为国际金融市场的主要业务之一，构成了场外衍生金融品种的主要内容。目前，互换市场已经成为规模达万亿美元的全球市场，几乎涉及并影响到了大部分金融市场。

互换之所以备受追捧、欢迎并得到广泛应用的原因，在于它作为一种创新的场外衍生金融工具，具有现存的其他衍生金融工具不可比拟的优越性。首先，互换的期限相当灵活，一般为 2～10 年，甚至可达 30 年；其次，互换能满足交易者对非标准化交易的要求；最后，也是最重要的是，使用互换进行套期保值，可以省却使用期货、期权等产品对头寸的日常管理和经常性重组的麻烦。

根据基本产品的不同，互换可以分为利率互换、货币互换、股票互换和商品互换等。

(4)金融期权(Option)。期权交易其实很早就已出现，但那时的期权交易都分散在各店头市场进行，交易品种单一，规模也十分有限。1973 年 4 月 26 日世界上第一个期权集中交易所在美国芝加哥登场，成为一种与远期、期货交易截然不同的新兴的衍生金融产品。与此同时，在场外交易市场上，期权交易上的创新层出不穷，得到了前所未有的发展。

期权，又称选择权，是一种权利合约，给予其持有者在约定的时间内，或在此时间之前的任何交易时刻，按约定价格买进或卖出一定数量的某种资产的权利，分为看涨期权和看跌期权。在这份合约中，买卖双方的权利与义务并不平等，期权的买方是有权利而无义务(只需缴纳期权费)，而卖方则只有义务却无自由选择的权利。这与远期、期货的买卖双方到期时都必须履约是完全不同的。也就是说，期权与其他衍生金融工具的主要区别在于其他衍生金融工具所产生的风险格局是对称的，即交易双方共同面临和承担几乎等量的风险；而期权交易的风险在买卖双方之间的分布却不对称，期权买方的损失是有限的，不会超过期权费，而获利的机会从理论上讲却是无限的；期权的卖方则正好相反。

期权这种衍生金融工具的最大魅力就在于可以使期权买方利用它来进行套期保值，并将风险锁定在一定的范围内，若价格发生有利变动，期权买方可以通过执行期权来保护收益；若价格发生不利变动，期权买方则可以通过放弃期权来避免损失。这样，通过金融期权交易，既可以避免价格不利变动造成的损失，又可以在相当程度上保住价格有利变动而带来的收益。所以，金融期权是一种有助于规避风险、获取收益的理想工具。

五、金融工程的兴起

(一)金融工程概述

金融工程是20世纪90年代初出现的一门工程型新学科。它将工程思维引入金融领域,综合地采用各种工程技术方法(主要有数学建模、数值计算、网络图解、仿真模拟等),来设计、开发和使用新型的金融产品,创造性地解决许多金融问题。

1. 金融工程的概念

根据许多经济学家、金融学家的观点,大致可以将金融工程学的研究范围概括为以下三个部分:①是新型金融工具的研究与开发,即是根据市场要求和客户的特殊需要开发新的金融工具,并为之创造新的市场。例如,金融期货、期权、互换等金融衍生工具及其交易市场的开拓,这是金融工具主要的应用领域。②按照风险和收益的原理,设计新的风险管理技术和策略,即是研究如何利用现有的金融工具和市场条件达到完美的组合。例如,风险管理技术的开发与应用、公司融资结构的设计、资产证券化方案等。③从整体上构筑更为完善的金融体系,以增强整个金融市场的稳定性和有效性。例如,优化金融机构的资产负债管理系统,缩短时滞效应的金融管理系统,提高金融服务效率的设计系统等。

2. 金融工程的特点

金融工程为金融业的经营提供了一整套的原理、方法和工具,着重对现有的金融问题进行创造性的解决。这种创造性是现代信息技术在金融业中的成功应用,是知识经济在金融业中的集中体现。而金融工程的创新特征,说明它所提供的是金融业本身的高新科技。

金融工程的特点有以下三个方面:①金融工程是一门新兴的交叉学科。金融工程可以被看作是现代金融学、信息技术和工程方法的结合,是一门新型的交叉学科。1991年,“国际金融工程师学会”(IAFE)的成立,标志着金融工程正式被社会所确认。②金融工程是金融的产品化和工程化。金融在社会经济中的地位和作用,至今已发生过三次飞跃,即从简单中介到产融结合,再到金融工程化。金融工程的诞生,使金融作为一门产业得到了工程科学、信息科学的支持。任何一门科学,只有经过产品化、工程化,才能产生大规模的经济和社会效应。所以,我们可以把金融工程看作是金融科学的产品化、工程化。金融工程的产生,把金融学科推进到了一个新阶段。③金融工程是规范化和系统化的金融创新。金融工程最大的和最本质的特征就是金融创新,金融工程本身就是从金融创新活动中产生出来的,金融创新是广泛、自发、无组织的创新活动,而金融工程则是有安排的、系统的金融创新活动。所以,金融工程是规范的、系统的金融创新,而且这种创新的范围更为宽泛。

(二)金融工程工具和技术

1. 金融工程工具

金融工程的一个主要内容是设计、开发新型的金融工具。金融工程工具主要就是衍生金融工具,大致分为四类,即前述的远期、期货、互换、期权。

金融工程工具包括:①远期,包括远期利率协议、远期外汇综合协议;②期货,包括利率期货、外汇期货、股指期货;③互换,包括货币互换、利率互换;④期权,包括看涨期权、看跌期权。

2. 金融工程技术

金融工程技术就是运用金融工程工具解决某种金融问题,特别是对金融风险的管理。金融工程技术的应用主要概括为四个方面:①套期保值。套期保值是指一个已经存在风险暴露的经济主体,力图通过持有一种或多种与原有风险头寸相反的套期保值工具来消除该风险的技术，但在实际中，最初风险暴露与保值工具间的完全的相关关系一般不存在，而且套期保值也往往被证明与最初风险暴露不完全吻合。但从整体上看，经过合理设计的套期保值都比不保值安全许多。②投机。投机是指一些人希望通过对市场某些特定走势的预期，对市场未来变化进行赌博以获取利益的金融技术。投机操作者通常利用各种金融工程工具进行投机。因为金融工程工具一般具有适于投机的特征。例如，具有杠杆效应，允许以较小的资本建立较大的头寸；可以组合出复杂的交易策略；可以金融工程工具为基本材料，人为构造出许多特定的风险等。③套利。套利是指利用市场不完全条件下有内在联系的金融工具之间的价格背离来获取利润的金融技术。有内在联系的金融工具之间的价格背离，可能在市场剧烈震荡时发生，或在市场间存在较大的有形分割时发生。套利的目的在于从价格的差异中获利，却不承担风险。套利者的活动对市场是有益的，其行为使定价过低的工具价格上涨、定价过高的工具价格下跌，最终使市场价格迅速恢复到自然均衡状态。④构造组合。构造组合是一种对一项特定的交易或风险暴露的特性重新进行构造的金融技术。它可以根据客户的需要，满足投资者、借款人及金融市场其他参与者的不同偏好，使金融技术更富有个性化特征。

应知考核

一、单项选择题

1.（　　）主要针对银行业危机，是指商业银行或非银行金融机构由于内外部原因导致破产倒闭或巨额亏损，致使银行纷纷中止国内债务的清偿，迫使政府通过大规模提供援助以阻击这种事态的发展。

A. 货币危机　　B. 金融机构危机　　C. 资本市场危机　D. 债务危机

2. 金融风险不同于其他经济风险的一个最显著的特性是，金融风险不仅影响金融业自身，而且能导致众多的储蓄者和投资者乃至整个经济体系产生风险，甚至还会造成社会风险。这是指金融风险的（　　）特征。

A. 隐蔽性和累积性　　B. 可控性

C. 不确定性　　D. 扩散性

3. 在实行市场化利率的国家，金融机构面临的（　　）通常较大。

A. 购买力风险　　B. 利率风险　　C. 汇率风险　　D. 市场风险

4. 管理市场风险（利率风险、汇率风险、股票风险和商品风险）非常有效的办法是（　　）。

A. 风险转移　　B. 风险分散　　C. 风险规避　　D. 风险对冲

5. 不属于金融监管目标的是（　　）。

A. 安全性　　B. 市场性　　C. 一致性　　D. 稳定性

二、多项选择题

1. 按照驱动因素，可将金融风险分为（　　）。

A. 市场风险　　B. 信用风险　　C. 操作风险　　D. 会计风险

2. 系统风险包括（　　）。

A. 经济风险　　B. 购买力风险　　C. 利率风险　　D. 汇率风险

3. 财务风险是由于公司财务结构不合理、融资不当使公司可能丧失偿债能力而导致投资者预期收益下降的风险，主要特征表现在（　　）。

A. 客观性　　B. 非全面性　　C. 确定性　　D. 收益与损失共存性

4. 非系统风险包括(　　)。

A. 信用风险　　B. 财务风险　　C. 经营风险　　D. 流动性风险、操作风险

5. 金融监管的方法包括(　　)。

A. 事后检查筛选　　B. 定期报告分

C. 现场检查分析　　D. 内、外部稽核相结合

三、判断题

1. 周期性指金融风险受经济循环周期和货币政策变化的影响,呈现规律性、周期性的特点。(　　)

2. 非系统性金融风险可以通过分散化投资策略来规避。(　　)

3. 金融工程工具主要就是衍生金融工具,大致分为四类:远期、期货、互换、期权。(　　)

4. 事先检查筛选,这是监督检查的关键方法。(　　)

5. 金融危机就是金融风险。(　　)

四、简述题

1. 什么是金融风险? 金融风险的主要特征有哪些?

2. 试分析金融风险产生的主要原因。

3. 试述金融风险与金融危机的联系与区别。

4. 什么是金融危机预警系统? 它主要由哪些部分构成?

5. 简述金融创新的理论。

应会考核

■ 观念应用

【背景资料】

国务院金融委:从重处理上市公司造假行为

2020年4月15日,国务院金融稳定发展委员会(以下简称"金融委")召开第二十六次会议。会议指出,要加强资本市场投资者保护问题,坚决维护良好的市场环境,更好发挥资本市场服务实体经济和投资者的功能。

会议明确,资本市场发展必须坚持市场化、法治化原则,依法诚信经营是最基本的市场纪律。最近一段时间,一些上市企业无视法律和规则,涉及财务造假等侵害投资者利益的恶劣行为。监管部门要依法加强投资者保护,提高上市公司质量,确保真实、准确、完整、及时的信息披露,压实中介机构责任,对造假、欺诈等行为从重处理。

此外,会议还研判了当前国际国内经济金融形势。在党中央、国务院的坚强有力领导下,国内疫情防控取得明显成效,复工复产稳步推进,经济活力逐步提升。国际上金融市场震荡回稳,经济走势受疫情冲击十分明显。

会议指出,目前外部风险大于内部风险,宏观风险大于微观风险,在这样的形势下,关键在于加大逆周期调节力度,扎扎实实做好自己的事,从总量和结构同时入手,在供给和需求两端发力,把支持实体经济尤其是中小微企业发展的各项政策措施落到实处。

资料来源:刘鹤主持国务院金融稳定发展委员会第二十六次会议,中国政府网,2020 年 4 月 15 日。

【考核要求】

1. 在现有制度下,应如何防范和制止上市公司的造假行为?

2. 结合本案例,分析我国应从哪些方面加强对证券市场的监管,提高监管水平。

■ 技能应用

央行再提防范金融风险并不意味金融的完全收紧

2019 年 6 月 28 日,中国人民银行发布了《2018 年中国金融市场发展报告》(下称《报告》),报告指出,2018 年中国经济发展总体平稳,经济运行保持了强劲韧性。《中国金融市场发展报告》作为中国人民银行正式对外发布的全面介绍中国金融市场创新和发展情况的年度报告,自从 2006 首次出版并公开发行以来,到 2019 年,已经连续发行十四期,对国内外公众全面了解中国金融市场的发展背景、现状和前景都具有重要的参考价值。

本次《报告》以数据作为支持,说明了金融市场运行稳中有进、市场改革与创新持续深入的特点,同时对银行业、证券业、保险业三大行业在 2018 年的基本发展情况作出了简要的阐述,并指出在 2019 年将继续把防范化解金融风险放在重要位置。

改革开放之后,我国经济高速增长,金融业发展迅速,尤其在进入 21 世纪之后,随着经济全球化和互联网时代的到来,全球金融联系更加紧密,金融产品更加丰富,我国金融体系也不断完善。不过,由于近年来我国经济发展进入新常态,经济增速逐渐放缓,由高速发展转变为高质量发展,诸如金融体系不健全、金融监管不完善、市场波动性增强等问题开始显现,防范化解金融风险也因此被放在我国金融工作的重要位置上。

与之前所提及的去杠杆不同的是,本次《报告》中所强调的重点是服务实体经济。实体经济是金融的本源,也是高质量发展的主战场,实体经济的发展程度,是衡量一个国家或地区发展水平的关键。金融市场的脱虚向实,也将有助于降低市场风险。

资料来源:周轩千:人民银行发布《2018 年中国金融市场发展报告》,金融时报,2019 年 6 月 29 日。

【技能要求】

请从金融服务实体和产业的角度,分析如何防范金融风险。

■ 案例分析

【情景与背景】

银保监会一日之内接管 9 家金融机构

一日之内,监管部门依法对 9 家金融机构实施接管,涉及 4 家保险公司、2 家信托公司、2 家证券公司、1 家期货公司,接管期限从 2020 年 7 月 17 日至 2021 年 7 月 16 日,可依法延长。

2020 年 7 月 17 日下午,银保监会宣布对天安财产保险股份有限公司、华夏人寿保险股份有限公司、天安人寿保险股份有限公司、易安财产保险股份有限公司、新时代信托股份有限公司、新华信托股份有限公司六家机构实施接管,接管期限为一年。如接管工作未达到预期效果,接管期限依法延长。

依照法律规定,银保监会派驻接管组。从接管之日起,被接管机构股东大会、董事会、监事会停止履行职责,相关职能全部由接管组承担。接管组行使被接管机构经营管理权,接管组组长行使被接管机构法定代表人职责。未经接管组批准的对外签约一律无效。接管不改变 6 家机构对外的债权债务关系。

接管期间，接管组委托中国太平洋财产保险股份有限公司、国寿健康产业投资有限公司、新华人寿保险股份有限公司、中国人民财产保险股份有限公司、中信信托有限责任公司、交银国际信托有限公司组建六个托管组，按照托管协议分别托管天安财产保险股份有限公司、华夏人寿保险股份有限公司、天安人寿保险股份有限公司、易安财产保险股份有限公司、新时代信托股份有限公司、新华信托股份有限公司业务，依法合规采取切实有效措施保持公司正常经营，依法维护保险活动当事人、信托当事人等各利益相关方合法权益。

资料来源：https://www.sohu.com/a/408247620_260616.

【分析要求】

请查找资料分析这些机构存在的问题及银保监会如何进行管理，谈谈您的看法。

项目实训

【实训内容】

我国金融监管现状分析

【实训目标】

通过本项目的实训，了解我国金融市场发展现状；分析我国金融市场监管手段；培养学生分析问题能力、解决问题的能力；培养学生资料查询、整理的能力。

【实训组织】

以学习小组为单位，讨论并提出有益于金融市场发展的建议。

【实训成果】

1. 考核和评价采用报告资料展示和学生讨论相结合的方式；
2. 评分采用学生和教师共同评价的方式，并完成实训报告。

<table>
<tr><th colspan="3">《我国金融监管现状分析》实训报告</th></tr>
<tr><td>项目实训班级：</td><td>项目小组：</td><td>项目组成员：</td></tr>
<tr><td>实训时间：　　年　　月　　日</td><td>实训地点：</td><td>实训成绩：</td></tr>
<tr><td colspan="3">实训目的：</td></tr>
<tr><td colspan="3">实训步骤：</td></tr>
<tr><td colspan="3">实训结果：</td></tr>
<tr><td colspan="3">实训感言：</td></tr>
</table>

参考文献

[1]姚长辉. 货币银行学[M]. 北京:北京大学出版社,2018.

[2]翟建华,李军燕. 金融学概论[M]. 大连:东北财经大学出版社,2018.

[3]李贺. 金融学基础[M]. 上海:上海财经大学出版社,2017.

[4]艾洪德,范立夫. 货币银行学[M]. 大连:东北财经大学出版社,2017.

[5]李贺. 货币银行学基础[M]. 上海:上海财经大学出版社,2016.

[6]黄达. 金融学[M]. 北京:中国人民大学出版社,2015.

[7]王晓光,张兴东. 货币银行学[M]. 北京:清华大学出版社,2017.

[8]凌江怀. 金融学概论[M]. 北京:高等教育出版社,2020.

[9]钱晔. 货币银行学[M]. 大连:东北财经大学出版社,2020.

[10]李绍昆. 货币银行学[M]. 北京:中国人民大学出版社,2020.

[11]李贺. 国际金融[M]. 上海:上海财经大学出版社,2021.